ERLÄUTERUNGEN UND DOKUMENTE

Thomas Mann
Der Zauberberg

Von
Daniela Langer

Reclam

Die Seiten- und Zeilenangaben im vorliegenden Band beziehen sich auf die Ausgabe:
Thomas Mann: Der Zauberberg. Frankfurt a.M.: Fischer Taschenbuch Verlag, [16]2004. (Fischer Taschenbuch. 9433.)

Mit Dank an Arndt Lümers und Maria Schmidt
für Hilfe bei Recherche und Korrekturen

RECLAMS UNIVERSAL-BIBLIOTHEK Nr. 16067
2009 Philipp Reclam jun. Verlag GmbH,
Siemensstraße 32, 71254 Ditzingen
info@reclam.de
Druck und Bindung: Esser printSolutions GmbH,
Untere Sonnenstraße 5, 84030 Ergolding
Printed in Germany 2025
RECLAM, UNIVERSAL-BIBLIOTHEK und
RECLAMS UNIVERSAL-BIBLIOTHEK sind eingetragene Marken
der Philipp Reclam jun. GmbH & Co. KG, Stuttgart
ISBN 978-3-15-016067-1
reclam.de

Inhalt

I. Kommentar, Wort- und Sacherläuterungen

[Titel] *Zauberberg:* In den Notizheften Manns findet sich – wohl aus der Zeit zwischen September 1912 und Juli 1913 – der Eintrag: »Novellen, die zu machen: [...] Der verzauberte Berg« mit dem späteren Nachtrag »(Das wurde der Zbg)« (NB II, 186). Der Titel »Der Zauberberg« stand ab Ende 1913 fest. Er lässt sich zum einen auf Nietzsches *Geburt der Tragödie* zurückführen, in der die Formulierung »der olympische Zauberberg« fällt (vgl. den Textausschnitt in VIII.2, S. 434). Nietzsche stellt hier das Dionysische (nach dem griechischen Gott Dionysos) als Chiffre für rauschhafte Entgrenzung und den schrecklichen Urgrund des Seins dem Apollinischen (nach dem griechischen Gott Apoll) als Prinzip der Form, des Traumes und der Schönheit gegenüber: Eines der Grundthemen des Romans ist damit schon angesprochen, denn das Dionysische ist hier mit Castorps Todesfaszination verbunden (vgl. VI.2). Zum zweiten lässt sich der Titel auch auf das Hörselberg- und Tannhäuser-Motiv des Romans beziehen, der Begriff »Zauberberg« fällt auch in Eichendorffs *Das Marmorbild* (vgl. IV.2.1).

Vorsatz

9,1 *Vorsatz:* Der Begriff ›Vorsatz‹ statt ›Vorwort‹ ist unüblich und verweist auf das musikähnliche Kompositionsprinzip des Buches (vgl. VII.4). Der folgende Roman wäre entsprechend dieser Lesart ein musikalischer ›Satz‹. Aber auch die Bedeutung ›Absicht‹ mag mitschwingen: Wie lange der Erzähler Hans Castorp auf dem ›Zauberberg‹ verweilen lässt, wird bereits hier mitgeteilt.

9,2 *Hans Castorp:* Über reale Vorbilder für die Figur Hans Castorps ist wenig bekannt. 1919 lernte Mann im Urlaub in Glücksburg die »Rhederfamilie Kirsten aus Hamburg« kennen, »mit den beiden weit behosten Söhnen, von denen der Eine einen Armin Martens-Schädel hat.« Mann notiert: »Kirstens = Hans Castorp« (TB I, 282). Armin Martens, ein Mitschüler Manns im Lübecker Katharineum, war dessen erste Liebe, die literarisch ihren Niederschlag in der Figur Hans Hansens aus *Tonio Kröger* fand (vgl. Kurzke 2001, 46f.). Die Figur Castorps dürfte also als Fortführung eines typisch Mann'schen, hanseatischen Figurenmodells angelegt sein. Für diesen Typus scheint auch kein individuelles, reales Vorbild mehr nötig gewesen zu sein: Die Begegnung mit der Familie Kirstens fand zu einem Zeitpunkt statt, als Castorp schon Jahre auf dem Papier existierte (vgl. zur Entstehung II).

9,9f. *Edelrost:* Synonym für Patina, grünlicher Überzug auf Kupfer.

9,16 *Imperfekts:* im Deutschen streng genommen nicht vorkommende Zeitstufe (die Nichtabgeschlossenheit einer Handlung andeutend, etwa im Französischen); hier wohl: Präteritum, also die Zeitstufe, in der Berichte über die Vergangenheit stehen.

9,20 *Sonnenumläufen:* Der Begriff stellt, ebenso wie im nächsten Absatz »vormals«, »ehedem«, »in den alten Tagen«, die erzählte Geschichte durch die altertümliche Wortwahl in mythologische und märchenhafte Kontexte, vgl. dazu VI.1 und 2.

9,22–24 *der Zeit … hingewiesen sei:* Zeitreflexionen des Erzählers (und der Figuren) spielen im Roman immer wieder eine herausragende Rolle, vgl. zum Thema ›Zeit‹ im *Zauberberg* VI.4.

9,23 *Zwienatur:* Doppelnatur.

9,30f. *der Welt vor dem großen Kriege:* dem Ersten Weltkrieg.

9,32 f. *Vorher also spielt sie, wenn auch nicht lange vorher:* Da Hans Castorp sieben Jahre im Sanatorium verbringt und mit Ausbruch des Ersten Weltkrieges abreist, spielt der Roman in den Jahren von 1907 bis 1914.

10,2–4 *märchenhafter … zu schaffen hat:* vgl. VI.1.

10,8 *Odium:* schlechter Beigeschmack.

10,12 *sieben Tage einer Woche:* Anspielung auf die biblische Schöpfungsgeschichte in sieben Tagen: Wie Gott erschafft auch der Dichter eine (fiktionale) Welt.

10,13 *sieben Monate: Der Zauberberg* erschien in der Erstveröffentlichung in zwei Teilbänden (Berlin 1924). Der erste Band umfasst die Kapitel 1–5 und damit einen Zeitraum von sieben Monaten (vgl. 444,7): von der Ankunft Hans Castorps im August bis zur Faschingsnacht Ende Februar des darauf folgenden Jahres.

10,16 *sieben Jahre:* Diese dritte Wiederholung der Zahl sieben spielt erneut auf den märchenhaften Charakter der Geschichte an.

Erstes Kapitel

Ankunft

11,4 *Davos-Platz:* Ortsteil von Davos. Nachdem Mitte des 19. Jh.s die Zuträglichkeit des Hochgebirgsklimas für Lungenkranke (v. a. bei Tuberkulose) entdeckt worden war, entwickelte sich Davos zu einem internationalen Kurort.

Graubündischen: Kanton Graubünden, der östlichste Kanton der Schweiz.

11,9–11 *Gestade des Schwäbischen Meeres … die früher für unergründlich galten:* Der Bodensee wird hier mythologisch überhöht, die Fahrt Castorps über den See wird zur Fahrt über den Styx in den Hades: über den Unterweltfluss in die Unterwelt aus der griechischen

Mythologie (vgl. Heftrich 1995, 235f.). Die Analogie zwischen dem Sanatorium und der Unterwelt (vgl. IV.2.2 und VI.2) wird später vor allem von Settembrini hergestellt, vgl. die Anm. zu 83,3f. bis 84,1.

11,30 *Plaidrolle:* Plaid: (engl.) schottische, meist karierte Reisedecke aus Wolle.

12,2f. *Sommerüberziehers:* leichten Herrenmantels für den Sommer.

12,4 *Ocean steamships:* (engl.) Ozeandampfschiffe.

12,12–17 *Der Raum … in gewisser Weise übertreffen:* vgl. Wagners *Parsifal*, erster Aufzug: Parsifal: »Ich schreite kaum, / doch wähn ich mich schon weit.« Gurnemanz: »Du siehst, mein Sohn, / zum Raum wird hier die Zeit.« Die Anspielung auf *Parsifal* und das darin ausgedrückte mythische Ineinander von Zeit und Raum schreiben der Reise Castorps eine mythische Qualität zu (vgl. Heftrich 1995, 237). In seiner *Einführung in den ›Zauberberg‹* aus dem Jahre 1939 bezeichnet Mann Castorp auch als einen »Gralssucher« und stellt ihn in eine Linie mit den Helden der mittelalterlichen Artusepik (vgl. den Ausschnitt in VIII.1, S. 409f.; zur Beziehung zwischen Wagners Oper und dem *Zauberberg* auch Manns Tagebucheintrag vom 19. September 1919: VIII.1, S. 386f.).

12,20 *Pfahlbürger:* Spießbürger.

12,22 *Lethe:* in der griechischen Mythologie ein Fluss in der Unterwelt, aus dem die Toten das Vergessen trinken, auch als Synonym für ›Vergessen‹.

13,4–6 *völlig ungewohnte, eigentümlich dünne und spärliche Lebensbedingungen:* Obgleich diese Beschreibung realistisch motiviert ist, bereitet diese Passage zusammen mit den nachfolgenden Verweisen auf die Besonderheit der Gegend (13,13f.; 13,18) die später von Settembrini ins Spiel gebrachte Analogie zwischen dem ›Zauberberg‹ und der Unterwelt vor: vgl. 83,34–36 sowie 84,1 und Anm.

13,8 *klaftertief:* Klafter: altes Längen- und Raummaß, das die Messspanne zwischen den ausgebreiteten Armen eines erwachsenen Mannes bezeichnete und (je nach Land) meist zwischen 1,7 und 1,9 m bzw., als Volumeneinheit, zwischen 2,45 und 3,9 m^3 betrug.

13,13 f. *extremen Gegenden:* vgl. Anm. zu 13,4–6.

13,18 *unangemessenen Sphären:* vgl. Anm. zu 13,4–6.

13,29–31 *verwirrend wirkte … nicht länger entsann:* Die Verwirrung Castorps über die »Himmelsgegenden« verstärkt den Eindruck, dass er in eine außergewöhnliche, der normalen Zeit- und Raumstruktur enthobene Gegend reist, mythisch gesehen: in die Unterwelt (vgl. VI.2).

13,31 f. *heilig-phantasmagorisch:* Phantasmagorie: Darstellung von Trug- und Scheinbildern auf der Bühne; allgemein: Trug- und Scheinbilder.

14,14 *Joachim Ziemßens:* Für die Figur Joachims sind keine eindeutigen Vorlagen Manns überliefert. Sauereßig (1974b, 16 f.) macht darauf aufmerksam, dass Theodor Fontanes (1819–1898) Roman *Der Stechlin* (1897) mit dem Satz beginnt: »Was ein Märkischer ist, der muß Joachim heißen«, und vermutet, dass Dr. Günther Herzfeld-Wüsthoff, ein befreundeter junger Offizier, als Vorbild für die Figur diente (so schon Hatfield 1962).

14,17 *Perron:* (schweiz.) Bahnsteig.

14,18 *Ulster:* zweireihiger Herrenmantel.

15,3 *Livree:* Uniform für Bedienstete.
Tressenmütze: Tresse: Borte, Besatz an Uniformen.

15,7 *Concierge:* (frz.) Pförtner.

15,10 *hinkte auffallend:* In 333,26 bezeichnet Settembrini den Concierge als »hinkende[n] Teufel« – im *Faust* ersetzt Goethe das typische Teufelsattribut des Pferdefußes durch ein Hinken Mephistos. Es handelt sich hierbei also um eine der zahlreichen Teufelsanspielungen (vgl. 91,21 oder 309,20), mit denen vor allem Set-

Das Internationale Sanatorium in Davos
(ab 1915 ›Valbella‹)

tembrini den ›Zauberberg‹ als Unterwelt bzw. ›Hölle‹ kenntlich macht.

15,19 *Portepee:* Band oder Quaste am Degen eines Offiziers.

16,18 *toll:* verrückt.

16,20 *Kabriolett:* leichte, zweirädrige Kutsche.

17,4 *Interkostalraum:* interkostal: zwischen den Rippen liegend.

17,9 *Sputum:* Auswurf.

17,13–16 *flache, geschweifte Flasche … Spitznamen:* Nachdem Robert Koch 1882 die Entdeckung der Tuberkelbazillen publik gemacht und Carl Flügge 1897 den Nachweis der Tröpfcheninfektion bei Tuberkulose geführt hatte, wurde besonders in Kurorten Hygiene großgeschrieben. Das vorher gängige Ausspucken des

Sputums auf den Boden wurde verboten, und der Arzt Peter Dettweiler führte 1889 den hier beschriebenen Taschenspucknapf ein, der oben einen Trichter hatte, an beiden Seiten mit einem Metallverschluss versehen war und leicht desinfiziert werden konnte. Der Spucknapf erhielt aufgrund des blauen Glases von den Patienten bald die Bezeichnung ›Blauer Heinrich‹ (vgl. Rüttimann 1997).

17,26–28 *langgestrecktes Gebäude ... wie ein Schwamm:* Als äußere Vorlage für das Internationale Sanatorium ›Berghof‹ diente Mann das Davoser Internationale Sanatorium von Dr. Philippi (s. Abb. S. 10), die Innenräume (mit Ausnahme des Speisesaals) sind jedoch eher nach dem Waldsanatorium, in dem Katia Mann im Jahre 1912 untergekommen war, und nach anderen Sanatorien bzw. deren Prospekten gestaltet (vgl. Virchow 1995b, 8; Sprecher 1996, 78f.). Mit der Beschreibung »löchrig und porös [...] wie ein Schwamm« bekommt das Sanatorium zudem Ähnlichkeit mit einer Lunge.

19,30 *Korpsstudent:* Korps, auch Corps (frz. ausgesprochen; von frz. *corps* ›Körper; Körperschaft‹): alte Form der Studentenverbindungen.

19,31 *Krokowski:* »Edhin Krokowski aus Linde bei Pinne, Provinz Posen« notiert sich Mann im Winter 1912/13 in sein Notizbuch – hier noch im Kontext eines Novellenplans unter dem Titel *Ein Elender* (NB II, 185f.). Direkte Vorlagen für diese Figur scheint es nicht gegeben zu haben. Vgl. zur Konzeption Krokowskis Anm. zu 181,14–17, zur Psychoanalyse im Roman VI.3, hier S. 341f.

19,33 *Seelenzergliederung:* direkte Übersetzung von ›Psychoanalyse‹.

20,6 *in großer Aufgeräumtheit:* in bester Laune, gefasst.

Nr. 34

20,19 *Liegekur:* Die Liegekur gehörte zu den gängigen Heilmethoden bei Lungentuberkulose in den Sanatorien um 1900 (s. Abb. S. 13).

21,18 *Nummer vierunddreißig:* Im *Yale Zauberberg-Manuscript*, einer Sammlung von aus dem endgültigen Druckmanuskript ausgeschiedenen Blättern, hat das Zimmer noch die Nr. 43 (ebd., 25), die Quersumme ergibt aber in jedem Fall sieben – und damit die auch sonst häufig vorkommende Märchenzahl (vgl. VI.1).

21,32 *zweiten Grase:* Gras nach der ersten Heuernte.

22,6 *Cold-cream:* (engl.) stark feuchtigkeitshaltige Gesichtscreme, die durch Verdunstung kühlend wirkt.

22,8 *Blutstürze:* Bei Tuberkulose kann es zu arteriellen Lungenblutungen kommen.

22,11 *Formalin:* Lösung von Formaldehyd (CH_2O) in Wasser zur Desinfektion.

22,20 *Methylaldehyd:* Synonym zu Formaldehyd.

22,34 *Maria Mancini:* Wie Mann in einem Brief an Ida Herz ausführt (4. Dezember 1925, SK, 81 f.), wurde eine Zigarre dieses Namens vor dem Ersten Weltkrieg von der Bremer Firma Hagedorn und Söhne vertrieben. Mann berichtet von dem Vorhaben einer Mannheimer Firma, eine Zigarre namens »Zauberberg, Maria Mancini« herzustellen, was das Patentamt vereitelt habe. Maria Mancini war der Name einer Mätresse Ludwigs XIV., Castorp pflegt auch ein fast erotisches Verhältnis zu seiner Zigarre (vgl. 350,12–351,9; Frizen 1981).

22,35 *Revision:* Prüfung beim Zoll.

23,9 *echauffiert:* (frz.) erhitzt, aufgeregt.

23,16 *go on:* (engl.) los, weiter, mach schon.

23,30 f. *schauerlich kraftloses Wühlen im Brei organischer Auflösung:* vgl. Anm. zu 24,12–14.

23,33 f. *Herrenreiter:* Amateur-Rennreiter mit eigenem Pferd.

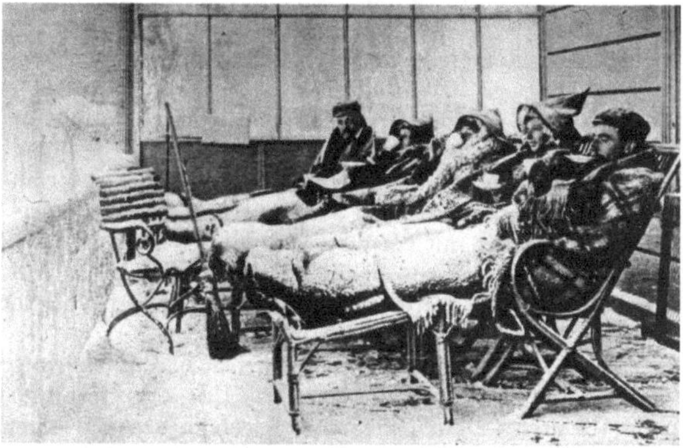

Liegekur in Davos

24,7 *Bräune:* volkstümliche Bezeichnung für Rachen- und Mandelentzündungen sowie Diphtherie als Anspielung auf den bräunlichen Belag auf den Schleimhäuten.

24,12–14 *Es ist ja gerade ... Matsch und Schlamm:* Zusammen mit den vorigen Ausführungen zum Husten des Herrenreiters (23,30f.) bereitet diese Passage Castorps spätere Reflexionen über Leben und Krankheit in *Forschungen* vor.

24,18f. *versicherte wiederholt ... in den Herrenreiter hineinsähe:* vgl. 24,12f. Tatsächlich wird Castorp später, im Kapitelabschnitt *»Mein Gott, ich sehe!«*, im Zuge der Röntgenuntersuchung in Joachims Körper hineinsehen. Das Motiv verdeutlicht nicht nur seine Faszination für den Körper, sondern lässt sich auch als Hinweis auf seine Suche nach Erkenntnis (über das Leben) sehen.

Im Restaurant

25,24 *Saaltöchter:* (schweiz.) weibliche Bedienung im Speisesaal.

25,25 *Gruaud Larose:* französischer Rotwein (ein Bordeaux).

26,7–14 *geradezu ein Ereignis ... kein Leben:* Diese Erfahrung Joachims wird auch Settembrini während der ersten Begegnung mit Castorp formulieren (vgl. 84,30–32 und Anm.); Castorps eigene Erfahrungen mit der Aufhebung der Zeit werden hier schon vorgeprägt. Vgl. zur Zeit im *Zauberberg* VI.4.

27,9 *Frau Stöhr:* Den Erinnerungen Katia Manns zufolge hatten Frau Stöhr ebenso wie Frau Iltis, der Herrenreiter, ›Tous-les-Deux‹, Hermine Kleefeld, ›die Levi‹ und Herr Albin Vorbilder in Davos (*Memoiren*, 79f.). Vgl. IV.1.

27,10 *Cannstatt:* heute Bad Cannstatt, Stadtbezirk Stuttgarts.

27,11 *Desinfiszieren:* Gemeint ist ›Desinfizieren‹, Frau Stöhr vermengt dies vielleicht mit ›konfiszieren‹ (›beschlagnahmen‹).

27,13 *Fomulus:* Gemeint ist ›Famulus‹, eine veraltete Bezeichnung für einen Medizinstudenten im Praktikum bzw. den Assistenten eines Wissenschaftlers.

27,16 *Sterilett:* wohl eine Mischform aus ›Stilett‹ (kleiner Dolch) und ›steril‹.

27,21 *Loses:* Schicksals.

28,2 *Porter:* (engl.) starkes englisches Bier.

30,14 *Chaussure:* (frz.) Schuhwerk.

Zweites Kapitel

Von der Taufschale und vom Großvater in zwiefacher Gestalt

32,11–13 *sie lachte eben … tot war:* Das Motiv der Nähe von Lachen und Tod wird später im Totentanz wieder aufgegriffen: vgl. Anm. zu 428,33–35.

32,24 f. *Erbbegräbnis:* Familiengrab für mehrere Generationen.

33,5 *Esplanade:* Prachtstraße in Hamburg.

33,7 *Beletage:* (frz.) herrschaftlicher erster Stock, Hauptgeschoss eines Hauses.

33,16 *batistene:* Batist: feines Gewebe aus Leinen.

34,21 *Kabinett:* kleiner (Neben-)Raum, auch kleiner Ausstellungsraum mit Kunstgegenständen.

34,33 *Etagere:* Gestell mit mehreren Etagen, auch Wandbrett (frz. *étagère* ›Regal, Bücherbrett‹).

34,35 *Whistkarten:* Whist: ein englisches, sehr kompliziertes Kartenspiel.

35,10 *Gehrocks:* dunkler Herrenmantel mit Schößen.

35,17 *Daguerreotypien:* Das älteste (in den 1830er Jahren von Louis Jacques Mandé Daguerre entwickelte) Verfahren der Fotografie, bei dem Jod- oder Bromsilberplatten in einer Kamera dem Licht ausgesetzt und nachfolgend mit Quecksilberdampf entwickelt werden. Bei der Daguerreotypie entstehen ausschließlich Unikate, technisch gesehen gibt es keine Möglichkeit der weiteren Vervielfältigung.

35,32–36,2 *Die Schale … um ihren oberen Rand:* Mann beschreibt hier die silberne Taufschale aus dem Familienbesitz der Manns (s. Abb. S. 16). Zur Taufe seiner Tochter Elisabeth am 23. Oktober 1918 schreibt er in sein Tagebuch: »Die Ceremonie in Katja's Zimmer, der Tisch, mit Kruzifix, Leuchtern, Bibel und der alten Taufschale, der ich im Zauberberg eine Rolle zugedacht

Die Familientaufschale der Manns

habe, vor dem Fenster« (TB I, 43). Auch in dem autobiographisch geprägten, Elisabeth betreffenden *Gesang vom Kindchen* spielte die Taufschale schon eine Rolle, zur Wiederaufnahme des Motivs im *Zauberberg* bemerkt Mann: »[…] so hat es autobiographische und vereinheitlichende Bedeutung« (TB I, 205).

36,5 *Manier:* Art, Stil.

36,6 *Arabesken:* Ornamente, meist in Form von Blattranken oder Pflanzenteilen.

36,18 f. *Ur-Ur-Ur-Ur … dunklen Laut der Gruft:* Die Faszination Castorps für das »Ur-Ur-Ur-Ur« lässt sich in der Formel ›Sympathie mit dem Tode‹ fassen – eines der Hauptthemen des Romans (vgl. VI.6). Die hier zum Ausdruck kommende Ehrfurcht vor dem Tod als geistige ›Gestimmtheit‹ und Todesromantik fand Mann schon in Nietzsches Formulierung »die ethische Luft, der faustische Duft, Kreuz, Tod und Gruft« (aus einem Brief Nietzsches an Erwin Rohde vom 8. Oktober 1868), die er sich bei Lektüre doppelt anstrich und mit einem Ausrufungszeichen versah (vgl. Joseph 1996a, 24, Anm. 30). Mann zitiert diese Wendung mehrfach in den *Betrachtungen eines Unpolitischen* (vgl. GW XII, 79 u. ö.). Dass hier das Wort »Gruft« fällt, ist ein deutlicher Verweis auf Nietzsche (vgl. IV.2.2).

36,24 *Katharinenkirche:* St. Katharinen, eine der fünf Hauptkirchen Hamburgs.

36,25 *Michaeliskrypte:* Krypta: unterirdischer Raum unter dem Chor von Kirchen, meist mit Grabstätten; hier die Krypta der Kirche St. Michaelis in Hamburg.

37,5 *St. Jacobi:* eine der Hauptkirchen Hamburgs.

38,4 *Ältervaters:* altertümlich für ›Großvater‹.

38,30 *Alfanzereien:* altertümlich für ›Narrenpossen, Schwindeleien‹.

38,33 *Kontor:* Geschäftsräume, Büro.

39,21 *Er liebte die Dose:* d. h. Schnupftabak (der in oftmals reich verzierten Dosen aufbewahrt wurde).

40,4–28 *Es zeigte Hans Lorenz Castorp … nach oben verjüngte:* Am 26. April 1919 fragt Mann Ida Boy-Ed brieflich nach der »historische[n] Amtstracht der Senatoren« in Hamburg und verweist auf eine Fotografie des Lübecker Bürgermeisters Fehling – »›spanisch‹, wenn ich nicht irre, mit Tellerkrause, Degen, kurzen Hosen, Barett?« (GKFA 22, 290). Einen Tag später berichtet Mann in seinem Tagebuch von »zwei Trübner-Portraits Hamburger Senatoren. Brauche die Tracht für den alten Castorp« (TB I, 213). Nach Ansicht dieser Bilder von

Wilhelm Trübner (1851–1917) schreibt er, dass er das Kostüm nun habe. Es sei »mehr altdeutsch als spanisch, der Hut niederländisch, sehr gut die Krause und das Jabot [gefalteter Besatz am Halsausschnitt]« (TB I, 214). Gleichwohl stellt der Roman die Verbindung zwischen der Amtstracht und dem Attribut ›spanisch‹ weiterhin her (vgl. 40,32); ›spanisch‹ steht leitmotivisch für die ›Sympathie mit dem Tode‹ (vgl. hierzu VI.6).

40,6 *gravitätisches:* würdevolles.

40,19 *bordierten:* mit einer Borte besetzten oder eingefassten.

40,22 *staken:* steckten.

40,24 *Tellerkrause:* in enge Falten gelegter, tellerartiger Kragen.

40,26 *Batistjabot:* Jabot: Besatz im Halsausschnitt: zu Batist vgl. Anm. 33,16 und 40,4–28.

41,5 *Interims-Großvater:* Interim: Zwischenzeit; einstweiliger, vorläufiger Zustand.

41,11 *Vatermörder:* steifer, hoher Kragen an Herrenhemden.

42,1 *Spitzenmanschetten:* aus Spitze gefertigte Aufschläge als Abschluss der Ärmel von Herrenhemden.

43,18 *segnenden Heiland von Thorwaldsen:* berühmte Statue des dänischen Bildhauers Bertel Thorwaldsen (1770–1844), die Christus mit leicht ausgebreiteten Armen zeigt. Das Original (1821) steht in der Frauenkirche in Kopenhagen.

43,20 *Kandelabern:* mehrarmigen Kerzenständern.

43,28 *Tuberosen:* Zierpflanze mit stark duftenden, weißen Blüten an einem bis zu ein Meter hohen Ährenstand.

43,30 f. *unanständige, niedrig körperliche Bewandtnis, die es mit dem Tode hatte:* Der Zusammenhang von Tod und Körper, über den Castorp während seines Sanatoriumsaufenthalts lange Betrachtungen anstellt, wird hier als ein ihn schon in der Kindheit bewegendes Thema eingeführt; das Attribut ›unanständig‹ verweist auf die späteren Reflexionen in *Forschungen*.

Bei Tienappels. Und von Hans Castorps sittlichem Befinden

46,3 *Schifferbart:* von den Schläfen ausgehender breiter Bart, der das vordere Kinn und die Oberlippe frei lässt.
46,12 *Tomato Ketchup:* amerikanische Schreibweise für: Tomatenketchup.
46,32 *Uhlenhorster Fährhauses:* um 1873 gebautes, renommiertes Ausflugslokal an der Alster in Hamburg, wurde im Zweiten Weltkrieg zerstört.
47,3 *Dünkel:* Hochmut.
47,30 *Hellings:* zum Wasser abfallende Schiffsbauplätze einer Werft, von denen aus auch der Stapellauf erfolgen kann.
47,31 *Spantenskelette:* Spanten: Rippen eines Schiffes aus Holz oder Metall, auf die dann die Schiffswand gesetzt wird.
47,32 *Lenztafel:* Als ›lenzen‹ bezeichnet man im Schifffahrtswesen das Abpumpen von Wasser, das in den Schiffsrumpf eindringt. Eine Lenztafel ist ein Übersichtsplan über die Anlage der Lenzpumpen im Schiff.
48,3 *Rundstücke:* norddeutsche, in Hamburg typische Bezeichnung für: Brötchen.
48,15 *gezeichnete:* mit Namensschildern versehene.
49,2 *Durchstecherei:* Betrügerei.
49,11 *geriefelter:* mit Rillen versehener.
49,15–21 *wenn wir … zuzuschreiben geneigt sind:* vgl. den »Vorsatz« (9,2–8), wo die hier angesprochene »überpersönliche Bedeutung« von Castorps Schicksal schon im ersten Satz herausgestellt wird.
49,21 f. *Realgymnasiums:* Mitte des 19. Jh.s entstandener Schultypus, bei dem der Schwerpunkt weniger auf den klassischen Sprachen als vielmehr auf den ›Realien‹, d. h. den naturwissenschaftlichen und technischen Fächern lag. Der Besuch des neunjährigen Realgymnasiums berechtigte zum Hochschulstudium. Da Castorp das Re-

algymnasium besucht hat, hat er keine umfassende humanistische Bildung – die Settembrini ihm nahezubringen versucht; vgl. dessen Loblied auf die humanistische Bildung in 92,18–30.

50,28 *repetieren:* wiederholen.

50,29 *Urbanität:* feine, gebildete, städtische, weltmännische Lebensart.

50,32 *Einjährigenzeugnis:* Schulzeugnis, das etwa der Mittleren Reife entspricht und zu einem freiwilligen einjährigen Militärdienst berechtigte, bei dem die Unterbringung, Ausrüstung und Verpflegung jedoch auf eigene Kosten zu bestreiten waren. Jungen Männern höherer Schulen, die eine weitergehende Ausbildung anstrebten, sollte so die lange Dauer der sonst zwei- bis dreijährigen Wehrpflicht erspart bleiben. Mann selbst ging mit dem ›Einjährigen‹ vom Realgymnasium ab und trat im Oktober 1900 seinen Militärdienst an, der jedoch wegen fortwährender Sehnenscheidenentzündungen nicht lange dauerte. Ähnlich wie im Roman Castorps Desinteresse am Militär dem Stabsarzt »gesprächsweise« hinterbracht wurde (53,15), half Mann durch Verbindungen etwas nach, um entlassen zu werden (vgl. Kurzke 2001, S. 95).

51,8 *Gemüseewern:* Ewer: kleines Küsten- und Flussschiff mit flachem Boden, oft als Frachtschiff genutzt.

52,32 f. *Zeit, die offen vor ihm … zu überwindenden Hindernissen:* Genau diese ›offene‹, nicht untergliederte Zeit ist es, die im Sanatorium prägend sein wird. Castorps Affinität zu dieser Lebensführung wird hier also schon vorab verdeutlicht.

53,21 *Projektionslehre:* darstellende Geometrie, die im technischen Zeichnen zur Abbildung von Raumobjekten auf einer Ebene genutzt wird.

53,21 f. *Graphostatik:* zeichnerische Methode zur Überprüfung der Statik von Konstruktionen, im Gegensatz zur rechnerischen Statik.

53,22 *Deplacement:* (frz.) Wasserverdrängung eines Schiffskörpers.

53,23 *Trimmverlagerung:* Verteilung der Schiffsladung, um das Schiff in die richtige Lage zu bringen.
Metazentrum: Schnittpunkt der Auftriebsrichtung des geneigten Schiffskörpers mit der Auftriebsrichtung des aufrechten Schiffskörpers. Die Berechnung des Metazentrums ist notwendig, um ein Kentern des Schiffes zu verhindern: Das Metazentrum muss in jedem Falle über dem Schwerpunkt des Schiffes liegen, damit sich das Schiff nach einer Neigung wieder aufrichtet.

54,9 *Souveränität:* Landeshoheit, staatliche Obergewalt über innere und äußere Angelegenheiten.

54,14–21 *sah er ganz so aus … und der Technik:* Als ›Ingenieur‹ wird Castorp später immer wieder vom demokratisch gesinnten Settembrini bezeichnet, der ihn damit auf die Werte der Aufklärung, auf technischen Fortschritt und Demokratie verpflichten möchte. Dass Castorp sich aber auch auf dem ›Zauberberg‹ einer solchen Verpflichtung entzieht und keine eindeutige (politische) Position bezieht, wird in diesem Abschnitt aus seiner Vorgeschichte schon vorbereitet.

54,34 f. *das unbeschriebene Blatt:* Schon Platon verglich die Seele des Menschen mit einer unbeschriebenen (Wachs-)Tafel, auf der dann im Laufe seiner Entwicklung etwas eingeprägt werde (vgl. Platon, *Theaitetos*, 191c–d) – eine Vorstellung, die als ›Tabula rasa‹ oder auch als »white Paper« (John Locke, *An Essay Concerning Human Understanding*, 1689, B. 2, Kap. 1, § 2) in die Philosophie und Pädagogik einging. Die Bezeichnung Castorps als ›unbeschriebenes Blatt‹ verweist also auf die Notwendigkeit seiner weiteren Bildung und lässt sich im Kontext seiner späteren Entwicklung auf dem ›Zauberberg‹ sehen, wo Settembrini und Naphta ihn pädagogisch beeinflussen wollen. Vgl. zum *Zauberberg* als Bildungsroman VII.2.

55,21 *Zufälle:* Zustände, Anfälle.
55,28 *Katarrh:* Entzündung der Schleimhäute mit Schleimabsonderung, im engeren Sinne eine grippale Entzündung mit Husten und Schnupfen.

Drittes Kapitel

Ehrbare Verfinsterung

57,11 *Hobel:* hier: Rasierapparat.
57,19 *fil d'écosse-Unterhose:* Fil d'écosse: (frz.) ein besonders hochwertiges Garn, ›Schottengarn‹.
57,19f. *Saffian-Pantoffeln:* Saffian: weiches, auf der Narbenseite gegerbtes Ziegenleder.
57,32–58,4 *Hans Castorp, der Musik … geröteten Augen:* Musik ist im *Zauberberg* leitmotivisch mit dem Thema der ›Sympathie mit dem Tode‹ verbunden (vgl. VI.6): Eine ähnliche Haltung nimmt Castorp auch angesichts des Todes ein, etwa bei der Betrachtung seines eigenen Handskeletts (304,22–25), am Bett von Sterbenden (404,3–6), an einem leeren Grab (443,33f.) oder am Leichnam von Peeperkorn (856,26–29; vgl. Bulhof 1966, 59ff.; Kristiansen 1978/1986, passim). Der spätere Abschnitt *Fülle des Wohllauts* stellt die Nähe von (deutscher) Musik und Tod dann ausdrücklich heraus (vgl. VI.7 und VII.3).
58,15 *Schlangenstab:* Symbol des Gottes Äskulap, des griechischen Gottes der Heilkunst.
60,16 *absprechendes:* hier: abwertendes.
61,2 *Tous-les-deux:* (frz.) alle beide. Vgl. Anm. zu 27,9.
62,12 *Inwohner:* (österr.) Bewohner eines Hauses.
63,5 *Properste:* proper: von sauberem, angenehmem Äußeren, das gefällt.
63,20 *Sieben Tische:* vgl. zu den Märchen-Motiven im *Zauberberg* VI.1.

Der Speisesaal des Waldsanatoriums in Arosa

64,3 *tränenden:* Tropfen Wasser absondernden.
64,8 *Zwergin:* vgl. zu den märchenhaften Zügen des Romans VI.1.
64,19–36 *Der Saal … in die vordere Halle führte:* Vorbild war der Speisesaal des Waldsanatoriums in Arosa (s. Abb. S. 23), in dem sich Katia Mann Anfang 1914 aufhielt (also nicht der Speisesaal des Waldsanatoriums in Davos). (Virchow 1995b, 8, Sprecher 1996, 85)
65,6 *Nähterin:* (veraltet) Näherin.
67,12 *Idiosynkrasie:* eigentümliches Verhalten einzelner Individuen als seltsame Vorliebe oder besondere Empfindlichkeit gegenüber bestimmten Eindrücken, im engeren Sinne Abneigung gegen bestimme Nahrungsmittel.
67,16 *Choc:* (frz.) Schock.
67,29 *Hofrat Behrens:* Auch Hofrat Behrens hat ein Vorbild in Davos, den leitenden Arzt des Waldsanatoriums,

in dem Katia Mann 1912 Station nahm, Prof. Dr. Friedrich Jessen (vgl. Katia Mann, *Memoiren*, 79, 85).

68,14 *Lüsterstoff:* Lüster: glänzendes Gewebe aus Baumwolle mit Kammgarn.

68,23 *zum Kalbsfell schwören:* Soldat werden. ›Kalbsfell‹ meint als pars pro toto die Werbetrommel, die früher beim Anwerben von Soldaten geschlagen wurde.

68,31 *Myrmidon:* Die Myrmidonen sind in Homers *Ilias* die Gefolgsleute von Achill, sie galten als besonders tapfere Krieger.

68,34 *tirrt:* terren: (niederdt.) zanken, streiten, an jemandem zerren.

69,6 *Couleur:* (frz.) Farbe.

69,7 f. *Grün ist ja wohl des Lebens goldner Baum:* Anspielung auf Verse Mephistos in der Schülerszene aus Goethes *Faust. Der Tragödie Erster Teil*: »Grau, teurer Freund, ist alle Theorie, / Und grün des Lebens goldner Baum« (V. 2038 f.).

69,9 *anämisch:* blutarm (durch Verringerung der roten Blutkörperchen).

69,17 f. *sine pecunia:* (lat.) ohne Geld, kostenlos.

69,21 *tuberculosis pulmonum:* (lat.) Lungentuberkulose.

70,19 *Knie:* hier: S-Kurve.

71,1 *kupierte:* schnitt ab.

71,13 *eminentes:* hervorragendes.

72,33 *Überzieher:* Herrenmantel.

74,4 *Hermine Kleefeld:* vgl. Anm. zu 27,9.

74,5 *Pneumothorax:* Ansammlung von Luft im Pleuralraum zwischen dem Lungen- und dem Brustfell. Dies führt zur Stillstellung der Atmung durch die Aufhebung des normalerweise negativen Drucks im Pleuralraum, der beim Vorgang des Einatmens dafür verantwortlich ist, dass sich die Lunge beim Anspannen von Zwerchfell und Atemmuskeln durch die Vergrößerung des Thoraxraumes mit ausdehnt. Durch Herstellung eines künstlichen Pneumothorax (durch Einführung von

Stickstoff oder Luft) versuchte man bei Tuberkulosekranken eine betroffene Lungenregion künstlich stillzustellen und dem Gewebe so Zeit zur Heilung zu geben. Das Verfahren wurde u. a. von Lucius Spengler, dem Chefarzt des Sanatoriums Schatzalp in Davos, entwickelt und in die klinische Praxis eingeführt (vgl. Rüttimann 1997, 106 f.).

74,9 *Rotwelsch:* Geheim- oder Sondersprache von aus der Gesellschaft ausgeschlossenen Gruppen, auch als Landstreicher- oder Vagabundensprache bekannt.

74,16 *dispensiert:* befreit.

74,20 *verkäste:* Bei der Tuberkulose bilden sich im absterbenden Lungengewebe spezielle Nekrosen (Regionen von abgestorbenen Zellen), die aufgrund ihrer käseartigen Struktur auch ›Verkäsungen‹ genannt werden.

74,28 *Frau Iltis:* vgl. Anm. zu 27,9.

74,29 *Fräulein Levi:* vgl. Anm. zu 27,9.

75,14 *Statuten:* Satzungen.

75,16 *Konkneipant:* assoziiertes Mitglied einer Studentenverbindung (Kneipe: mit Trinkbräuchen verbundenes geselliges Beisammensein in studentischen Verbindungen). Die Bedeutung von ›kneippen‹ als ›eine Kneippkur machen‹ (nach dem Arzt Sebastian Kneipp, 1821–1897) mag in diesem Kontext – trotz der eindeutigen Schreibweise mit nur einem *p* – allerdings auch mitschwingen.

75,31 *Krankheit und Sterben sind eigentlich nicht ernst:* vgl. 32,11–13 und Anm.

76,2 f. *sie schmeckt nicht:* Dieses Detail stammte aus eigener Erfahrung: In einem Brief an Paul Amann vom 17. März 1916 berichtet Mann, dass »der Rauchgeschmack« seiner Zigarren in den ersten acht Tagen seines Besuchs in Davos »aufgehoben war« (GKFA 22, 128).

76,5 *Papiermaché:* formbare Masse aus zerkleinertem, altem Papier und Leim, heute nur noch unter dem Begriff ›Pappmaché‹ bekannt.

76,14 f. *forciere:* erzwinge.
76,20 *laboriere:* laborieren: unter einer Krankheit leiden und sich um ihre Überwindung bemühen.
77,4 *Zwinge:* Metall- oder Gummibeschlag am Ende eines Stockes.
77,15 *Zufälle:* in den medizinischen Termini der Zeit Synonym für: Anfälle, krankhafte Zustände.
77,30 *Viatikum:* die heilige Kommunion, die ein Sterbender als letzte Eucharistie (Abendmahl) erhält. Das Viatikum ist also nicht das Gleiche wie die ›letzte Ölung‹ (die Krankensalbung), wird hier jedoch von Joachim mit dieser gleichgesetzt.
77,32 *dalberig:* sich albern benehmend.
77,33 *wie ein Backfisch:* unreif, pubertierend (Backfisch: veraltete Bezeichnung für ein heranwachsendes Mädchen).
78,3 *das Gong:* eine (laut Duden) nach wie vor gültige Genusform von ›Gong‹, früher noch geläufiger als heute.
78,8 f. *Schellenbaum vor der Janitscharenmusik:* Bei den Militärmärschen der Janitscharen, des Kernverbands der Infanterietruppen des Osmanischen Reiches, wurde ein mit Glöckchen behängtes Prunkinstrument vorangetragen, der Schellenbaum.
79,9 *Zetermordio:* Zeter und Mordio: ein im Notfall erhobenes Geschrei.
81,24 f. *mit gekreuzten Füßen, auf seinen Stock gestützt:* Die Haltung Settembrinis erinnert an die Darstellung des antiken Todesgottes Thanatos, wie Lessing sie in seiner Schrift *Wie die Alten den Tod gebildet* geschildert hat, und zugleich auch an den Götterboten Hermes. In ähnlicher Haltung tritt schon im *Tod in Venedig* der Fremde auf, dem Aschenbach bei seinem Spaziergang zum Friedhof begegnet und der als erster Vorbote seiner ›Todesfahrt‹ nach Venedig dient (vgl. Koopmann 1962, 161 f.; Jens 1998, 162). Settembrini wird im Roman noch öfter als Hermes-Figuration erscheinen und

vereinigt dabei viele Aspekte dieser antiken Gestalt: So ist Hermes als Hermes psychopompos der Seelenführer, der die Toten in die Unterwelt geleitet, er ist jedoch auch der Gott der Wege und Wanderer und nicht zuletzt der Gott der Redekunst (vgl. VI.2). – Mit »gekreuzten Füßen« wird Settembrini noch öfter stehen, vgl. etwa 208,30f.

Satana

81,26 *Satana:* vgl. Anm. zu 85,31f.

81,31f. *zwei kahle Buchten … erhöhten die Stirn:* Kurz nach der Abschnittsüberschrift *Satana* stellt dieses Detail eine Anspielung auf Hörner und damit auf den Teufel dar, Settembrini wird hier also als Satan eingeführt – jedoch als Teufel des Fortschritts nach Carducci (vgl. Anm. zu 85,31f.).

81,33 *flausartiger:* Flaus: (veraltet) Flausch.

82,1 *Rock:* hier: Oberteil eines Anzuges.

82,16f. *Drehorgelmann:* Die wiederholt vorkommende Bezeichnung Settembrinis als ›Drehorgelmann‹ ist zunächst durchaus abwertend und steht im Kontext der ursprünglichen Konzeption Settembrinis als typischen Zivilisationsliteraten, eines von Mann in den *Betrachtungen eines Unpolitischen* entworfenen Schriftstellertypus romanischer Prägung, den er dort scharf angreift (vgl. V.1). Der Begriff ruft die Konnotation ›leiern‹ als gebetsmühlenartiges Wiederholen leerer Aussagen auf. Wißkirchen zufolge enthält die Bezeichnung dabei unterschiedliche Komponenten: Schon in den *Buddenbrooks* ist von den »italienischen Drehorgelmänner[n]« die Rede, »die mit ihren Sammetjacken und schwarzen Schnurrbärten zum Feste herbeigekommen waren« (GW I, 529) – dies geht wohl auf ein persönliches Erlebnis Manns in Lübeck zurück (vgl. Wißkirchen 1995, 94). Am 24. November 1951 bezeichnet Mann den Komponisten Ruggiero Leoncavallo (1858–1919) in seinem Tagebuch als »Drehorgelmann«; Leoncavallo hatte mit der Oper *Der Bajazzo* (1892) seinen einzigen Erfolg – ein ›Drehorgelmann‹ wäre demnach ein »Dilettant, dem die künstlerische und weltanschauliche Ernsthaftigkeit fehlt« (ebd.). Weiterhin hat Paul de Lagarde in seinen Schriften seine Kritik an den Anhängern der bürgerlichen Revolution im Bild des »Drehorgelmannes« vorgebracht, was Mann bekannt war. Auf der Basis dieser Quelle kann der Begriff ›Drehorgelmann‹ »auch als der Inbegriff der Kritik an einer erfolglosen und für die Deutschen nicht akzeptablen Tradition der Aufklärung verstanden werden« (ebd., 96).

82,20 *Settembrini:* vgl. zu Vorbildern und zur Konzeption dieser Figur V.1.

83,3 f. *Man könnte in der Tat vergessen, wo man sich befindet:* eine Anspielung Settembrinis auf Davos als ›Totenreich‹, die nachfolgend durch Verweise auf die griechische Mythologie und Homers *Odyssee* weiter ausgebaut wird.

83,19 *Minos und Rhadamanth:* In der griechischen Mythologie sind die beiden Brüder Minos und Rhadamanthys zwei der drei Totenrichter der Unterwelt, die entscheiden, ob die Seelen der Verstorbenen in das Elysium, das Gefilde der Seligen, oder in den Tartaros, den Ort der Verdammten, gehen sollen. Später (84,24 f.) wird deutlich, dass Settembrini mit Rhadamanth Behrens (und also mit Minos Krokowski) meint.

83,26 *Septem:* (lat.) sieben.

83,34 *Sie hospitieren hier nur, wie Odysseus im Schattenreich?:* Auf Geheiß von Kirke fährt Odysseus im 11. Gesang der *Odyssee* zum Totenreich, um von dem toten Seher Teiresias eine Prophezeiung über seine Heimkehr zu erlangen. Nach einer Beschwörung steigt eine lange Reihe von toten Seelen zu *Odysseus* herauf. Der Begriff ›Schattenreich‹ im Kontext von Odysseus' Hadesfahrt fällt auch in dem Buch des Nietzsche-Schülers und -Freundes Erwin Rhode (1845–1898) *Psyche. Seelencult und Unsterblichkeitsglaube der Griechen* (2 Bde., 2. Aufl. Freiburg i. Br. u. a. 1898), das Mann schon für die mythologischen Bezüge von *Der Tod in Venedig* nutzte (vgl. Lehnert 1965, 117).

83,35 f. *Welche Kühnheit … nichtig und sinnlos wohnen –:* Zitat aus Homers *Odyssee* (XI,475 f.). Settembrini lässt den Schluss des Verses (»die Schatten gestorbener Menschen«) aus, spricht aber wenig später von »Schatten« (84,33, vgl. Heftrich 1995, 233).

84,1 *In die Tiefe:* Schon die Beschreibung von Castorps Fahrt nach Davos in *Ankunft* spielt mit mythologischen Bezügen (vgl. 11,9–11 und Anm.) und einer Raumverwirrung beim Aufstieg mit dem Zug (vgl. 13,29–31 und Anm.). Castorp steigt hier zwar in die Höhe und nicht in die Tiefe, dies wird jedoch als Eintritt in »unangemessen[e] Sphären« charakterisiert (vgl. 13,18 und Anm.), was die Deutung des Sanatoriums als Unterwelt vorbereitet (vgl. VI.2).

84,5 *tief gesunkene Wesen:* »tief« nicht nur räumlich als Unterwelt, sondern auch moralisierend als ›liederlich, verworfen‹. Die Rede von »tief gesunkene[n] Wesen« weist damit auf den Zusammenhang von Krankheit, Sexualität und Tod hin, über den Castorp sich später noch viele Gedanken machen wird, vgl. die Abschnitte *Forschungen*, *Totentanz* und *Walpurgisnacht* (vgl. zur Verbindung von Sexualität und Tod auch VI.5 und VII.3).

84,9 *versimpelt:* vereinfacht, einfältig geworden.

84,17 *fixe:* feste.

84,23 f. *zudiktiert:* zudiktieren: aus einer Amtsgewalt heraus jemandem etwas Bestimmtes zuweisen.

84,28 *O dio:* (ital.) O Gott!

84,29 *Impertinentes:* Unverschämtes, Freches. Neben dieser tradierten Bedeutung von ›impertinent‹ mag hier jedoch auch die wörtliche Bedeutung des spätlateinischen *impertinens* durchscheinen: ›nicht dazu gehörig‹.

84,30–32 *das Wochenmaß nicht ... im großen Stil:* eine Erfahrung, die auch Joachim seinem Vetter schon mitteilte (vgl. 26,7–14 und Anm.) und die das Zeitempfinden von Hans Castorp später auch prägen wird.

84,33 *Schatten:* vgl. 83,34–36 und Anm.

85,4 *Ein Schiffsbaumeister:* Settembrinis Bezeichnung für Castorps Beruf verrät schon, dass Settembrini ein Freimaurer (vgl. Anm. zu 694,1 und V.1) ist, spielt doch die Bausymbolik in der Freimaurerei eine große Rolle (Nunes 1992, 93).

85,8f. *Nachruf für Carducci:* Giosuè Carducci (1835–1907), Professor für italienische Literatur in Bologna und einer der bedeutendsten italienischen Lyriker in der zweiten Hälfte des 19.Jh.s (Nobelpreis für Literatur 1906). Carducci griff in seiner Lyrik antike Formen und nationale Themen auf, setzte sich für die Freiheit Italiens ein und propagierte den Fortschritt. Dass Settembrini in diesem Abschnitt gleich bei seinem ersten Auftreten in die Nähe Carduccis gestellt wird (vgl. Anm. zu 81,31f.) und sich selbst »seinen Schüler« nennt (85,16), ist bezeichnend: Er wird so von Beginn an als gelehrter Literat, als Anhänger des Fortschritts, als italienischer Nationalist und letztlich auch als Freimaurer (vgl. Nunes 1992, 93) charakterisiert (vgl. V.1). Da Carducci am 16. Februar 1907 starb und Castorp im August 1907 nach Davos kommt, liegt der Nachruf, auf den Joachim hier aufmerksam macht, fiktionsintern kaum ein halbes Jahr zurück. Castorps Reaktion (85,11f.) verdeutlicht, dass er kaum humanistische und literarische Bildung besitzt – was Settembrini zu beheben versuchen wird.

85,19–22 *Ein Schiffsbaumeister! ... des praktischen Genies:* Obgleich Settembrini selbst wegen seiner Krankheit zur Untätigkeit verdammt ist, hält er den Wert der Arbeit sehr hoch, was ihn noch einmal als Freimaurer charakterisiert (Nunes 1992, 94). Castorps naturwissenschaftlich-technische Ausbildung wird so für Settembrini zum Anlass, ihn nicht an das ›Schattenreich‹ verloren zu geben.

85,25f. *Überhaupt, alle Arbeit ist schwer ... nicht wahr:* Damit hat Settembrini einen grundlegenden Charakterzug Castorps sofort erkannt, vgl. den Abschnitt *Bei Tienappels. Und von Hans Castorps sittlichem Befinden*, bes. 52,15–53,10.

85,31f. *Den leibhaftigen Satan ... eine Hymne an ihn gerichtet hat:* Carduccis *Inno a Satana* (1863) erschien 1865 als Flugblatt für Freunde unter dem Pseudonym Enotrio Romano. Satana als verneinender Geist, als *rebellione*, wird in dieser Hymne als treibender Geist der Menschheitsgeschichte und des Fortschritts gefeiert, Freiheit und Rationalität seien die von ihm vertretenen Werte – Werte, für die auch Settembrini als vernunftgeprägter Aufklärer eintritt.

85,35f. *O Salute, o Satana, o ribellione, o forza vindice de la ragione:* So die vorletzte Strophe der *Inno a Satana.* Sie findet sich in Wichtl, *Weltfreimaurerei*, ein Buch, aus dem Mann viele Informationen für die Gestaltung von Settembrini übernahm (vgl. V.1). Wichtl zufolge feiern gerade die italienischen Freimaurer Satan als Sinnbild der Vernunft, er übersetzt die Verse mit: »Sei gegrüßt Satanas, du Rebell, du rächende Kraft der Vernunft!« (ebd., 47).

86,1f. *dieser Teufel ... auf ausgezeichnetem Fuß:* vgl. Anm. zu 85,31f.

86,4 *jener andere:* Die Aufspaltung des Teufels bzw. Satans in verschieden interpretierte Figuren hat eine lange Tradition. In der christlichen Religion wird der Teufel meist mit dem Satan gleichgesetzt, Satan ist jedoch zunächst ein Dämon des Alten Testaments. Trotz dieser Gleichsetzung kam es im Laufe der Zeit zu verschiedenen Interpretationen des Teufels/Satans: Der Teufel kann auch – so etwa in Goethes *Faust* oder eben bei

Carducci – aufklärerische Züge haben; ›der andere‹ ist demgegenüber der Teufel als Verführer zum Bösen.

86,20 *Humanist:* Die Epoche der Renaissance (14.–16. Jh.) als Übergang vom Mittelalter zur Neuzeit wird in ihren philosophischen Grundlagen und literarischen Werken auch ›Humanismus‹ genannt. Der Humanismus strebte im Rückgriff auf die Antike nach der ›Wiedergeburt‹ (frz. *renaissance*) des wahren Menschen, den man in der Antike verwirklicht sah. Die Würde des Menschen wurde zu einem zentralen Bezugspunkt der Epoche. Unter einem ›Humanisten‹ lässt sich zum einen ein Mensch verstehen, der sich für das Wohl der Menschheit einsetzt und dem die Würde des Menschen der erste Wert ist. Zum anderen bezeichnet ›Humanist‹ auch jemanden mit humanistischer Bildung, die einen großen Stellenwert auf die antiken Sprachen und die klassisch-antike Kultur legt (und die klassischen Werke in ihrer Ursprungsform zur Kenntnis bzw. zu den Quellen zurückgehen will) und ebenfalls den Menschen in der Bildung seiner Persönlichkeit und das Ideal der Menschheitsbildung im Auge hat. – Mann entwickelte im Zuge seiner politisch motivierten *Betrachtungen eines Unpolitischen* (vgl. II) den Gegensatz von (hochgeschätzter) deutscher Kultur und (abgelehnter) romanisch-französischer Zivilisation, der er eine nur rhetorische, nicht wirkliche Humanität zuschrieb. Die Figur Settembrinis ist in ihrer ersten Konzeption als ein solcher romanischer »Rhetor-Bourgeois« (GW XII, 32) angelegt (vgl. V.1). Dass Settembrinis Humanismus quasi ›theoretisch‹ bleibt, wird im Fortgang der Stelle deutlich: »ich verstehe nichts von ingeniösen [vgl. Komm. zu 86,21] Dingen«.

homo humanus: (lat.) menschlicher Mensch; Synonym für: Humanist.

86,21 *ingeniösen Dingen:* Settembrini spielt damit auf Castorp als Ingenieur an, schreibt ihm aber zugleich (ironisch) schöpferisches ›Genie‹ zu. Die Wörter ›Ingenieur‹ und ›ingeniös‹ haben die gleiche Wurzel: Sie leiten sich beide von lat. *ingenium* ab, aus dem sich wiederum ›Genie‹ gebildet hat. ›ingeniös‹ als ›erfinderisch‹ wurde Anfang des 20. Jh.s zur Kennzeichnung nicht nur geistiger Schöpfungen, sondern auch technischer Errungenschaften benutzt: Die Doppelbedeutung, die Settembrini aufruft, ist dem Begriff also eingeschrieben.

87,8 *too rich:* (engl.) zu reichlich, zu reich.

87,13 f. *forcierte:* vgl. Anm. zu 76,14 f.

88,3 *Oper Ihres Meisters:* Wolfgang Amadeus Mozarts (1756–1791) Oper *Die Zauberflöte* (Urauff. 1791). – Angesichts der Tatsache, dass Settembrini der Musik eher kritisch gegenübersteht (vgl. VI.7), erstaunt seine Anspielung auf diese Oper zunächst. *Die Zauberflöte* gilt jedoch als eine ›freimaurerische Oper‹ (vgl. Nunes 1992, 97; vgl. zu Settembrini als Freimaurer V.1).

88,18 *Mediceischen Venus:* römische Mamorstatue, vermutlich aus dem 1. Jh. v. Chr. Das Attribut ›mediceisch‹ verweist auf die Villa Medici in Rom, in der die Statue im 17. Jh. stand (heute in den Uffizien in Florenz).

88,31 *Petrefakt:* Versteinerung.

88,34 f. *Frau Adriatica … eines Stiftes zu Bonn am Rheine:* Das reale Vorbild zu dieser Figur war wohl die Oberin des Waldsanatoriums in Davos (Katia Mann, *Memoiren*, 80). Vor- und Nachname konnte Mann Heinrich von Eickens Buch *Geschichte und System der mittelalterlichen Weltanschauung* entnehmen: Eicken berichtet die Legende der Römerin Adriatica, die in der Hochzeitsnacht von ihrem frommen Mann aus Angst um sein Seelenheil verlassen wurde (440); und er führt Irmentrudis von Mylendonk an, Äbtissin eines Stiftes in Bonn, die mit den an Jesus gerichteten Worten »O geliebtester unter den Männern« verstorben sein soll (474, vgl. Frizen 1980, 116, Anm. 19). Beides schreibt der Oberin eine asketische Lebensweise zu – nach Frizen steht sie damit in der Linie der ›asketischen Priester‹ (vgl. Anm. zu 181,14–17).

89,11 f. *von Petrarca zu reden, den er den »Vater der Neuzeit« nannte:* Francesco Petrarca (1304–1374), italienischer Humanist. Er bemühte sich als einer der ersten Gelehrten um die Wiederbelebung der Antike in der Renaissance und wurde auch als Dichter berühmt. Seine später unter dem Titel *Canzioniere* zusammengefassten Gedichte – zum größten Teil Sonette – hatten einen erheblichen Einfluss auf die europäische Literatur. Dass Settembrini hier Petrarca den »Vater der Neuzeit« nennt, weist auf die zentrale Bedeutung von Renaissance und Humanismus für Settembrini hin (vgl. Anm. zu 86,20).

89,19 f. *rechtshin, welcher zu Dis ... Ah, Virgil, Virgil:* Zitat aus dem Epos *Aeneis* von Publius Vergilius Maro (70–19 v. Chr.), in dem die Gründung Roms mythologisch auf Aeneas und damit bis auf den Krieg vor Troja zurückgeführt wird. (Settembrini benutzt hier die italienische Form ›Virgil‹.) Im sechsten Gesang steigt Aeneas in die Unterwelt hinab, wo sein toter Vater Anchises ihm im Elysium das Schicksal seiner Nachkommen und damit den Aufstieg Roms zur Weltmacht zeigt. Das Zitat lautet im Kontext (Vers 539–543, Übersetzung nach Johann Heinrich Voß): »Drängt doch die Nacht, Äneas, und wir verweinen die Stunden; / hier ist der Ort, wo der Weg in zwei Abwege sich scheidet. / Rechtshin, welcher zu Dis', des gewaltigen, Mauern hinanführt, / hierauf gehen wir fort ins Elysium: jener zur Linken / quält die Verbrecher mit Straf', in den frevelen Tartarus führend.« Settembrinis Zitat stellt noch einmal die Parallele zwischen dem Sanatorium und der Unterwelt her und vergleicht das Sanatorium streng genommen mit dem Elysium – da sie eben ›rechtshin‹ gehen. Rhadamanthys, den Settembrini ja mit Behrens gleichsetzt (vgl. Anm. zu 83,19), ist in der *Aeneis* allerdings der Richter, der im Tartaros sitzt (V. 566).

89,30 f. *›es funkelt ihr Auge in schlüpfrigem Licht‹ … Gott wußte, was es war:* Herkunft des Zitats unklar (vielleicht eine Erfindung Manns?).

89,33 *Windbeutel:* Frizen macht darauf aufmerksam, dass »Schopenhauer immer wieder Hegel und Konsorten« ›Windbeutel‹ nennt (1980, 166, vgl. zum Einfluss Schopenhauers IV.3.1).

89,35 *zu medisieren:* zu klatschen, übel nachzureden (zu frz. *médisance* ›üble Nachrede‹).

90,6 *Erfinder der Sommersaison:* Davos war seit den 1870er Jahren hauptsächlich ein Winterkurort; die Kranken reisten aus Angst vor der angeblich schädlichen Wirkung der Schneeschmelze ab. Dies änderte sich Anfang des 20. Jh.s – ein ›Erfinder‹ der Sommersaison ist aber nicht bekannt (vgl. Sprecher 1996, 134 ff.).

90,16 *lanciert:* platziert, gezielt.

90,18 *In-tu-i-tion:* Eingebung, unmittelbare Anschauung.

90,20 f. *Professor Kafka:* Die Namensgebung hat nichts mit Franz Kafka zu tun. Am 1. August 1921 schrieb Mann in sein Tagebuch: »Zum Thee L. Hardt, der mir Prosa eines Pragers, Kafka, vorlas, merkwürdig genug«; am 22. November 1921: »Sehr interessiert war ich von den Schriften Franz Kafka's, die der Recitator Hardt mir empfahl« (TB I, 542 und 547). Mann hat Kafkas Schriften also erst spät, 1921, kennengelernt, die Überarbeitung des dritten Kapitels war jedoch schon 1919 abgeschlossen. Im *Yale Zauberberg-Manuscript* steht zunächst »Professor Kalzak«, dann »Kafka«, dann »Professor Kafka« (ebd., 68).

90,27 *Fiume:* italienischer Name für die kroatische Küstenstadt Rijeka.

90,30 *Celebrissimo:* (ital.) berühmtesten.

90,33 *fahre auf Gummi:* redensartlich für ›angenehm reisen‹ und/oder ›begütert sein‹. Die Redensart bezieht sich auf gummibezogene Reifen bei Kutschen, die anders als Holzräder oder Stahlfelgen das Reisen zwar bequemer machten, zunächst aber noch sehr teuer waren.

90,36 *des Rebstocks erheiternde Gabe:* Wein.

91,2 *Phthise:* (griech., wörtl. ›Auszehrung‹) Schwindsucht, früher eine gängige Bezeichnung für Lungentuberkulose.

91,6 *Suade:* Redeschwall.

91,17 *Plastisch, wie?:* Die ›plastische‹ Redensweise Settembrinis wird auch nachfolgend als Leitmotiv immer wieder aufgegriffen. Sie kennzeichnet Settembrini ironisch als Typus des Zivilisationsliteraten der *Betrachtungen eines Unpolitischen* (vgl. V.1), der Mann zufolge »schön, generös, werbekräftig und klar-programmatisch« spricht (GW XII, 50f.). Sein Stil habe ein »herrliches Tremolo, einen bewunderungswürdigen Schwung« (59), er besitze ein »wohlartikuliertes Ideal« und Literatur sei für ihn »sprachlich artikulierte[r] Geist« (50f.).

91,21 *unsere Höllenrichter:* vgl. Anm. zu 83,19.

92,18f. *pädagogische Absicht … eine pädagogische Ader:* vgl. zu Settembrini als Pädagogen die Lesart des *Zauberbergs* als Bildungsroman in VII.2.

92,27f. *Das humanistische Gymnasium:* während Castorp das Realgymnasium besucht hat (vgl. Anm. zu 49,21f.).

92,29 *in abstracto:* (lat.) verallgemeinernd, im Allgemeinen.

Gedankenschärfe

93,24 *litewkaartige:* Litewka (poln., ›litauische Jacke‹): zweireihig geknöpfter Uniformrock des deutschen Heeres mit Umlegekragen, der außerhalb des Dienstes an Stelle des Waffenrocks getragen wurde.
Joppe: Jacke.

94,17 *wenn man ihr aufpaßt:* wenn man auf sie aufmerksam ist; ›aufpassen‹ war früher in dieser Bedeutung mit dem Dativ geläufig.

94,17–95,30 *Ja, wenn man ihr aufpaßt … erlaube mir mal:* Das Gespräch zwischen Joachim und Castorp stellt die erste umfangreiche Reflexion über das Wesen der Zeit dar – ein Motiv, das vorher schon mehrmals anklang (vgl. 9,22–24; 26,7–14 und 84,30–32; zur Zeit im *Zauberberg* VI.4).

95,8–11 *Wir messen also die Zeit mit dem Raume … ja, mit der Eisenbahn:* vgl. Anm. zu 12,12–17 – auch diese Stelle lässt sich als Anspielung auf den Vers »zum Raum wird hier die Zeit« aus Wagners *Parsifal* lesen.

95,16f. *Was ist denn die Zeit?:* Ganz ähnlich wird später auch der Erzähler fragen: »Was ist die Zeit?« (vgl. 474,3 und Anm.).

96,25 *kattunartigem:* Kattun: leinwandartiges Gewebe aus Baumwolle.

96,34 *Loggia:* Bogenhalle, überdachter Balkon mit Säulen.

97,24 *Es schimmerte weiß … vor lauter Milch:* Der Davoser Arzt Alexander Spengler (1827–1901), der die Tuberkulosebehandlung in Davos lange Zeit prägte, empfahl als spezielle Diät für Tuberkulosekranke u. a. Milch (Rüttimann 1997).

99,10 *Porridge:* (engl.) Haferbrei.

99,15 *Juchtenstiefelchen:* Juchten: festes, geschmeidiges Leder. *Boa:* schmaler Schal aus Pelz oder Federn als Halsbekleidung.

100,10 *konversierte:* Konversation betrieb.

Ein Wort zuviel

102,13 *Hospitanten:* Gasthörer.

103,25 *Mazurka:* polnischer Volkstanz im Dreivierteltakt.

104,21 *Trottoir:* (frz.) Bürgersteig; hier: Pflaster.

104,31 *Rotunde:* kreisförmig angelegter Bau mit Kuppeldach.

105,13 *petits chevaux:* (frz., ›kleine Pferdchen‹) das Spiel ›Mensch ärgere dich nicht‹.

105,16 *pointieren:* in einem Glücksspiel gegen die Bank setzen.

Natürlich, ein Frauenzimmer!

106,30 *Crême d'orge:* (frz.) Gerstencremesuppe.

108,13f. *kosmische Anstalt:* Frau Stöhr meint eine kosmetische Anstalt (ein Kosmetikstudio).

109,16 *Sweater:* Pullover, der meist zum Sport getragen wurde.

110,17 *Madame Chauchat:* Auch zu Clawdia Chauchat scheint es ein Vorbild in Davos gegeben zu haben, »eine slawisch-russische Patientin«, die Mann durch ihr Türenwerfen gereizt habe – so Katia Mann (*Memoiren*, 80f.). Darüber hinaus ist über Quellen und Vorbilder wenig bekannt: Im Jahre 1918 studierte Mann Arthur Moeller van den Brucks Bemerkungen zur »slawische[n] Rasse« in der Einleitung einer Dostojewski-Ausgabe »mit Blick auf Mme Chauchat« (TB I, 34); 1920 las er ein Buch von Nadja Strasser über *Die Russin* (TB I, 434, vgl. zu beidem Neumann 2002 / GKFA 5.2, 78ff.). Im Juni 1920 betrieb er bei dem Besuch einer »Soirée russischer Tänzerinnen« auch physiognomische Studien in Sicht auf Clawdia, deren Porträt beim Hofrat es gerade zu schildern galt (TB I, 447; vgl. ZB, 355f.). Die russische Herkunft Clawdias ist für die Konzeption des Romans wichtig, denn sie steht auf der Seite des ›Ostens‹ und damit in Opposition zu Settembrini als Vertreter des ›Westens‹. Zur Zeit der Abfassung des *Zauberbergs* war Mann von Russland und dem Typus des russischen Menschen besonders als Gegenmodell zur westlichen (französisch-romanischen) Humanität fasziniert (vgl. III und IV.3.6). – Clawdia wird im Roman mehrfach mythologisiert: vgl. VI.2.

111,9 *Blauen Heinrich:* vgl. Anm. zu 17,13–16.

Herr Albin

113,2 *schlenkricht:* (veraltet) schlenkerig, die Gliedmaßen schlenkernd.

113,6 *Paletot:* zweireihiger Herrenmantel.

114,28 f. *dem Schicksal ... zu fallen:* den Lauf des Schicksals aufhalten. Das Schicksal wird oft als ›Rad‹ vorgestellt, abgeleitet vom Glücksrad der Fortuna und von den Schicksalsgöttinnen in der antiken und nordischen Mythologie, die den Faden des Schicksals an einem Spinnrad spinnen.

115,16 *Laffe:* aufgeblasener, oberflächlicher junger Mann, Geck.

115,19 *Untersekunda:* sechste Klasse des Gymnasiums, entspricht der heutigen zehnten Klasse.

Satana macht ehrenrührige Vorschläge

116,33 *Insubordination:* Ungehorsam, Gehorsamsverweigerung.

117,3 *appliziert:* (ein Heilmittel) verabreicht.

117,19 f. *spintisieren:* grübeln, nachdenken.

118,17 *Juliennesuppe:* klare Suppe mit Einlage von Gemüsestreifen.

118,21 *Pumpernickel:* spezielles (westfälisches) Schwarzbrot.

119,7 *Chester:* Käse, benannt nach der englischen Stadt Chester.

119,16 *lag man dem Spiele ob:* gab man sich dem Spiel hin.

119,20 f. *stereoskopischen Guckkasten:* Apparat, bei dem zwei leicht versetzt angebrachte Abbildungen eines Objekts für den Betrachter zu einem räumlichen Bild verschmelzen. Sir Charles Wheatstone (1802–1875) baute das erste, über Spiegel arbeitende Stereoskop. Sir David Brewster (1781–1868) entwickelte dann 1849 ein Verfahren für stereoskopische Fotografien und erfand für deren Wiedergabe das hier beschriebene, mit getrennten Linsen für jedes Auge versehene Stereoskop, das Ende des 19. und noch Anfang des 20. Jh.s ein beliebter Unterhaltungsgegenstand war.

119,22 f. *venezianischen Gondolier:* eine Anspielung auf *Der Tod in Venedig*, zu dem *Der Zauberberg* ja ursprünglich »ein Satyrspiel« sein sollte (vgl. III).

119,27 f. *drehende Trommel … Filmstreifen:* Es handelt sich hier um das 1891 von Thomas Alva Edison (1847–1931) erfundene Kinetoskop, das mit 35-mm-Filmstreifen arbeitete. Das Kinetoskop erlaubte nur einem Betrachter die Ansicht des Films und wurde bald zu einer Jahrmarktsattraktion (vgl. zum ›Kino‹ hingegen 436,18).

120,6 *Portieren:* schwere Türvorhänge.

120,8 *konkavem:* nach innen gewölbtem.

120,30 *flausartigem Rock:* vgl. Anm. zu 81,33.

122,1 *im vierundzwanzigsten:* In 55,1 war Castorp bei Beginn seiner Reise noch im »dreiundzwanzigsten Lebensjahr«. Der Widerspruch erklärt sich vermutlich aus Manns Umarbeitungen an den ersten Kapiteln: Am 31. Mai 1919 heißt es im Tagebuch: »Schrieb weiter (in der seidenen Jacke) an dem 1. Kapitel [das jetzige zweite Kapitel, vgl. II] u. beschloß, H. C. zwei Jahre jünger, als ursprünglich, die Reise antreten zu lassen, was sich in jeder Hinsicht empfehlen dürfte« (TB I, 253). Einen Tag später jedoch entschließt sich Mann, »dass ich H. C. doch lieber wieder um 2 Jahre älter mache« (ebd., 254).

123,17 *akklimatisieren:* sich an veränderte Klimabedingungen anpassen.

124,7 *Stummen Schwester:* Dieses ›stumme‹ Thermometer wurde 1896 von dem Kurarzt Aimé Mercier (1849–1913) eingeführt (vgl. Virchow 1995b, 12).

124,31 *Loggia:* vgl. Anm. zu 96,34.

126,1 *in flagranti:* (lat., ›auf brennender [Tat]‹) auf frischer Tat; aus römischen Gesetzestexten übernommene Wendung.

Réaumur: Temperatureinheit, die 1730 von René-Antoine Ferchault de Réaumur (1683–1757) eingeführt wurde. Zwischen dem Gefrier- und dem Siedepunkt des Wassers liegt eine Skala von 80 Einheiten, 9 °R entsprechen also gut 11 °C.

127,11 *Logen:* Loge: kleiner, zur Bühne hin offener, abgetrennter Raum im Theater, hier: der Balkon.

129,36–130,2 *»Sie stören!« hörte er sich deutlich sagen ... und Sie stören hier!«:* Dass Settembrini als ›Drehorgelmann‹ (vgl. Anm. zu 82,16f.) stört, wird nachfolgend zu einem Leitmotiv des Romans. Castorps reservierte Haltung gegenüber Settembrini auf einer unbewussten Ebene (im Traum) wird so immer wieder deutlich, während er im wachen Zustand durchaus versichert, Settembrini störe nicht, so etwa bei dessen Besuch an Castorps Krankenbett: »[...] – ich möchte beileibe nicht stören.« »Sie stören mich keine Spur.« (269,28 und 270,6.)

Viertes Kapitel

Notwendiger Einkauf

131,11 *Lehnen:* (süddt./schweiz./österr.) Abhänge.

131,13 *Waschblusen:* Blusen, die für Kochwäsche geeignet sind.

131,19 *Lüsterjacken:* vgl. Anm. zu 68,14.

131,21 *Rock:* vgl. Anm. zu 82,1.

133,17 *Konfusion:* Verwirrung.

134,13 *elegischer:* wehmütiger, klagender (zu ›Elegie‹: ursprünglich jedes griechische Gedicht im Versmaß des Distichons, später allgemein wehmütiges, klagendes Gedicht).

135,1 *Réaumur:* vgl. Anm. zu 126,1. 20 °R entsprechen 25 °C.

135,4 *Tramontanawind:* (ital.) über die Alpen kommender, kalter Nordwind.

135,16 *uomo letterato:* (ital.) Schriftsteller, Literat, Intellektueller.
Boccaccio's: Giovanni Boccaccio (1313–1375), italienischer Humanist (vgl. Anm. zu 86,20), der gemeinsam mit Petrarca (vgl. Anm. zu 89,11 f.) das Studium der antiken Literatur in der Renaissance anstieß, sich um die Rezeption Dantes (vgl. Anm. 221,2) verdient machte und mit der Novellensammlung *Il Decamerone* (1349–1353) eines der bedeutsamsten literarischen Werke in italienischer Sprache schrieb.
135,18 *Haparanda:* Stadt in Schweden an der Grenze zu Finnland.
135,21 *Distinktion:* Würde, hoher Rang.
135,23 *idioma gentile:* (ital.) hier etwa: die liebe Muttersprache.
135,27 *Virgils:* Vergils. Settembrinis Vater wird so noch einmal als Humanist (vgl. Anm. zu 86,20) gekennzeichnet, Settembrini selbst zitiert aus Vergils *Aeneis* (vgl. 89,19 f. und Anm.).
137,11 f. *Krankheit muß … klug und besonders machen:* Ein Gedanke, der sich primär auf Nietzsches Krankheits-Verständnis (vgl. IV.3.2), indirekt auch auf Arthur Schopenhauers (1788–1860) Willensmetaphysik zurückführen lässt (vgl. IV.3.1). Schon im Jahre 1902 während eines Aufenthalts in einem Sanatorium in Riva notierte sich Mann: »Krank und dumm: eine durchdringend melancholische Complikation« (NB II, 79). Dass Krankheit klug macht, war dabei offenbar auch Manns eigene Ansicht; im Tagebuch heißt es am 5. Januar 1919 von seiner Tochter Elisabeth: »Die Kleine war klug und reizend. Mir scheint, dass sie durch Krankheit klüger geworden ist« (TB I, 126).
137,21 *Sapristi:* (frz.) Donnerwetter!
137,25 f. *Deduktionen:* Schlussfolgerungen, Ableitungen.
137,29 *Pedanten:* Ordnungsfanatiker.
138,4 *entraten:* ermangeln; entbehren.

138,5 *Placet experiri:* (lat.) Es gefällt, Versuche anzustellen. Castorp erprobt nachfolgend viele für ihn neue Gedanken »unverbindlicherweise und mehr zum Versuch« (222,27f.) und nennt das ›Placet experiri‹ den »Wahlspruch« Petrarcas (559,21). Die Formel stammt tatsächlich von Petrarca, kann allerdings nur schwer als sein ›Wahlspruch‹ gelten (vgl. hierzu Völker 1973). Zugleich mag auch Friedrich Nietzsche Pate für die entsprechende Geisteshaltung Castorps gestanden haben (Völker 1974, S. 172f.). In der *Fröhlichen Wissenschaft* schreibt Nietzsche: »Ich lobe mir eine jede Skepsis, auf welche mir erlaubt ist zu antworten: ›Versuchen wir's!‹ Aber ich mag von allen Dingen und allen Fragen, welche das Experiment nicht zulassen, Nichts mehr hören« (GOA 5, 86 / *Fröhliche Wissenschaft* 77).

138,31 *Bresthaftigkeit:* bresthaft: mit einem Gebrechen behaftet.

139,13 *Rückneigung:* vgl. hierzu den Themenkomplex der ›Sympathie mit dem Tode‹ in VI.6.

139,25 *zeitigen:* bewirken.

140,9 *Leopardi:* Giacomo Graf Leopardi (1798–1837), italienischer Dichter und Herausgeber Petrarcas (vgl. Anm. zu 89,12), der selbst als wichtigster italienischer Schriftsteller nach Petrarca gilt und zeitlebens unter großen gesundheitlichen Beschwerden litt. Leopardis oft ironische und satirische Dichtung (Gedichtsammlung *Canti* von 1831, erweitert 1835) ist geprägt von Weltschmerz, innerer Zerrissenheit und Skepsis gegenüber dem Fortschritt und Nihilismus.

141,18 *dilettiert:* sich als Laie und aus Liebhaberei mit etwas beschäftigt.

141,20–23 *Der begabte junge Mensch … alles schon geschrieben steht:* Settembrini spielt hier auf die Vorstellung des Menschen als ›unbeschriebenes Blatt‹ an (vgl. 54,34f. und Anm.) und gibt sich somit als ›Erzieher‹ zu erkennen.

141,22 f. *sympathetischer Tinte:* unsichtbar schreibender Tinte, die erst nach einer speziellen Behandlung sichtbar wird.

142,17–22 *Ich habe immer den Eindruck … auch darauf achtet:* entspricht Manns Beschreibung des Zivilisationsliteraten in den *Betrachtungen eines Unpolitischen* (vgl. Anm. zu 86,20 und V.1).

Exkurs über den Zeitsinn

145,12 *gefriedete:* doppeldeutig im Sinne von ›eingezäunt‹ (›umfriedet‹) und ›ruhig, geschützt‹ (›befriedet‹).

146,10–147,27 *das Erlebnis der Zeit … der Traum einer Nacht:* Die Passage bildet die erste große Zeitreflexion des Erzählers, vgl. später 197,29–35, 255,3–256,12, 741,2–750,30; zum Thema ›Zeit‹ im *Zauberberg* VI.4.

147,32–148,9 *Komisch ist … ›Sehr lange‹:* Im Gegensatz zu Castorps vorheriger Reflexion über das Wesen der Zeit (94,17–95,30) ist diese Betrachtung nicht mehr rein abstrakt, sondern beruht auf eigener Erfahrung – insofern schließt Castorp sich nun Joachim (vgl. 26,7–14) und Settembrini (vgl. 84,30–32) an, ein Zeichen seiner zunehmenden Eingewöhnung in die spezielle Sphäre des Ortes.

147,36 *retrospektiv:* rückblickend.

148,8 *Nonsens:* (engl.) Unsinn.

Er versucht sich in französischer Konversation

148,33 *obenhin:* oberflächlich.

149,11 *moribundi:* (lat.) im Sterben liegende.

149,18–20 *unsere Sommersaison … zu poussieren:* vgl. Anm. zu 90,6.

149,20 *zu poussieren:* zu umwerben.

149,25 *Hotevoleh:* Haute volée: die oberen Zehntausend, die vornehme Gesellschaft (von frz. *de haute volée* ›von hohem Rang‹).

149,34 *Fiaskos:* (ital.) Flaschen.
Oxygen: Oxygenium: Sauerstoff.
149,35 *ausgekneipt:* eigenwillige Wortbildung von Behrens für ›austrinken‹ (›kneipen‹: umgangssprachlich für ›trinken‹; vgl. auch Anm. zu 75,16).
149,36 *ad penates gehen:* eigenwilliger Ausdruck von Behrens für ›heimgehen‹ im Sinne von ›sterben‹ (lat. *penates* ›Hausgötter‹; vgl. Anm. zu 252,20).
153,8 *Mantille:* Schultertuch, halblanger Mantelumhang.
153,15 *jettschwarzen:* Jett: tiefschwarze Braunkohle, früher zu Schmuck verarbeitet.
154,3 *Viatikum:* vgl. Anm. zu 77,30.

Politisch verdächtig!

155,10 f. *Spitzenmatinee:* Matinee: hier: Morgenkleid.
155,33 *Lebewelt:* die nur für den Genuss lebende Gesellschaft.
156,17 *Tapirs:* Tapir: in Asien und Südamerika beheimatetes Säugetier mit kurzem Rüssel.
156,19 *Monokel:* Korrekturglas für ein Auge, das davorgeklemmt oder -gehalten wurde.
156,20 f. *lang gewachsenen, salzlöffelähnlichen Nagel:* Mann spielt hier vielleicht auf das medizinische Symptom der sogenannten Uhrglasnägel an, die u. a. bei Lungentuberkulose auftreten können.
156,21 f. *kapitaler:* besonderer, sehr großer.
156,34–36 *von der Musik … geröteten Augen:* vgl. Anm. zu 57,32–58,4.
158,17 *hospitiere ich:* nehme ich als Gast teil.
158,36 *Indifferente:* das Unbestimmte.
159,10 *Quietismus:* im 17. Jh. entstandene religiöse Lehre, die eine passive Haltung gegenüber den Dingen des Lebens und das Erlangen einer inneren ›Ruhe in Gott‹ anstrebt (von lat. *quietus* ›ruhig‹).
159,11 f. *Ich hege eine politische Abneigung gegen die*

Musik: Settembrini übernimmt damit eine Position, die Mann in den *Betrachtungen* der westlichen ›Rhetor-Bourgeoisie‹ zugeschrieben hatte, während er die Deutschen als ein Volk sah, das in einer engen Beziehung zur Musik steht (vgl. VII.7).

160,26 *Opiate:* aus dem Opium gewonnene Alkaloide; schmerzstillende, bewusstseinsverändernde und betäubende Arznei- bzw. Rauschmittel.

Hippe

161,9 *Hippe:* Přibislav Hippe hat ein reales Vorbild, Manns Mitschüler Williram Timpe. Am 15. Juli 1935 heißt es in Manns Tagebuch: »mein[e] Passion für W. T., den zum Pribislav Hippe Erhöhten« (TB III, 143; vgl. auch Anm. zu 171,24). Die Passion wird im Roman gleichwohl literarisiert, was sich (trotz der Anlehnung des fiktiven Namens an das Vorbild in der Vokalabfolge) auch in der Namensgebung zeigt: Eine ›Hippe‹ ist ein Messer mit einer sichelförmigen Klinge und wurde ab dem 18. Jh. auch als Synonym für ›Sense‹ in Beschreibungen des personifizierten Todes gebraucht. Der Name verweist also auf den Tod, ein zentrales Motiv des *Zauberbergs.*

161,31 *Fond:* hinterer Teil eines Wagens, Rücksitze (die »Rückplätze«, auf denen »die jungen Mädchen« sitzen, sind dagegen die Plätze mit dem Rücken zum Kutscher).

162,25 *auf eigene Hand:* auf eigene Verantwortung.

162,31 *chaud-froid:* Vorspeise aus zerkleinertem Geflügel in Aspik.

162,32 *Patisserie:* (frz.) feines Backwerk.

163,4 *Hospitant:* vgl. Anm. zu 102,13.

163,10 *Kollegien:* Vorlesungen.

164,9 *Akklimatisation:* vgl. Anm. zu 123,17.

165,4 *Kommers- und Turnliederbüchern:* Kommers: (Studentensprache) festliches Trinkgelage. Ein Kommersbuch versammelt Lieder, die bei solchen Gelegenheiten gesungen werden.

165,7 f. *Die Barden sollen … Tugend preisen:* Zitat aus dem auch als ›Weihelied‹ bekannten Lied *Stimmt ein mit hohem, hellem Klang*, das zum Liedgut von Studentenverbindungen gehört (Text: Matthias Claudius, 1772, Melodie: Albert Methfessel, 1811).

166,4 *Serpentinen:* in Form von Schlangenlinien gewundener, steiler Weg an einem Berghang.

167,28 f. *Urbild … geträumt:* vgl. 129,7–19.

167,28 *gemodelten:* gestalteten, in eine Form gebrachten.

167,30 *Aufhebung des Raumes und der Zeit:* eine Erfahrung, die sich als ›mythisch‹ bezeichnen lässt (vgl. Anm. zu 12,12–17 und 95,8–11; zu den mythologischen Motiven im *Zauberberg* VI.2; zur Zeit im *Zauberberg* VI.4).

167,36 *Untertertianer:* Schüler der vierten Klasse des Gymnasiums, also der heutigen achten Klasse.

168,8–11 *Auf dem Hofe … abgetrennt war:* Die Beschreibung entspricht dem Schulhof des Katharineums in Lübeck, das Mann als Kind besuchte.

168,13 *glasierten:* mit einem glasartigen Überzug versehene Ziegel, Keramik usw.

168,26 *wendisch-slawischem:* Wenden: allgemein die im Gebiet von Mittel- und Ostdeutschland früher ansässigen (West-)Slawen, Anfang des 20. Jh.s speziell auch als Bezeichnung für die zwischen Ober- und Niederlausitz ansässigen Sorben.

168,36 *Kirgise:* Angehöriger des früher als Nomaden lebenden Volkes der Kirgisen in Zentralasien.

169,2 *Joppe:* vgl. Anm. zu 93,24.

171,13 *angehen:* bitten.

171,24 *Bleistift leihen:* ein Ereignis, das auf ein Jugenderlebnis Manns mit Williram Timpe zurückgeht: Bei einem Besuch der Vaterstadt Lübeck im Jahre 1953 erinnert sich Mann: »Katharineum, der Schulhof, verewigt, Willri Timpe und der Bleistift« (TB X, 69).

171,30 *Crayon:* (frz.) Stift; im 19. und noch Anfang des 20. Jh.s auch in Deutschland gebräuchliche Bezeichnung für einen Bleistift.

171,31–33 *mit einem Ring … wachse:* Die sexuelle Konnotation des hier beschriebenen Druckbleistifts auf psychoanalytischer Ebene ist kaum zu übersehen. Nicht ohne Grund besucht Castorp im Anschluss an diese traumähnliche Rückerinnerung Krokowskis Kolleg über »Die Liebe als krankheitbildende Macht« (163,11 f.).

172,12–14 *bewahrte er … seines Pultes auf:* Auch dieses Detail verdankt sich Manns Begegnung mit Williram Timpe: Am 15. September 1950 erwähnt er im Tagebuch die »Bleistiftschnitzel W. T.'s« (TB VIII, 267). Vgl. Anm. zu 171,24.

172,21 *revidierte:* prüfte.

172,35–173,1 *ähnlich er ihr sah … so für ihn interessiert:* Dass Clawdia Chauchat Castorp an Hippe erinnert, wurde vorher mehrmals im Roman vorbereitet: vgl. 110,11 f., 120,18 f., 123,13 f. sowie 129,7–19. Die Rückerinnerung an Hippe stellt eine Anamnese dar (im engeren Sinne das Wiedererkennen von angeborenen Ideen nach Platon, im weiteren Sinne die Erinnerung an Vorgeprägtes). Die Idee hierzu lässt sich auf den Einfluss Sigmund Freuds (1856–1939), aber auch auf den Arthur Schopenhauers zurückführen: Beide entwerfen ähnlich die Vorstellung eines in historischer Urzeit liegenden ›Typus‹, die im einzelnen Individuum über die Zeit hinweg wiederkehre (vgl. Dierks 1991; zur Psychoanalyse VI.3, zu Schopenhauer IV.3.1). Dass es sich bei Hippe/Chauchat in diesem Sinne um ein und dieselbe Person bzw. eine Hans prägende ›Urerfahrung‹ handelt, verdeutlicht auch sein Erklärungsversuch, in dem die tatsächliche zeitliche Abfolge der Begegnungen irrelevant wird – was den anamnetischen Vorgang zugleich in die Nähe des Mythischen rückt (vgl. hierzu VI.2) und eine

›Wiederkehr des Gleichen‹ impliziert (vgl. hierzu VI.4). Die Liebe Castorps zu Clawdia bekommt über die Rückerinnerung an Hippe homosexuelle Züge (vgl. Anm. zu 180,33f. sowie VI.5). Der »Kirgise« Hippe und die Russin Chauchat stehen weiterhin leitmotivisch für den ›Osten‹ als ein dem ›Westen‹ entgegengesetztes Prinzip (vgl. hierzu Anm. zu 218,31–219,3 sowie III).

173,24 *Trambahn:* (süddt.) Straßenbahn.

Analyse

174,14–17 *von frischer Tat kommenden Mörder ... Chauchat:* Dierks interpretiert die vorangegangene Szene der anamnetischen Rückerinnerung an Hippe auf der Bank und diese Bezeichnung Castorps als ›Mörder‹ im Sinne einer psychoanalytischen Übertragung: Das, was Castorp für Hippe empfunden hatte, überträgt er nun auf Clawdia, was letztlich »einen Akt der Gewalt, geradezu den Mord an Hippe« bedeutet (1995, 186). Vgl. zur psychoanalytischen Struktur des Hippe/Clawdia-Komplexes VI.3.

174,32f. *zusammengesunken und schlaff:* Die schlechte Haltung Chauchats ist leitmotivisch mit dem ›Osten‹ verbunden (vgl. Anm. zu 218,31–219,3).

175,34f. *Panoptikum:* Kuriositätensammlung, auch Wachsfigurenkabinett.

176,6 *Was redete denn Dr. Krokowski:* Krokowskis Ausführungen basieren wesentlich auf Freuds *Drei Abhandlungen zur Sexualtheorie* aus dem Jahre 1905 (vgl. Finck 1973,58–62). Vgl. zur Psychoanalyse im *Zauberberg* VI.3.

177,13–16 *unerbittlich der Erkenntnis die Ehre ... Engelsreinheit des zarten Kindes:* nach Finck (1973, 59f.) eine Anspielung auf Freuds *Drei Abhandlungen*: denn »niemals wieder behandelte Freud die sexuellen Abirrungen und die infantile Sexualität in so knapper Form und unter solch souveräner Mißachtung der möglichen Reaktionen des Lesers.«

178,2–18 *Seelische Widerstände ... Anspannung und Leidenschaft:* Dies basiert deutlich auf Freuds *Drei Abhandlungen*, in denen es heißt (71, 73): »[...] daß der Sexualtrieb gegen gewisse seelische Mächte als Widerstände anzukämpfen hat, unter denen Scham und Ekel am deutlichsten hervorgetreten sind. Es ist die Vermutung gestattet, dass diese Kräfte daran beteiligt sind, den Trieb innerhalb der als normal geltenden Schranken zu bannen.« Nun lasse der »hysterische Charakter [...] ein Stück Sexualverdrängung erkennen, welches über das normale Maß hinausgeht, eine Steigerung der Widerstände gegen den Sexualtrieb, die uns als Scham, Ekel und Moral bekannt geworden sind.« (Vgl. Finck 1973, 60f.)

178,3 *Korrektive:* Mittel zur Ausgleichung oder Verbesserung.

178,30 *Pyrrhussieg:* ein Sieg, der unter so großen Opfern erkauft ist, dass er eigentlich einer Niederlage gleichkommt. Der Name leitet sich von dem König von Epirus ab, der 279 v. Chr. bei Asculum nur unter großen Verlusten über die Römer siegte.

179,16 *In Gestalt der Krankheit:* auch dies nach Freud, der in den *Drei Abhandlungen* ausführt (74), dass zwischen »dem Drängen des Triebes und dem Widerstreben der Sexualablehnung« sich dann »der Ausweg der Krankheit« herstellt, »der den Konflikt nicht löst, sondern ihm durch die Verwandlung der libidinösen Strebungen in Symptome zu entgehen sucht.« (Vgl. Finck 1973, 61.)

179,28–180,11 *den zugehörigen Arm ... leichteste Gaze:* Die Beschreibung weist auf Ingeborg Holm in *Tonio Kröger* zurück, die »auf eine gewisse Art ihre Hand, eine gar nicht besonders schmale, gar nicht besonders feine Kleinmädchenhand zum Hinterkopf führte, wobei der weiße Gazeärmel von ihrem Ellenbogen glitt« (GW VIII, 281f.).

180,11 *Gaze:* netzartig durchbrochener, durchsichtiger Stoff aus Seide oder Baumwolle.

180,33 f. *wenn die Frau ... nicht zur Mutterschaft taugte:* Die kinderlose und kranke Clawdia Chauchat wird über das Motiv der ›Unfruchtbarkeit‹ mit dem Phänomen der Homosexualität in Verbindung gebracht, wie nachfolgend auch in 181,4–6 durch Castorps Gleichsetzung des Interesses an einer »kranke[n] Frau« mit dem Interesse an Přibislav Hippe deutlich wird. In seinem Essay *Die Ehe im Übergang* aus dem Jahre 1925 stellt Mann die ›unfruchtbare‹ und ›freie‹ Homosexualität der pflichtverbundenen Ehe gegenüber: vgl. den Ausschnitt in VIII.1, S. 405 f. sowie zu den Beziehungen zwischen Essay und Roman VI.6.

181,14–17 *Jesus am Kreuz ... mit offenen Armen:* Krokowski trägt deutliche Züge des ›asketischen Priesters‹ nach Nietzsche, der – selber krank – aus Ressentiment gegenüber den Gesunden Verzicht und Askese predigt, um zur Macht über das Leben zu gelangen. Nietzsche zufolge hat der asketische Priester »am Missrathen, Verkümmern, am Schmerz, am Unfall, am Hässlichen, an der willkürlichen Einbusse, an der Entselbstung, Selbstgeisselung, Selbstopferung ein Wohlgefallen« (*Zur Genealogie der Moral*, GOA 7, 5, 427 / *Genealogie*, 116). Mit seinem Machtstreben »hält er die ganze Heerde der Missratenen, Verstimmten, Schlechtweggekommenen, Verunglückten, An-sich-Leidenden jeder Art am Dasein fest, indem er ihnen instinktiv als Hirt vorangeht« (GOA 7, 431 / *Genealogie*, 119). Die Wortwahl ›Priester‹ kommt bei Nietzsche nicht von ungefähr, denn der asketische Typus inszeniere sich als »Heiland«; Nietzsche nennt ihn auch »Arzt« (GOA 7, 443 / *Genealogie*, 130). Dass Krokowski hier die Haltung von Christus am Kreuz einnimmt (Nietzsche zufolge das Symbol für den Aufstand der ›Schwachen‹ gegen die Lebensgesunden und ›Starken‹), verweist also auf diesen Typus. Damit wird Krokowski ›entlarvt‹: Die Psychoanalyse ist für ihn ein Mittel, um Herrschaft über die Kranken auszuüben. Vgl. hierzu Dierks 1969, 1995; Joseph 1996a, 62–67; Marx 2002, 87–98; zur Psychoanalyse VI.3.

181,18f. *Kommet her zu mir ... beladen seid:* vgl. die Worte Jesu nach dem Matthäusevangelium, Mt 11,28.

181,34 *konzentrisch:* auf einen Mittelpunkt gerichtet.

181,36 *Rattenfänger:* allgemein für ›Volksverführer‹; der Begriff geht auf die Legende des Rattenfängers von Hameln zurück, der die Kinder mit seinem Flötenspiel aus der Stadt lockte.

Zweifel und Erwägungen

182,29f. ***kalligraphischen:*** Kalligraphie: Kunst der Schönschrift.

183,1 *Sporteln:* eigentlich: Gebühren für Amtshandlungen, hier: Nebenkosten.

183,21 *Kontor:* vgl. Anm. zu 38,33.

183,25 *Zylinderbureau:* Schreibtisch mit einem Schubladenaufsatz, dessen Schreibfläche durch ein Rollo verschlossen werden kann.

184,3 *Bureaus:* ursprüngliche französische Schreibweise für: Büros.

184,7 *Dividende:* jährlich ausgezahlter Gewinnanteil eines Gesellschafters bzw. Aktionärs einer Aktiengesellschaft.

184,9 *Agent:* Vertreter.

Funktionär: Beauftragter, Entscheidungsträger einer Organisation.

184,10 *Verwandter:* hier noch im Sinne einer älteren Bedeutung von ›verwandt‹, wie ein Brief Manns an Alfred Willy Kunze vom 29. Januar 1930 offenbart: »[...] noch Goethe gebraucht ›Verwandter‹ sehr oft im Sinne von Angestellter, also von Verwenden abgeleitet« (SK 106).

184,12 *Intendantur:* früher die Verwaltungsbehörde eines Heeres, hier wohl gleichbedeutend mit ›Intendanz‹: Oberaufsicht, Verwaltung.

184,21 *asthenische:* schwache, kraftlose (Asthenie: schnelle Ermüdbarkeit, allgemeine körperliche Schwäche).
überäugige: halbblinde.

185,3–25 *So hatte er sich eingebürgert … wie ein Mann der Gesundheit:* Die Thematik des kranken Arztes verweist noch einmal auf Nietzsches Kritik am ›asketischen Priester‹ (vgl. Anm. zu 181,14–17).

185,31 *Auskultator:* ältere Bezeichnung für: Gerichtsreferendar; hier offenbar eine Wortbildung Joachims zur Bezeichnung eines Arztes, der die Auskultation (das Abhorchen mit einem Stethoskop zu diagnostischen Zwecken) beherrscht.
Pneumotom: jemand, der eine Pneumotomie (einen Lungenschnitt) vornimmt. Der Begriff ist unüblich und stellt wohl eine Analogiebildung Joachims etwa zu ›Anatom‹ dar.

186,13 *Privatordinationen:* Ordination: ärztliche Sprechstunde.

186,17–28 *Kellergeschoß … zu ebener Erde:* Dass die Lage der Arztzimmer zugleich über und unter der Erde ist, ist auch symbolisch zu verstehen: vermitteln die Ärzte doch zwischen Leben und Tod, der Ober- und der Unterwelt (der sie mythologisch gesehen angehören).

186,29 *ein paar Schuh:* ein paar Fuß; altes Längenmaß von etwa 0,3 m.

187,2 *gelaßartigen:* Gelass: (veraltet) kleines, enges Nebenzimmer.

187,21 *Kabinett:* früher kleines Beratungszimmer von Fürsten; österr. auch: kleines Zimmer mit nur einem oder gänzlich ohne Fenster.

Tischgespräche

187,32 *konversierte:* vgl. Anm. zu 110,10.

188,12 *Akklimatisation:* vgl. Anm. zu 123,17.

189,3 *affekthafte:* Affekt: heftige Gemütsregung.

189,18 *Pardauz:* Ausruf des Erstaunens, v. a. bei einem plötzlichen Sturz o. Ä.

191,6 f. *Schlüsselkorb:* Korb zur Aufbewahrung der Zimmer- und Schrankschlüssel, den die Hausfrau als Vorsteherin des bürgerlichen Haushalts verwahrte, so dass sie die Gewalt über alle Vorräte hatte.

192,14 *Wutki:* heute veraltete, umgangssprachliche Bezeichnung für: Wodka.

193,2 *Minka:* ein typischer Katzenname (vgl. 189,21: »wie ein Kätzchen zur Milchschüssel«). Daneben mag bei dieser Bezeichnung aber auch das in Deutschland seit 1808 mit dem Text von August Tiedge (1752–1841) bekannte russische Volkslied *Schöne Minka, ich muss scheiden* eine Rolle gespielt haben, das auch Ludwig van Beethoven (1770–1827) in seinen Volksliedbearbeitungen adaptierte – umso mehr, als Castorp in diesem Abschnitt beginnt, »Liedchen« zu singen (195,26).

194,32 *sieben Tischen:* vgl. zu den Märchen-Motiven im *Zauberberg* VI.4.

195,26 *sensitiv:* sehr empfindlich, reizbar.

195,31 f. *Wie berührt … von dir:* Lied des Liszt-Schülers Franz Bendel (1833–1874) mit dem Text des Gedichts *Mein und Dein* von Hermann Kletke (1813–1886).

196,2 *Und zum Herzen mir:* Der Vers lautet im Original bei Kletke: »Und vom Herzen mir«.

196,31 *exaltierten:* aufgeregten, überspannten.

Aufsteigende Angst.
Von den beiden Großvätern und der Kahnfahrt im Zwielicht

197,28–34 *Die erste Auffrischung … mit ihr:* vgl. 146,10–147,27 sowie später 255,3–256,12.
198,30 *finnige:* picklige; Finne: (veraltet) Pickel.
198,33 *Kirgisenaugen:* »Kirgisenaugen« hatte auch Hippe (vgl. 169,17).
200,6f. *diätetischen:* Diätetik: die Lehre von einer gesunden Lebensweise.
201,3 *Sweaters:* vgl. Anm. zu 109,16.
201,12 *Derer hier oben:* Die Formel ›Derer/Denen hier oben‹ wird leitmotivisch zur Kennzeichnung der Krankengesellschaft auf dem ›Zauberberg‹ wiederholt. Bei seiner Ankunft wundert sich Hans darüber, dass Joachim häufig »die Wendung ›Wir hier oben‹« benutzt (19,9–12); die Großschreibung von ›Derer/Denen‹ verweist auf jene Stelle und überhöht die Gemeinschaft zugleich zu einer fast mythischen Größe.
202,22 *Nr. 7:* Castorps Zimmernummer 34 hat die Quersumme sieben.
204,8 *Graublau oder Blaugrau ferner Berge:* Ganz ähnlich wurden auch Hippes Augen schon beschrieben: »blaugrau oder graublau von Farbe – es war eine etwas unbestimmte und mehrdeutige Farbe, die Farbe etwa eines fernen Gebirges« (168,27–30).
204,8–11 *die sich zuweilen … verdunkeln konnten:* Auch diese Formulierung geht direkt auf die Beschreibung von Hippes Blick zurück (vgl. 169,18–20).
205,11 *tirrte:* vgl. Anm. zu 68,34.
205,12f. *im »Flachlande« … von Geringschätzung sagte:* Der Begriff ›Flachland‹ (zuerst 196,10) wird nachfolgend immer wieder zur Bezeichnung der Heimat Castorps und Joachims genutzt. Joseph zufolge leitet sich der Begriff von Nietzsche ab, der aus gesundheitlichen

Gründen das Leben im Gebirge der Schweiz oder Italiens dem in Deutschland vorzog, dies allerdings auch mit einer geistigen Wertung versah: »Deutschland gilt immer mehr als Europa's Flachland« (GOA 8, 111 / KSA 6, 105 u. ö., vgl. Joseph 1996a, 45).

207,14f. *Übertemperatur:* erhöhte Temperatur.

207,22 *Exaltiertes:* vgl. Anm. zu 196,31.

208,1–208,5 *lebhaften Träume ... weil er hier störe:* vgl. Anm. zu 129,36–130,2.

208,10 *larmoyant:* (frz.) weinerlich, rührselig.

208,30f. *mit gekreuzten Füßen:* vgl. zur Haltung Settembrinis Anm. zu 81,24f.

209,12 *Friedhofsrosen:* (volkstümlich) purpurfarbene Flecken auf den Wangen als Zeichen fortgeschrittener Tuberkulose, nach einer bestimmten Rosenart.

209,17 *haben Sie das Panier ergriffen:* Frau Stöhr meint die Wendung ›das Hasenpanier ergreifen‹ im Sinne von ›flüchten‹ (der Hase zeigt bei der Flucht seinen weißen Schwanz, das ›Panier‹ oder die ›Blume‹). Die feste Redewendung tritt jedoch nur mit ›Hasenpanier‹ auf, während ›Panier‹ das Kriegsbanner bezeichnet, die Formulierung also nichts mehr mit Flucht zu tun hat.

209,20f. *vor die rechte Schmiede gekommen:* (redensartlich) an die richtige Stelle gelangt, den Zuständigen getroffen.

209,28 *Tantalusqualen:* Tantalus wurde in der griechischen Mythologie von den Göttern dazu verdammt, durstig und hungrig im Wasser unter einem Baum mit Früchten zu stehen, dessen Zweige sich jedes Mal, wenn er an die Früchte gelangen wollte, höher bogen, wie auch das Wasser jedes Mal, wenn er trinken wollte, vor ihm zurückwich.

209,28f. *Man schiebt ... oben zu sein:* Sisyphos wurde der griechischen Mythologie nach von den Göttern dazu verurteilt, einen großen Felsbrocken (hier: »Marmor«)

einen Berg heraufzuwälzen, von dem dieser immer wieder herunterrollte.

209,35 *Astralleibern:* unsichtbarer Leib des Menschen, der nach neoplatonischer Lehre die Seele des Menschen umfasst; im Okkultismus eine Hülle des physischen Menschen, die von sensiblen Menschen gesehen werden kann und also Phänomene wie das Doppelgängertum zu erklären vermag.

210,13 f. *cinematógrafo:* (ital.) Cinématograph/Kinematograph, von den Brüdern Auguste (1862–1954) und Louis Lumière (1864–1948) 1895 entwickelter Projektionsapparat für Filmaufnahmen, bei dem – im Gegensatz zum Kinetoskop (vgl. Anm. zu 119,27 f.) – die Filmaufnahme mehreren Personen vorgeführt werden konnte. Settembrini benutzt hier den Begriff ›Cinématograph‹ schon im Sinne des heutigen ›Kinos‹ für den Veranstaltungsraum der Filmvorführungen. Vgl. auch später das »Bioskop-Theater« in 436,18.

211,14 *auf Sturmesschwingen:* (poetisch) geschwind, sehr schnell.

211,19 *in Baccho et ceteris:* (lat.) in den Spuren von Bacchus und dergleichen (d. h. ›auf dem Pfad der Trunksucht und dergleichen‹).

211,31 *Rippenresektion:* Die chirurgische Entfernung (Resektion) von Rippen wurde Ende des 19. Jh.s bei der Behandlung der Lungentuberkulose eingeführt, um die Zusammenziehung des erkrankten Lungengewebes zu erleichtern, ohne durch die Starrheit des Brustkorbs behindert zu sein (vgl. Rüttimann 1997, 107 f.).

212,19 *Großvater:* Die Figur von Settembrinis Großvater verweist zum einen auf den italienischen Freiheitskämpfer Luigi Settembrini (1813–1876), ist in entscheidenden Zügen aber auch dem italienischen Demokraten und Freiheitskämpfer Guiseppe Mazzini (1805–1872) nachgebildet (vgl. V.1): Dieser war Mitglied der Carbonari (vgl. Anm. zu 212,33) und lebte ab 1831 lange Jahre im

Exil, setzte sich aber weiterhin für die Unabhängigkeit und Einigung Italiens sowie für die Demokratisierung und Zusammenarbeit aller europäischen Staaten ein. Mann entlehnt die folgende Beschreibung des Großvaters (teilweise fast wörtlich) dem einleitenden Teil von Mazzinis *Schriften* (vgl. Wißkirchen 1995).

212,20 *Advokat:* Rechtsanwalt.

212,21 *Agitator:* Redner, der politische Propaganda betreibt, für ein politisches Ziel wirbt.

212,30 *Heilige Allianz:* von Russland, Österreich und Preußen am 26. September 1815 nach dem Wiener Kongress geschlossener konservativ-christlicher Bund, dem sich mit Ausnahme von Großbritannien und dem Vatikan alle europäischen Mächte anschlossen. Das Osmanische Reich blieb wegen der christlichen Ausrichtung der Allianz ausgeschlossen. Die Heilige Allianz wurde bald zum Symbol der Restauration, die die Erreichung vorrevolutionärer Zustände in Europa anstrebte. Der Wiener Kongress regelte unter Vorsitz Clemens Wenzel Fürst von Metternichs (1773–1859) die Neuordnung Europas nach der Französischen Revolution und den Napoleonischen Kriegen und bedeutete für Italien eine Aufhebung der eigenen, beinahe durchgesetzten staatlichen Einheit. Revolutionsbestrebungen wurden unter der Heiligen Allianz unterdrückt.

212,33 *Carbonaro:* Mitglied des nationalrevolutionären Geheimbundes der Carbonari, dessen Ziele die Unabhängigkeit Italiens und eine liberale Verfassung waren. Der Höhepunkt der Bewegung lag in der napoleonischen Zeit. Der Name (ital., ›Köhler‹) leitet sich von der Anlehnung der Carbonari an die Gebräuche und Zeremonien der Köhler ab. Die Carbonari wurden oft in die Nähe der Freimaurer gestellt.

213,13 *Konspirantentum:* Verschwörertum.

213,27–33 *Denn nach dem Scheitern … zu kämpfen und zu bluten:* Die Stelle lehnt sich an eine Passage aus dem einleitenden Teil von Giuseppe Mazzinis *Schriften* an (XXV). Vgl. Wißkirchen 1995, 106.

213,30 *mit genauer Not:* äußerst knapp.

213,32 *Konstitution:* Verfassung.

213,32f. *Griechenland ... Unabhängigkeit:* Über dem griechischen Unabhängigkeitskrieg (1821–29) gegen das Osmanische Reich zerbrach die Heilige Allianz aufgrund verschiedener politischer Interessen ihrer Mitglieder, die nationale Bewegung Griechenlands erfuhr große Solidarität besonders in Italien, Deutschland und Frankreich.

214,14f. *schwarzer Trauerkleidung:* Auch dieses Detail entnahm Mann dem Mazzini-Band: hier heißt es einleitend: »In seiner Kleidung war er streng und vornehm. Am liebsten trug er schwarze Kleidung, eine Gewohnheit, die er in späten Jahren als Symbol der Trauer um sein Vaterland beibehielt« (*Schriften*, XLI; vgl. Nunes 1992, 90 und 189; Wißkirchen 1995, 89 und 106).

215,5 *Trikolore:* Fahne mit drei farbigen Streifen, hier die italienische Fahne (grün – weiß – rot).

215,7 *Phalanx:* fest geschlossene Schlachtreihe der frühantiken Heere; übertragen für jede fest geschlossene Schlachtformation.

215,8 *Despotismus:* System willkürlicher Gewaltherrschaft.

215,13 *Krapüle:* Gesindel (zu frz. *crapule* ›Schuft, Mob‹).

215,26–36 *Er erinnerte sich ... Mondnacht geblickt:* Am 11. September 1919 notiert Mann in sein Tagebuch: »Wenn ich abends um 7 ausgehe, dämmert es stark. Abendrot und Mondschein bestehen neben einander, wenn auch nicht so merkwürdig, wie wir es einmal bei einer abendlichen Heimfahrt auf dem Chiemsee auf uns wirken ließen, wo auf der einen Seite noch heller Tag und auf der anderen Mondnacht herrschte« (TB I, 301). Nur zwei Tage später heißt es dann: »Fügte das Phänomen von gleichzeitigem Tages- und Mondlicht heute in den Zbg. ein« (ebd.).

216,4 *vexierte:* geneckte, gequälte.
216,17f. *Hebezeug-Wesens:* Hebezeug: Lasthebemaschinen.
216,20–27 *Der Italiener erzeigte dem Vaterlande ... Deutschland in diesem Betracht:* Auch dies rekurriert auf eine entsprechende Stelle bei Mazzini: *Schriften*, 290 (vgl. hierzu und zu allen folgenden Entlehnungen aus Mazzinis Schriften: Nunes 1992, bes. 106 und 199–202, sowie Wißkirchen 1995, 107–110).
216,23 *Harnisch:* Ritterrüstung.
Feudalismus: soziales, wirtschaftliches und politisches System, das auf dem Grundbesitz des Adels (der Feudalherren) aufbaute und bei dem der Adel sehr weitreichende Rechte besaß.
216,28–31 *seinem eigenen Lande ... entrollt habe:* wiederum eine Anlehnung an Mazzini: *Schriften*, 292f.: »Wir waren die ersten, die diese Fahne der Freiheit erhoben [...]. Die Völker quälten sich mit Aberglauben und schliefen in Knechtschaft, als wir mit unseren Kommunen Europa den Keim der späteren Freiheit schenkten.« Die Formulierung »Fahne der Aufklärung« stammt von Nietzsche, dort präzisiert als »die Fahne mit den drei Namen: Petrarca, Erasmus, Voltaire« (GOA 2, 44 / KSA 2, 47; vgl. Heftrich 1975, 342, Anm. 68), Mann verwendete das entsprechende Nietzsche-Zitat schon in den *Betrachtungen* (GW XII, 499).
216,28f. *die Palme ... reichen:* (redensartlich) den Sieg zuerkennen (ein Palmzweig war z.B. bei den Olympischen Spielen in der Antike das Siegeszeichen).
216,33 *Reverenz:* Ehrerbietung, Ehrfurcht.
217,3–18 *Indem die Technik ... »Technik und Sittlichkeit!«:* Settembrinis Einschätzung der Technik geht auf Mazzini zurück: *Schriften*, 279f. Mann hatte dies – allerdings in polemischer Abwehr – auch schon in den *Betrachtungen* (vgl. den Ausschnitt in VIII.1, S. 379) angeführt.

217,15 *Vehikel:* Mittel zu einem bestimmten Zweck.

217,18–23 *Und dann sprach er wahrhaftig ... zum Gesetz erhoben habe:* Wiederum eine Anleihe bei Mazzini: *Schriften*, 277f. Auch auf diese Stelle hatte Mann schon in den *Betrachtungen* (vgl. VIII.1, S. 379) angespielt.

217,29f. *Pariser Juli-Revolution:* der Aufstand der Pariser Bevölkerung gegen König Karl X. (1757–1836) im Juli 1830 als Reaktion auf Erlasse, die u. a. die Aufhebung der Pressefreiheit und eine Einschränkung des Wahlrechts vorsahen. Die Juli-Revolution war der Beginn der sogenannten Julimonarchie unter dem ›Bürgerkönig‹ Louis Philippe (1773–1850) als Form einer parlamentarischen Monarchie.

217,30–32 *das Wort gesprochen, daß alle Menschen ... stellen würden:* Dieses ›Wort‹ ist wiederum dem Mazzini-Band entnommen (*Schriften*, XXXI), allerdings der Einleitung: »›Jene drei Tage von Paris (Julirevolution), welche die Nachkommen mit Dankbarkeit neben die sechs ersten Tage der Weltschöpfung stellen werden‹ (Worte Vicinis vom 24. Februar 1831), gaben zu neuen Hoffnungen Anlaß.«

218,8 *daß es angenehm sei, Versuche anzustellen:* das von Settembrini eingebrachte ›Placet experiri‹ (vgl. Anm. zu 138,5).

218,9 *Pietät:* Rücksichtnahme, Achtung vor (religiösen) Ansichten und Gefühlen anderer.

218,15f. *die Barrikaden den »Volksthron« genannt:* Diese Wendung stammt von Mazzini: *Schriften*, 173, und wurde von Mann auch schon in den *Betrachtungen* – dort allerdings sehr polemisch (vgl. VIII.1, S. 379) – angeführt.

218,16f. *»die Pike ... zu weihen«:* Auch dies stammt von Mazzini: *Schriften*, 279.

218,16 *Pike:* Spieß, Lanze.

218,31–219,5 *Nach Settembrini's Anordnung ... der vernunftgemäßen Vervollkommnung:* Dies ist nicht nur

Settembrinis, sondern auch Mazzinis ›Anordnung‹, von dem Mann die Opposition zwischen fortschrittlicher Bewegung des Westens und Unbeweglichkeit des Ostens entlehnt hat (Mazzini: *Schriften*, 276f.). Mazzini spricht auch vom »Kampf zwischen zwei Prinzipien, die seit Jahrhunderten auf der ganzen Welt sich befehden« (*Schriften*, 69). Dass dem »asiatische[n] Prinzip« dabei »Unbeweglichkeit« und »untätige Ruhe« zukommt (ein ähnliches Bild entwirft Mann auch in *Goethe und Tolstoi*; vgl. IV.3.5), korrespondiert mit der ›Schlaffheit‹ Clawdia Chauchats, die als Russin den ›Osten‹ und den damit verbundenen Komplex der Trägheit verkörpert (vgl. zum ›Asien‹-Komplex Koopmann 1981).

219,5–8 *Denn immer neue Völker … vorzudringen:* Die Stelle ist nahezu wörtlich Mazzini entlehnt (*Schriften*, 280).

219,11–15 *bis nur erst der Tag kam … Aber dieser Tag werde kommen:* Diese Stelle wiederum folgt fast wörtlich dem Buch *Weltfreimaurerei* von Friedrich Wichtl (7, auch 163; vgl. Wißkirchen 1995, 109), dem Mann einige Details zur Gestaltung der Figur Settembrinis entnahm (vgl. V.1).

219,16 *auf Taubenfüßen:* vgl. Friedrich Nietzsche, *Also sprach Zarathustra*: »Die stillsten Worte sind es, welche den Sturm bringen. Gedanken, die mit Taubenfüssen kommen, lenken die Welt« (GOA 6, 217 / *Zarathustra*, 153). Auch die nachfolgende Benutzung des Wortes ›Morgenröte‹ weist auf Nietzsche hin, hat dieser doch ein Buch dieses Titels geschrieben (vgl. Wißkirchen 1995, 97).

219,19f. *heilige Allianz der bürgerlichen Demokratie:* Der Ausdruck entstammt Wichtl: *Weltfreimaurerei*, 9 (vgl. Wißkirchen 1995, 109).

219,24–26 *war vor allem erforderlich … nämlich in Wien:* Dies ist Mazzini entlehnt: *Schriften*, 299. Mann führt Mazzinis Haltung gegenüber Österreich schon in den *Betrachtungen* an (GW XII, 234).

220,14 *Agitator:* vgl. Anm. zu 212,21.

220,22–24 *Gegensatze zum Mittelalter ... schimpfliche Formlosigkeit:* Als Vertreter des Mittelalters wird sich später Settembrinis Gegenspieler Naphta erweisen – wie hier Settembrinis Vater wird auch Settembrini selbst im Namen des Humanismus Einspruch erheben (vgl. 542 ff.).

220,25–28 *Sache des Menschen ... den Spatzen zu überlassen sei:* Settembrini redet hier mit Hilfe von Heinrich Heines *Deutschland. Ein Wintermärchen.* Im »Caput I« stehen die Verse: »Wir wollen hier auf Erden schon / Das Himmelreich errichten«, später: »Ja, Zuckererbsen für jedermann, / sobald die Schoten platzen! / Den Himmel überlassen wir / Den Engeln und den Spatzen«. Vgl. Wißkirchen 1995, 98.

220,28 *Prometheus:* Der griechischen Mythologie nach stahl Prometheus Zeus das Feuer und brachte es den Menschen. Er wurde zur Strafe an einen Felsen geschmiedet, wo ein Adler ihm jeden Tag die nachts wieder nachwachsende Leber anfraß. Späteren Überlieferungen zufolge schuf Prometheus aus Lehm den Menschen, lehrte ihn Mathematik und die Kunst der Metallverarbeitung; er gilt als Begründer der menschlichen Kultur. Im 18. Jh., besonders im Sturm und Drang, wurde Prometheus in seiner Auflehnung gegen die Vaterfigur Zeus zum Symbol des wahrheitssuchenden Aufklärers (vgl. etwa Goethes gleichnamiges Gedicht).

220,29 *Satanas:* vgl. Anm. zu 85,31 f.

220,30 f. *den alten Kirchenfeind zu Bologna:* Carducci (vgl. Anm. zu 85,8 f.).

220,33 *Manzoni's heilige Gesänge:* Alessandro Manzoni (1785–1873), Lyriker, Dramatiker und Epiker, Hauptvertreter der literarischen Romantik in Italien. Die fünf *Inni sacri* (1815–22; dt. *Heilige Hymnen*) des Katholiken Manzoni besingen die wichtigsten christlichen Feste des Jahres.

220,34 *Romanticismo:* (ital.) Romantik.
220,34f. *bleichen Himmelsnonne Luna:* Neumann (2002 / GKFA 5.2, 191) zufolge handelt es sich hier wohl um eine freie Paraphrase von Carducci-Versen, die den Mond als Nonne ansprechen.
220,35 *Per Bacco:* (ital.) bei Bacchus.
221,1 *Dante:* Dante Alighieri, 1265–1321, begründete in Italien die Dichtung in der italienischen Volkssprache. Sein Gedichtzyklus *Vita Nova* (1292/93) kreist um die unerfüllte Liebe zu einer angebeteten, aber unerreichbaren Frau namens Beatrice. In Dantes berühmter *Divina Commedia* (1307–21) wird der Dichter an der Seite von Vergil durch die Hölle, den Läuterungsberg sowie das Fegefeuer und dann von Beatrice durch das Paradies geführt. *Die göttliche Komödie* bildet zusammen mit Homers *Odyssee* und Vergils *Aeneis* eine wichtige Folie für den *Zauberberg* (vgl. IV.2.2). Die entsprechenden Anspielungen kommen meist von Settembrini, der sich auch später auf Dante bezieht (vgl. 491,2–6 und 711,7f.).
221,2 *Askese:* Lebensweise der Enthaltsamkeit und Entsagung.
221,4–8 *Denn nicht … Lebensarbeit verkörpere:* Dass Castorp Settembrinis Äußerungen über Dante nachfolgend nicht ganz traut, ist berechtigt: Ritter-Santini zeigt, dass die Entgegensetzung von Beatrice und der ›donna gentile e pietosa‹, einer mitleidsvollen Dame, die bei Dante am Ende der *Vita Nova* auftritt, nicht von Carducci, sondern aus einer deutschen Monographie über Dante stammt. Mann hatte also auch hier wieder seine Quellen (in diesem Falle: Franz Xaver Kraus, *Dante. Sein Leben und sein Werk. Sein Verhältnis zur Kunst und Politik*, Berlin 1897, 147; vgl. Ritter-Santini 1978, 92 und 279, Anm. 19).
221,4 *mystagogischen:* eigentlich: ›in eine Geheimlehre einführenden‹ (zu griech. *mystagogos* ›in die Mysterien

einführender Priester‹), hier wohl auch im Sinne von: geheimnisvollen, rätselhaften.

221,5f. *Donna gentile e pietosa:* (ital.) liebenswürdige und barmherzige Dame.

221,18–22 *Literat … und Politik Humanismus sei:* Diese Charakterisierung der Rolle von Literatur und dem Literaten entspricht dem Entwurf des Zivilisationsliteraten aus den *Betrachtungen* (vgl. III und V.1).

221,27 *Brunetto Latini:* italienischer Gelehrter (um 1210 – nach 1294), verfasste 1262–68 in Paris *Li Livre dou Tresor* (dt. *Das Schatzbuch*), eine Enzyklopädie des Wissens in drei Büchern. Latini erscheint als Figur im 15. Gesang des »Inferno« von Dantes *Divina Commedia* (*Die Göttliche Komödie*).

221,29–31 *Dieser Meister … zu lenken:* Dies hat Mann fast wörtlich der Einleitung in den 15. Gesang des Höllen-Abschnitts von Dantes *Göttlicher Komödie* in der Übersetzung von Otto Gildemeister aus dem Jahre 1905 entnommen (ebd., 96f., vgl. Ritter-Santini 1978, 92). Dort wird der italienische Geschichtsschreiber Giovanni Villani (um 1280–1348) zitiert, der über Latini schreibt, er sei »der erste und der letzte Meister [gewesen], den Florentinern Schliff zu geben und ihnen das Sprechen und die Kunst beizubringen, unsere Republik nach den Regeln der Politik zu lenken«.

221,34 *Eloquenz:* Beredsamkeit.

222,10–12 *vor zweihundert Jahren einen Dichter … zum schönen Stile führe:* In Manns unvollendetem Essay-Projekt *Geist und Kunst* aus den Jahren 1908/09–13 heißt es: »Goethe erzählt vom alten Gellert, daß dieser gemeint habe, eine schöne Handschrift führe zum schönen Styl« (*Geist und Kunst*, 218, vgl. Wißkirchen 1995, 111). Er bezieht sich hier auf eine Passage aus Goethes *Dichtung und Wahrheit* (2. Teil, 8. Buch; vgl. Wysling in *Geist und Kunst*, ebd., Anm. 1).

222,14–17 *Schön schreiben, das heiße … dem Geiste der*

Literatur: Diese Stelle findet sich fast wörtlich in Manns Notizen zu *Geist und Kunst* (171, vgl. Wißkirchen 1995, 111). Mann übernahm sie in den 1913 veröffentlichten Essay *Der Literat* (GKFA 14.1, 356). Sie beruht zum einen auf Goethes Gedicht *Künstlers Apotheose* (1788), in dem die Muse zum Künstler spricht: »Die gute Tat, das schöne Wort, / Es strebt unsterblich, wie er [der Mensch] sterblich strebte.« Zum anderen lässt sie sich auch auf Nietzsche zurückführen, etwa auf den Aphorismus »Gut schreiben lernen« in *Menschliches, Allzumenschliches*, in dem es heißt: »Besser schreiben aber heisst zugleich auch besser denken« (GOA 3, 249 / KSA 2, 592; vgl. Wysling in *Geist und Kunst*, 172, Anm. 5; Detering 2002 / GKFA 14.2, 492). In dem Essay *Der Literat* entsprach dies noch Manns eigener Vorstellung der Rolle von Literatur. Durch den Kriegsausbruch und damit einhergehend durch die Abwehr des ›romanischen‹ Schriftstellertypus als ›Rhetor-Bourgeois‹ (vgl. Anm. zu 86,20) verschiebt sich seine Einstellung jedoch erheblich, so dass er genau dieselbe Passage in den *Betrachtungen* dann selbstkritisch als Beleg für die ›typische‹ Einstellung des Zivilisationsliteraten anführt (GW XII, 99 f.) – als der Settembrini zunächst entworfen war (vgl. hierzu V.1).

222,24–26 *Zivilisation! ... Toast ausbringt:* einen Toast ausbringen: einen Trinkspruch äußern. Mit diesem Trinkspruch und dieser Handbewegung wird Settembrini eindeutig als Zivilisationsliterat charakterisiert, der in den *Betrachtungen* mit seiner »generöse[n] Daueratitüde« beschrieben wird: »eine Hand auf dem Herzen, die andere in der Luft« (GW XII, 387).

222,27 f. *zwar unverbindlicherweise ... zum Versuch:* vgl. Anm. zu 218,8.

223,1–5 *von dem blöde träumenden unterscheidet ... weil er »hier störe«:* vgl. Anm. zu 129,36–130,2.

223,7 *Mentors:* Lehrer, Berater (nach dem Begleiter von

Odysseus' Sohn Telemach auf der Fahrt nach Pylos – in dieser Rolle eigentlich eine Verkörperung der Göttin Athene, vgl. *Odyssee* II,401 ff., III,12.22, IV,653 ff.).

223,15 *Was ist der Mensch:* vgl. Ps 8,5: »Was ist der Mensch, dass du sein gedenkest, und des Menschen Kind, dass du dich sein annimmst?« Die Frage wird zur Leitfrage Castorps auf seinem ›Bildungsweg‹ (vgl. v. a. *Forschungen* und *Schnee*), vielleicht schwingt hier auch Immanuel Kant mit: »Das Feld der Philosophie [...] läßt sich auf folgende Fragen bringen: / 1) Was kann ich wissen? / 2) Was soll ich thun? / 3) Was darf ich hoffen? / 4) Was ist der Mensch?« (in: *Logik*, III: »Vom Begriffe der Philosophie überhaupt«).

223,26 *Freibrief:* Erlaubnis, Freiheit, etwas zu tun (ursprünglich: mittelalterliche Rechtsurkunde, die bestimmte Freiheiten garantierte).

223,31–224,3 *Dort befand sich ... der östlichen Himmel:* Die Zuordnung Clawdia Chauchats zum ›Osten‹ und dem von Settembrini erläuterten »asiatischen Prinzip« wird hier über alle Leitmotivik wie die ›schlaffe Haltung‹ Clawdias hinaus eindeutig (vgl. Anm. zu 218,31–219,3).

Das Thermometer

224,19 *Hospitant:* vgl. Anm. zu 102,13.
224,25 *Sporteln:* vgl. Anm. zu 183,1.
225,35 *Rhadamanth:* vgl. Anm. zu 83,19.
227,16 f. *akklimatisiert:* vgl. Anm. zu 123,17.
227,34 *Katarrh:* vgl. Anm. zu 55,28.
228,20 *Winterpaletot:* vgl. Anm. zu 113,6.
228,27 *Carbonaro:* vgl. Anm. zu 212,33.
228,35 *Loggia:* vgl. Anm. zu 96,34.

229,4 *Carmen:* Oper von Georges Bizet (1838–1875), uraufgeführt 1875. Castorp wird später noch aus *Carmen* zitieren (229,4), Peeperkorn die Handlung erzählen (840,9–21) und die Oper in *Fülle des Wohllauts* als eine

seiner Lieblingsplatten hören (890,5–893,15). Die zahlreichen Anspielungen auf Bizets *Carmen* etablieren diese Oper im Roman als meisterhaftes Beispiel der ›romanischen‹ Musik in Opposition zu Wagner und damit der ›deutschen‹ Musik (vgl. VI.7). Dass gerade *Carmen* im untergründigen Musik-Diskurs des *Zauberberg* diese herausragende Rolle zukommt, verdankt sich wohl dem Einfluss Nietzsches (vgl. Mertens 2003, 181): Nachdem dieser sich von Wagner abgewendet hatte, führte er *Carmen* revanchistisch gegen Wagner ins Feld: »[...] diese Musik nimmt den Zuhörer als intelligent, selbst als Musiker – sie ist auch *da*mit das Gegenstück zu Wagner« – »Und wirklich schien ich mir jedesmal, daß ich *Carmen* hörte, mehr Philosoph, ein besserer Philosoph, als ich sonst mir scheine« (KSA 6, 14, 13 / F. Nietzsche, *Richard Wagner in Bayreuth. Der Fall Wagner. Nietzsche contra Wagner*, Nachw. von Martin Gregor-Dellin, Stuttgart 1969 [u. ö.], 90, 89).
Troubadour: Il trovatore, Oper von Giuseppe Verdi (1813–1901), uraufgeführt 1853.

229,5 *Freischütz:* Oper von Carl Maria von Weber (1786–1826), uraufgeführt 1821.

229,7 *Mazurken:* vgl. Anm. zu 103,25.

229,22 *daß die Musik politisch verdächtig sei:* vgl. 158,31–159,12 und VI.7.

229,23 *Großvater Giuseppe's Redensart:* vgl. 217,29 f., 217,31 f. und Anm.

229,28 *befriedet:* vgl. Anm. zu 145,12.

230,14 *je und je:* immer wieder.

230,17 *reçus:* (frz.) üblich.

230,36 *Morgenmotion:* Motion: (veraltet) (Leibes-)Bewegung.

231,33 *Granatkreuz:* Granat: meist rötliches, glasartig glänzendes Mineral.

232,28 *Antiseptikum:* keimabtötendes Arzneimittel.

232,30 *Formamint:* Formaldehyd enthaltende Pastillen mit

Pfefferminzgeschmack, ein Antiseptikum. Mit Formaldehyd wurde schon Castorps Zimmer nach dem Tod der Amerikanerin ›ausgeräuchert‹ (vgl. 22,10f.).

234,7 *Merkurius:* lateinischer Name des Quecksilbers, im Altertum aufgrund seiner Beweglichkeit mit Merkur in Verbindung gebracht – dem griechischen Hermes.

234,20 *burschikos:* burschenhaft, zwanglos, unbekümmert.

236,30–32 *Settembrini mit der Republik ... den schönen Stil:* ›Republik‹ und ›schöner Stil‹ werden als leitmotivische Formeln für Settembrinis Anschauungen auch später immer wieder verwendet (vgl. 243,30f., 273,27f., 317,25 und 453,31f.). Castorp bezieht sich hier auf das Gespräch über Settembrinis Großvater (vgl. bes. 221,30f. und 222,13–16).

239,3f. *Konfusionsrat:* (veraltet) zerstreuter, verwirrter Mensch.

239,33 *Tempus:* (lat.) Zeit. Obgleich Frau Stöhr hier wieder falsch liegt (sie meint ›Temperatur‹), hat sie ironischerweise letztlich Recht.

239,34 *Bruder Lustig:* Bezeichnung für einen lebenslustigen und sorglosen Menschen, die auf ein Märchen der Gebrüder Grimm über einen Soldaten zurückgeht, der sich mit List durchs Leben schlägt und am Ende mit einem Trick Eingang in den Himmel erlangt.

240,13 *die Augen gehen mir über:* Die Formulierung ›die Augen gehen über‹ für ›weinen‹ findet sich schon in der Luther-Übersetzung der Bibel (vgl. Joh 11,35). Wörtlich steht »Die Augen gehen mir über!« auch als letzter Vers in Eduard Mörikes (1804–1875) Gedicht *Heimweh.* Natürlich ist auch an Goethes *Der König in Thule* zu denken: »Die Augen gingen ihm über, / So oft er trank daraus.«

241,34 *auf der Walze:* Die ›Walz‹ oder ›Walze‹ bezeichnet die mehrjährige Wanderschaft von Handwerksgesellen, das ›Walzen‹.

242,1 *Rippenresektion:* vgl. Anm. zu 211,31.

242,3 *mortis causa:* (lat.) um des Todes willen.
242,5 f. *Menschenthorax:* Thorax: Brustkorb.
242,8 *Befindität:* Befinden; für Behrens typische, witzig gemeinte Wortbildung.
243,30 f. *die Republik und der schöne Stil:* vgl. 236,30–32 und Anm.
244,21 *Rendezvous:* (frz.) Treffen, Stelldichein.
244,23 *Sweater:* vgl. Anm. zu 109,16.
244,24 *bordierten:* vgl. Anm. zu 40,19.
245,14 f. *denn wenn ... ›Sie‹ gesagt hat:* In der *Walpurgisnacht* wird Castorp Clawdia Chauchat duzen (vgl. 465,4–22/991,35–992,20).
246,9 f. *Ordinationszimmer:* vgl. Anm. zu 186,13.
246,17 *Un poco più presto, Signori:* (ital.) Ein bisschen schneller, meine Herren!
246,27 *Konduite:* (frz.) Benehmen, Betragen. Die ›Konduitenliste‹ meinte früher auch ein Führungszeugnis beim Militär: Behrens benutzt ›Konduite‹ hier wohl als witzige, doppeldeutige Abkürzung für ›Konduitenliste‹, da er Joachims Fiebertabelle einfordert.
246,34 *Fauteuil:* (frz.) Polstersessel mit gepolsterten Armlehnen.
247,1 *Aktenfaszikeln:* Aktenbündeln, Aktenheften.
247,3 *Chaiselongue:* (frz.) Liegesofa ohne Rückenlehne.
247,8 *illuminiert:* In der Buchmalerei bedeutet der Begriff ›ausgemalt, verziert‹. Behrens' Bemerkung könnte sich also auf die Werte in der ›ausgemalten‹ Fiebertabelle Joachims beziehen. Das Grimm'sche Wörterbuch vermerkt jedoch auch: »illuminiert *nennt der volkswitz einen trunkenen*« (Bd. 4, 2. Abt., Sp. 2061). Wie Behrens später verdeutlicht, führen die bei der Tuberkulose entstehenden ›Gifte‹ zu einem rauschähnlichen Zustand: vgl. 253,24–27.
247,16 *Hilus:* Vertiefung, an der Blutgefäße und Nerven in ein Organ eintreten; in Bezug auf die Lunge Eintritt der Gefäße und Bronchien in den Lungenflügel.

247,18 *Auskultation:* das Abhorchen von Organen wie Lunge, Herz usw. zu diagnostischen Zwecken.

248,10 *Vesikulär:* das normale Atmungsgeräusch bildend, das beim Eintritt der Luft in die Lunge (die Lungenbläschen) zu hören ist.

248,35 *Apollo von Belvedere:* antike Statue des Gottes Apoll. Der heute im sogenannten Belvedere-Hof der Vatikanischen Museen stehende Apoll von Belvedere gilt seit Johann Joachim Winckelmanns (1717–1768) *Geschichte der Kunst des Altertums* (1764) als Inbegriff des antiken männlichen Schönheitsideals.

249,1 f. *Krankheit macht ... gänzlich zum Körper:* vgl. zum Zusammenhang von Krankheit und Körper 24,12–14 und Anm. sowie Castorps spätere Reflexionen in *Forschungen*, hier 394,19–395,4.

249,14 *kujonieren:* (veraltet) quälen, schikanieren.

249,18 *Bagno:* (ital., ›Bad‹), im 18. Jh. Gefängnisse in französischen Hafenstädten für Schwerverbrecher, die im Hafen Zwangsarbeit verrichten mussten.

249,31 *Bildung:* Im Sinne von ›Gestalt, Form‹ ist hier die Körperbildung gemeint.

250,7 *anspielen:* mehrdeutig: ›anstellen‹ und ›spielen lassen‹ (wie ein Instrument).

250,28 *praeter-propter:* (lat.) ungefähr.

250,29 *Ich habe Sie auf dem Strich gehabt:* (redensartlich) Ich habe Sie beobachtet, ich hatte es auf Sie abgesehen (ähnlich: ›jemanden auf dem Korn / auf dem Kiker haben‹; vgl. Grimm, Bd. 10, 3. Abt., Sp. 1532).

251,12 *a priori:* (lat.) vom Früheren her. Urteile a priori bezeichnen in der Philosophie allein aus dem Begriffsinhalt abgeleitete, auf keiner Erfahrungsgrundlage ruhende Urteile (etwa: ›Junggesellen sind unverheiratete Männer‹).

251,29 *bleichsüchtig:* (veraltet) stark blutarm.

252,6 *Verkalkung:* Kalkablagerung, die bei der Vernarbung von Tuberkuloseherden in abgestorbenem Gewebe auftritt.

252,18 *Äolusschlauch:* Äolus ist in der griechischen Mythologie der Herr der Winde; Behrens meint hier also die Lunge. Darüber hinaus ist es allerdings auch eine weiterreichende Anspielung: In Vergils *Aeneis* hat Juno Aeneas mit Hilfe der Äoluswinde bei Dido stranden lassen – Hans Castorp ist nun auf dem ›Zauberberg‹ gestrandet (vgl. Frizen 1987, 244 und IV.2.2).

252,20 *zu Ihren Laren und Penaten:* die Laren und Penaten wurden bei den Römern gemeinsam als Schutzgötter der Familie und des Hauses verehrt: hier also im Sinne von ›heimschicken‹ (während Behrens ›ad penates gehen‹ auch schon im Sinne von ›sterben‹ gebraucht hat, vgl. 149,36 und Anm.).

252,21 *keinen Deut:* gar nicht; feste Redewendung, die sich ursprünglich in Bezug auf niederländische Kupfermünzen von sehr geringem Wert (Duit) etablierte.

253,14–16 *Also die Luft … für die Krankheit:* Katia Mann zufolge (*Memoiren*, 79) geht dies auf Prof. Friedrich Jessen zurück, das ›Vorbild‹ für Behrens in Davos.

253,20 *febril:* fieberhaft.

253,24–27 *wahrscheinlich beschwipst … heitere Bäckchen:* Virchow zufolge (1997, 175, Anm. 22) geht dies wohl wiederum auf Jessen zurück, der in medizinischen Artikeln auf den Zusammenhang zwischen den tuberkulösen ›Giften‹ und der Erhöhung der Körpertemperatur eingeht.

254,1 *Brigadegeneral:* Brigade: eine Einheit aus mehreren Truppenteilen. Natürlich ist Joachim noch kein Brigadegeneral, Behrens gesteht ihm aber gerne einen höheren militärischen Rang zu.

254,7 *Remise:* (frz.) Wagenschuppen.

Fünftes Kapitel

Ewigkeitssuppe und plötzliche Klarheit

255,3–256,12 *Hier steht eine Erscheinung … mit diesem Helden:* nach 146,10–147,27 hier die zweite große Zeitreflexion des Erzählers, die im Unterschied zur ersten auch den Zusammenhang von Zeit und Erzählen anspricht, was im Abschnitt *Strandspaziergang* (741,2–750,30) noch ausführlicher zum Thema wird. Das »stehend[e] Jetzt« (256,1) und die »ausdehnungslose Gegenwart« (256,8) als zentrale Motive der Zeiterfahrung Castorps kommen von Schopenhauer (vgl. Frizen 1980, 141 und VI.4).

256,36 *was abgehe:* ruppig für: etwas fehle.

258,24 *Requiescat in pace:* (lat.) Er (sie) ruhe in Frieden.

259,24 *febril:* vgl. Anm. zu 253,20.

259,32 *Kajütenkoffer:* flacher Koffer, der bei Seereisen unter der Koje verstaut werden kann – eine Anspielung darauf, dass Castorp vom Meer kommt und für das Leben im Gebirge nicht richtig ausgerüstet ist.

260,21–24 *während Hans Castorp … lauschte:* vgl. Anm. zu 57,32–58,4.

260,25 *von der »politischen Verdächtigkeit« der Musik:* vgl. 158,31–159,12 und 229,22.

260,30 *Spitzenmatinees:* vgl. Anm. zu 155,10f.

260,33 *in corpore:* (lat., ›in Gesamtheit‹) geschlossen, alle gemeinsam.

260,35 *Conférence:* (frz.) Vortrag. Der Begriff meinte Anfang des 20. Jh.s auch die Ansage im Kabarett oder Varieté, was hier ironisch mitschwingt.

261,27–36 *die reine Chemie … oder Kokain, verhalte:* Die Rückführung der Sexualerregung auf chemische Stoffe, die wie Giftstoffe wirken würden, hatte schon Freud in seinen *Drei Abhandlungen zur Sexualtheorie* erwähnt. Vgl. Anm. zu 176,6 und Finck 1973, 58f.

261,35 *Morphin:* Synonym zu: Morphium.
262,16 f. *Remise:* vgl. Anm. zu 254,7.
262,22 *Plumeau:* (frz.) dickes Federdeckbett.
262,27 *Konstitution:* (körperliche) Verfassung.
262,29 *anämisch:* vgl. Anm. zu 69,9.
262,32 *ehetunlichst:* so bald wie möglich.
263,7 *nerviges:* sehniges, muskulöses, kräftiges.
263,19 f. *Moribunden:* vgl. Anm. zu 149,11.
264,11 *das Gong:* vgl. Anm. zu 78,3.
264,29 f. *der Sohn … Tischleindeckdich:* In dem Märchen *Tischchen deck dich, Goldesel und KnüppelausdemSack* aus der Sammlung der Gebrüder Grimm bekommt der älteste Schneiderssohn einen Tisch, der sich immer wieder von selbst mit Speisen und Getränken deckt.
265,12 *apostrophiert … Apostroph:* apostrophieren: mit einem Apostroph, also einem Auslassungszeichen versehen; aber auch: anreden, ansprechen, eine feierliche Rede halten. Dass Krokowski als ›Apostroph‹ bezeichnet wird, ist also doppeldeutig und ironisch: Er verkürzt die Liegekur durch sein (feierliches) Reden.
265,16 *Intervall:* Zwischenraum; der Raum, den Krokowski auslässt.
Hiatus: Kluft, Lücke.
265,21 *erschienen:* Krokowskis ›Erscheinen‹ wird damit ins Wunderbare überhöht – ein weiterer Verweis auf seine Rolle als Heiland (vgl. Marx 2002, 91 f. und Anm. zu 181,14–17).
266,26 *Katarrh:* vgl. Anm. zu 55,28.
267,4 f. *zu erinnern:* (veraltet) einzuwenden.
267,19 *orbis pictus:* (lat., ›gemalter [Erd-]Kreis‹) von Johann Amos Comenius (1592–1670) herausgegebenes Sprach- und Sachlehrbuch für Kinder mit Bildern (*Orbis sensualium pictus*, 1658). Der Begriff wurde dann zu einer allgemeinen Bezeichnung für bebilderte Lehrbücher.

268,4–8 *blendend hell … zitternder Klarheit überfüllte:* Dass Settembrini Licht macht, wird nachfolgend zu einem wiederholten Leitmotiv, das auf Settembrinis Zugehörigkeit zur Aufklärung verweist. Das Motiv findet sich auch bei Schopenhauer (vgl. Frizen 1980, 167), der schreibt: »Goethe sagte mir ein Mal, daß wenn er eine Seite im Kant lese, ihm zu Muthe würde, als träte er in ein helles Zimmer« (*Werke* 1922 III, 159 / *Welt*, Bd. 2, 191).

268,30 *schlankerhand:* ohne Zögern, ohne Umstände.

269,26f. *indem er … emporwarf:* vgl. Anm. zu 222,24–26.

269,27f. *kontemplierten:* kontemplieren: sich einer (religiösen/philosophischen) inneren Betrachtung, Versenkung hingeben.

269,36 *Refektorium:* Speisesaal in einem Kloster.

270,20 *Regeln:* Castorp spielt hier auf die Ordensregeln als Vorschriften für das Zusammenleben in einem Kloster an. Settembrinis Vergleich des Sanatoriums mit einem Kloster bzw. Castorps mit einem Mönch enthält einen wahren Kern, hat doch Castorps ›Sympathie mit dem Tode‹ (und dadurch auch sein Interesse am Sanatorium als Ort des Todes) durchaus religiöse Züge (vgl. 258,21–24).

270,22 *Noviziat:* Probezeit der Novizen (lat., ›Neulinge‹) in einem Orden.

270,23 *Profeß:* Ablegen der Ordensgelübde und Aufnahme in einen Orden.

271,14 *Radames:* in Guiseppe Verdis Oper *Aida* (1871) der ägyptische Heerführer, der Aida liebt und gemeinsam mit ihr in den Tod geht. Castorps Versprecher ist ein Hinweis auf seine Musikleidenschaft, er wird die Oper *Aida* im Abschnitt *Fülle des Wohllauts* wiederholt hören (vgl. 884,31–888,21).

271,22f. *Der Name … aus in Ihrem Munde:* da Castorp durch seinen Verbleib im Sanatorium den von Carducci gefeierten Fortschritt (vgl. Anm. zu 85,8f. und 85,31f.) nicht mehr repräsentiert – als Ingenieur aber eigentlich zu vertreten hätte.

271,28 *Pneumothorax:* vgl. Anm. zu 74,5.

271,29 *febril:* vgl. Anm. zu 253,20.

271,30f. *denn die Luft … gut für die Krankheit:* vgl. 253,14–16 und Anm.

272,3 *lymphatisch:* veraltete medizinische Bezeichnung für eine krankheitsanfällige körperliche Verfassung mit schlaffem, schwammigem, blassem und aufgedunsenem Aussehen.

272,27 *Stumme Schwester:* vgl. Anm. zu 124,7.

273,5 *Kavernen:* Hohlräume im Lungengewebe, die bei der Tuberkulose durch das Absterben von Entzündungsherden entstehen können.

273,8 *Numismatiker:* Münzkundler.

273,10 *Phthisis:* vgl. Anm. zu 91,2.

273,11 *Obduktion:* Leichenöffnung, Leichenuntersuchung zur Klärung der Todesursache.

273,12 *Kokken:* Sammelbezeichnung für kugelförmige Bakterien.

273,27f. *die Republik und den schönen Stil:* vgl. 236,30–32 und Anm. sowie 243,30f.

274,19 *Phlegma:* in der antiken Lehre von den verschiedenen Temperamenten eine geistige Verfassung, die sich durch Trägheit und Schwerfälligkeit auszeichnet und auf einem Übermaß an Schleim (griech. *phlegma*) im Verhältnis zu den drei anderen Körpersäften Blut, schwarze und weiße Galle beruht.

274,20 *energisch:* tatkräftig, entschlossen. Settembrini schlägt Castorp also sich widersprechende Charakterisierungen vor, die dieser aber beide akzeptiert.

274,23 *Unterredner:* Teilnehmer einer Unterredung, also eines Gesprächs.

274,32 *apoplektisch:* von der Körperbildung her zum Schlaganfall neigend.

275,21 *homo humanus:* vgl. Anm. zu 86,20.

276,10 f. *Dem Leben verlorengehen:* Die Formel wird später mit den Worten ›der Welt abhanden kommen‹ variiert (vgl. 815,31 f. und Anm.) und bringt in Kurzform die ›Sympathie mit dem Tode‹ auf den Punkt, der Castorp anheimgefallen ist: vgl. VI.6.

276,18 f. *Ihnen aufwarten:* Sie damit bedienen.

277,34 *zeitigt:* bewirkt, hervorbringt.

277,35 *Kruditäten:* Roheiten, Grobheiten.

278,10 *Drehorgelmänner:* vgl. Anm. zu 82,16 f.

278,14–26 *die einzig religiöse Art ... Mutterschoß der Erneuerung:* Diese Art der Todesbetrachtung korrespondiert mit Schopenhauer, *Die Welt als Wille und Vorstellung*, dem zufolge der Tod die Rückkehr in die Einheit des Willens bedeutet. Vgl. IV.3.1 und VII.3.

278,19–26 *Die Alten schmückten ihre Sarkophage ... Mutterschoß der Erneuerung:* Diese Argumentation findet sich in Schopenhauers *Die Welt als Wille und Vorstellung* (*Werke* 1922, II, 325 / *Welt*, Bd. 1; vgl. Frizen 1980, 217).

278,27–30 *Denn der Tod ... Verirrung des Menschengeistes bedeutet:* eine Erkenntnis, die Castorp im Abschnitt *Schnee* des sechsten Kapitels in modifizierter Form selbst haben wird (vgl. 679,34–36 und Anm.).

279,1 f. *die gekreuzten Hände ... über das andere geschlagen:* vgl. zur Haltung Settembrinis Anm. zu 81,24 f. Werden die Beine hier auch nicht direkt im Stehen gekreuzt, sondern nur im Sitzen übereinandergeschlagen, so wird das Attribut ›gekreuzt‹ dennoch als Begriff angeführt und ersatzweise den Händen zugesprochen.

279,12 f. *einen ähnlichen Disput:* vgl. 136,32–141,6.

279,22 f. *Neigung ... Versuche anzustellen:* das ›placet experiri‹ (vgl. Anm. zu 138,5).

279,33 *Fixierungen:* Festlegungen. Tatsächlich wird sich Castorp im Laufe seines Aufenthalts weniger auf Meinungen festlegen, als Settembrini lieb ist – vor allem in Sicht auf die Weltanschauungen Naphtas oder Peeperkorns, Sichtweisen, die er ebenso unbefangen aufnimmt wie die des Italieners.

280,4 *sine pecunia:* vgl. Anm. zu 69,17f. – kostenlos hatte auch schon Behrens Castorp seine Ratschläge angeboten.

282,33 *Sozietät:* Genossenschaft oder Gesellschaft (im Sinne einer Interessengemeinschaft, eines Vereins); Behrens benutzt den Ausdruck also in witziger Übertragung für die menschliche Gesellschaft als Ganzes.

282,34 *Stehen Sie auf und wandeln Sie, Mann:* vgl. Jesu Heilung des Gelähmten in der Bibel, Mt 9,5f.: »Welches ist leichter, zu sagen: Dir sind deine Sünden vergeben; oder zu sagen: Stehe auf und wandle? Auf dass ihr aber wisset, dass des Menschen Sohn Macht habe auf Erden, die Sünden zu vergeben, sprach er zu dem Gichtbrüchigen: Stehe auf, heb dein Bette auf und gehe heim!« (Vgl. Mk 2,9–11 und Lk 5,3f.) Auch der Erzähler schreibt Behrens ironisch eine gottgleiche Position im Sanatorium zu: »Hofrat Behrens, die oberste Autorität in der Welt, die uns einschließt« (256,14f.).

282,35f. *Innenkonterfei:* Konterfei: Abbild. Gemeint ist die Röntgenaufnahme.

»Mein Gott, ich sehe!«

283,15 *Durchleuchtungslaboratorium:* Der Physiker Wilhelm Conrad Röntgen (1845–1923; Nobelpreis für Physik 1901), bei dem Katia Mann in München studiert hatte, entdeckte im Jahre 1895 bei Experimenten mit einer Kathodenstrahlröhre die Röntgenstrahlung, mittels derer sich eine Vielzahl von Stoffen und Körpern ›durchleuchten‹ lassen. Die Praktik des Röntgens erlangte bald weite Verbreitung in der Diagnostik der Medizin. Mann ließ sie sich im Februar 1920 im Krankenhaus in der

Ziemßenstraße (so auch der Nachname Joachims) in München zeigen: »Wurde mit einem weißen, klinischen Kittel gekleidet und so ins Röntgen-Laboratorium geführt, wo ich zusah, wie ein Assistenz-Arzt mit seinem Gehilfen mehrere Lungen- und eine Kniegelenk-Aufnahme bei Männern und Frauen machte.« Auch wurde ihm vom Arzt »eine Reihe von photographischen Platten (kranke Lungen u. ein Magengeschwür)« gezeigt. »Ließ mich das Skelett meiner Hand am Schirm sehen« (TB I, 385).

284,14 *Kaverne:* vgl. Anm. zu 273,5.

284,23 *Cicerone:* (ital.) scherzhafte Bezeichnung für einen (redseligen) Fremdenführer (abgeleitet von dem klassischen Redner Cicero, 106–43 v. Chr.).

286,6 *obwaltende:* herrschende.

286,15 *kirgisenäugigen:* vgl. Anm. zu 204,7.

287,8 *Mein Gott:* Die Formel markiert bei Mann die höchste emotionale Erschütterung angesichts des geliebten Menschen (vgl. Kurzke 2001, 136–144). Sie lässt sich autobiographisch auf seine Liebe zu Paul Ehrenberg in den Jahren 1900–02 zurückführen. In den Notizbüchern Manns finden sich die Verse: »Erstarrung, Öde, Eis. Und Geist! Und Kunst! / Hier ist mein Herz, und hier ist meine Hand / Ich liebe Dich! Mein Gott … Ich liebe Dich! / Ist es so schön, so süß, so hold, ein Mensch zu sein?« (NB II, 46). Mit den Worten »Mein Gott … Mein Gott …« drückt allerdings schon im Jahre 1897 der kleine Herr Friedemann in der gleichnamigen Novelle seine Liebe zu Gerda von Rinnlingen aus (GW VIII, 104).

287,13 f. *Steigerung und Betonung ihres Körpers … durch die Krankheit:* vgl. zum Zusammenhang von Krankheit und Körper Castorps Reflexionen in *Forschungen*, bes. 394,19–395,4.

288,14 f. *hinderte ihn … »einen Bleistift zu leihen«:* ein

Vorverweis auf die *Walpurgisnacht* (vgl. 458,32) und zugleich ein Rückverweis auf Castorps Begegnung mit Přibislav Hippe (vgl. 171,24 und Anm.).

288,28f. *Ob sie denn Kinder habe … sie hatte keine:* Die Kinderlosigkeit Clawdia Chauchats ist Bestandteil ihrer ›Freiheit‹ und charakterisiert sie als androgyn; vgl. Castorps Überlegungen hierzu in 180,33f. und Anm.

292,32f. *Ordinationszimmer:* vgl. Anm. zu 186,13.

294,16f. *Přibislav-Augen:* vgl. Anm. zu 204,7 und 204,8.

297,10 *Lichtstrahlen:* Tatsächlich handelt es sich bei Röntgenstrahlen nicht um sichtbares Licht, sondern um unsichtbare elektromagnetische Strahlung. Ähnliche Begriffe (vgl. 304,11 »die Kraft des Lichts«) werden im Folgenden allerdings häufig genutzt, die Röntgenuntersuchungen werden auch zusätzlich von zahlreichen »Lichterscheinungen« (300,8) begleitet.

297,12 *mit einer ehrbaren Verfinsterung seiner Miene:* ein Ausdruck, der gleichermaßen auf die körperliche Liebe und auf den Tod hinweist: Denselben Gesichtsausdruck, mit dem der alte Fiete die Leiche des Großvaters bewachte (44,14–16), hatte auch Castorp anlässlich des Treibens seiner russischen Zimmernachbarn (59,13–17).

298,18 *Ozon:* Form des Sauerstoffs aus drei Sauerstoffmolekülen (O_3), die u. a. bei elektrischen Entladungen entsteht.

298,27 *Hexenoffizin:* Offizin: Arbeitsraum, Laboratorium und Lager einer Apotheke. Zugleich ein Verweis auf die Szene *Hexenküche* in Goethes *Faust. Der Tragödie Erster Teil*, in der Faust zu Beginn seines ›neuen Lebens‹ an der Seite von Mephistopheles den verjüngenden Trank erhält – die Röntgenszene ist für Castorp also eine Art Initiation (vgl. Anm. zu 301,36).

298,34f. *Dioskuren! Castorp und Pollux:* Die Dioskuren (griech., ›Söhne des Zeus‹) sind die Zwillingsbrüder

Kastor (lat. Castor) und Polydeukes (lat. Pollux), die der griechisch-römischen Mythologie nach immer vereint auftreten. Der Begriff wurde daher zu einem Synonym für ›unzertrennliche Freunde‹. Der Sage nach erlaubte Zeus nach dem Tod Kastors, dass dieser sich tagsüber bei Pollux auf dem Olymp aufhalten durfte, während Pollux die Nacht bei seinem Bruder in der Unterwelt verbrachte. Sie sind daher Grenzgänger zwischen der Ober- und der Unterwelt – ein Verhältnis, das sich auf Hans und Joachim auf dem ›Zauberberg‹ übertragen lässt, wie ja auch das Kellergeschoss, in dem das Durchleuchtungslaboratorium liegt, zugleich unterhalb und oberhalb der Erde liegt (vgl. 186,17–28).

299,14 *Lichtanantomie:* vgl. Anm. zu 297,10.

300,7 *Phiole:* bauchige Glasflasche mit engem Hals.

300,10 *Delinquent:* Übeltäter, Straffälliger. Das ›Verbrechen‹ der im Sanatorium fern der Gesellschaft Versammelten besteht in ihrer Krankheit.

300,18–20 *Stellen Sie sich … Glücksempfindungen damit verbunden wären:* Auch dieser Hinweis von Behrens stellt den Vorgang des Röntgens in eine Verbindung mit dem Thema der körperlichen Liebe (vgl. etwa 297,12).

301,6–11 *Ganz große Pupillen … zu diesem Behuf:* Dass das ›Sehen‹ mit Finsternis in Verbindung gebracht wird, hat seinen Grund, sieht doch Hans Castorp durch das Röntgen »in sein eigenes Grab« (304,10).

301,15–18 *Erst müssen wir uns … in stillem Gebet:* Nicht nur wiederholt Castorp verständig die Anweisung von Behrens, er stellt die Finsternis auch noch in Zusammenhang mit einem stillem Gebet, was wiederum auf seine Empfindungslage anlässlich des Todes verweist (vgl. 43,8–13).

301,21 *Oxygen:* (lat.) Oxygenium, Sauerstoff. Riechen lässt sich allerdings nur das Ozon, Behrens' Antwort ist also (für ihn typisch) ungenau.

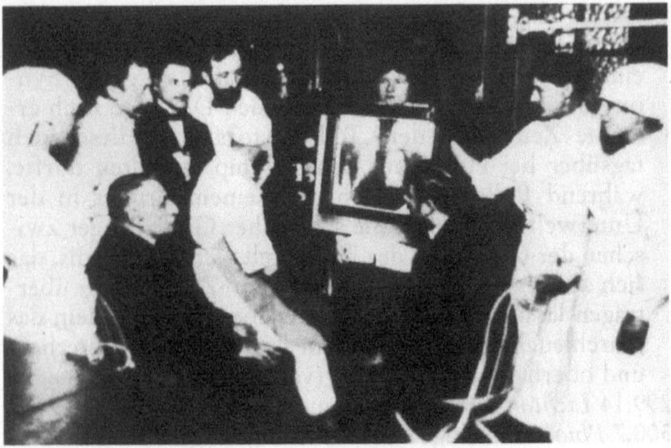

Röntgenuntersuchung im Jahre 1896

301,23 f. *Jetzt fängt die Beschwörung an:* Diese »Beschwörung« ist – im Gegensatz zur fotografischen Röntgenaufnahme, die vorher durchgeführt wurde – die eigentliche »Durchleuchtung«, bei der das Innere des Körpers mittels Röntgenstrahlen auf einem Schirm sichtbar gemacht wird, der sich direkt vor dem zu durchleuchtenden Körperteil des Patienten befindet (vgl. Abb. S. 82). Gegenüber dieser damals üblichen ›Direktbetrachtung‹, bei der die Strahlenbelastung relativ hoch war, arbeiten heutige Verfahren mit externen Bildverstärkern.

301,36 *Sehen Sie, Jüngling?:* Die Anrede ›Jüngling‹ verstärkt den Eindruck einer Initiation, die die gesamte Szene in dem Durchleuchtungslaboratorium erweckt: Castorp wird von Behrens in die Geheimnisse des kranken Körpers und des Todes eingeweiht. Vgl. auch Anm. zu 303,16.

302,6 *liberal:* freigebig, großzügig.
302,31 *Hilusdrüsen:* vgl. Anm. zu 247,16.
302,32 *Kavernen:* vgl. Anm. zu 273,5.
302,33 *Gifte … beschwipsen:* vgl. 253,24–27.
303,14 *Memento: memento mori* (lat.): Bedenke, dass du sterben musst.
303,16 *Mein Gott, ich sehe:* Castorp hat hier die Erkenntnis des Todes (das Wort ›wissen‹ ist mit lat. *videre* ›sehen‹ stammverwandt; etwas ›sehen‹ bedeutet gerade auch in religiös-mystischen Kontexten eine innere ›Schau‹ der Wahrheit). Dass Castorp diese Anschauung des Todes mit dem emphatischen Ausdruck »Mein Gott« bekräftigt, verweist auf die leitmotivische Nähe von Tod und Liebe im Roman (vgl. Anm. zu 287,8).
303,20–22 *daß Leute … den guten Joachim:* Obgleich kurz darauf die (ironische) Versicherung folgt, »daß es nichts zu bedeuten hatte und alles mit rechten Dingen zuging«, ist der Vergleich eine frühe Anspielung auf Joachims späteren Tod.
304,13f. *Skelett seiner rechten Hand … Siegelring:* Die Aufnahme, die Röntgen im Jahre 1896 von der Hand seines Kollegen Albert von Kölliker machte, erlangte Berühmtheit – auf ihr ist ein Ring zu sehen, der frei um das Fingerskelett zu schweben scheint. Auch Mann ließ sich im Jahre 1920 seine eigene Hand durchleuchten und betrachtete sie (vgl. Anm. zu 283,15).
304,22–25 *Dazu machte er ein Gesicht … Schulter geneigt:* eine Haltung, die Castorp angesichts von Tod und Musik gerne einnimmt (vgl. Anm. zu 57,32–58,4).

Freiheit

305,12–14 *sieben Wochen … sieben Tage:* vgl. 10,12–16.
305,18–23 *Es war wohl … in Verbindung zu bringen:* Der Beginn des Abschnitts *Freiheit* reiht sich in die Zeitre-

flexionen des Erzählers (und Castorps) ein (vgl. zuvor 146,10–147,27; 197,28–34 und 255,3–256,12).

306,11–13 *Es möchte kein Hund ... länger leben:* abgewandeltes Zitat aus Goethes *Faust. Der Tragödie Erster Teil:* »Es möchte kein Hund so länger leben! / Drum hab ich mich der Magie ergeben, / Ob mir durch Geistes Kraft und Mund, / Nicht manch Geheimnis würde kund« (V. 376–379). Vgl. zu den *Faust*-Zitaten IV.2.3.

307,32 *Leopardi:* vgl. Anm. zu 140,9.

307,35 *Carducci:* vgl. Anm. zu 85,8f.

308,10 *Grazie tante:* (ital.) vielen Dank!

308,17f. *Quietismus:* vgl. Anm. zu 159,10.

309,6 *Gut gebrüllt, Löwe:* Zitat aus Shakespeares *Ein Sommernachtstraum* V,1 (in der Übersetzung von August Wilhelm Schlegel), sprichwörtlich in leicht ironischem Sinn als Anerkennung für treffende Bemerkungen und schlagfertige Antworten.

309,20–23 *Teufelsknecht ... gewählte Bezeichnung:* Dieser Teufel steht im Gegensatz zum ›guten Teufel‹ des Fortschritts, den Settembrini mit der Hymne *Inno a Satana* besungen hat; gemeint ist »jener andere« (vgl. 86,4 und Anm.) als Verführer zur Untätigkeit.

310,10 *Parther und Skythen:* Das Reich der Parther bestand vom 3. Jh. v. Chr. bis zum 3. Jh. n. Chr. und erstreckte sich vom Euphrat bis zum Indus. ›Skythen‹ ist eine Sammelbezeichnung für nomadische Reitervölker Zentralasiens und der eurasischen Steppe, im engeren Sinne für das ab dem 7. Jh. v. Chr. im Norden des Schwarzen Meeres lebende Volk. Im antiken Griechenland wurden alle asiatischen Völker (östlich des Rheins) als ›Skythen‹ bezeichnet. Die Begriffe ›Parther‹ und ›Skythen‹ meinen aus hellenistischer und römischer Perspektive ›Barbaren‹. In dieser abschätzigen Bedeutung verwendet es auch Settembrini (vgl. zu seiner

Einstellung gegenüber dem ›Osten‹ Anm. zu 218,31–219,3).

310,24 *Windbeutel:* vgl. 89,33.
Räsonneur: Klugschwätzer, Nörgler.

310,27 *Drehorgelmann:* vgl. 82,16f.

311,28 *Paletot:* vgl. Anm. zu 113,6.

311,35 *Lehnen:* vgl. Anm. zu 131,11.

312,15 *Freiheit:* Diese Art von ›Freiheit‹ hat viel mit dem »bodenlosen Vorteile der Schande« (115,30) des Sitzenbleibens zu tun, mit der schon Herr Albin die durch Krankheit bedingte »Ungebundenheit« des Sanatoriumsaufenthalts verglich (114,34). ›Frei‹ ist auch Clawdia aufgrund ihrer Ungebundenheit und Kinderlosigkeit (vgl. 288,28f.). ›Freiheit‹ wird damit zu einem Leitmotiv, das mit Homosexualität und Tod verknüpft ist, vgl. hierzu VI.5 sowie Manns Essay *Die Ehe im Übergang* (Ausschnitt in VIII.1, S. 403ff.).

312,19f. *mit demjenigen, den Settembrini diesem Worte beilegte:* vgl. 214,7–11.

312,25 *Merkurius:* vgl. Anm. zu 234,7.

Launen des Merkur

313,11 *Drommetengetön:* Drommete: (veraltet) Trompete (nach der Bibelübersetzung Luthers).

313,12 *Säkulums:* Jahrhunderts.

313,17 *Winterpaletot:* vgl. Anm. zu 113,6.

313,31 *Musselinkleider:* Musselin: feiner, weicher, locker gewebter Stoff, oft aus Baumwolle.

314,14 *Alpenerle:* lat. Alnus viridis, auch Grünerle genannt; im Gegensatz zur Beschreibung im *Zauberberg* hat dieser Laubbaum allerdings keine Nadeln.

314,23 *orchideenähnliche Knabenkraut:* Tatsächlich gehört das Knabenkraut (Orchidaceae dactylorhiza Orchis) zur Familie der Orchideen.

315,4 *Omelette en surprise:* (frz.) Omelett mit Überraschung.
315,12f. *löslicher Gifte:* vgl. 253,24–27.
315,30 *Spitzenmatinee:* vgl. Anm. zu 155,10f.
316,24 *Parthern und Skythen:* vgl. Anm. zu 310,10.
316,30 *an den Fingern zu kauen:* Gemeint sind wohl die Fingernägel.
317,25 *der Republik und des schönen Stils:* vgl. Anm. zu 236,30–32.
317,27 *febril:* vgl. Anm. zu 253,20.
318,1 *eloquenter:* beredter.
318,3f. *Zwischenkommnis:* Mischbildung aus ›Vorkommnis‹ und ›Zwischenfall‹.
318,12f. *seinerseits Versuche anzustellen:* Castorp überträgt das ›placet experiri‹ (vgl. Anm. zu 138,5) also auf alle Lebensbereiche und folgt ›versuchsweise‹ nicht nur Settembrini, sondern auch Clawdia.
318,27 *jenes Liedchens:* vgl. 195,31f. und Anm.
319,3f. *die Krankheit … zum Körper gemachten Körper:* Der Zusammenhang von Krankheit und Körper, der hier zum wiederholten Male ins Spiel kommt (vgl. 24,12–14; 249,1f.; 287,13f. und Anm.), wird im Abschnitt *Forschungen* zum ausdrücklichen Gegenstand von Castorps Interesse.
319,30 *Simplizität:* Einfachheit.
320,12–14 *gesunden Gänschens … »sein Herz geschenkt« hätte:* vgl. 196,7–13.
321,35 *Balustrade:* (frz.) Geländer mit Balustern (kleinen Säulen) als Stützen.
322,15 *monomanischer:* von einer einzigen Idee, einem einzigen Trieb besessener.
322,16 *pomadisiert:* die Haare mit Pomade, einer gut riechenden Fettcreme, gepflegt.
323,3 *affektierte:* gezierte, gekünstelte.
323,15 *Pneumothorax:* vgl. Anm. zu 74,5.

323,16 *frevles:* frevelhaftes.

323,31 *phlegmatisch:* vgl. Anm. zu 274,19.

324,9 *gesunden Gimpel von unten:* die männliche Entsprechung zum ›gesunden Gänschen aus dem Flachland‹, von dem Clawdia wiederholt abgesetzt wird (vgl. 196,7–13, 320,12–14 und 327,2f.). ›Gimpel‹ ist zunächst die Bezeichnung für einen Singvogel (den Dompfaff), meint aber auch übertragen ›einfältiger Mensch‹.

324,15 *Hospitant:* vgl. Anm. zu 102,13.

324,16 *Profeß getan:* vgl. Anm. zu 270,23.

324,19 *Merkurius:* vgl. Anm. zu 234,7.

324,31–33 *Sonne und abnehmender Mond … am reinen Himmel:* Dass an diesem Morgen Sonne und Mond zugleich am Himmel stehen, weist leitmotivisch auf die *Kahnfahrt im Zwielicht* zurück (vgl. 215,26–216,6). Am Ende jenes Kapitelabschnitts wird Clawdia mit der »nebeldurchsponnene[n] Mondnacht der östlichen Himmel« in Verbindung gebracht (224,2f.). Der hier nun auch am hellen Morgen präsente Mond kann also als Verweis auf die Russin gelten.

325,13 *pneumatische:* das Pneuma (griech., ›Hauch, Atem, Wind‹) betreffend, medizinisch in Sicht auf die Lunge (griech. *pneumon*) verstanden. Gemeint ist der ›Verein halbe Lunge‹, den der Pneumothorax (vgl. Anm. zu 74,5) verbindet.

325,16 *Sweater:* vgl. Anm. zu 109,16.

326,21 *Auf Flügelsohlen:* im Sinne von ›geflügelten Fußes‹, also ›schnell‹ – Flügelschuhe trägt allerdings auch der griechische Götterbote Hermes (vgl. VI.2).

326,27f. *Es war nicht gerade so … um einen Bleistift ersucht hätte:* Ähnlich wie schon 288,14f. ein weiterer Vorverweis auf die *Walpurgisnacht* (vgl. 458,32) und Rückverweis auf Castorps Begegnung mit Hippe (vgl. 171,24 und Anm.).

326,36 *durchgängerisch:* wie ein durchgehendes Pferd.

327,1–3 *wer etwa im Flachlande … »sein Herz geschenkt«:* Wie schon in 320,12–14 wird das aus einem früheren Kapitel stammende Motiv des ›gesunden Gänschens‹ (vgl. 196,7–13) hier wieder aufgegriffen.

327,10–12 *Hier an dem Herzen … von jenem Morgen‹ aus ›Carmen‹:* Dass im Kurhaus von Davos Ausschnitte aus *Carmen* gespielt werden, wurde vorher schon einmal angeführt (229,4). Castorps Wahl ist gleichwohl nicht beliebig (vgl. auch Manns Tagebucheintrag vom 21. Mai 1920, VIII.1, S. 388): Die von ihm zitierte Stelle erinnert über das Motiv ›Herz‹ an das populäre »Liedchen«, das ihm in der Nähe von Clawdia zuerst einfiel (195,26–196,2) und auch in diesem Abschnitt schon zweimal anzitiert wurde. Weiterhin taucht auch *Carmen* immer wieder auf: In 840,9–21 erzählt Castorp Peeperkorn den Inhalt der Oper, in dem Abschnitt *Fülle des Wohllauts* gehört *Carmen* zu Castorps Lieblingsplatten (890,5–893,15). Indirekt ergibt sich immer ein Bezug auf Nietzsche, der die Oper liebte und gegen Wagner ins Feld führte (vgl. Anm. zu 229,4).

327,19 *Merkurius:* vgl. Anm. zu 234,7.

Enzyklopädie

328,27 *febrilen:* vgl. Anm. zu 253,20.

329,18 *Mein Gott:* vgl. Anm. zu 287,8.

330,21 f. *betreffen:* antreffen; auch im Sinne von ›ertappen‹.

331,10 *Conciergeloge:* abgeschlossener Raum des Concierge (vgl. Anm. zu 15,7).

331,13 *Beschwipster und Hochilluminierter:* vgl. Anm. zu 247,8 und 253,24–27.

331,18 *pruschend:* prustend.

331,22 *schon der Husten des Herrenreiters darin entzündet:* vgl. 24,9–21.

331,29 *Vestibül:* Vorhalle, Flur.

332,35–333,2 *gesellschaftliche Beziehungen ... Französisch sprach:* In der *Walpurgisnacht* wird Hans Castorp in ›außergesellschaftliche‹ Beziehungen zu Clawdia Chauchat treten und sie mit ›Du‹ anreden – allerdings durchaus in Französisch, das dort den Charakter einer ›traumähnlichen‹ und damit wiederum ›außergesellschaftlichen‹ Sprache bekommt. Vgl. 465,4–22/991,35–992,20.

333,17f. *Aber wie oft er auch im Traum ... wie er »hier störe«:* vgl. Anm. zu 129,36–130,2.

333,24 *Ambassadeur:* (frz.) Botschafter, Gesandter.

333,26 *der hinkende Teufel da:* vgl. Anm. zu 15,10.

333,28 *Flausrockes:* vgl. Anm. zu 81,33.

333,34 *Akklimatisierungsprozeß:* vgl. Anm. zu 123,17.

334,11 *tatarische:* Tataren: mongolisches Volk; die Bezeichnung dient auch als Sammelbegriff für zentralasiatische Steppenvölker.

334,13 *Dschingis-Khan:* 1162 (?) – 1227, mongolischer Heerführer, der u. a. die Tataren unterwarf und das mongolische Weltreich begründete, das von China bis zum russischen Europa reichte.

334,13f. *Steppenwolfslichter:* Gemeint sind asiatisch geschnittene Augen (als ›Lichter‹ werden in der Jägersprache die Augen von Tieren bezeichnet); der Begriff wird leitmotivisch immer wieder auftauchen und später auch aus der Perspektive Castorps heraus geäußert werden (vgl. 760,29f.).

334,14 *Knute:* (russ.) Peitsche; übertragen: Willkürherrschaft, Unterdrückung; im 19. und Anfang des 20. Jh.s oft in Verbindung mit der zaristischen Despotie in Russland gebraucht.

Schlüsselburg: russische Festung im Gebiet St. Petersburgs, die vom 18. Jh. an bis zur Oktoberrevolution 1917 als Gefängnis v. a. für politische Häftlinge diente.

334,15 *Pallas Athene:* griechische Göttin des Krieges, der Weisheit, der Künste und Wissenschaften (römisch: Minerva). Der griechischen Mythologie nach entsprang Pallas Athene dem Kopf von Zeus in voller Rüstung.

334,17 *Iwan Iwanowitsch:* klischeehafte Bezeichnung für ›den Russen‹ aus Sicht eines Ausländers, so wie etwa ›der Fritz‹ für ›den Deutschen‹.

334,31 *Portefeuille:* (frz.) Brieftasche, Mappe zur Aufbewahrung von Briefen, Dokumenten usw.

335,2 *funebre:* Bezeichnung für eine bestimmte, ›düstere‹ Vortragsweise in der Musik. Das frz. *funèbre* kommt in Zusammensetzungen im Umfeld von ›Begräbnis‹ vor (*marche funèbre* ›Trauermarsch‹); insofern ist hier die Konnotation ›Tod‹ mit aufgerufen.

336,16f. *moskowitischen:* veraltete Bezeichnung für die Bewohner Moskaus bzw. des Bezirks um Moskau, hier wohl generell als Bezeichnung für ›russisch‹.

336,23–337,8 *Diese Freigebigkeit … des Menschheitsfortschritts:* Die ›Zeitlosigkeit‹ auf dem ›Zauberberg‹, der auch Castorp anheimfällt, wird hier ausdrücklich mit dem Komplex des ›Ostens‹ als Chiffre für Auflösung und Unform (vgl. VII.3) verbunden – eine Verbindung, die allerdings von Beginn an vorhanden ist, etwa wenn die Russin Clawdia in ihrer ›Lässigkeit‹ zum Essen zu spät kommt (vgl. Koopmann 1981). Castorps zunehmende Eingewöhnung an den Ort und sein Verlust des Zeitempfindens sind damit zugleich eine Eingewöhnung in die (mit dem Komplex der ›Unform‹ verbundene) Sphäre des Todes. – Settembrini reiht sich hier in die Kette der ausführlicheren Zeitreflexionen ein, die bislang vornehmlich vom Erzähler oder Castorp stammten (zuletzt 305,18–23).

336,28f. *Nonchalance:* (frz.) Sichgehenlassen, Lässigkeit, Ungezwungenheit.

337,5 *Carpe diem:* (lat.) ›Ergreife den Tag‹, im Sinne von ›Genieße den Tag‹ und/oder ›Nutze den Tag‹, wobei Settembrini Letzteres im Sinn hat. Die Redewendung stammt aus den *Oden* von Horaz (65–8 v. Chr.), die der vormals in Rom lebende Dichter allerdings erst verfasste, als er auf einem Landgut lebte – so gesehen stimmt Settembrinis Behauptung, dies »sang ein Großstädter«, nur eingeschränkt.

337,12 *plastisch:* vgl. zu diesem Leitmotiv Anm. zu 91,17.

337,15 *Privatissimum:* persönliche Ermahnung, auch Vorlesung vor einem kleinen Kreis von Zuhörern.

338,17f. *Konvolut:* Sammelmappe, Bündel von Schriftstücken.

338,23 *Filialbureau:* Tochterbüro.

339,3 *Degeneration:* Entartung, Rückbildung.

340,6f. *Nichts ist schmerzhafter ... der Vernunft zu dienen:* Die Stelle rekurriert auf Müller-Lyer, *Soziologie*, 218; vgl. Wißkirchen 1995, 112 und die folgende Anm.

340,10–20 *Der ›Bund zur Organisierung des Fortschritts‹ ... ›Soziologie der Leiden‹:* Der Münchner Soziologe Franz Müller-Lyer (1857–1916) veröffentlichte im Jahre 1914 den ersten Band seiner *Soziologie der Leiden*, zu weiteren Bänden kam es nicht mehr. Dieses Buch stellt die Quelle für Settembrinis Ausführungen zu dem »vielbändigen Buchwerk« desselben Titels dar (vgl. V.1). So heißt es etwa bei Müller-Lyer: »[...] das Endziel dieser großartigen Bewegung ist der *›wohlgeordnete Staat‹*« (160) – Settembrini formuliert entsprechend: »[...] deren Endziel der vollkommene Staat ist« (vgl. hierzu und zu allen folgenden Übernahmen von Müller-Lyer: Wißkirchen 1995, 113–115).

340,20–22 *worin die menschlichen Leiden ... Systematik bearbeitet werden sollen:* Müller-Lyer verlangt in seiner *Soziologie*: »Wir brauchen also eine Systematik der Übel und Leiden« (ebd., 19).

340,25 *der eigentlich furchtbare Feind ist der unbekannte:* Müller-Lyer: *Soziologie*, 48: »[...] der furchtbarste Feind ist der unbekannte«.

340,28–30 *daß Wirkungen hinfällig werden ... und dann aufhebt:* Auch dies rekurriert wahrscheinlich auf Müller-Lyer, *Soziologie*, 52.

340,30f. *daß fast alle Leiden des Individuums Krankheiten des sozialen Organismus sind:* in syntaktischer Umstellung wörtlich übernommen von Müller-Lyer, *Soziologie*, 49.

340,31f. *Dies ist die Absicht der ›Soziologischen Pathologie‹:* Auch der Begriff ›Soziologische Pathologie‹ fällt bei Müller-Lyer, *Soziologie*, 4 und passim (vgl. Loose 1968, 427).

341,2f. *die chemischen Elemente aufzeigen … menschliche Leiden zusammensetzt:* Auch die Metaphorik der ›chemischen Elemente‹ findet sich bei Müller-Lyer, *Soziologie*, 14.

341,14–19 *Auch den schönen Geist … Meisterwerke der Weltliteratur enthalten soll:* Tatsächlich hatte Müller-Lyer dies vor: »Für jeden einzelnen Konflikt sollen alle diejenigen Dichtwerke namhaft gemacht werden, in denen der betreffende Fall dem Dichter zum Vorwurf gedient hat; ferner die Durchführung und die Lösung, die der Dichter für richtig gehalten hat« (*Soziologie*, 209, vgl. Loose 1968, 426).

342,17–21 *dies Eiland der Kirke … zu grunzen beginnen:* Im 10. Gesang von Homers *Odyssee* wird Odysseus von der Zauberin Kirke auf der Insel Aia festgehalten; Kirke verwandelt seine Gefährten in Schweine. Der Name ›Kirke‹ ist deshalb auch als ein Synonym für eine verführerische Frau zu verstehen; indirekt zielt Settembrini also auf Clawdia ab. Das Kirke-Motiv wird später in 456,21 wieder aufgegriffen.

343,10f. *ein gerades und klassisches Mittel der Redekunst:* vgl. Settembrinis Ausführungen über die Ironie in 306,30f.

343,36 *Sophisterei:* Spitzfindigkeit (abwertende Bezeichnung für die Lehre der Sophisten im Griechenland seit der zweiten Hälfte des 5. Jh.s v. Chr., die Platons Philosophie als eine Scheinwahrheiten produzierende Wortklauberei kritisiert).

345,7f. *Asketischer Neigungen werden Sie mich niemals überführen:* im Gegensatz zu Settembrinis späterem Gegenspieler Naphta – an der Bewertung der Askese werden sich noch einige Diskussionen entzünden, vgl. 540ff.

345,12 *Classicismo:* (ital.) Klassizismus.

345,24 *Prometheus:* vgl. Anm. zu 220,28.

345,27 *Obskurantismus:* Verdunkelungsbestreben, Dunkelmännertum, feindselige Haltung gegenüber der Aufklärung (von lat. *obscurus* ›dunkel, versteckt, undeutlich, unbekannt‹).

345,33 *Plotinus:* Plotin, um 205–270 v. Chr., griechischer Philosoph und bedeutender Vertreter des von Plotins Lehrer Ammonios Sakkas begründeten Neoplatonismus.

346,1 *Porphyrius:* Porphyrius von Tyros, 234 – frühes 4. Jh. v. Chr., Schüler Plotins, der dessen Schriften (die *Enneaden*) mit einer einleitenden Lebensbeschreibung herausgab, in der dieser Ausspruch Plotins überliefert ist.

346,6 *Erdbeben zu Lissabon:* Das Erdbeben in Lissabon am 1. November 1755 zerstörte auch durch nachfolgende Flutwellen und Feuersbrünste die Stadt fast vollständig. Die Nachricht von der Katastrophe hatte Auswirkungen auf ganz Europa, in der Philosophie der Aufklärung warf das Erdbeben die Frage nach der Theodizee (der Rechtfertigung Gottes angesichts des Übels in der Welt) neu auf. Voltaire und Kant beschäftigten sich mit dem Beben, Goethe gibt eine Schilderung des Bebens und seiner Wirkung auf ihn als damals Sechsjährigen in *Dichtung und Wahrheit*.

346,13–15 *daß Goethe … zu seinem Diener sagte:* Wie Settembrini richtigstellt, betrifft dies das Erdbeben von Messina. Mann verarbeitete diese von Eckermann überlieferte Episode aus Goethes Leben, nach der Goethe das Erdbeben gespürt hatte und ihm die später eintreffenden Nachrichten recht gaben, schon 1914 in den *Ge-*

danken im Kriege (GKFA 15.1, 28) und greift sie 1925 in der Essay-Fassung von *Goethe und Tolstoi* wieder auf (GKFA 15.1, 901).

346,22 *Voltaire empörte sich dagegen:* Tatsächlich verarbeitete der französische Schriftsteller und Philosoph Voltaire (1694–1778) das Erdbeben von Lissabon in dem Gedicht *Poème sur le désastre de lisbonne* von 1756 und in seinem Roman *Candide ou l'optimisme* (1759). In beiden Texten wird das Leibniz'sche Theorem, dass die bestehende Welt die beste aller möglichen Welten sei, anhand der Katastrophe kritisch hinterfragt und somit die Theodizee-Frage neu aufgeworfen.

347,10 *haut-goût:* (frz.) strenger, eigentümlicher Geschmack und Geruch abgehangenen Wildbrets; im übertragenen Sinne: Anrüchigkeit, Geruch.

347,22 *Entsatz:* Befreiung belagerter Truppen oder Festungen.

347,31 *Räsoneur:* vgl. Anm. zu 310,24 – dort bezeichnete umgekehrt Castorp Settembrini als »Räsonneur« (sic).

Humaniora

348,1 *Humaniora:* Die *studia humaniora* oder *studia humanitatis* sind die in den *septem artes liberales*, den ›sieben freien Künsten‹ (vgl. Anm. zu 360,8), zusammengefassten humanistischen Studien der Antike. Seit der Renaissance meint der Begriff auch das Studium des klassischen Altertums. In seiner Rede *Humaniora und Humanismus* aus dem Jahre 1936 bezeichnet Mann »das Interesse am Menschen« als »das höchste und dringlichste Interesse der Menschheit« (GW X, 340) und wertet gerade auch die literarische Bildung als grundlegenden Bestandteil eines so verstandenen Humanismus auf. Er führt damit in seinem Essay die ›Frage nach dem Menschen‹ (eine Leitfrage auch des *Zauberbergs*; vgl. III) und die Humaniora als klassische humanistische

Bildung eng. Im *Zauberberg* hingegen ist der ›Humanismus‹ in letzterem Sinne noch dem Zivilisationsliteraten Settembrini zugeordnet (vgl. Anm. zu 86,20), während Castorp (auch) jenseits von dessen Lehren und jenseits des antiken Bildungsguts – ähnlich wie sein Autor – nach der ›neuen Humanität‹ sucht (vgl. III sowie Langer 2007). So kommen die ›Humaniora‹ in diesem Abschnitt auch vornehmlich über die Medizin und den Körper des Menschen zur Sprache.

348,6 *Triften:* Land, das als Viehweide genutzt wird.

348,10 *Lehnen:* vgl. Anm. zu 131,11.

348,13 *Rondell:* runder Platz, runde Beetanlage.

348,15 *Postament:* Unterbau, Sockel.

348,29 *Konsumtion:* Konsum, Verbrauch.

349,24 f. *Schwalbenschwanz:* Gehrock, Herrenmantel mit zwei Schößen.

349,35 *Sieh da, sieh da, Timotheus:* Zitat aus Schillers Ballade *Die Kraniche des Ibykus*, sprichwörtlich für ein erstauntes Innehalten im Sinne von ›Sieh an!‹.

350,4 *sintemalen:* (veraltet) weil, da.

350,9 *Krautwickel:* Bezeichnung für Kohlrouladen, Behrens meint aber: die Zigarre.

350,12 *Postre de Banquett: postre de banquete* (span.): der Nachtisch als Abschluss eines Festmahls.

350,13 f. *in reinen Farben:* Qualitätsmerkmal von Zigarren (abweichende Farbgebungen von Zigarren werden als sogenannte Fehlfarben aussortiert).

350,19 *ihre kleinen Launen:* Der Zigarre werden menschliche (bzw. weibliche) Züge verliehen, vgl. Anm. zu Maria Mancini, 22,34.

350,29 *Fulminantes:* Prächtiges, Großartiges, Blitzendes.

351,11 *Importen:* importierten Zigarren (Singular: die Importe).

351,26 *abtanzen:* Die Wortwahl von Behrens lässt sich als Vorverweis auf den Abschnitt *Totentanz* verstehen (vgl. Anm. zu 395,26).

352,1 *Bürstenfrottage:* Frottage: (frz.) Abreiben.
352,1 f. *Kampferinjektion:* Kampfer: aus dem Kampferbaum gewonnene organische Verbindung, die in der Medizin zur Anregung von Herzschlag und Atmung eingesetzt wird.
352,9 *wie kommen Sie mir vor?:* Ausdruck der Verwunderung, so z. B. auch in Schillers *Merkwürdiges Beispiel einer weiblichen Rache:* »Aber, liebe Marquisin, wie kommen Sie mir vor?«
352,14 *Anch'io sono pittore:* (ital.) Auch ich bin ein Maler! *jener Spanier:* Der – italienische – Maler Correggio (eigentlich Antonio Allegri, um 1489–1534) soll diese Worte angesichts eines Gemäldes von Raffael (eigentlich Raffaello Santi, 1483–1520) geäußert haben.
352,30 *Pläsier:* (frz.) Vergnügen, Spaß.
353,14 *Drücker:* Schlüssel, vermutlich ein Drei- oder Vierkantschlüssel.
353,22 *jovialen:* leutseligen, wohlwollenden.
353,26 *Portieren:* vgl. Anm. zu 120,6.
353,28 *Schläger:* Hiebwaffe mit gerader Klinge, die in den sogenannten ›schlagenden‹ studentischen Verbindungen zur Mensur, einem rituell-traditionellen Zweikampf, benutzt wird.
354,9 *Segantini's:* Giovanni Segantini (1858–1899), italienischer Maler.
354,10 *wammige:* Wamme: herabhängende Haut zwischen Kehle und Brust bei Rindern.
354,28 *Sergital:* richtig: Sertigtal (Virchow 1995b, 24, Anm. 22).
356,3 *Visage:* (frz.) derb-scherzhaft für: Gesicht.
356,4 *hyperboreischen:* im Norden gelegen, nördlich. Der griechischen Mythologie zufolge waren die Hyperboreer ein Volk, das in einem Land ›jenseits des Nordwinds‹ wohnte (so die wörtliche Übersetzung).
356,7 *Vexierrätsel:* Rätsel, das den Rätselnden auf den falschen Weg führt (von lat. *vexare* ›plagen, quälen‹). Im

Kontext meint Behrens hier wohl eher ein Vexierbild, in dem zwei verschiedene Bildinhalte sich überlagern.

356,11 *subkutan:* (lat.) unter der Haut.

356,20 *Epikanthus:* medizinische Bezeichnung für die nachfolgend von Behrens erläuterte Hautfalte am Innenrand des Auges, die vom Oberlid zum Unterlid reicht.

356,27 *atavistische:* Unter einem Atavismus versteht man in der Biologie und Medizin das (Wieder-)Auftreten von in der Evolutionsgeschichte der Art früher einmal ausgeprägten, dann verschwundenen Merkmalen in einzelnen Individuen (z. B. fellartige Behaarung beim Menschen).

356,32 *Vexation:* (frz.) Schikane, Fopperei, Neckerei. Behrens Nachtrag ›Täuschung‹ macht deutlich, dass er das Wort eher als Ableitung von ›Vexierrätsel‹ (vgl. Anm. zu 356,7) versteht.

357,28 *Sensitivität:* (überhöhte) Reizbarkeit, Empfindlichkeit, Feinfühligkeit.

357,29f. *Perspiration:* Hautausdünstung, Hautatmung.

358,8 *Epidermis:* Oberhaut, äußerste Hautschicht.

358,15 *Prä:* (lat.) vor, voran, voraus, vorn.

358,17 *Schleim- und Hornschichten:* ›Schleimschichten‹ gibt es in der Oberhaut nicht. Virchow (1995a, 126) vermutet, dass Mann »vermutlich den Begriff ›Epithel‹ [...] falsch ausgelegt« hat, da dieser sowohl die obere Zellschicht der Haut als auch Schleimhäute bezeichnen kann. Die Quelle Manns für die histologischen Ausführungen des Hofrats ist nicht bekannt.

359,34f. *das Formale, die Idee der Form, der schönen Form:* Die ›Form‹ wird am Ende dieses Kapitelabschnitts zu einer zentralen Kategorie; sie steht im Roman in einem leitmotivischen Gegensatz zur ›Unform‹ als ›Auflösung‹ (vgl. hierzu VII.3 sowie Manns kurze Sentenz *Form* von 1924/25 in VIII.1, S. 403).

360,8 *fünfte Fakultät:* Die vier klassischen Fakultäten einer Universität sind (seit dem Mittelalter) Theologie,

Jurisprudenz, Medizin und die Fakultät der *artes liberales*, der ›sieben freien Künste‹ (vgl. Anm. zu 348,1), deren Studium dem der anderen Hauptfakultäten vorgeschaltet war (gegliedert in das sprachlich ausgerichtete ›Trivium‹ Grammatik, Dialektik, Rhetorik und das naturwissenschaftlich-mathematisch ausgerichtete ›Quadrivium‹ Arithmetik, Geometrie, Musik und Astronomie). Aus der ›Artistenfakultät‹ entwickelte sich später die philosophische Fakultät, die zunächst auch noch die Naturwissenschaften umfasste.

361,7 *Phidias:* auch Pheidias, berühmter griechischer Bildhauer, um 490 – nach 430 v. Chr.

361,7 f. *der andere mit der mosaischen Namensendung:* Neumann zufolge rekurriert Behrens hier auf jiddische Namensendungen mit ›-eles‹, gemeint wäre dann der antike Bildhauer Praxiteles (2002 / GKFA 5.2, 215).

361,20 f. *Palmitin, Stearin, Oleïn:* Als Quellen für das medizinisch-biologische Wissen in diesem und dem folgenden Kapitelabschnitt zog Mann Lehrbücher zu Rate; hier das *Lehrbuch der Physiologie* (14. Aufl. 1910) von Ludimar Hermann (1838–1914), 620 (vgl. Virchow 1995a, 127). Im Folgenden werden die wichtigsten Übernahmen aufgeführt; vgl. zu allen folgenden Übernahmen Virchow 1995a, 127–130.

361,24 f. *Ambrosia:* der griechischen Mythologie zufolge die Speise der Götter, die Unsterblichkeit verleiht.

361,29 *Bambustaburett:* Taburett: eigentlich: ein gepolsterter niedriger Schemel, hier offensichtlich ein Tischchen.

361,32 *Ottomane:* kleines, gepolstertes, türkisches Sofa ohne Lehne.

362,1 *Zwiebeltäßchen:* kleine Tasse mit Zwiebelmuster, einem aus Ostasien stammenden Pflanzenornament auf Porzellan.

363,23 f. *Denn wer sich … auch für die Krankheit:* vgl. zum Komplex Körper und Krankheit zuletzt 319,3 f. sowie den folgenden Abschnitt *Forschungen*.

363,35 f. *Sinnesblatt:* Ektoderm; das in der Keimentwicklung nach der Furchung entstehende äußere Keimblatt, aus dem in der weiteren Embryonalentwicklung die Haut und das Zentralnervensystem entsteht – wie im Zuge des nächsten Abschnitts, *Forschungen*, auch ausgeführt wird (386,1–8).

363,35–364,4 *Außenhirn ... äußeren Hautschicht:* nach Hermann, *Physiologie*, 730.

363,36–364,1 *ontogenetisch:* die Individualentwicklung eines Lebewesens betreffend.

364,11–16 *Kitzligkeit ... Haut selbst noch berührt ist:* nach Hermann, *Physiologie*, 332.

364,23–30 *erweiterte Muskeln ... im Kopfmark bestehen:* nach Hermann, *Physiologie*, 532 und 534.

364,24 *vasomotorischen:* die Gefäßnerven (Vasomotoren) betreffend.

364,27 *renommistische:* angeberische, prahlerische.

365,2–4 *ziehen die Blutgefäße ... wie 'ne Leiche:* nach Hermann, *Physiologie*, 530.

365,5 *Sympathikus:* zusammen mit seinem Antagonisten Parasympathikus Teil des vegetativen Nervensystems. Der Sympathikus führt bei Erregung u. a. zum Anstieg des Blutdrucks, der Herz- und Atemfrequenz.

365,15–26 *Das ist nämlich ... Haarbälge sich auf:* nach Hermann, *Physiologie*, 698. Bei Hermann ist das Verhältnis allerdings (richtig) umgekehrt dargestellt: Die Muskeln der Haarbälge bewirken auch ein Vordrängen der Talgdrüsen, die selbst keine Muskeln besitzen.

365,23 f. *dem Jungen ... Gründlingen über den Leib goß:* In Grimms Märchen *Von einem, der auszog, das Fürchten zu lernen* lernt der Held das Gruseln erst, als ihm seine Frau – die vormals eroberte Prinzessin – nachts einen Eimer mit kleinen Karpfenfischen (Gründlingen) über den Körper schüttet.

366,20 *deliziös:* fein, köstlich.

366,24 *Mauserschlacke:* vermutlich eine idiomatische Wortbildung von Behrens aus ›Schlacke‹ (Abfallprodukt des Stoffwechsels) und ›Mauser‹ für einen Wechsel des Federkleides bei Vögeln. Gemeint ist wohl allgemein ein Austausch von Stoffwechselprodukten.

367,20 f. *Was ist der Körper! … der Leib des Menschen:* vgl. 223,15: »Was ist der Mensch […]«. Der Frage nach dem Menschen als Frage nach dem Körper wird Castorp im nachfolgenden Abschnitt *Forschungen* intensiv nachgehen.

368,3–7 *Kollagen … Totenstarre erzeugt:* Virchow (1995a, 131) zufolge konnte Mann alle hier auftauchenden Fachbegriffe sowie Ausführungen über die Totenstarre in Hermanns *Physiologie* finden (111 f., 156 ff., 640 ff.).

368,20–23 *Auch Oxydation. … Leben ist sterben:* In seiner Rede *Von deutscher Republik* (1922) zitiert Mann eine ganz ähnliche Aussage von Novalis und interpretiert sie im Sinne des *Zauberbergs* (vgl. den Ausschnitt aus der Rede in VIII.1, S. 393 ff.; zum Verhältnis von Rede und Roman: III).

368,24 *une destruction organique, wie irgendein Franzos:* (frz.) eine organische Zerstörung. Beim ›Franzos‹ handelt es sich um den französischen Physiologen Claude Bernard (1813–1878). Mann konnte das Zitat in Alexander Lipschütz' Schrift *Warum wir sterben* (Stuttgart 1914) finden, die er im Februar 1920 las (vgl. Virchow 1995a, 132).

368,31 f. *Leben ist … die Form erhalten bleibt:* nach Schopenhauer: »Das Leben läßt sich definiren als der Zustand eines Körpers, darin er, unter beständigem Wechsel der Materie, seine ihm wesentliche (substanzielle) Form allezeit behält« (*Werke* 1922 VI, 171 / *Werke* 1988 V, 140; vgl. Frizen 1980, 185).

368,36 *ete-pe-tete:* zimperlich, geziert, übertrieben auf die äußere Form bedacht. – Vor dem Hintergrund von Schopenhauers Metaphysik, nach der alle Erscheinungen der Welt (die Formen) lediglich Objektivationen des Willens als Urgrund des Daseins sind, in den die einzelnen Individuen nach ihrem Tod wieder eintreten, offenbart Castorps Ablehnung der Form seine Faszination für das Ungestaltete – letztlich als Sehnsucht nach dem Tod. Vgl. Frizen 1980, 185; Kristiansen 1978/1986 sowie hier: IV.3.1 und VII.3.

369,2 *Durchgängerisches:* vgl. Anm. zu 326,36.

Forschungen

Das hier ausgebreitete biologische Wissen verdankt Mann der *Allgemeinen Biologie* von Oscar Hertwig (5. Aufl. 1920) und (wie schon einiges im vorigen Abschnitt) dem *Physiologie*-Lehrbuch Ludimar Hermanns (14. Aufl. 1910), vgl. Schmidt 1987 und Virchow 1995a.

370,33 *Lehnen:* vgl. Anm. zu 131,11.

371,5 Rhätikonkette: Rhätikon, Rätikon: Gebirgsgegend der Ost- oder Kalkalpen, die sich über Voralberg (Österreich), Liechtenstein und Graubünden (Schweiz) erstreckt.

373,13 *hinwegvoltigieren:* Voltigieren: Pferdesport, bei dem der Reiter auf dem – oft an einer Leine im Kreis geführten – Pferd verschiedene Turnübungen und Sprünge ausführt.

373,35 f. *Moskowiter:* vgl. Anm. zu 336,16 f.

376,25 *Virtuosentums:* Meisterschaft in einer Kunst, in einer bestimmten Technik.

376,29 *polyglott:* vielsprachig.

376,35 *Phlegma:* vgl. Anm. zu 274,19.

377,25 *Traktates:* Traktat: Abhandlung religiösen, moralischen, später auch wissenschaftlichen Inhalts mit lehrhafter Tendenz.

377,26 *Souper:* (festliches) Abendessen.

378,7 *Moribunden:* vgl. Anm. zu 149,11.

378,33 *Papiermesser ... die Blätter broschierter Bogen:* früher mussten Bücher oft erst noch aufgeschnitten werden, da die gefalteten Bogen bzw. die Seiten am Rand noch zusammenhingen (heute wird der Buchblock vor der Bindung meist an drei Seiten beschnitten).

378,34 *broschierter:* gehefteter, geleimter.

379,11 *Protoplasmas:* Protoplasma: Grundsubstanz aller Zellen, heute meist nur noch ›Plasma‹ genannt.

379,17 *Was war das Leben?:* Die noch zweimal wiederholte Frage (380,7 und 381,11) schließt sich an Castorps emphatischen Ausbruch während des Besuchs bei Hofrat Behrens an (vgl. 367,20–22) und variiert den Ausruf des Erzählers »Was ist der Mensch [...]« in 223,15.

379,19–29 *Bewußtsein ... von Reizen abzusprechen:* nach Hertwig, *Allgemeine Biologie*, 310 (vgl. hierzu und zu allen folgenden ÜbernahmenVirchow 1995a, 138–141).

379,28–34 *Auch konnte man ... Morphium narkotisieren:* nach Hertwig, *Allgemeine Biologie*, 175 f.

379,33 *Chloroform:* Trichlormethan, seit 1847 zur Inhalationsnarkose verwendet.

Chloralhydrat: Verbindung von Chloral (Trichloracetaldehyd) und Wasser, ein künstlich hergestelltes Schlafmittel, seit 1869 in Gebrauch.

380,14–27 *Zwischen der scheinfüßigen ... Kristall in der Mutterlauge:* nach Hertwig, *Allgemeine Biologie*, 264 f. Die Annahme ›strukturloser Lebensmaterie‹ war eine Idee des Biologen Erst Haeckel (1834–1919), der diese hypothetischen Gebilde ›Moneren‹ nannte (vgl. Virchow 1995a, 139 f.).

380,30–381,10 *Das Ende des Jubels ... sich vollzogen haben mußte:* nach Hertwig, *Allgemeine Biologie*, 264 f.

380,31 *Urschleim:* Von dem griechischen Philosophen Demokrit (um 460–380/370 v. Chr.) stammt die Annahme, dass sich aus dem Urschleim höhere Lebewesen gebildet hätten. In den 1850er Jahren wurde am Meeresgrund gallertartiger Schlamm entdeckt, der zunächst als das einfachste Lebewesen galt, bevor man feststellte, dass dieser ›Urschleim‹ nur aus dem Wasser ausgefällter Gips war.

381,7 *Probien:* Vorformen des Lebens (griech. *pro* ›vor‹, *bios* ›Leben‹). Der Begriff stammt von Hertwig.

381,15 *Eiweißmolekel:* Molekel: (veraltet) Molekül.

381,27 *exkretorischer:* ausscheidender.

381,33 *zur Form, zum hohen Bilde, zur Schönheit:* zum Komplex der ›Form‹ vgl. Anm. zu 368,31f. und 368,36.

382,10 *Bild des Lebens:* Die folgende Beschreibung verwendet biologisches Fachwissen aus Hertwig, *Allgemeine Biologie*, im Folgenden angeführt werden nur die größeren Übernahmen Manns (vgl. grundlegend hierzu Virchow 1995a, 142–147).

382,13 *Papillen:* kleine, warzenartige Erhebungen der Haut.

382,14 *Gilbungen:* gelbe Verfärbungen.

382,15 *rudimentären:* verkümmerten.

382,16 *Lanugoflaums:* Lanugo: wissenschaftliche Bezeichnung für das Flaumhaar von Föten, das den ganzen Körper besetzt und nach der Geburt durch die etwas dickeren Wollhaare ersetzt wird.

382,17–21 *das Haupt gekränzt ... schief erscheinen ließ:* eine Beschreibung, die auf Clawdia verweist – sie trägt ihre Haare »einfach in Zöpfen um den Kopf gelegt« (109,17f.), und ihre schräg stehenden Augen wurden schon im letzten Abschnitt von Behrens medizinisch als »Varietät« des Lides erläutert (356,20).

382,31 *rot-epithelische:* Epithel: oberste Zellschicht(en) der Haut oder von Organen.

382,35 *Pleuroperitonealhöhle:* die in einem embryonalen Stadium noch undifferenzierte Leibeshöhle, die sich später zum Bauchraum einerseits, zum Brustraum andererseits entwickelt, hier wohl als Überbegriff für beides. Die Pleura ist das die Lunge umfassende Brustfell, das Peritoneum das den Bauchraum auskleidende und viele Bauchorgane überziehende Bauchfell.

383,16 *serösen:* Serum enthaltenden oder absondernden. Serum ist der Überbegriff für alle Arten von Körperflüssigkeiten, in der feste Bestandteile aufgeschwemmt sind.

383,22f. *Myriaden:* Unzahl, unzählbar große Menge.

383,29–384,4 *Der Leib ... tüchtig waren:* nach Hertwig, *Allgemeine Biologie*, 526.

384,9–19 *Zellkolonien ... dieser Einfachheiten:* nach Hertwig, *Allgemeine Biologie*, 472f. und 475.

384,19–385,3 *der vielzellige Organismus ... Vermischung fanden:* nach Hertwig, *Allgemeine Biologie*, 288.

385,4 *embryologisches Volumen:* Fachbuch der Embryologie; Volumen: (veraltet) Buch, Band.

385,6–11 *wo der Samenfaden ... entgegenwölbte:* auch dies konnte Mann bei Hertwig finden: *Allgemeine Biologie*, 293.

385,11 *Farce:* lächerliche Posse, Verhöhnung (in der Literatur eine derb-komische Einlage in französischen Mysterienspielen des Mittelalters, in der Zeit vom 14. bis 16. Jh. dann auch als selbständiges Spiel in Versen, das der Verspottung und Verhöhnung menschlicher Schwächen diente).

385,13f. *Es gab Tiere ... des Weibchens schmarotzte:* der Wurm Bonellia viridis – Mann konnte dies Hertwigs *Allgemeiner Biologie* (648) entnehmen.

385,14–20 *Es gab andere ... zu müssen geglaubt hatte:* auch dies nach Hertwig, *Allgemeine Biologie*, 468; gemeint ist der Hectocotylus von Tintenfischen.

385,20–29 *Hans Castorp hörte ... Verdienstlichkeit einräumen:* nach Hertwig: *Allgemeine Biologie*, 407 (eine detaillierte Studie der Abweichungen Manns von der Vorlage bietet Joseph 1996b, 395 ff.).

385,20 *Ovisten:* Anhänger der Lehre, nach der der Embryo allein aus der weiblichen Eizelle entsteht. Der Ovismus (auch: Ovulismus) ebenso wie der Animalculismus waren zwei Varianten der im 17. Jh. aufkommen-

den Präformationslehre, die davon ausging, dass die Organismen in den Geschlechtszellen vorgebildet seien und nachfolgend in der Embryogenese nur noch ausgeprägt werden würden.
Animalculisten: Anhänger der Lehre, nach der der Embryo allein aus dem männlichen Samen entsteht. Der niederländische Naturforscher Antonius van Leeuwenhoek (1632–1723) und sein Schüler Jan Hamm (1650–1723) entdeckten im Jahre 1677 unter dem Mikroskop im Ejakulat kleine ›Tierchen‹ (die Spermien), die sie Animalculi nannte.

385,29–386,12 *Er sah den einzelligen Organismus … und verknöchern:* Die Passage rekurriert auf verschiedene Stellen in Hertwigs *Allgemeiner Biologie* (755–762), vgl. Schmidt 1987 sowie Virchow 1995a, 146f.

385,36 *Gastrula:* frühes Embryonalstadium, in dem sich – wie hier beschrieben – der sogenannte ›Urmund‹ in die kugelförmige, mehrzellige ›Keimblase‹ (medizinisch: Blastula) eingestülpt hat.

386,1 *Epithellagen:* Epithel: vgl. Anm. zu 382,31.

386,2 *Hautsinnesblatt:* das sogenannte Ektoderm.

386,2f. *Darmdrüsenblatt:* das sogenannte Entoderm.

386,8 *fötale:* zum Fötus gehörig, d. h. der Frucht höherer Säugetiere nach Ausbildung der inneren Organe (beim Menschen ab dem dritten Schwangerschaftsmonat bis zur Geburt).

386,9f. *Mucin:* auch Muzin. Das zu den Glykoproteinen gehörige Protein bedeckt die Schleimhäute als Gleit- und Schutzschicht.

386,10 *Leimsubstanz:* Leim bzw. Glutin ist eine durch Kochen aus dem Kollagen des Bindegewebes und der Knochen gewonnene, klebrig-gallertartige Substanz; hier (bei der biologischen Bildung, nicht der industriellen Verarbeitung von Bindegewebe und Knochen) ist mit ›Leimsubstanz‹ Kollagen gemeint.

386,12 *Der Embryo:* Virchow (1995a, 147f.) vermutet,

dass Mann für das Folgende eine Embryologie zu Rate gezogen hat; die Quelle ist jedoch unbekannt.

386,18 f. *die flüchtige Wiederholung einer zoologischen Stammesgeschichte:* Der Zoologe Ernst Haeckel formulierte das sogenannte biogenetische Grundgesetz, nach dem die Ontogenese (Individualentwicklung) eines Lebewesens die Phylogenese (die stammesgeschichtliche Entwicklung der Art) wiederholt, was in der Embryonalentwicklung beobachtet werden kann.

386,20 *Roche:* Rochen.

386,28 f. *von einem dritten, nickenden Lide:* die Nickhaut, die als drittes Augenlid das Auge vom inneren Augenwinkel her überzieht und bei Reptilien und Vögeln immer, bei Säugetieren nur in einigen Familien zu finden ist.

386,29 f. *des dritten … Zirbeldrüse:* Bei niederen Wirbeltieren stellt das der Zirbeldrüse (Epiphyse) entwicklungsgeschichtlich entsprechende Pinealorgan ein Lichtsinnesorgan dar. Bei Säugetieren ist die Zirbeldrüse für die Ausschüttung des Hormons Melatonin verantwortlich, die tages- und jahreszeitlich beeinflusst in Abhängigkeit vom Hell-Dunkel-Rhythmus erfolgt.

386,36–387,6 *Die Anatomie enthäutete … zum Femur:* Die Ausführungen zu Druck- und Zugbelastungen der Knochen konnte Mann ebenfalls von Hertwig übernehmen: *Allgemeine Biologie*, 574 ff. (vgl. Virchow 1995a, 149 f., ausführlich auch Joseph 1996b, 397 ff.).

387,12 *Charge:* Würde, Rang, Dienstgrad.

388,6 *Femur:* Oberschenkelknochen.

388,11 f. *humanistische Fakultäten:* vgl. Hans Castorps Ausführungen bei Behrens in 359,18–360,12.

388,13–389,23 *Bei alldem blieben die Leistungen … nicht zu bestimmen wußte:* Die Passage trägt verschiedene Stellen des *Physiologie*-Lehrbuchs von Hermann zusammen; vgl. detailliert Virchow 1995a, 150–153, auch zu den folgenden Übernahmen von Hermann und Hartwig grundlegend Virchow 1995a, 154 f.

389,4 *Sehhügel:* Bei niederen Wirbeltieren enden die vom Auge kommenden Sehnerven im Thalamus des Gehirns, der auch als ›Sehhügel‹ bezeichnet wird.

389,5 *Optikus:* Nervus opticus, Sehnerv, der zweite Gehirnnerv.

389,6 *Brücke:* Pons, brückenartiger Querwulst an der Hirnbasis.

389,16 *kompensatorisch:* ausgleichend.

389,18 *Kontraktionszuständen:* Kontraktion: das Zusammenziehen.

389,25–30 *Ratlosigkeit … war vollkommen:* Ab hier folgt Mann wieder Hertwigs *Allgemeiner Biologie*, hier 738. Virchow (1995a, 135 und 154) macht darauf aufmerksam, dass Hertwig, obgleich der Physiologe Weismann dies schon widerlegt hatte, noch an der Vererbung erworbener Eigenschaften festhielt – was Mann (bzw. Castorp) hier also übernimmt.

389,30–35 *Der Samenfaden … wie beim anderen:* nach Hertwig, *Allgemeine Biologie*, 55.

389,36–390,5 *Das waren Organisationsverhältnisse … zusammensetzte:* nach Hertwig, *Allgemeine Biologie*, 59 ff.

390,5–16 *Man schritt also … Lebensordnung dienten:* nach Hertwig, *Allgemeine Biologie*, 534, 58–61 und 524–527.

390,17–391,3 *Genen, die Bioblasten, die Biophoren … gab es nicht:* Die gesamte Stelle bezieht sich bis auf das Ende auf Hertwig, *Allgemeine Biologie*, 59 ff. ›Genen‹, ›Bioblasten‹ und ›Biophoren‹ waren verschiedene zeitgenössische Bezeichnungen für die Annahme ›elementarer Lebenseinheiten‹ der Zellen. Die Infragestellung des Begriffs ›Elementareinheit‹ geht allerdings über das bei Hertwig Diskutierte hinaus (vgl. Virchow 1995a, 155 f.).

390,33 *Assimilation:* Umwandlung bzw. Angleichung der vom Körper aufgenommenen, anorganischen Nährstoffe in körpereigene Stoffe.

390,36–391,1 *ad infinitum:* (lat.) bis ins Unendliche.

391,4–18 *Aber obschon … und dem Nichtmateriellen:*

Auch dies folgt Hertwig, *Allgemeine Biologie*, 60 ff., 263–266. Wie Virchow herausstellt, geht der Schluss aber über diesen hinaus. Dies gilt auch für die folgenden Absätze (bis 393,15), die stellenweise (392,13–17 über die Arbeitsteilung im Zellenstaat) noch auf Hertwig fußen, im Ganzen aber nicht auf die *Allgemeine Biologie* zurückgeführt werden können (vgl. Virchow 1995a, 157 f.).

391,36 *Probien und Moneren:* vgl. Anm. zu 380,14–27 und 381,7.

392,10 *Ätherraum:* Der Äther bildet nach antiker Vorstellung die obere Himmelsluft, in der die Götter wohnen sollten. Im Brockhaus von 1908 findet sich der Eintrag: »[...] ein äußerst feiner und höchst elastischer Stoff, der nicht nur im ganzen Weltraume verbreitet ist, sondern auch die Zwischenräume ausfüllt, durch welche die kleinsten Teilchen der Körper voneinander getrennt sind.« Die Vorstellung vom Äther als ein das All erfüllender Stoff wurde erst seit Einsteins Relativitätstheorie aufgegeben.

392,12 *exzentrischen:* ohne einen gemeinsamen Mittelpunkt.

392,27 *Adepten:* in die Geheimnisse einer Lehre Eingeweihten.

393,16–394,18 *Die pathologische Anatomie ... seiner Auflösung entgegen:* Auch diese Darstellung verdankt sich Hertwigs *Allgemeiner Biologie*, 505 f. (vgl. Virchow 1995a, 158 ff.; Joseph 1996b, 399 ff.).

393,19 *parasitischen:* von einem anderen Lebewesen lebend.

393,30 *Toxine:* Gifte.

393,36 *Korruption:* um 1900 auch in der Bedeutung ›Verderbtheit, Sittenverderbnis‹.

394,17 f. *mit wogendem Busen ... seiner Auflösung entgegen:* vgl. Behrens' Wortwahl in 351,35: »mit wogendem Busen wollte ich abtanzen«.

394,19–395,4 *So weit die Pathologie ... aufnahmelustig ge-*

wesen war: Castorps Überlegungen führen hier zusammen, was leitmotivisch im Roman von vornherein enggeführt wurde, nämlich die Krankheit und den Körper. Dabei lässt Castorp den Zusammenhang hier beim Leben an sich beginnen. Die Krankheit wird so zu einem ›übersteigerten‹ Leben auf Basis der Körperlichkeit überhöht (vgl. Anm. zu 636,11–637,5) – während etwa Settembrini den Geist hoch bewertet und zu einer negativen Einschätzung von Krankheit gelangt. – Manns Auseinandersetzung mit Novalis, die durch die Lektüre von Georg Brandes' (1842–1927) Buch *Die romantische Schule in Deutschland* vermittelt wurde, hat anregend auf Castorps Überlegungen zu Leben und Krankheit gewirkt (vgl. IV.3.4 sowie die in diesem Zusammenhang wichtige Passage bei Brandes: VIII.2, S. 435f.). Daneben lässt sich als philosophischer Grund von Castorps Forschungen auch Schopenhauer anführen, dessen Metaphysik den Willen zum Urgrund allen Daseins erklärt, wobei der Wille sich in Materie manifestiert (vgl. Frizen 1980, 176–178 und IV.3.1).

394,28 *Infiltration:* Eindringen von Zellen oder Flüssigkeit in anderes, fremdes Gewebe.

394,31 *Substantiellen:* Stofflichen.

395,12–25 *Er sah das Bild des Lebens … ihres Kusses:* Wie schon in 382,17–21 wird hier Clawdia zum wichtigen Bezugspunkt von Castorps Vorstellung des ›Lebens‹. Der Hinweis nicht nur auf Lust, sondern auch auf »Grauen«, sowie die prägnante Stellung unmittelbar vor dem Abschnitt *Totentanz* führen jedoch dazu, dass ihr Kuss zugleich als Todeskuss gedeutet werden kann (vgl. Heftrich 1993, 336). Castorps Faszination für Clawdia ist also eng mit seiner Faszination für den Tod verbunden. Neumann (2001) zufolge ist die Überwindung dieser Todesverfallenheit allerdings auch in Clawdia schon angelegt, da Hans seinen Entwurf von ›Menschlichkeit‹ und das Leitbild des ›Homo Dei‹ an ihr entwickelt (vgl. hierzu VI.5).

Totentanz

395,26 *Totentanz:* Totentänze sind seit dem Spätmittelalter verbreitete zyklische Bilderfolgen, die die Allmacht des Todes über den Menschen zeigen. Mann war der Totentanz in der Marienkirche in Lübeck schon von seiner Kindheit her vertraut. Wie in Totentänzen alle Menschen unabhängig von ihrem Stand (vom Papst bis zum Kind) dem Tod ausgeliefert sind, so bieten auch Castorps Besuche bei Sterbenden einen Querschnitt durch die (internationale) Gesellschaft.

395,27 *Herrenreiter:* vgl. Anm. zu 23,33f.

396,19 *Kommilitonen:* Mitstudenten.

397,5–398,2 *Es waren noch reichlich sechs Wochen … der großen Zeit:* vgl. die vorigen Zeitreflexionen in 146,10–147,27; 197,28–34, 255,3–256,12 und 305,18–23; zum Thema ›Zeit‹ im *Zauberberg* VI.4, S. 343–348.

398,1 *Solidität:* Festigkeit, Zuverlässigkeit.

398,7 *Brodem:* Dampf, aufsteigender Dunst, den man riechen kann.

398,33 *Rapport:* (frz.) Bericht.

399,1 *Toilette gemacht:* aus festlichem Anlass angekleidet und frisiert.

399,5 *Wollsweater:* vgl. Anm. zu 109,16.

399,9 *Goldflittern:* kleine, glänzende Metallplättchen an der Kleidung.

399,12 *tatarische Physiognomie:* vgl. Anm. zu 334,11f.

399,12f. *Steppenwolfslichter:* vgl. Anm. zu 334,13f.

399,24 *Menschheitsrabbi:* Rabbi: (hebr.) ›mein Meister, mein Lehrer‹; Ehrentitel für Gelehrte, die die Thora auslegen. Im Neuen Testament wird Jesus etwa in Mk 9,5 und Mt 26,25 als Rabbi bezeichnet.

399,31 *equivok:* äquivok (frz. *équivoque*): zweideutig.

400,7 *Chaiselongue:* vgl. Anm. zu 247,3.

400,13 *Fafnir mit dem Hort:* In der nordischen Mythologie erschlug Fafnir seinen Vater, um in den Besitz eines

Goldhortes zu kommen, den Götter als Sühne für die Ermordung von Fafnirs Bruder Ottur bezahlt hatten. In Gestalt eines Drachens hütete Fafnir den Hort, bis er auf Anstiftung seines zweiten Bruders von Sigurd (Siegfried) getötet wird, den er sterbend vor dem Hort warnt. Das Motiv wurde von Richard Wagner in *Der Ring des Nibelungen* (*Siegfried*) verarbeitet.

400,16–18 *genau auf dieselbe Weise ... der Fall gewesen war:* Clawdias Augen und Blick (nicht jedoch ihr Lachen) erinnerten Hans Castorp schon vorher mehrmals an Přibislav Hippe, vgl. 204,7–11 sowie zuerst 172,26–173,1.

401,6f. *Ich trage meine Minne / mit mir herum:* von Richard Strauß (op. 32, Nr. 1) vertontes Gedicht von Karl Henckell (1864–1929), dessen erste Strophe lautet: »Ich trage meine Minne vor Wonne stumm, / Im Herzen und im Sinne mit mir herum. / Ja, daß ich dich gefunden, du liebes Kind, / Das freut mich alle Tage, die mir beschieden sind.«

401,15 *bel canto:* (ital.) wörtl.: schöner Gesang. Ein besonders in Italien des 17.–19. Jh.s gepflegter Gesangsstil, dessen Ideal eine harmonische, ›metallisch glänzende‹ Klangschönheit ist.

401,16 *Plastische:* vgl. Anm. zu 91,17.

402,3f. *die Lebensäußerungen des Herrenreiters ... Eindrücken gehört hatten:* vgl. 23,34–24,21 sowie Anm. zu 24,12–14.

402,9 *Diakonissin:* Gemeindeschwester, eine im evangelischen Gemeindedienst sozial tätige Frau, die in die Schwesternschaft der Diakonissinnen lebt und sich zu Ehelosigkeit und Gehorsam verpflichtet hat (von griech. *diakonos* ›Diener‹).

402,12 *Kavalier:* (frz. *cavalier*, ital. *cavaliere*) Reiter, Ritter; ›ritterlicher Mensch‹.

402,35 *pietätloserweise:* vgl. Anm. zu 218,9.

403,20 *klagbar werden:* Klage einreichen.

404,3–5 *Hans Castorp gelöst … Musik zu hören pflegte:* Eine ähnliche Haltung nahm Castorp auch angesichts seines eigenen Todes im Röntgenkabinett ein, vgl. 304,22–25 und Anm. zu 57,32–58,4.

404,21 f. *Myosinbildung:* Myosin: fadenförmiges Muskeleiweiß, das zusammen mit Actin für die Muskelkontraktion verantwortlich ist. Die Totenstarre entsteht, wenn Actin und Myosin sich nicht mehr voneinander lösen können – hier als ›Myosinbildung‹ beschrieben.

405,13 *Offiziersaspirant:* Aspirant: Anwärter.

405,18 *beurlaubte:* verabschiedete (von mhd. *urloup* ›Erlaubnis zu gehen, Verabschiedung‹).

405,20 *Oxygenrechnung:* Oxygen: Sauerstoff (vgl. Anm. zu 301,21).

405,24 *Requiescat in pace:* vgl. Anm. zu 258,24.

405,24 f. *Sit tibi terra levis. Requiem aeternam dona ei, Domine:* (lat.) Möge dir die Erde leicht sein! Gib ihm die ewige Ruhe, oh Herr.

405,29 *Courtoisie:* (frz.) Höflichkeit, Ritterlichkeit.

405,31–33 *kein Bildungslatein … Sakrallatein, Mönchsdialekt, Mittelalter:* Mit dieser Opposition nimmt Castorp die späteren Dispute zwischen Settembrini und Naphta vorweg, vgl. *Vom Gottesstaat und übler Erlösung* ab 540,19 ff.

406,15 *Hosenbandorden:* höchster britischer Orden, der seinen Namen von einem blauen Samtband hat, das bei der Verleihung getragen wird. Tatsächlich gehört dieser Orden – im Gegensatz zum Folgenden – nicht zu den spanischen Ehrenauszeichnungen.

406,16 *Orden vom Goldenen Vlies:* Anfang des 15. Jh.s gestifteter burgundischer Orden, der später an die Habsburger und damit an Spanien überging. In der von Castorp hier zitierten Szene aus Friedrich Schillers *Don Carlos* (III,7) verleiht der spanische König Philipp einen Orden an Herzog Alba; im Nebentext des Dramas wird jedoch nicht angegeben, dass Philipp selbst Orden trage. Castorps Beschreibung geht wohl auf eine Theaterinszenierung zurück.

406,18 *›Bedeckt euch, meine Granden‹ oder so ähnlich:* »Bedeckt euch.« Friedrich Schiller, *Don Carlos* III,7.

406,21 f. *In meinem Frankreich war's doch anders:* Friedrich Schiller, *Don Carlos* I,6. Mit diesen Worten beklagt die aus Frankreich stammende junge Königin Elisbeth von Valois die strengen, ihr unmenschlich erscheinenden Sitten am Hof ihres Gemahls, des spanischen Königs Philipp II.

406,24 *Aber was heißt menschlich:* Neben den Humanismus (vgl. Anm. zu 86,20) Settembrinis tritt hier also auch die ›strenge‹ Menschlichkeit der Feierlichkeit und Gottesfurcht, leitmotivisch mit Spanien verbunden – eine Position, die später Naphta vertreten wird. Daneben wird im Roman noch die spezifisch russische »Mähnschlichkeit« Clawdia Chauchats treten, die keinem dieser beiden Pole zuzuordnen ist (vgl. Anm. zu 766,19).

406,24 f. *spanisch Gottesfürchtige:* Schon das Porträt des Großvaters in Amtstracht, für Castorp die »eigentliche und wirkliche« Erscheinung des Großvaters (41,4), die er auch im Tode einnahm, erweckte »allerlei spanisch-niederländisch-spätmittelalterliche Vorstellungen« (40,32 f.). Das Attribut »spanisch« ist also leitmotivisch mit Todesehrfurcht und der ›Sympathie mit dem Tode‹ (vgl. VI.6) einerseits, mit dem Mittelalter andererseits verbunden und wird daher später auch im Kontext Naphtas (als ›Vertreter‹ des Mittelalters) wichtig.

407,3 *Bienséance:* (frz.) Schicklichkeit.

407,5 f. *in spanischem Geiste:* vgl. Anm. zu 406,24 f.

407,11 *gestärkten Halskrause:* ein Verweis auf die spanisch-mittelalterliche Amts- und Totentracht des Großvaters, vgl. 40,23 f. und 41,36.

407,25 *seiner plastischen Mundart:* vgl. Anm. zu 91,17.

407,27 *Sire, geben Sie Gedankenfreiheit:* berühmtes Zitat

aus Friedrich Schillers *Don Carlos* III,10: Der freiheitlich gesinnte Marquis Posa fordert von König Philipp II. eine fortschrittliche, auf die Würde des Menschen bedachte Gesellschaftsordnung.

408,4 *›Leise, leise, fromme Weise‹ im ›Tannhäuser‹:* Tatsächlich handelt es sich hier um eine Arie aus Carl Maria von Webers Oper *Der Freischütz* (1821), nicht aus Wagners Oper *Tannhäuser* von 1845.

408,8 *Moribunden:* vgl. Anm. zu 149,11.

408,12 *ad penates gegangen:* vgl. Anm. zu 149,36 – eine Formulierung, die Castorp von Behrens übernommen hat.

408,35 *Permeß:* Erlaubnis.

410,5 *Stutzerchen:* Stutzer: abwertende Bezeichnung für einen modisch gekleideten, eitlen jungen Mann.

410,21 *Liederjan:* abwertende Bezeichnung für einen liederlichen Menschen.

410,25 *Reformhose:* Die sogenannte ›Reformmode‹ wandte sich Anfang des 20. Jh.s gegen die traditionelle Damenmode mit einengenden Korsetts; es scheint sich hier also um eine Unterhose zu handeln.

411,7 *homerisches Gelächter:* anhaltendes, überwältigendes Gelächter. Der Ausdruck basiert auf dem Gelächter der Götter, das Homer in der *Ilias* (I,599) und der *Odyssee* (VIII,326) beschreibt.

411,23 *Agonje:* Agonie: Todeskampf.

insolvent: zahlungsunfähig. Frau Stöhr meint hingegen ›insolent‹: anmaßend, unverschämt.

411,27 *Kapazität:* Fassungsvermögen, Leistungsvermögen; im Allgemeinen im übertragenen Sinne (»eine wahre Kapazität«) für einen hervorragenden Fachmann auf einem Gebiet gebraucht. Frau Stöhr meint hingegen wohl ›Kalamität‹: Unglück, Unheil.

411,30f. *Benedetto Cenelli in der Übersetzung von Schiller:* Frau Stöhr meint die Autobiographie von Benvenuto Cellini (1500–1571), die Goethe im Jahre 1803 in deutscher Übersetzung veröffentlichte.

412,1 *prostituiert:* bloßgestellt, preisgegeben, herabgewürdigt.

414,1 *Fallsucht:* Epilepsie.

414,13 *Ekstatiker:* Ekstase: Außersichsein, Verzückung.

414,28 *Berserker:* ein blind wütender Mensch. Altnordischen Sagen zufolge waren Berserker (nach der einen etymologischen Deutung: ein Bärenfellhemd Tragende; nach einer anderen: ohne Hemd, nackt Kämpfende) Krieger, die eine ungewöhnliche Kraft entwickelten, wenn sie in Wut gerieten (Berserkerwut).

415,16 *Blumenladen:* Die nachfolgenden Blumengeschenke der Vettern verweisen auf zwei Märchen Hans Christian Andersens, in denen die Verbindung von Tod und Blumen ebenfalls hergestellt wird (vgl. Maar 1995, 72–76 und VI.1).

416,29 *Transsudation:* Absonderung von Flüssigkeit, die von den Blutgefäßen abgegeben wird.

416,36 *Disposition:* Verfassung, Veranlagung, Empfänglichkeit (für Krankheiten).

417,2 *phthisischem Typus:* vgl. Anm. zu 91,2.

418,23 *charitativer:* wohltätiger, karitativer. Die Schreibung »charitativ« war Anfang des 20. Jh.s gebräuchlich.

419,23 *Engrosmärkte:* (frz. *en gros* ›im Großen‹) Großhandelsmärkte.

419,29 *typhös:* den Typhus betreffend.

421,18 *Silentium:* (lat.) Schweigen, Stille.

421,27 *Zeisige:* Finkenart, als Singvögel geschätzt und in Käfigen gehalten.

422,18 *Batisthemd:* vgl. Anm. zu 33,16.

423,6 f. *Salzfässern:* Bezeichnung für die Vertiefungen über den Schlüsselbeinen.

424,1 *überfüllt:* Es handelt sich dabei um einen Spannungspneumothorax (vgl. Anm. zu 74,5) mit Überdruck im Pleuraraum, der einen Totalkollaps des Lungenflügels zur Folge haben kann und lebensgefährlich ist. Es wäre medizinisch auch um 1900 durchaus möglich gewesen, den Überdruck durch eine Entlastungspunktion abzulassen (vgl. Sprecher 1996, 149 f.); Mann lässt Behrens (aus Unkenntnis oder aus literarisch-kompositionellen Gründen?) davon keinen Gebrauch machen.

424,22 f. *Lebensgefahr … furchtbar komisch fand:* vgl. Anm zu 428,33–35.

424,30 *in Folio:* (lat.) in Bogengröße, in Folio-Format (ein relativ großes Buchformat, bei dem die Druckbogen nur einmal gefaltet werden).

425,1 *Tous-les-deux:* vgl. Anm. zu 61,2.

425,3 *H_2CO:* Formaldehyd.

425,4 *Fridericianum:* Das Alpine Gymnasium Fridericianum in Davos wurde 1878 gegründet und beherbergte Schüler, die aus gesundheitlichen Gründen ins Hochgebirge geschickt wurden (vgl. Sprecher 1996, 76).

425,7 *Ferge:* veraltete (poetische) Bezeichnung für: Fährmann. Der Name erinnert also – ähnlich wie »Hippe« – an den Tod.

425,26 f. *ein Sorgenkind des Lebens:* In dem Kurz-Essay *Kinder des Lebens* von 1924 wendet Mann diesen Ausdruck auf die Dichter (und damit implizit auf sich selbst) an, vgl. den Essay in VIII.1, S. 395–397. *Die Ehe im Übergang* (1925) greift den entsprechenden Passus dann (leicht gekürzt) wieder auf (vgl. GFKA 15.1, 1036). In beiden Fällen stellt Mann mit dem Ausdruck ›Sorgenkind‹ die Todesverfallenheit des Künstlers heraus, die aber durch sittlichen Entschluss überwunden werde (vgl. hierzu auch VI.6).

426,4 f. *Laßt die Toten ihre Toten begraben:* Anspielung auf die Worte, mit denen Jesus einen Jünger zur Nachfolge auffordert. Das Zitat lautet vollständig: »Folge du mir, und laß die Toten ihre Toten begraben!« (Mt 8,22).

426,9 f. *Selbstverständlich hatte der Drehorgelmann einen störenden Gesichtspunkt geltend gemacht:* vgl. Anm. zu 129,36–130,2.

426,12 f. *unverbindlicherweise hörenswert … zum Versu-*

che: Castorp betreibt damit das ›placet experiri‹, vgl. Anm. zu 138,5.

427,5 *jettschwarzen:* vgl. Anm. zu 153,15.

427,13 f. *wie ein Held … à l'espagnol:* Dass Lauro sein Sterben in »unerträglich hochtrabenden Redereien« als ›spanisch‹ bezeichnet, travestiert das Leitmotiv ›Spanien‹ (vgl. Anm. zu 406,24 f.) als Symbol für Todesehrfurcht (so Heftrich 1993, 343).

427,19 f. *Rodomontaden:* Prahlereien, Aufschneidereien (nach Rodomonte, einem prahlerischen Helden in den italienischen Rolands-Epen).

427,31 *Pleurachoc:* Mann schildert nachfolgend eine gefürchtete Komplikation beim Anlegen eines künstlichen Pneumothorax (vgl. Anm. zu 74,5). Vgl. Rüttimann 1996, 107.

428,26 f. *hundsföttisch:* Hundsfott: abwertende Bezeichnung für einen gemeinen und niederträchtigen Menschen.

428,33–35 *hörte ich mich lachen … und ekelhafteste Lache:* Die Verbindung von Lachen und Tod wird hier zum dritten Mal hergestellt, vgl. oben die ›überfüllte‹ Frau Zimmermann (z. B. 424,18–26) und Castorps Mutter in 32,11–13. Dass der *Zauberberg* das Todesthema aus *Der Tod in Venedig* ins Komische überführen sollte, hat Mann mehrmals betont. In einem Brief an Ponten schreibt er 1925, der Roman würde »den Tod zur komischen Figur […] machen«: VIII.1, S. 399.

429,17 *assekurierten:* versicherten.

430,7 *Samowaren:* russischen Teekochmaschinen.
Piroggen: russische Hefeteigpasteten mit verschiedenartiger Füllung.
Kosaken: freie Kriegergemeinschaften der russischen Steppe.

430,19 *pädagogisch verbotenes Gebiet:* Da Settembrini Hans nachdrücklich vor dem ›Osten‹ warnt (vgl. etwa 218,31–219,3 und Anm.).

431,2f. *Lazarus:* In Lk 16,19–31 leidet der (verarmte!) Lazarus an zahlreichen Geschwüren und wird nach seinem Tod von Engeln in Abrahams Schoß getragen.

431,3 *Hiob:* Der biblische Hiob verliert durch den Satan (mit Einverständnis Gottes) seinen Besitz und seine Kinder und wird mit bösartigen Geschwüren geschlagen, seine Treue zu Gott lässt ihn jedoch am Glauben festhalten.

Bresthaftigkeit: vgl. Anm. zu 138,31.

433,13 *domizilierte:* wohnte.

433,26 *Bobsleighrennens:* Bobsleigh: (engl.) Mannschaftsschlitten.

434,14 *Hotel d'Angleterre:* (frz.) Hotel von England.

434,29 *Tressenjacken:* vgl. Anm. zu 15,3.

434,31 *Professionals:* (engl.) Profis, Berufssportler.

435,8f. *Shagpfeife: shag*: (engl.) feingeschnittener Pfeifentabak.

435,14 *Levante:* östliche Mittelmeerküste.

436,18 *Bioskop-Theater:* Bioskop ist die Bezeichnung für den Filmprojektionsapparat der Brüder Emil (1859–1945) und Max (1863–1939) Skladanowsky, mit dem am 1. November 1895 im Berliner Varieté »Wintergarten« zum ersten Mal Filmaufnahmen öffentlich vorgeführt wurden. Zur Entstehungszeit des Kinos wurden praktisch gleichzeitig verschiedene Projektionsapparate erfunden (vgl. Anm. zum ›Cinématographen‹ in 210,13). Die Deutsche Bioscop-Gesellschaft wurde im Jahre 1897 als eines der ersten deutschen Filmstudios gegründet, im deutschen Sprachraum war dieser Begriff also durchaus verbreitet.

436,30f. *Liebes- und Mordgeschichte:* Es handelt sich hier um den Stummfilm *Sumurun* von Ernst Lubitsch (1892–1947) aus dem Jahre 1920, den Mann am 24. September 1920 im Münchner Lichtspieltheater sah (TB I, 466, vgl. Schmidt 1988). Zander (2005, 15f.) macht darauf aufmerksam, dass um 1908 (dem Zeitpunkt der

Handlung) weder davon auszugehen ist, dass Davos ein Kino besaß, noch wurden damals schon längere Spielfilme wie *Sumurun* oder die nachfolgende internationale ›Wochenschau‹ (437,31–438,8) produziert. – Ähnlich wie beim Grammophon (vgl. VII.7) beschreibt Mann auch hier die Wirkung eines neuen Mediums – offenbar durchaus kritisch. Zander führt dagegen allerdings den Kurz-Essay *[Der Film, die demokratische Macht]* aus dem Jahre 1923 ins Feld, in dem Mann sich zwar distanziert zum »Film-*Drama*« äußert, die dem *Zauberberg* entnommenen Beispiele der Wochenschau aber mit den Worten einleitet: »Was mich freut, ist vielmehr das herangeholte Leben, die Vergegenwärtigung des Fernen« (GKFA 15.1, 679). Die im Roman zum Ausdruck kommende Distanz lässt sich in den Kontext der zeitgenössischen Diskussion um das neu aufkommende Kino sehen und ist damit »eine komprimierte Erörterung der Kinodebatte, ein wenig verspätet schon und nicht mehr ganz ernst zu nehmen« (Zander 2005, 19).

436,36–437,1 *sympathetischer:* mitempfindender, innerlich verbundener.

437,20 *Fixierungen:* das Haltbarmachen photographischer Aufnahmen gegen weitere Belichtung, zugleich aber auch ›das Festhalten‹, was auf die schnelle Projektionsabfolge von Einzelbildern beim Film anspielt.

437,33 *Großkordon:* Kordon: Ordensband.

Landauers: Kutsche mit vier Sitzen, deren geteiltes Verdeck vorne und hinten niedergeschlagen werden kann.

437,35 *Radscha:* indischer Fürstentitel.

438,5 f. *Samojeden:* Völker Nordrusslands und Nordsibiriens.

438,8 *Delinquenten:* Straftäter, Verbrecher.

Bastonade: Prügelstrafe; Stockhiebe auf die Fußsohlen oder den Rücken (von ital. *bastone* ›Stock‹).

438,19 *reizvollen Schattens:* Als »Schatten« bezeichnete schon Settembrini in 84,33 die Toten: Der Kinobesuch steht durchaus im Kontext des *Totentanzes.* Auch dass im Film »der Raum vernichtet, die Zeit zurückgestellt« (438,9f.) wird, verweist auf den »Kinosaal als Vorahnung des Sargs« (Zander 2005, 21f.), in den Karen Karstedt ja auch bald wirklich gebettet werden wird.

438,35 *Primgeigers:* Geiger, der in einem Orchester die erste (Prim-)Geige spielt.

439,1 *Mondänes:* elegantes, weltgewandtes.

439,3 *Orangeade:* (frz.) Erfrischungsgetränk mit Orangengeschmack.

439,12 *in dulci jubilo:* (lat.) ›in süßem Jubel‹: bekannt durch ein Kirchenlied des 14. Jh.s.

439,25 *chaperoniert:* (frz.) von einer Anstandsdame begleitet.

440,8f. *bresthafte:* vgl. Anm. zu 138,31.

440,10 *infernalischen:* höllischen.

440,14–17 *einem Bildungsgeiste … Hans Castorp schien:* vgl. zu dieser »anderen Geistesrichtung« 406,1–29.

440,16 *Placet experiri:* vgl. Anm. zu 138,5.

441,26 *Exitus:* (lat.) Tod.

441,29 *Nekrose:* Gewebstod, Veränderungen eines Gewebes nach dem Absterben der Zellen.

442,7 *Lehne:* vgl. Anm. zu 131,11.

442,29 *Genius:* (lat.) Schutzgeist (eines Ortes).

443,23f. *lauter Jugend und keine Tugend:* Bezug auf das Sprichwort ›Jugend hat/kennt keine Tugend‹.

443,33–35 *Hans Castorp gelöst … der junge Ziemßen geschlossen:* dies entspricht – wie auch das Gehen auf den Fußballen (442,36) – dem ersten Totenbesuch des Abschnitts, vgl. 403,35–404,5, zu Castorps Haltung auch Anm. zu 57,32–58,4.

Walpurgisnacht

444,6 *Walpurgisnacht:* Die Nacht vor dem 1. Mai, in der sich der Sage nach die Hexen auf dem Blocksberg (dem Gebiet des Brockens, des höchsten Berges im Harz) zu einem Teufelskult versammeln, bei dem es auch zur geschlechtlichen Vereinigung von Hexen und Teufel kommen soll. Zahlreiche Zitate des Abschnitts verweisen auf die Szene *Walpurgisnacht* aus Goethes *Faust. Der Tragödie Erster Teil* (vgl. hierzu auch IV.2.3).

444,17 *Magnifik:* prächtig, herrlich.

444,18 *Vormittagsmotion:* vgl. Anm. zu 230,36.

444,18 f. *Splendide:* glänzend, prächtig.

444,19 *Das ist so lustig wie im Prater:* Beginn einer Reihe von *Faust*-Zitaten, mit denen Settembrini das Geschehen in der Faschingsnacht mit der *Walpurgisnacht* aus Goethes *Faust. Der Tragödie Erster Teil* in Verbindung bringt. »MEPHISTOPHELES. Hier ist's so lustig wie im Prater« (V. 4211).

444,20 f. *Dann sind wir … glänzenden Galanten:* vgl. *Faust. Der Tragödie Erster Teil*, V. 4375–4378: »IRRLICHTER. Von dem Sumpfe kommen wir, / Woraus wir erst entstanden; / Doch sind wir gleich im Reihen hier / Die glänzenden Galanten.« – Als »Sumpf« hatte Settembrini den ›Zauberberg‹ schon in 342,17 bezeichnet.

444,24 *Maison de santé:* (frz.) Heilanstalt.

444,27 *danses macabres:* (frz.) Totentänze.

445,3 *Valet:* (lat.) Lebewohl! Das ›Wortspiel‹ bezieht sich darauf, dass der Begriff ›Karneval‹ sich (in einer von mehreren möglichen Etymologien) auf das mittellateinische ›Carne, vale!‹ (›Fleisch, lebe wohl!‹) zurückführen lässt (in der folgenden Fastenzeit wurde kein Fleisch gegessen). Castorp meint hier hingegen die Toten.

445,23 *Sorgenkind des Lebens:* vgl. Anm. zu 425,26 f.

445,23 f. *Rhadamanth:* vgl. Anm. zu 83,19.

446,3 *Conciergeloge:* vgl. Anm. zu 331,10.

446,25 *Pritschen:* Klapper- und Schlaginstrument der Narren in der Fastnacht.

447,7 *Illumination:* Festbeleuchtung.

447,8 f. *Da sieh nur … muntrer Klub beisammen:* vgl. *Faust. Der Tragödie Erster Teil*, V. 4034–4040: »MEPHISTOPHELES. Da sieh nur welche bunten Flammen! / Es ist ein muntrer Klub beisammen. / Im Kleinen ist man nicht allein. / FAUST. Doch droben möcht' ich lieber sein! / Schon seh' ich Glut und Wirbelrauch. / Dort strömt die Menge zu dem Bösen; / Da muß sich manches Rätsel lösen.« – Da Settembrini Mephistopheles zitiert, kommt Castorp implizit die Rolle Fausts zu. Obgleich das Zitat im *Zauberberg* nicht so weit geführt wird, erhält die Szene hierdurch einen Subtext: Castorp zieht es in dieser Nacht zum ›Bösen‹ (aus der Sicht Settembrinis), und er ›löst‹ das ›Rätsel‹ um Clawdia.

447,31–33 *Allein bedenkt! … so genau nicht nehmen:* vgl. *Faust. Der Tragödie Erster Teil*, V. 3868–3875: »IRRLICHT. Allein bedenkt! der Berg ist heute zaubertoll, / Und wenn ein Irrlicht euch die Wege weisen soll, / So müsst ihr's so genau nicht nehmen. / FAUST, MEPHISTOPHELES, IRRLICHT *(im Wechselgesang).* In die Traum- und Zaubersphäre / Sind wir, scheint es, eingegangen. / Führ' uns gut und mach' dir Ehre! / Daß wir vorwärts bald gelangen, / In den weiten öden Räumen.« – Auch hier erhält die Szene durch das Zitat einen Subtext, auch wenn im *Zauberberg* nur die ersten Verse zitiert werden: Im Gespräch mit Clawdia wird Castorp später mehrmals betonen, dass es sich um einen ›Traum‹ handele (vgl. 464,16–18 und 465,7) – er befindet sich bereits in der ›Zaubersphäre‹ des Berges.

448,16 *Toilette gemacht:* vgl. Anm. zu 399,1.

448,29 *Mein Gott:* vgl. Anm. zu 287,8.

448,35 f. *Arme, deren Bekanntschaft … gemacht hatte:* vgl. 179,28–180,11 und Anm.

448,36 *Gaze:* vgl. Anm. zu 180,11.

449,1 *»Verklärung«, wie er es damals genannt:* vgl. 180,11 f.

449,9–12 *Gesellschaft, wie man … hoffnungsvollsten Leute:* vgl. *Faust. Der Tragödie Erster Teil*, V. 4295–4302: »WINDFAHNE *(nach der einen Seite).* Gesellschaft wie man wünschen kann. / Wahrhaftig lauter Bräute! / Und Junggesellen, Mann für Mann, / Die hoffnungsvollsten

Leute. / WINDFAHNE *(nach der anderen Seite).* Und tut sich nicht der Boden auf / Sie alle zu verschlingen, / So will ich mit behendem Lauf / Gleich in die Hölle springen.« – Auch hier bietet die Fortführung des Zitats einen Subtext an: Zur ›Unterwelt‹ gehören nach Settembrinis Ansicht die Bewohner des Sanatoriums durchaus.

449,22 f. *hospitierend:* vgl. Anm. zu 102,13.

449,25 *Harzgebirg ... Schierke und Elend:* So lautet die Szenenbeschreibung der *Walpurgisnacht*-Szene aus Goethes *Faust. Der Tragödie Erster Teil.*

449,26 f. *Heiß' ich mir das doch eine Messe:* vgl. *Faust. Der Tragödie Erster Teil,* V. 4114 f.: »FAUST. Daß ich mich nur nicht selbst vergesse! / Heiß' ich mir das doch eine Messe!«

450,2 f. *jettübersäter:* vgl. Anm. zu 153,15.

450,3 *Toilette:* festliche Damenkleidung.

450,7 *Damenfilz:* Damen(filz)hut.

450,22 *Die alte Baubo kommt allein: Faust. Der Tragödie Erster Teil,* V. 3962 (STIMME). ›Baubo‹ gilt als Personifikation der Fruchtbarkeit bzw. der Vulva und ist einer griechischen Sage zufolge eine alte Frau, die die trauernde Demeter mit obszönen Gesten und Witzen aufheitert.

450,24 *Reimvers: Faust. Der Tragödie Erster Teil,* V. 3963 (STIMME): »Sie reitet auf einem Mutterschwein.«
plastisch: vgl. Anm. zu 91,17.

450,25 *welscher Hahn:* welsch: allgemein für ›romanisch‹, speziell ›italienisch‹ und/oder ›französisch‹. Der Begriff ›Hahn‹ ruft Assoziationen wie ›eitel‹ oder ›Gockel‹ auf, wird oft in Verbindung mit etwas Dämonischem gebracht (vgl. Grimm, Bd. 4, Abt. 2, Sp. 161) oder aber kann das männliche Glied meinen (vgl. ebd., Sp. 164) – in diesem Sinne würde Frau Stöhr Settembrini gar der Geilheit bezichtigen.

450,34 *Diakonissin:* vgl. Anm. zu 402,9.
Habit: Amtstracht.

451,12 *»Die Stumme Schwester«:* vgl. Anm. zu 124,7.
451,13 *»Der Blaue Heinrich«:* vgl. Anm. zu 17,13–16.
451,13 f. *selbander:* (veraltet) zu zweit.
451,31 *allegorischen:* Allegorie: bildliche Darstellung eines abstrakten Sachverhaltes, oft als Personifikation.
452,4–10 *Betrachte sie genau! … Nimm dich in acht:* vgl. *Faust. Der Tragödie Erster Teil*, V. 4118–4123: »FAUST. Wer ist denn das? MEPHISTOPHELES. Betrachte sie genau! / Lilith ist das! FAUST. Wer? MEPHISTOPHELES. Adams erste Frau. / Nimm dich in Acht vor ihren schönen Haaren, / Vor diesem Schmuck, mit dem sie einzig prangt. / Wenn sie damit den jungen Mann erlangt, / So läßt sie ihn sobald nicht wieder fahren.« Unwissentlich stimmt Castorp also mit seiner Nachfrage in das Zitat ein.
452,18 *Die hebräische Sage:* Rabbinischen Auslegungen des Alten Testaments zufolge hatte Adam vor Eva eine andere, erste Frau. Lilith gilt als weiblicher Dämon der Nacht, Buhlteufel und u. a. als Verführerin schlafender Männer.
452,22 f. *drehst das elektrische Licht an:* vgl. 268,4–8.
453,26 f. *homo humanus:* vgl. Anm. zu 86,20.
453,31 *Carducci:* vgl. Anm. zu 85,8 f.
453,31 f. *Republik mit dem schönen Stil:* vgl. Anm. zu 222,14–17 und 236,30–32.
454,12 *Mulus:* junger Mann zwischen Abitur und Studienbeginn.
454,15 *sine pecunia:* vgl. Anm. zu 69,17 f.
455,16 *Fez:* (auch: Fes) türkische Kopfbedeckung aus rotem Filz mit Quaste.
455,32 *Arrak:* Branntwein aus dem Orient, meist aus Reis, Zuckerrohr, Kokos- oder Dattelpalmensaft hergestellt.
455,36 *Herr Urian sitzt obenauf:* vgl. *Faust. Der Tragödie Erster Teil*, V. 3956–3961: »HEXEN *im Chor.* Die Hexen zu dem Brocken ziehn, / Die Stoppel ist gelb, die Saat ist grün. / Dort sammelt sich der ganze Hauf, / Herr

Urian sitzt oben auf. / So geht es über Stein und Stock / Es f[arzt] die Hexe, es st[inkt] der Bock.« – ›Urian‹ ist eine Bezeichnung für den Teufel, die sich wohl aus dem Gebrauch des Wortes für »einen Menschen, den man nicht zu nennen braucht, nicht nennen will, kann, darf« herleitet (Grimm, Bd. 11, Abt. 3, Sp. 2442).

456,7 *travestierten:* verkleideten.

456,9: *›Largo‹ von Händel:* berühmtes, langsam (largo) zu spielendes Musikstück aus der Oper *Xerxes* (Urauff. 1738) von Georg Friedrich Händel (1685–1759).

456,21 *Schweinchens:* Katia Mann zufolge geht dies auf Hofrat Jessen in Davos zurück (*Memoiren*, 81). In mythologischem Kontext spielt das Schweinchen-Zeichnen auf Homers *Odyssee* an: Die Zauberin Kirke hält Odysseus ein Jahr lang bei sich fest und verwandelt seine Gefährten in Schweine. Settembrini hatte Clawdia vorher schon einmal mit Kirke verglichen (vgl. 342,17–21 und Anm.), Castorp selbst wäre in diesem Kontext also Odysseus.

457,6 *Arabeske:* vgl. Anm. zu 36,6.

457,31 *Adlaten:* Amtsgehilfen.

458,18 *Portiere:* vgl. Anm. zu 120,6.

458,29 *stand auf dem Klinkerhof:* vgl. 168,8–11.

458,30 *Epicanthus-Augen:* vgl. Anm. zu 356,20.

458,32 *Hast du nicht vielleicht einen Bleistift?:* vgl. Castorps Frage an Hippe, 171,24 und Anm.

458,35–459,7 *Die Gefäßnervenleitung … ihren Haarspitzen aufrichteten:* eine Wiederaufnahme von Behrens Erläuterungen zum Blasswerden und zur Gänsehaut (vgl. 365,2–4 und 15–26 sowie Anm.).

459,3 *Sympathikus:* vgl. Anm. zu 365,5.

459,29 *Crayon:* vgl. Anm. zu 171,30.

459,30 *Galanteriesächelchen:* ›Galanteriewaren‹: Sammelbezeichnung für modisch-schmückende Accessoires von Damen.

460,4 f. *tatarisches:* vgl. Anm. zu 334,11.

460,20 *Labiallautes:* mit den Lippen gebildeter Laut, hier also das ›b‹.

462,21 Der frz. Begriff ›Bourgeois‹ meint den besitzenden Bürgerstand, der nicht in Lohnarbeit steht. Nach Karl Marx ist die Bourgeoisie die führende Klasse der kapitalistischen Gesellschaft; der Begriff wird in dieser Tradition meist abwertend verwendet. Wenn Mann den Zivilisationsliteraten in seinen *Betrachtungen* als »Rhetor-Bourgeois« (GW XII, 32 u. ö.) bezeichnet, so ist dies als scharfe Kritik am lediglich rhetorischen Wesen der politischen Forderung nach Demokratie zu sehen, die von einer (finanziell) gesicherten bürgerlichen Position aus erfolgt. Settembrinis Figur war zunächst als Zivilisationsliterat entworfen (vgl. V.1); Naphtas Kritik reiht sich hier ein.

463,17 *lettres humaines* (*menschliche Künste und Wissenschaften*, 990,22): vgl. Castorps Ausführungen im Abschnitt *Humaniora*, bes. 360,6–12.

464,17 *C'est un rêve bien connu* (*Das ist mir ein längstvertrauter Traum*, 991,8): eine Anspielung auf Castorps Hippe-Erlebnis und seine zweimalige Erinnerung daran, die in beiden Fällen als ›Traum‹ bezeichnet wird, vgl. 129,7, 167,29 und 172,27.

465,7 *sans responsabilité* (*ohne Verantwortungsbewußtsein*, 992,2 f.): ›Verantwortunglos‹ ist auch Clawdia, insofern sie als kranke Frau ohne Kinder ihre Freiheit genießt, wodurch sie in Manns Opposition von ›bürgerlicher‹ Ehe und ›unbürgerlicher‹ Homosexualität (in: *Die Ehe im Übergang*, vgl. VIII.1, S. 405 f.) auf die Seite der Homosexualität gehört – ihr schließt Hans sich also an, indem er nun seinerseits verantwortungslos und wie im Traum handelt. Vgl. zur Rolle der Erotik im *Zauberberg* VI.5.

466,19–21 *j'aime la liberté … d'indépendance* (*ich liebe* […] *die Freiheit … Ungebundenheit*, 993): vgl. die vorige Anm.

466,36 *lettres humaines* (*menschlicher Wissenschaften*, 993): vgl. Anm. zu 463,17.

468,15–17 *son état ressemble … amoureux, eh bien!* (*dann ähnelt sein Zustand … Verliebter, nun, schön denn!*, 995,11–14): Mit diesen Worten spricht Hans Castorp die Gleichsetzung von Liebe und Tod explizit aus, die der Roman mit verschiedenen Motiven vorbereitet hat (vgl. zuletzt den ›Todeskuss‹ von Clawdia am Ende des Abschnitts *Forschungen* in 395,12–25).

468,22 *Mon dieu* (*Mein Gott!*, 995,25): vgl. Anm. zu 287,8.

469,12 f. *Il nous semble … de se conserver* (*Uns will scheinen … als sich zu bewahren*, 996,18 f.): Vgl. *Von deutscher Republik* (1922): »[…] unter uns Deutschen wenigstens scheint Grundgesetz, daß, wer sich verliert, sich bewahren wird, wer sich aber zu bewahren trachtet, sich verlieren, das heißt der Barbarei oder biederer Unbeträchtlichkeit anheimfallen wird« (GKFA 15.1, 517). Das Motiv des ›Sich-Verlierens‹ lässt sich letztlich von Nietzsche herleiten, wie Neumann (2002 / GKFA 5.2, 258 f.) verdeutlicht.

471,19 f. *une fois déjà … ton crayon* (*damals … deinen Bleistift* […], 998,28 f.): vgl. 167,36–172,22.

472,11 f. *Le corps, l'amour, la mort … ne font qu'un* (*Leib, Liebe, Tod … nur eines*, 999,22 f.): Wie schon in 468,15–17 spricht Castorp das den *Zauberberg* prägende Grundmotiv der Nähe von Liebe und Tod hier direkt aus, erweitert um den Körper. Vgl. zum Zusammenhang von Körper, Krankheit und Liebe auch *Forschungen*, 394,19–395,4. Castorps Hymnus auf den Körper enthält Elemente aus dem neunten Teil von Walt Whitmans (1819–1892) Gedicht *Ich singe den Leib, den elektrischen* (*I Sing the Body Electric*; vgl. Hatfield 1962), auf Whitman bezieht Mann sich auch in seiner Rede *Von deutscher Republik* (vgl. III). Er kannte Whitmans Werk in der Übersetzung von Hans Reisiger (1884–1968) aus dem Jahre 1922, die er auch rezensierte (vgl. GKFA 15.1, 494f.). Der Zusammenhang von Krankheit, Körper und Wollust findet sich darüber hinaus in Georg Brandes' Novalis-Darstellung vorgeprägt (vgl. den Ausschnitt in VIII.2, S. 435f.), die Mann während der Arbeit am Roman las (vgl. IV.3.5).

472,13f. *ils sont charnels ... leur grande magie!* (*sie sind fleischlich ... ihre große Magie!*, 999,24f.): Man mag hier auch an die französische Bezeichnung für den Orgasmus denken: ›le petit mort‹ (›der kleine Tod‹).

472,21 *et marcher sur la pointe des pieds ...* (*und auf den Zehenspitzen dahinschreiten ...*, 999,36): vgl. 403,35f. und 442,36.

473,11 *Arteria femoralis:* (lat.) Oberschenkelschlagader.

473,23 *prince Carnaval!* (*Prinz Karneval!*, 1001,7): Maar (1995, 130) vermutet hier eine Reminiszenz an Andersens Märchen *Der Türmer Ole*, in dem die Folgen von Trunkenheit geschildert werden: »[...] aus dem Glas springt mit einem Knall Prinz Karneval, sprudelnd und außer Rand und Band; er zieht dich mit sich, du vergißt deine Würde, wenn du eine hast! Du vergißt mehr, als du vergessen sollst und vergessen darfst. Alles ist Tanz, Gesang und Klang; die Masken zerren dich mit, die Töchter des Teufels, in Schleier und Seide, kommen mit aufgelöstem Haar und herrlichen Gliedern – reiße dich los, falls du kannst!« (Hans Christian Andersen, *Sämtliche Märchen in zwei Bänden*, übers. von Thyra Dohrenburg, Düsseldorf/Zürich 2005, S. 102f.)

473,30 *Und trat hinaus:* Im *Yale Zauberberg-Manuscript* ist die ursprüngliche Fassung des Abschnitts erhalten (572), die über diesen Schlusssatz hinausgeht: Der Mannheimer und die Lehrerin erfahren lauschend, dass Hans »nicht über zwei Treppen [...], sondern nur über eine« nach oben geht. Im ersten Stock wohnt Clawdia. – Bei der Abfassung des Kapitelschlusses hatte Mann im April 1921 eine »Krise«: »Von den drei Möglichkeiten: Vereinigung jetzt, später oder überhaupt nicht, hat jede viel für und gegen sich« (TB I, 502f.). Mann hegte noch eine Zeitlang Zweifel wegen seiner Entscheidung und war sich lange nicht darüber im Klaren, ob und wie Clawdia nach ihrer Abreise wiederkehren soll.

Sechstes Kapitel

Veränderungen

474,3–30 *Was ist die Zeit? ... Castorp fragte so und ähnlich:* In wörtlicher Rede fragte der schon in 95,16f. »Was ist denn die Zeit?« Die Frage »Was ist die Zeit?« findet sich auch bei Schopenhauer (*Werke* 1922 III, 37 / *Werke* 1988 II, 45), vgl. Frizen 1980, 135; zur Zeit im *Zauberberg* VI.4.

474,4–29 *Eine Bedingung der Erscheinungwelt ... nur immerhin:* Diese wichtige Reflexion über das Phänomen der Zeit beruht wesentlich auf Schopenhauers Ausführungen zur Zeit (vgl. Frizen 1980, 134–144), wenn auch der Beginn zunächst noch an Kant denken lässt, der in seiner *Kritik der reinen Vernunft* die Zeit als »formale Bedingung a priori aller Erscheinungen überhaupt« bestimmt (Der Transcendentalen Ästhetik Zweiter Abschnitt, § 6; vgl. Karthaus 1970, 293f.).

474,31 *Indiskretionen:* Verhalten ohne Zurückhaltung, auch: Neugierde.

475,2 *Querulieren:* nörgeln, sich über jede Kleinigkeit beschweren und sein Recht fordern.

475,17f. *Gaffky-Skala:* von dem Mediziner Georg Gaffky (1850–1918) entwickelte Skala, nach der die Bakterienanzahl im Auswurf von Tuberkulosekranken ausgezählt und eingeteilt wurde. ›Gaffky 1‹ entspricht 1000, ›Gaffky 10‹ 100 Millionen Keimen pro Auswurf.

475,36 *Bagatelle:* Kleinigkeit.

476,5 *Arkadien:* mittlere Gebirgslandschaft des Peloponnes in Griechenland, als literarischer Topos zugleich auch Synonym für eine glückselige Landschaft mit idyllischem Landleben.

476,8 *Sputum:* vgl. Anm. zu 17,9.

476,31 *Desertion:* Fahnenflucht.

477,14 *widere sie:* widere sie an, ekele sie an.

479,28 *russische Marmelade:* Der Begriff ›Konfekt‹ bezeichnete ursprünglich eingemachte Früchte, bevor er für Süßwaren aller Art verallgemeinert wurde. ›Russische Marmelade‹ wird in Russland nicht als Brotbelag gegessen, sondern zum Tee gereicht. Da die Großtante allerdings wenig später »Konfäktchen« (495,33) in Schachteln verteilt, wird wohl eine feste, schokoladenüberzogene Form gezuckerten Obstes gemeint sein.

480,10f. *nicht in bräunlichroten Holzschnitzeln:* vgl. 172,12–14 und Anm.

480,34f. *Genius des Ortes:* vgl. Anm. zu 442,29.

481,29f. *joli bourgeois au petit endroit humide:* (frz.) ›hübscher Bürger mit dem kleinen feuchten Fleck‹; vgl. das Gespräch zwischen Clawdia und Hans in 472,6f.

482,15 *Injektionen:* Es handelt sich hier vermutlich um Tuberkulin-Injektionen, die allerdings nicht unbedingt zu durchschlagenden Erfolgen führten (vgl. Rüttimann 1996, S. 104ff.).

483,12 *Äonen:* Ewigkeit, Zeitalter.

483,15f. *geht Ihnen in die Binsen:* (sprichwörtl.) geht Ihnen verloren.

483,17 *Eisenfresser:* großsprecherischer, angeberischer Soldat.

483,23 *Räson:* (frz. *raison*) Vernunft.

484,13 *Importen:* vgl. Anm. zu 351,11.

484,13f. *mit wogendem Busen abtanzen:* vgl. 351,35.

484,24 *perplex:* bestürzt, verblüfft.

486,10 *solennen:* feierlichen.

487,2f. *Freiheit, welche die Krankheit ihr gab:* vgl. Anm. zu 288,28f. und 465,7.

487,5–8 *Brunetto Latini ... Regeln der Politik zu lenken:* so Settembrini über Latini (vgl. 221,27–31 und Anm.).

487,24 *Sorgenkind des Lebens:* vgl. Anm. zu 425,26f.

488,3 *Granatapfel:* Die von Hades in die Unterwelt entführte Persephone konnte nicht für immer an die Oberwelt zurückkehren, sondern musste einen Teil des Jahres in der Unterwelt bleiben, weil sie dort Granatäpfelkerne gegessen hatte. Der Granatapfel gilt darüber hinaus als Attribut der Liebesgöttin Aphrodite, da Paris ihr einen solchen Apfel als Schönheitspreis überreichte. Auch der Apfel, den Eva Adam gab (eine symbolische Darstellung des Sündenfalls der Menschheit), soll ein Granatapfel gewesen sein. Settembrinis Frage enthält also einen Verweis auf die Verführung Castorps durch Clawdia und setzt Hans implizit mit Persephone gleich: Clawdia wäre hier der Granatapfel, durch den Hans nun an die Unterwelt gebunden bleibt (so Kristiansen 1978/1986, 205, vgl. Frizen 1980, 190).

488,10–13 *Götter und Sterbliche ... ihnen verfallen bleibt:* vgl. die vorige Anm.

488,21 *makabren:* an den Tod erinnernden; ein Rückverweis auf die Todesbezüge der Röntgendurchleuchtung im Abschnitt *»Mein Gott, ich sehe!«* (303–305).

Angebinde: (veraltet) Geschenk (gemeint ist Clawdias Röntgenporträt).

489,3 *Tenente:* (ital.) Oberleutnant.

489,16 *terra ferma:* (ital.) festes Land.

489,30 *Frivolität:* Schlüpfrigkeit, Leichtfertigkeit.

489,32 *Hybris:* Hochmut, Erhebung über die Götter.

489,33f. *»Ich bin der König von Babylon!«:* Zitat aus Heinrich Heines (1797–1856) Gedicht *Belsazar*, in dem der König gotteslästerlich ausruft, nachdem er einen Becher aus dem Tempel Jehovas geleert hat: »Jehova! dir künd ich auf ewig Hohn, – / ich bin der König von Babylon!«

489,35 *involviere:* schließe in sich, enthalte.

490,7 f. *die Füße gekreuzt und die Arme ebenfalls:* vgl. zur Haltung Settembrinis Anm. zu 81,24 f.
490,19 *Placet experiri:* vgl. Anm. zu 138,5.
490,21 *Sicuro:* (ital.) sicherlich.
490,26 *per esempio:* (ital.) zum Beispiel.
490,26 f. *Luxusarche … in die Tiefe geht:* möglicherweise eine Anspielung auf den Untergang der »Titanic« im Jahre 1912. Im Zeitverlauf des Romans findet das Gespräch allerdings Ostern 1908 statt.
490,28 *Prometheus:* vgl. Anm. zu 220,28.
490,29 *skythischen Felsen:* Gemeint ist der Kaukasus, an den Prometheus geschmiedet wurde; vgl. zu ›skythisch‹ Anm. zu 310,10.
490,33 *Sì o no:* (ital.) Ja oder nein!
491,2–6 *Wirbelsturm des zweiten Höllenkreises … umhergepustet flattern werden:* Settembrini spielt hier auf Dantes (1265–1321) *Divina Commedia* an (vgl. IV.2.2), in der die Wollüstigen von einem Höllensturm gejagt werden: »Der Hölle Wirbelsturm, der nimmer ruht, / Jagt hier die Geister, sich im Flug zu drehen, / Und peitscht sie mit erbarmungsloser Wut. / Wann sie bis an den Rand der Tiefe wehen, / Dann Kreischen und Gestöhn und Weheschrein; / Dann hört man sie die Kraft des Höchsten schmähen. / Ich hörte, daß zu so beschaffner Pein / In diesen Kreis fleischliche Sünder fahren, / So die Vernunft der Lust zum Opfer weihn« (*Die göttliche Komödie*, 48; Fünfter Gesang, V. 31–39).
491,4 *Gran Dio:* (ital.) Großer Gott.
491,16 f. *Nicht möglich! … auch gerufen hatte:* Als Erwiderung auf Clawdias Ankündigung ihrer Abreise: 466,3.
491,30 *Logis:* (frz.) Wohnung, Unterkunft.
492,3 *privatim:* (lat.) als Privatmann, zu Hause.
492,12 *Aftermieter:* Untermieter.
492,19 *Paletot:* vgl. Anm. zu 113,6.
492,24 *Saaltochter:* vgl. Anm. zu 25,24.
492,36–494,1 *lebendige Wort:* In der christlichen Religion

wird Jesus (in Anlehnung an etwa Joh 5,31–47; Joh 17,1–19) bzw. seine Botschaft als ›lebendiges Wort‹ bezeichnet. Behrens wurde schon vorher (ironisch) eine gottgleiche Position in der Sanatoriumswelt zugesprochen (vgl. Anm. zu 282,34).

493,30 *Affektion:* Erkrankung als Reaktion auf etwas.

493,35 *Bagno:* vgl. Anm. zu 249,18.

496,21 *Pleura-Chocs:* vgl. Anm. zu 427,31.

496,33 *Samara:* Region mit gleichnamiger Gebietshauptstadt in Russland an der Mündung des Flusses Samara in die Wolga.

497,9 *Musselinkleider:* vgl. Anm. zu 313,31.

498,5 *Sintern:* eigentlich die Ablagerung von Mineralischem durch tropfendes Wasser; hier offenbar als Synonym zu ›Sickern‹ und ›Rieseln‹.

498,11 *Wiesengebreite:* sich weit erstreckende Wiesen.

499,4 *Soldanellen:* Soldanella, auch Troddelblume, Alpenglöckchen, zur Familie der Primulaceae (Primelgewächse) gehörig.

499,12 *Loggia:* vgl. Anm. zu 96,34.

500,6 *Andrözeum:* Gesamtheit der Staubblätter einer Blüte. *Gynäzeum:* eigentlich: Gynoeceum, Gesamtheit der Fruchtblätter einer Blüte.

500,32–34 *Märchen der Scheherezade … Gewalttaten abzuhalten:* In der Rahmenhandlung der morgenländischen Sammlung von Märchen und Erzählungen *Tausendundeine Nacht* erzählt Scheherezade dem König, der jede Nacht eine andere Frau verlangt und diese danach töten lässt, Nacht für Nacht immer eine neue ihn fesselnde Geschichte und bleibt so am Leben.

501,16 f. *einer Morchel … impudicus vorkam:* Phallus impudicus, auch: Gemeine Stinkmorchel, ein zur Familie der Phallaceae (Stinkmorchelartigen) gehöriger Pilz, der die Form eines Phallus hat (lat. *impudicus* ›unzüchtig, unkeusch‹).

501,29 *obskur:* Obskur, also unklar, sind die Ausführungen Krokowskis ja keineswegs gewesen – Frau Stöhr meint wohl ›obszön‹: unanständig, schamlos.

502,18 *Durchgänger:* vgl. Anm. zu 326,36.

504,16–18 *die Materie als … Reizwucherung desselben:* vgl. 394,22–33.

504,22 *Impudizität:* (lat.) Unkeuschheit.

504,23 *Krankheit als unzüchtige Form des Lebens:* vgl. 394,21 f.

505,11 *Ordinationszimmer:* vgl. Anm. zu 186,13.

Noch jemand

506,26 *Herbarium:* eine systematisch angelegte Sammlung getrockneter Pflanzen, hier wohl ein entsprechendes Album, in das solche Pflanzen eingelegt wurden.

506,27 *Loggia:* vgl. Anm. zu 96,34.

507,12 *Filamente:* Staubfaden, Teil des Staubblattes. *Ovarium:* Ovar, Fruchtknoten, Teil des Fruchtblattes bzw. der zusammengewachsenen Fruchtblätter.

507,23 *Linné:* Carl von Linné (1707–1778), schwedischer Naturwissenschaftler, der mit seinem Werk *Systema Naturae* (1735) die binäre Nomenklatur (die Bezeichnung von Pflanzen und Tieren mit ihrem Gattungs- und Artnamen) einführte. Linné legte damit den Grundstein zur modernen Taxonomie, die eine systematische Einteilung der Lebewesen nach Gruppen vornimmt.

507,26 f. *Morphologie:* Lehre von der Gestalt der Lebewesen.

507,28 *kalligraphisch:* vgl. Anm. zu 182,29 f.

508,10–12 *auf den Herbstpunkt zu … Himmelsäquator fällt:* Als Äquinoctium (Tagundnachtgleiche) werden die Tage bezeichnet, an denen die Sonne für alle Orte der Welt um 6 Uhr auf- und um 18 Uhr untergeht, d. h. der 21. März (Frühlings- oder Widderpunkt) und der 23. September (Herbst- oder Waagepunkt). Die Ekliptik (von Castorp vereinfachend als ›Sonnenort‹ umschrieben; gemeint ist der Kreis, den die Sonne scheinbar im Verlauf eines Jahres durchläuft) kreuzt an diesen Tagen den Himmelsäquator.

508,16 *Zodiacus:* (lat.) Tierkreis, auch Ekliptik (vgl. die vorige Anm.).

508,22–24 *einem ägyptischen Tempel ... nicht weit von Theben:* Es handelt sich hierbei um den berühmten Tierkreis des Hathortempels in Dendera, der seit 1822 im Louvre in Paris zu sehen ist. Hathor ist die ägyptische Himmelsgöttin und Göttin der Liebe, als Letztere entspricht sie der griechischen Aphrodite.

508,24 *Chaldäer:* Gruppe aramäischer Stämme im südlichen Babylonien, die im 7. Jh. v. Chr. die Herrschaft über Babylonien erlangten. Der Begriff ›Chaldäer‹ meinte schon im antiken Griechenland Astronomen, Wahrsager und Propheten.

508,29 *Dodekatemoria:* die Tierkreiszeichen, die jeweils ein Zwölftel der Ekliptik umfassen (von griech. *dodeka* ›zwölf‹).

509,23 *Eulenspiegelei:* Schelmenstreich (nach der sagenhaften Figur Till Eulenspiegel).

509,35 *im Kreise:* Castorps Betrachtungen könnten sich Schopenhauer verdanken: »Durchgängig und überall ist das ächte Symbol der Natur der Kreis, weil er das Schema der Wiederkehr ist: diese ist in der That die allgemeinste Form in der Natur, welche sie in Allem durchführt, vom Laufe der Gestirne an, bis zum Tod und der Entstehung organischer Wesen« (*Werke 1922* III, 545 / *Werke 1987* II, 553).

510,1 f. *Ewigkeit ... Karussell, Karussell:* Neben Schopenhauer ist hier auch an Nietzsche und dessen Konzept einer ›Wiederkehr des Gleichen‹ zu denken (vgl. Karthaus 1970 und VI.4).

510,30 f. *Ohne Kriege ... Moltke gesagt:* Helmuth von Moltke (1848–1916), zwischen 1906 und 1914 Chef des

Generalstabs der Armee des Deutschen Reiches. Die Aussage ist »vermutlich der Kriegspresse von 1914/15 entnommen; mit originaler Moltke-Lektüre« Manns sei »nicht zu rechnen« (Neumann 2002 / GKFA 5.2, 268).

510,35 *Semiten:* Der (ethnographisch unzutreffende) Begriff ›Semiten‹ wurde Ende des 18. Jh.s als Sammelbezeichnung für Völker geprägt, die der Bibel zufolge von Sem, dem ältesten Sohn Noahs, abstammen und eine zur semitischen Sprachfamilie gehörende Sprache sprechen.

511,16 *Sapristi:* (frz.) Ausruf des Erstaunens, ähnlich wie deutsch ›sapperlot!‹ oder ›sackerment!‹.

511,32 *Aftermieter:* vgl. Anm. zu 492,12.

511,33 *Naphta:* vgl. zu den Quellen und zur Konzeption dieser Figur V.2.

513,11 *»Princeps scholasticorum«:* (lat.) Fürst der Gelehrten / der Lehrer. Der Begriff ›Scholastik‹ bezeichnet die Philosophie des Hoch- und Spätmittelalters, die auf der antiken Dialektik, besonders auf Aristoteles aufbaute und eng mit der Theologie verknüpft war. Abwertend wurde er auch für spitzfindiges Gelehrtentum und Scheinwissen verwendet.

513,11–13 *Die Fröhlichkeit … wie Aretino sich ausgedrückt habe:* Zitat aus Pietro Aretinos (1492–1556) *Ragionamenti* (1533–36) in der Übersetzung von Heinrich Conrad (*Die Gespräche des göttlichen Aretino*, Bd. 2, Leipzig 1903, 400). Es handelt sich bei Aretinos Buch um sogenannte ›Kurtisanengespräche‹, was in ironischem Kontrast zu Settembrinis weiteren Ausführungen steht, dass das »Aufreizende« des Frühlings der Ebene fehle.

513,22 *süperb:* (frz. *superbe*) vorzüglich, prächtig.

513,30 *sordinierten:* gedämpften (Sordino: Vorrichtung zum Dämpfen eines Tones bei Musikinstrumenten).

513,36 *fertilster:* fruchtbarster.

514,2 *Feuchtigkeit auf lateinisch:* umor.

514,5 f. *wie die heilige Katharina … rote Primeln sieht:*

Das Beispiel entstammt Heinrich von Eickens Buch *Geschichte und System der mittelalterlichen Weltanschauung*, 624 (vgl. Neumann 2002 / GKFA 5.2, 268f.; zu Eicken als Quelle für Naptha V.2).

514,14 *Monismus:* philosophische Lehre, die alle Erscheinungen der Welt auf ein einziges materielles oder geistiges Prinzip zurückführt.

514,21 *Frivolität:* vgl. Anm. zu 489,30.

514,22f. *Dualismus:* Der Dualismus führt alles Seiende auf zwei Prinzipien zurück und eröffnet so die Gegensätze zwischen Gott und Welt, Geist und Stoff, Immateriellem und Materie, Leib und Seele. Daneben wird unter ›Dualismus‹ auch die Auffassung verstanden, dass sich die Welt auf ein gutes und ein böses metaphysisches Wesen, also auf Gott und den Teufel zurückführen lässt.

514,25f. *Solet Aristoteles quaerere pugnam:* (lat.) Aristoteles pflegt Streit zu suchen.

514,27–34 *Aristoteles? … klassisches Mittelalter, mein Herr:* ›Klassisches Mittelalter‹ ist dies tatsächlich, gehen diese Ausführungen doch auf Eickens *Mittelalterliche Weltanschauung* zurück: 602, 608f. (vgl. Neumann 2002 / GKFA 5.2, 269; zu Eicken als Quelle V.2).

514,27f. *Aristoteles hat die Wirklichkeit … in die Individuen verlegt:* Platons Philosophie zufolge existieren die allgemeinen Ideen unabhängig und außerhalb von den Einzelwesen, während Aristoteles von einer Wirklichkeit der Ideen *in* den Einzelwesen ausging. Der Streit um die Existenz von Allgemeinbegriffen (den ›Ideen‹) wurde im Mittelalter als sogenannter Universalienstreit zu einem zentralen Diskussionspunkt der Scholastik.

514,28 *Pantheismus:* Lehre, nach der die ganze Welt von Gott erfüllt ist, der Gegensatz von Welt und Gott wird also verneint. Der Pantheismus stellt damit eine Form des Monismus dar (von griech. *pan* ›all-, ganz‹ und *theos* ›Gott‹). Eicken zufolge (*Mittelalterliche Weltanschauung*, 602) resultierte dieser pantheistische Zug allerdings gerade aus der Übernahme der *platonischen* Ideenlehre im Mittelalter. Dass Settembrini dies Aristoteles zuschreibt, erlaubt Naphta das folgende »Falsch« und Mann die Ausgestaltung des Disputes.

514,29 *substantiellen:* Nach Aristoteles ist die Substanz das (wesenhafte) Sein eines Seienden, dem dann noch zufällige Akzidenzien (Eigenschaften) zukommen.

514,30–34 *das Wesen der Dinge … in die Einzelerscheinung:* vgl. Anm. zu 514,27f. Bei Eicken (602) steht: »Der aristotelische Realismus jedoch schloß sich der aristotelischen Lehre zu dem Zwecke an, um durch die Wahrung des substantiellen Charakters der Individuen das außergöttliche Bestehen derselben und demnach die mit der kirchlichen Lehre übereinstimmende göttliche Transcendenz zu erweisen.«

514,31 *Thomas:* Thomas von Aquin (um 1225–1274), einer der bedeutendsten Kirchenlehrer und Vertreter der mittelalterlichen Scholastik. Dass Thomas von Aquin von der Wirklichkeit der Universalien in den Einzelwesen ausging, konnte Mann bei Eicken finden: *Mittelalterliche Weltanschauung*, 608.

Bonaventura: eigentlich: Johann Fidanza (1221–1274), Franziskanergeneral, neben Thomas von Aquin einer der bedeutendsten Vertreter der Hochscholastik. Auch dieser Name verdankt sich Eicken: *Mittelalterliche Weltanschauung*, 609.

514,33f. *transzendent:* jenseits sinnlicher Erfahrung liegend. Die hier vertretene Auffassung der Trennung von Gott und Welt ist also typisch dualistisch.

515,5 *absoluten Geist:* Der ›absolute Geist‹ ist eine Kategorie aus Georg Wilhelm Friedrich Hegels (1770–1831) Philosophie: Der ›subjektive Geist‹ betrifft das Bewusstsein und Selbstbewusstsein des Individuums, der ›objektive Geist‹ das Menschsein im kollektiven Miteinander (Familie, Gesellschaft, Staat), im ›absoluten Geist‹ als höchste Stufe vollzieht sich eine Synthese von

Subjekt und Objekt in der Selbsterfassung und Anschauung des Geistes in den drei Bereichen Kunst, Religion und Philosophie.

515,8 *Reaktion:* hier: das Bestreben, zu einem überwundenen und veralteten geschichtlichen (bzw. gesellschaftlichen) Zustand zurückzukehren.

515,11 f. *Nihilismus:* eine Weltanschauung, die die Möglichkeit von verbindlichen Werteordnungen verneint und die Sinnlosigkeit alles Seienden propagiert.

515,17 *apodiktisch:* unumstößlich, keinen Widerspruch zulassend.

515,30 *Fridericianums:* vgl. Anm. zu 425,4.

516,23 f. *inimicus humanae naturae:* (lat.) Feind der menschlichen Natur.

516,27–517,9 *Bernhard von Clairvaux ... Beiwohnung mit Gott:* Die Passage beruht auf Eicken: *Mittelalterliche Weltanschauung*, 490 (vgl. Neumann 2002 / GKFA 5.2, 271). – Bernhard von Clairvaux (um 1090–1153) war Zisterzienserabt und Kirchenlehrer, der großen Einfluss auf das kirchliche Leben seiner Zeit hatte und in seiner Auslegung des Hohelieds der Bibel eine Christusmystik entwarf, in der die Seele sich mit Jesus Christus als Bräutigam vereint.

517,10 *Andate:* (ital.) Geht!

517,12 *Okzidentale:* Abendländer.

517,13 *Der Osten verabscheut die Tätigkeit:* so Settembrini schon früher (vgl. 218,31–219,3 und Anm.).

517,19 *Quietismus:* vgl. Anm. zu 159,10.

Fénelon: François de Salignac de la Mothe-Fénelon (1651–1715), französischer Theologe, Priester, Schriftsteller und Erzieher des Enkels von Ludwig XIV. Fénelon setzte sich stark für den Quietismus (vgl. Anm. zu 159,10) ein.

517,22 *Propositionen:* Thesen, Vorschläge.

Molinos: Miguel de Molinos (1628–1696) verfasste mit seinem Werk *Guía espiritual* (*Geistlicher Führer*, 1675)

eines der einflussreichsten Werke des mystisch inspirierten Quietismus, seine Lehren wirkten u. a. auf Fénelon.
518,4 *privatim:* (lat.) als Privatmann; hier wohl: privat.
518,17 *Ebbè:* (ital.) Nun denn!
518,36 *Homo Dei:* (lat.) Mensch Gottes.
519,3 *Genius:* (lat.) Schutzgeist, auch: Verkörperung der männlichen Schöpfungskraft; in Ableitung davon wird unter ›Genius‹ im Sinne von ›Genie‹ allgemein der (schöpferische) Geist des Menschen verstanden.
519,28 *bienséance:* vgl. Anm. zu 407,3.
519,29 *spanische Ehre:* vgl. zu diesem wiederkehrenden Motiv Anm. zu 406,24 f.
519,29–32 *und es ist ziemlich gleich … das ›Asketische‹:* die Gleichsetzung von Uniformkragen und Halskrause (in Erinnerung an die Halskrause des Großvaters) durch Castorp auch schon 407,11.
520,3 f. *Thron und Altar:* Die Formel hat ihre Wurzeln im absolutistisch regierten, monarchistischen Frankreich und wurde im 19. Jh. auch in Deutschland zum Schlagwort für die enge Verbindung von Kirche und Staat – von christlich-konservativen Kreisen positiv verstanden, von der jungdeutschen Opposition aber kritisch-abwertend gebraucht.
520,18 *Landsknecht:* Bezeichnung für die deutschen Söldner des späten 15. und frühen 16. Jh.s.
520,21 *Garibaldi's:* Giuseppe Garibaldi (1807–1882), italienischer Freiheitskämpfer und Nationalheld, der sich Mazzini (vgl. V.1) anschloss und in verschiedenen Kriegen Freischaren anführte, u. a. gegen Österreich 1859 und 1866.
521,31–34 *Jungtürkentum … National- und Verfassungsstaat:* Jungtürken: nationalrevolutionäre Bewegung des Osmanischen Reiches, die sich im Jahre 1889 als ›Gesellschaft für Einheit und Fortschritt‹ formierte. Nach einem gescheiterten Attentat auf den Sultan Abdul Hammid II. (1876–1909) zersplitterte ihre Bewegung im Exil, bevor sie sich 1907 in Paris neu organisierte und

nach einem Militäraufstand im Juli 1908 im Laufe des Jahres 1909 die Macht im Osmanischen Reich übernahm (das Gespräch im Roman findet um den 21. Juni 1908 statt; vgl. 505,32f.). Zu den Zielen der Jungtürken gehörte die Wiederherstellung der vom Sultan ausgesetzten Verfassung sowie die Einberufung eines Parlaments. Dass Settembrini hier die Jungtürken anführt, verdankt sich seinem Freimaurertum – und Manns entsprechenden Quellen (vgl. V.1), nämlich Wichtl, *Weltfreimaurerei*, 100–103 (vgl. Nunes 1992, 111).

522,1 *Abdul Hamid:* vgl. vorige Anm.

522,2 *Ihrem Einfluß in der Türkei zu Ende:* Nach dem Berliner Kongress von 1878 pflegte Abdul Hammid zusehends enge Beziehungen zum Deutschen Reich.

522,3 *Protektor:* Schutzherr.

522,5 *impertinent:* vgl. Anm. zu 84,29.

522,9 *englischen Balkankomitee:* Nach Manns wichtigster Quelle für Informationen über das Freimaurertum (Wichtl, *Weltfreimaurerei*, 101) war der Präsident des Balkankomitees, Noel Burton, ein Freimaurer (vgl. Nunes 1992, 112).

522,9f. *Abmachungen von Reval:* Der englische König Edward VII. (1841–1910) besuchte im Juni 1908 Reval. Großbritannien und Russland schlossen 1907 den Petersburger Vertrag, der die Interessen beider Staaten in Afghanistan, Persien und Tibet ordnete.

522,11f. *Öffnung der Dardanellen:* Der Dardanellenvertrag von 1842 legte fest, dass nur türkische Kriegsschiffe die Meerenge zwischen dem Mittelmeer und dem Marmarameer (und damit auch den Zugang vom Mittelmeer zum Schwarzen Meer) befahren durften: eine Einschränkung von Russlands Bewegungsfreiheit.

522,13 *Österreich … aktiven Balkanpolitik:* Tatsächlich hatte die Jungtürkische Revolution u. a. zur Folge, dass Österreich im Oktober 1908 die seit dem Wiener Kongress 1878 besetzten osmanischen Provinzen Bosnien und Herzegowina annektierte, was zu Konflikten v. a. mit Serbien und Russland führte.

522,16 f. *Nikolaus … Konferenzen im Haag:* Zar Nikolaus II. (1868–1918) initiierte die erste Haager Friedenskonferenz im Jahre 1899, auf der Russland Vorschläge zu einem Rüstungsstillstand machte. Auch die zweite Haager Friedenskonferenz von 1907 wurde von Russland angeregt. Ungeachtet dessen verfolgte Nikolaus II. auf dem Balkan eigene Interessen.

522,18 f. *kleinen Mißgeschick im Osten:* der Russisch-Japanische Krieg von 1904/05 um die Einflussnahme auf Korea und die Mandschurei, in dem Russland unterlag, so dass es sich aus den umstrittenen Gebieten zu großen Teilen zurückziehen musste.

522,25 *kompromittieren:* bloßstellen.

522,26 *Pangermanismus:* ein im 19. Jh. gebildetes Schlagwort, das das Bestreben bezeichnet, alle deutschen Völker in einem Staat zu vereinen.

523,4 *Glacis:* Vorfeld einer Befestigungsanlage; hier: der englische Einflussbereich in Indien.

523,6 *mandschurische Scharte:* vgl. Anm. zu 522,18 f.

523,16 *Cäsaro-Papismus:* Vereinigung von weltlicher und kirchlicher Macht, hier konkret bezogen auf das zaristische Russland, in der die Kirche stark vom Staat abhängig war.

523,18 *Hofburg:* das kaiserliche Residenzschloss in Wien; hier: die Kaisermonarchie Österreich-Ungarn.

523,21 *Fatalität:* Verhängnis, Schicksal.

523,36 *Brennergrenze:* Die Errichtung der Brennergrenze zwischen Italien und Österreich war ein zentrales Ziel des italienischen Nationalstaates, sie wurde nach dem Ersten Weltkrieg dann auch umgesetzt – vorher gehörte Südtirol zu Österreich.

Liquidation: Auflösung.

524,21 *plastischer:* vgl. Anm. zu 91,17.

524,24 *ausgepichter:* mit allen Wassern gewaschener.

524,25 f. *wenn nicht auf Taubenfüßen, so auf Adlerschwingen:* vgl. 219,16 f. und Anm.

524,27 f. *Wien müsse aufs Haupt geschlagen sein:* vgl. 219,26 f.

524,35 f. *Assument pennas ut aquilae:* (lat.) Sie erwerben Flügel wie Adler. Zitat aus Jes 40,31: »Aber die auf den Herrn harren, kriegen neue Kraft, dass sie auffahren mit Flügeln wie Adler, dass sie laufen und nicht matt werden, dass sie wandeln und nicht müde werden.«

525,13 *Periodizität:* regelmäßige Wiederkehr.

525,16 *Zodiakus:* vgl. Anm. zu 508,16.

525,24 *Infusor:* Infusorium: Aufgusstierchen; Sammelbezeichnung für die Wimpern- oder Geißeltierchen, die sich beim Aufguss von Heu mit Wasser entwickeln.

525,29 f. *Lehre unseres achtzehnten Jahrhunderts:* Settembrini meint Jean-Jacques Rousseau (1712–1778), dessen Gesellschaftslehre (ähnlich, wie Settembrini sie beschreibt) in der Folge als ›Rousseauismus‹ wirkte.

526,6 f. *transzendent:* vgl. Anm. zu 514,33 f.

526,28 f. *Klerisei:* leicht abwertende Bezeichnung für den Klerus, den geistlichen Stand der katholischen Kirche.

526,36 *Manie:* Besessenheit.

527,1 *Kosmopolitismus:* Weltbürgertum; Idee der Gemeinschaft aller Menschen auf der Welt.

527,3 f. *positiver Rechtsauffassung:* Das sogenannte ›positive Recht‹ ist das vom Menschen in Gesetzen niedergelegte Recht (im Gegensatz zum Naturrecht).

527,5 *Völkerrecht:* das internationale Recht, das die Beziehungen und das Verhalten der Staaten (untereinander) regelt.

527,6 *Naturrechtes:* das Recht, das unabhängig vom positiven Recht (und damit ›überpositiv‹) Gültigkeit hat.

527,9 *ius divinum:* (lat.) das göttliche Recht; dieser Begriff aus der katholischen Kirchenlehre meint die von Gott gesetzte Ordnung der Welt, die unveränderlich ist und unumstößliche Gültigkeit hat.

528,10 *domiziliere:* vgl. Anm. zu 433,13.
528,17 *Kolloquium:* wissenschaftlicher Austausch, Gespräch.
528,20 *Meister vom Stuhl:* Vorsitzender einer Loge der Freimaurer (vgl. zur Freimaurerei Anm. zu 694,1).
529,7 *miekrig:* mickrig.
529,8 *Adriatica von Mylendonk:* vgl. Anm. zu 88,35f.
529,18 *Semiten:* vgl. Anm. zu 510,35. Vereinfachend (und fälschlich) meint ›Semiten‹ auch nur: Juden.
529,33f. *Und dabei sind wir doch hier ... gescheuter zu werden:* vgl. 137,11f. und Anm. (›gescheut‹: archaisierend für ›gescheit‹).
530,6 *Carbonaro:* vgl. Anm. zu 212,33.
530,12 *Freiheit und Tapferkeit ziemlich ete-pe-tete sind:* Als ›ete-pe-tete‹ bezeichnete Hand Castorp in 368,36 die ›Form‹ an sich, im Gegensatz zur ›Unform‹ des Sich-Verlierens. Vgl. hierzu VII.3.
530,13f. *de se perdre ou même de se laisser dépérir* (*sich verloren zu geben, sich sogar vernichten zu lassen,* 996,18f.): so Clawdia im Gespräch mit Hans Castorp in der Walpurgisnacht (vgl. 469,12f.).
530,19 *Kosmopolis:* vgl. Anm. zu 527,1.

Vom Gottesstaat und von übler Erlösung

531,13 *Aquilegia:* Akelei.
531,24 *Lehne:* vgl. Anm. zu 131,11.
532,24 *Akklimatisation:* vgl. Anm. zu 123,17.
532,28f. *Chemismus:* chemische Stoffwechselreaktionen im Körper.
532,33 *Pietätsgefühl:* vgl. Anm. zu 218,9.
533,24 *Subsistenzmittel:* Subsistenz: Lebensunterhalt, Lebenserhaltung.
533,31 *Injektionen:* vgl. Anm. zu 482,15.
534,4f. *Rhadamanthys:* vgl. Anm. zu 83,19.
534,14 *Vatermörder:* vgl. Anm. zu 41,11.

534,15 *Interimsform:* vgl. Anm. zu 41,5.
534,24 *Zufällen:* vgl. Anm. zu 77,15.
534,28 *Angebinde:* vgl. Anm. zu 488,21.
535,8–10 *Das Hochgebild organischen Lebens … gelehrter Studien:* vgl. 395,12–25 und Anm. – gemeint ist (neben dem Menschen an sich) auch Clawdia.
535,22 *Drehorgelmann:* vgl. Anm. zu 82,16f.
535,23 *Hellas:* Griechenland.
535,24 *Politik, Rebellion und Eloquenz:* Castorp rekurriert hier auf Settembrinis Ausführungen im Abschnitt *Aufsteigende Angst* (vgl. etwa 221,18–36).
Eloquenz: vgl. Anm. zu 221,34.
535,25 *Pike des Bürgers am Altar der Menschheit weihte:* vgl. Anm. zu 218,16f.
535,31f. *Bilder der beiden Großväter … die Schwarz trugen:* vgl. 215,15–21.
536,14 *Homo Dei:* vgl. Anm. zu 518,36.
536,23f. *Sorgenkind:* vgl. Anm. zu 425,26f.
537,7f. *Lukačeks:* Dass der Vermieter nicht nur Settembrinis, sondern auch Naphtas gerade Lukaček heißt, mag ein Verweis auf Georg Lukács sein, der Mann als Anregung für die Figur Naphtas diente – vgl. V.2.
537,10 *Livree:* vgl. Anm. zu 15,3.
Gamaschen: seitlich verschließbare Beinüberstrümpfe aus Leder oder Stoff.
ein Dienerchen: Dieses Detail verweist auf Manns Novelle *Beim Propheten* (1904), wo die Tür zur Dachkammer des Dichters Daniel ebenfalls von einem Knaben geöffnet wird. Auch der Kontrast zwischen der Zimmereinrichtung und dem Haus findet sich schon dort, Naphta steht so gesehen in einer Linie mit der Figur Daniel bzw. dem realen Schriftsteller Ludwig Derleth (vgl. V.2).
537,29 *Reunion:* (frz.) Tanzveranstaltung in Kurorten.
537,34 *Olte:* (dialektal) Alte.
538,3 *Portiere:* vgl. Anm. zu 120,6.

538,19 *Meubles:* (frz.) Möbel.
538,21 *Gobelin:* kunstvoll gewebter Wandteppich mit bildlichen Darstellungen.
538,32 *Pietà:* Darstellung der trauernden Maria mit dem Leichnam Christi. Die folgende Beschreibung trifft auf die sogenannte Pietà Roettgen zu (s. Abb. S. 147), auch wenn nicht geklärt ist, ob und wann Mann diese Pietà gesehen hat, und er Jahre später nicht glaubt, »für Hans Castorps Pietà ein bestimmtes Vorbild gehabt« zu haben (Brief an Anna Jacobson, 21. September 1945, SK, 145). Vgl. Sauereßig 1974b, 28.
539,13 *Stores:* Vorhang.
539,15 *Kolloquium:* vgl. Anm. zu 528,17.
540,1–3 *Die Schönheit des Leibes ... des religiösen Ausdrucks:* Diesen Gegensatz konnte Mann bei Eicken finden: *Mittelalterliche Weltanschauung*, 720 (vgl. Neumann 2002 / GKFA 5.2, 279 f.).
540,20–25 *Signum mortificationis ... Fleischesschwäche:* wiederum nach Eicken, 721 f. (vgl. Neumann 2002 / GKFA 5.2, 279 f.). »Signum mortificationis« (lat.) übersetzt Eicken mit »Mahnzeichen der Abtötung« (ebd., 722).
540,26 *pessimistisch-asketische:* Unter ›Askese‹ wird eine streng enthaltsame Lebensweise verstanden; in christlich-katholischer Tradition verbunden mit Bußübungen, um die Begierden des Körpers abzutöten.
540,27 *Innozenz' des Dritten:* Innozenz III.: bedeutender Papst des Mittelalters (1161–1216), der die Macht des Papsttums wesentlich ausbaute und streng gegen Glaubensauffassungen vorging, die der orthodoxen Lehrmeinung der Kirche widersprachen. Die Schrift *De miseria conditionis humanae* (*Über den elenden Zustand des Menschen*, 1194/95) widmet sich dem sündhaften Zustand des Menschen und legitimiert die Stellung des Papstes. – Am 20. Juni 1921 schrieb Mann an Ernst Bertram (vgl. IV.3.2): »Nietzsche citiert einmal einen Papst (oder Kirchenva-

Pietà Roettgen
Holzplastik, entstanden in der ersten Hälfte des 14. Jahrhunderts
im Mainzer Raum

ter?), der im asketischen Sinn die Schande und Widerlichkeit des Körperlebens erbarmungslos aufzählt. Erinnern Sie sich, wo die Stelle zu finden ist?« (Briefe TM – B, 98). Die Stelle befindet sich in *Zur Genealogie der Moral*, Nietzsche zitiert dort den »Katalog« der »Widerwärtigkeiten« des Menschen nach Innozenz dem Dritten: »›unreine Erzeugung, ekelhafte Ernährung im Mutterleibe, Schlechtigkeit des Stoffs, aus dem der Mensch sich entwickelt, scheusslicher Gestank, Absonderung von Speichel, Urin und Koth‹« (GOA 7, 357 / *Genealogie* 57).

541,16 *Sapperlot:* (ital.) Ausruf der Überraschung oder des Zornes.

Accidenti: (ital.) Ausruf des Staunens oder des Zornes.

542,32 f. *Plotinus … seines Körpers geschämt:* Castorp bezieht sich hier auf eine Äußerung Settembrinis (vgl. 345,33 f.).

542,34 f. *Voltaire … von Lissabon revoltiert habe:* Auch dies weiß Castorp von Settembrini (vgl. 346,22–28 und Anm.).

543,5 *Fatum:* (lat.) Schicksal.

Faktum: Tatsache, Geschehnis.

543,12–14 *Wobei ich voraussetze … guten Gebrauch zu machen:* Castorp verwendet Settembrinis eigene frühere Ausführungen nun gegen diesen.

543,24 *Artefakt:* Kunstwerk.

543,27 *Konrad von Marburg:* Kreuzzugsprediger und Priester (um 1185–1233), der von Papst Gregor IX. (um 1170–1241) zum Inquisitor bestellt wurde und die Inquisition in Deutschland maßgeblich vorantrieb. Die Ausführungen über Konrad verdanken sich Eicken, *Mittelalterliche Weltanschauung*, 342–345 (vgl. Neumann 2002 / GKFA 5.2, 281).

infame: niederträchtige.

543,27 f. *infame Priesterwut:* Die Formulierung lässt an den von Nietzsche beschriebenen Typus des asketischen Priesters denken (vgl. Anm. zu 181,14–17) – ein Typus, nach dem auch die Figur des Naphta von Mann angelegt wurde (vgl. V.2).

543,32 *Konvent:* Versammlung aller stimmberechtigten Mitglieder eines Klosters, im weiteren Sinne eine Bezeichnung für alle Mitglieder des Klosters bzw. das Kloster selbst.

543,35 f. *Vertilgungslust der Jakobiner:* Der zur Zeit der französischen Revolution gebildete politische Klub der Jakobiner gelangte im Juni 1793 durch einen Aufstand in Paris an die Macht. Die Jakobiner etablierten 1793/94 eine Terrorherrschaft, verfolgten polititische Gegner und richteten Tausende hin.

544,4 *Renaissance:* vgl. Anm. zu 86,20.

544,11 *gleichgültigen kleinen Wandelstern:* Naphtas Verteidigung des mittelalterlichen Weltbildes lehnt sich hier an Novalis' Aufsatz *Die Christenheit oder Europa* (1799) an, wo in ähnlicher Weise die Ablehnung der These, dass die Erde »ein unbedeutender Wandelstern« sei, durch Kirchenoberhäupter gerechtfertigt wird. Mann konnte die Novalis-Stelle bei Brandes finden: *Die romantische Schule*, 211 f. (vgl. Heftrich 1975, 71 und 340, Anm. 62; Neumann 2002 / GKFA 5.2, 281).

544,12 f. *großartigen kosmischen Stellung des Menschen:* Auch diese Stelle beruht vermutlich auf Brandes, *Die romantische Schule*, 248 (vgl. Neumann 2002 / GKFA 5.2, 282).

544,23–26 *Kopernikus ... zum Ziele führen werden:* Diese These verdankt sich Manns Auseinandersetzung mit einer Schrift des naturalistischen Dichters Johannes Schlaf (1862–1941), in der dieser für das geozentrische Weltbild eintrat. Mann stimmte dieser These zwar nicht zu, sympathisierte aber durchaus mit Schlafs Bemühungen. Ein diesbezüglicher Brief Manns an Schlaf vom 30. Mai 1915 bildet die Vorlage für den folgenden Absatz und eine spätere Äußerung Naphtas (vgl. Anm. zu 952,16–19). Allerdings gingen schon in diesen Brief weitere Quellen ein, nämlich Eicken, *Mittelalterliche Weltanschauung*, 599 sowie Max Steiners Schrift *Die Rückständigkeit des modernen Freidenkertums. Eine kritische Untersuchung*, Berlin 1905, 66 (vgl. Wißkirchen 1985, 432 f.). Beides sind Quellen, die Mann auch andernorts für Äußerungen Naphtas nutzte, so dass sein eigener Brief sich hier ohne Probleme einfügt (vgl. zu Naphta V.2). Vgl. Wißkirchen 1985, 431 sowie Frizen 1980, 148.

544,23 *Kopernikus:* Nikolaus Kopernikus (1473–1543), Mathematiker und Astronom, dessen Schrift *De revolutionibus orbium coelesticum* (*Von den Bewegungen der Himmelskörper*, 1543) das heliozentrische Weltbild vertrat, dem zufolge die Erde sich um die Sonne dreht. *Ptolemäus:* (um 100 – um 175), griechischer Mathematiker und Astronom, auf den das geozentrische Weltbild zurückgeht, dem zufolge die Erde von Sonne, Mond und den Planeten auf sogenannten Sphären umkreist wird. Damit verdrängte Ptolemäus das heliozentrische Weltbild, das schon in der griechischen Antike um 600 v. Chr. verbreitet war und erst von Kopernikus wieder vertreten wurde.

544,30 *Voluntarismus:* philosophische Position, der zufolge Leben und Sein auf dem Willen als Grundprinzip beruhen.

545,10–17 *Die Rechtmäßigkeit … ihn zu beweisen:* Die Stelle beruht auf dem Brief Manns an Schlaf (vgl. Anm. zu 544,23–26).

545,18 *Quod erat demonstrandum:* (lat.) Was zu beweisen war. Ein auf den griechischen Mathematiker Euklid (um 365–300 v. Chr.) zurückgehender Schlusssatz bei Beweisen mit der Bedeutung ›was hiermit bewiesen ist‹.

545,20–23 *Die großen Scholastiker … vor der Theologie falsch sei:* vgl. zur Scholastik 513,11. Die Stelle beruht auf Eicken, *Mittelalterliche Weltanschauung*, 600 (vgl. Neumann 2002 / GKFA 5.2, 284).

545,27 *heiligen Offiziums gegen Galilei:* Das Sanctum Officium, die Kongregation für Glaubenslehre der katholischen Kirche, lud Galilei Galileo (1564–1642), der in seinem *Dialog* (1632) für die heliozentrische These plädierte, vor die Inquisition. Galileo schwor seiner Lehre ab und wurde zu lebenslangem Hausarrest verurteilt.

545,33–36 *Glauben Sie an eine Wahrheit ... Menschengeistes bilden?:* Settembrinis Frage stellt eine weltliche Paraphrasierung des Glaubensbekenntnisses dar, das in der katholischen Kirche bei der Firmung in Frage- und Antwortform vorgetragen wird. Die erste Frage lautet: »Glaubst du an Gott, den allmächtigen Vater, Schöpfer des Himmels und der Erde?«

546,9–33 *Wahr ist ... Zweck der Heilserwerbung:* Die Argumentation Naphtas verdankt sich hier punktuell erneut Eicken, *Mittelalterliche Weltanschauung*, 612–614 und 623, der auch Lactantius anführt: 129. Vgl. Neumann 2002 / GKFA 5.2, 284.

546,17 *Lactantius:* eigentlich Lucius Caecilius Firmianus (um 250 – um 325), lateinischer Kirchenlehrer, der in seiner Schrift *Institutiones Divinae* (*Göttliche Unterweisungen*) die christliche Lehre gegen den heidnischen Polytheismus (Vielgötterei) und die heidnische, d. h. antike Philosophie verteidigte.

546,17f. *Konstantin der Große:* römischer Kaiser (um 280–337), der mit seinem Sieg über Ostrom beide Teile des römischen Reichs unter seine Alleinherrschaft stellte, der Christenverfolgung durch die Einführung der Religionsfreiheit ein Ende setzte und dem Christentum zugeneigt war. Er gilt damit als Begründer der christlichen Ausrichtung der westeuropäischen Staaten.

546,32f. *sich der Rücksicht ... entschlägt:* die Rücksicht aufgibt, auf die Rücksicht verzichtet.

547,1 *Pragmatismus:* philosophische Position, die den Wahrheitsanspruch von Erkenntnis relativiert. Dem

Pragmatismus zufolge ist nur die Erkenntnis sinnvoll, die sich auf die erfahrbare Lebenspraxis beziehen lässt bzw. in diesem Zusammenhang weiterhilft.

547,9 *bringe … in Vorschlag:* schlage vor.

547,11 f. *transzendent:* vgl. Anm. zu 514,33 f.

547,13 *dualistische Existenz:* vgl. zum Dualismus Anm. zu 514,22 f.

547,32 *vexatorische:* lästige, neckende, irreführende.

547,33 *Reaktion:* vgl. Anm. zu 515,8.

547,35 f. *Wahrheit und Gerechtigkeit:* Der Ausdruck stammt aus Heinrich Manns *Zola*-Essay (1915), durch den sich Mann persönlich angegriffen fühlte, was zu einem wesentlichen Beweggrund für die Abfassung der *Betrachtungen eines Unpolitischen* wurde – wie Heinrich Mann und sein Essay in den *Betrachtungen* selbst dann zu zentralen Bezugspunkten der Polemik gegen den Zivilisationsliteraten wurden (als der Settembrini zunächst entworfen war; vgl. V.1). So taucht die Formel auch in den *Betrachtungen* mehrfach auf (vgl. Neumann/GKFA 5.2, 285).

548,5 *Afterlogik:* bloß nachahmende, falsche, unechte Logik.

548,16 *Interlokutor:* Gesprächspartner.

549,29 *idealen Urzustandes der Menschheit:* Die Beschreibung dieses idealen Urzustandes wie auch die folgende Argumentation verdankt sich Eicken, *Mittelalterliche Weltanschauung* (hier 314 und 356); vgl. Wißkirchen 1985, 444.

550,4–6 *was den anfänglichen … Sündenfall verlorenging:* nach Eicken, *Mittelalterliche Weltanschauung*, 356 ff. (vgl. Neumann 2002 / GKFA 5.2, 286.

550,8 f. *zum Schutz … Gesellschaftsvertrag:* nach Eicken, *Mittelalterliche Weltanschauung*, 365, vgl. Wißkirchen 1985, 444.

550,11 *Benissimo:* (ital.) bestens!

550,11 f. *Gesellschaftsvertrag … das ist Rousseau: Über*

den Gesellschaftsvertrag oder Grundsätze des politischen Rechts (1762), ein grundlegendes staatsphilosophisches Werk von Jean-Jacques Rousseau (1712–1778), in dem die Einrichtung eines Staates, ganz im Sinne der Aufklärung, als ›sozialer Vertrag‹ (*Contrat social*, so der französische Titel des Buches) zwischen mündigen Bürgern verstanden wird, die sich damit freiwillig einer politischen Herrschaft unterwerfen. Die Legitimation politischer Herrschaft erfolgt also in diesem Modell durch das Volk und nicht über das Geburtsrecht des Adels.

550,13–31 *Aus der Tatsache … Unzulänglichkeit zu erweisen:* Auch diese Argumentation verdankt sich Eicken, *Mittelalterliche Weltanschauung*, 367, vgl. Neumann 2002 / GKFA 5.2, 286 f.

550,33–35 *Über alles geht … Das ist Virgil:* Zitat aus Vergils (70–19 v. Chr.) *Aeneis* VI,823. In der Übersetzung von Johann Heinrich Voß (1751–1826), die Settembrini in 89,19 f. zitiert, findet sich allerdings eine ganz andere Übertragung; eine ähnliche Übersetzung steht hingegen bei Eicken, *Mittelalterliche Weltanschauung*, 5; vgl. Neumann 2002 / GKFA 5.2, 287.

551,4–6 *christliche Mittelalter … elften Jahrhundert:* nach Eicken, *Mittelalterliche Weltanschauung*, 362, vgl. Wißkirchen 1985, 444; Neumann 2002 / GKFA 5.2, 287.

551,16 *Imperium:* (Welt-)Reich.

551,25–28 *Seit den Tagen … Gottes zurückzuführen:* Wiederum nach Eicken, *Mittelalterliche Weltanschauung*, 358 f., vgl. Neumann 2002 / GKFA 5.2, 287.

551,26 *Gregors des Großen, Gründers des Gottesstaates: Gemeint* ist hier nicht der meist mit dem Beinamen ›der Große‹ bezeichnete Gregor I. (um 540–604), der den Grundstein des Kirchenstaates legte, sondern Gregor VII. (um 1020–1085), der die weltliche Macht des Papsttums betonte und wesentlich ausbaute.

551,35 f. *Verflucht sei der Mensch … vom Blute:* Nach Jer 48,10: »Verflucht sei, der des Herrn Werk lässig tut; verflucht sei, der sein Schwert aufhält, dass es nicht Blut vergieße!«. Dass Gregor VII. dieses Wort sprach, fand Mann bei Eicken, *Mittelalterliche Weltanschauung*, 338, vgl. Neumann 2002 / GKFA 5.2, 287.

552,7 *Manchestertum:* Das Manchestertum des 19. Jh.s vertrat das Prinzip des Freihandels, verbunden mit antikolonialistischen, antimilitaristischen und pazifistischen Bestrebungen. Der Begriff geht auf die Manchesterpartei zurück, die Mitte des 19. Jh.s in Großbritannien erfolgreich gegen die hohen Getreidezölle vorging, die starke Hungersnöte verursacht hatten.

552,11–553,19 *Die Väter der Kirche … Massengütererzeugung:* Naphtas Ausführungen verdanken sich in hohem Maße Eicken (*Mittelalterliche Weltanschauung*, 496, 499, 511 f., 514 f.), vgl. den Paralleldruck bei Wißkirchen 1985, 444–446.

552,12 *Usurpation:* Besitzergreifung, widerrechtliche Aneignung.

552,29 *Zins:* Im Tagebuch vermerkt Mann am 6. Juni 1920 ein Gespräch mit dem Geheimrat Marcks: Dieser »sprach bei Tisch interessant über das prinzipielle Verbot des Zinswesens im Mittelalter, das aber nicht durchzuführen gewesen. Calvin habe es legitimisiert: Bürgerzeit, die in den letzten Zügen liegt. (Pastor Bunge)« (TB I, 444). Der Verweis auf ›Pastor Bunge‹ verdeutlicht, dass Mann plante, diesen Komplex für Naphta zu verwerten (vgl. V.2).

553,5 f. *Thomas von Aquino:* vgl. Anm. zu 514,31.

553,27 *Diktatur des Proletariats:* Der Begriff, ursprünglich von dem französischen Sozialisten Auguste Blanqui (1805–1881) geprägt und von Karl Marx (1818–1883) aufgegriffen, meint in der Marx'schen Gesellschaftslehre die Herrschaft der besitzlosen Arbeiter während der Phase der revolutionären Umwandlung von der bürgerlichen kapitalistischen Ordnung zu einer staats- und klassenlosen Gesellschaft.

554,7 *Roma locuta:* Roma locuta, causa finita: (lat.) Rom

hat gesprochen, der Fall ist entschieden. Ein sprichwörtlich gewordener Satz, der sich auf eine Entscheidung und damit ein endgültiges ›Machtwort‹ des Papstes bezieht.

554,8 *hieratisches:* priesterliches.

554,8 f. *Saltomortale:* (ital., ›tödlicher Sprung‹) besonders gefährlicher Salto mit mehrfachem Überschlag; hier: großes Wagnis.

554,20 *Mediokre:* mittelmäßige.

555,32 *Antinomien:* unvereinbarer Widerspruch; in der Logik die miteinander unvereinbare Gültigkeit zweier sich widerstreitender Sätze.

556,6 *spirituelle:* geistige, geistliche.

556,8 *Addio:* (ital.) Leben Sie wohl!

556,28 *Studio:* Arbeitszimmer, auch: Studierzimmer.
Schlafkabinett: vgl. Anm. zu 34,21.

556,29 *Kompartiment:* abgetrennter Raum.
separiert: abgetrennt, privat.

557,4 *Diwan:* Sofa.

557,9 *broschiert:* ohne festen Buchdeckel, in Taschenbuchform.

557,24 *Carbonaro:* vgl. Anm. zu 212,33.

557,25 *Advokatenbureaus:* vgl. Anm. zu 212,20.

557,26 *Physiognomie:* äußere Erscheinung, Aussehen (meist auf Menschen, speziell Gesichter bezogen).

559,1 *diskursive:* ›Diskurs‹ meint eine lebhafte Unterhaltung und Erörterung, darüber hinaus bedeutet ›diskursiv‹ (als Gegensatz zu ›intuitiv‹) ›auf Schlussfolgerungen beruhend‹.

559,6 *promenieren:* spazieren gehen.

559,10 *Friktion:* Reibung.

559,15 *Rabulistik:* Bezeichnung für eine juristische Vorgehensweise, die die Sachlage verfälscht; umgangssprachlich bezeichnet ›Rabulist‹ einen Wortverdreher.

559,20 f. *Petrarca … mit seinem Wahlspruch:* vgl. Anm. zu 138,5.

560,15 *Heiduck:* urspr. Bezeichnung für südosteuropäische Hirten und (später) Söldner, im 18. Jh. dann in Westeuropa zur Bedeutung ›Diener‹ verallgemeinert.

560,26 *Jesuiten:* Societas Jesu, Gesellschaft Jesu, ein im frühen 16. Jh. von Ignatius von Loyola (1491–1556) gegründeter geistlicher Orden mit streng hierarchischer Gliederung und stark intellektueller sowie pädagogischer Ausrichtung. Den Jesuiten wurden politische Intrigen und Verschwörungen nachgesagt, der Orden wurde 1773 (bis 1814) vom Papst aufgehoben und seit Mitte des 18. Jh.s in zahlreichen Ländern (zeitweilig) verboten, so auch im Deutschen Reich durch das Jesuitengesetz von 1872. Dass Naphta Jesuit ist, verdankt sich wahrscheinlich Eickens Buch über *Mittelalterliche Weltanschauung* (vgl. V.2), denn Eicken zufolge waren die Jesuiten »dem Ideal vom Gottesstaat am stärksten verpflichtet« (Wißkirchen 1985, 441).

561,1 *Noviziat:* vgl. Anm. zu 270,22.

561,3 *Präfekt:* in der katholischen Kirche die Bezeichnung für den geistlichen Erzieher in einem Internat.

561,4 f. *Präzeptor:* Lehrer.

561,5 *Gouverneur:* Hofmeister, (Prinzen-)Erzieher.

561,7 *Fridericianum:* vgl. Anm. zu 425,4.

561,20 *Logis:* vgl. Anm. zu 491,30.

561,24 *statiöser:* stattlicher.

562,19 *Großvater mit seiner Bürgerpike:* vgl. Anm. zu 218,16 f.

562,24 *häretisch:* von der orthodoxen Kirchenlehre abweichende Glaubenshaltungen.

563,6 f. *daß dies zweite … mit der Krankheit zu tun hat:* vgl. Anm. zu 137,11 f.

563,14 f. *Sorgenkind des Lebens, ein joli jésuite mit einer petite tache humide:* Dass Castorp Naphta hier mit gleich zwei Ausdrücken belegt, mit denen Settembrini (vgl. 425,26 f.) bzw. Clawdia (vgl. 472,6 f. / 999,17 f.) ihn selbst bezeichnen, verdeutlicht, dass er sich von Naphta durchaus angezogen fühlt und Ähnlichkeiten zwischen sich und dem Jesuiten feststellt – so ja auch in der ›mittelalterlichen‹ Todesfaszination.

564,2 *wie ich Sie eines Tages … besuchte:* vgl. 268,2–8.

564,8–565,2 *wir sprachen … Erziehers vornehmste Pflicht ist:* vgl. Settembrinis frühere Ausführungen in 278,12–30.

564,17 *souverän:* unumschränkt herrschend, von anderen Mächten unabhängig.

564,20 *actu:* In der Scholastik stellte der Gegensatz von ›actu‹ (lat., ›im Handeln, im Vollzug‹) und ›potentia‹ (lat., ›der Möglichkeit nach‹) den Gegensatz zwischen dem Wirklichen, Gegenwärtigen und dem Möglichen, Ideellen dar.

565,1 *mephitisch:* übelriechende Luft (von Mephitis, der römischen Göttin der Schwefelquellen).

Jähzorn. Und noch etwas ganz Peinliches

565,33–566,1 *Turnus:* festgelegte Wiederkehr, regelmäßiger Wechsel.

566,14 *Affektation:* Ziererei. Frau Stöhr meint hingegen ›Affektion‹: Erkrankung.

566,17 *Ring des Polykrates:* Ballade von Friedrich Schiller (1759–1805) über einen vom Glück begünstigten, am Ende vom Unglück heimgesuchten Tyrannen. Die Aussage Frau Stöhrs macht natürlich keinen Sinn. Neumann vermutet, sie meine eigentlich die Achillesferse (2002 / GKFA 5.2, 290).

566,32 f. *Rabulisten:* vgl. Anm. zu 559,15.

568,21 *Teleologie:* Lehre von der Zielgerichtetheit und Zweckmäßigkeit z. B. der Schöpfung oder der Geschichte.

568,31 f. *pêle-mêle:* (frz.) kunterbunt.

568,32–34 *keine Zeit ist … sondern wieder der alte:* Die hier ausgedrückte Zeitauffassung entspricht dem mythischen Denken, dem zufolge jede neu einsetzende Jahreszeit zugleich die alte und unveränderlich wiederkehrende ist. Vgl. zum Mythos VI.2, zur Zeit im *Zauberberg* VI.4.

569,16 f. *Fort possible qu'il aille mourir:* (frz.) Sehr wohl möglich, daß er sterben werde. Castorp wiederholt hier Clawdias Aussage über Joachim im Konjunktiv (vgl. 468,7/995,7).

569,36 *Ordinationszimmer:* vgl. Anm. zu 186,13.

570,17 *Polypraxios:* ein sprechender Name und zugleich eine eigenwillige (unkorrekte) Bildung von Mann, die sich mit ›Vieltäter‹ übertragen ließe: von griech. *poly* ›viel‹ und *praxis* ›Handeln, Tun‹.

570,20 *Piräus:* Hafen von Athen.

570,34 *Auskultation:* vgl. Anm. zu 247,18.

571,1 *libido:* sexuelle Triebkraft (nach Sigmund Freud).

571,2 *Chose:* (frz.) Sache.

571,3 *Vesikulär:* vgl. Anm. zu 248,10.

571,4 *Neese:* (dialektal) Nase.

plein: (frz.) voll.

571,5 *Phthise:* vgl. Anm. zu 91,2.

571,6 *Konkupiszenz:* theologisch geprägter Begriff für das sexuelle Verlangen als Folge der Erbsünde.

571,13 *Kupidität:* Begierde.

571,20 *Debauchen:* (frz.) Ausschweifungen.

571,31 *Gaffky:* vgl. Anm. zu 475,17 f.

572,1 *mânôt:* mittelhochdeutsch für ›Monat‹, ›Mond‹.

572,10 *Gamaschendienst:* abwertende Bezeichnung für den Dienst des Soldaten im Sinne von kleinlichem, pedantischen Drill.

572,11 f. *Konstantinopel:* das heutige Istanbul, Hauptstadt des Osmanischen Reiches (vgl. Anm. zu 521,31–34).

572,13 *Marken:* Landschaft in Italien zwischen den Apenninen und dem Adriatischen Meer.

572,24 *Desertion:* Fahnenflucht, unerlaubtes Sichentfernen von der Truppe (im Kriegsfall mit Todesstrafe geahndet).

573,5 *Equipierung:* das Erstellen der Ausrüstung (frz. *equipage*) eines Offiziers.
573,32 *Votum:* Gutachten, Stimme.
574,22 *Signor Amoroso:* (ital.) Herr Liebhaber. ›Amoroso‹ bezeichnet die Rolle des Liebhabers auf dem Theater. *Toledo:* eine Straße in Neapel, die Mann als Straße der Prostituierten kennenlernte (vgl. Neumann, GKFA 5.2, S. 290 f.).
575,16 *machte Toilette:* vgl. Anm. zu 399,1.
575,32 *Rhadamanth:* vgl. Anm. zu 83,19.
575,33 *rite:* (lat.) ordnungsgemäß, gesetzmäßig.
576,1 *den weiten, abgründigen See:* vgl. 11,9–11 und Anm.
576,1 f. *über den im Gedichte der Reiter ritt:* In Gustav Schwabs (1792–1850) Ballade *Der Reiter und der Bodensee* (1826) reitet ein Mann in gänzlich schneebedeckter Landschaft unwissend über den zugefrorenen Bodensee; als er im Nachhinein darüber aufgeklärt wird, stirbt er vor Schreck.
577,5 f. *Kohl und Geschwafel:* ›kohlen‹ ist ein heute veralteter Begriff für ›Unsinn reden‹.
577,14 *Hochgebildes, genannt Homo Dei:* so wörtlich auch 565,13 f. Castorps Vorstellung dieses ›Hochgebildes‹ ist dabei Clawdia verpflichtet (vgl. Anm. zu 535,8); seine Suche nach einer Antwort auf die Frage, was der Mensch ist, zieht sich leitmotivisch durch den Roman. Dass hier von »Verantwortlichkeiten« die Rede ist, die Castorp aus der Anschauung des Menschen erwachsen würden, ist kein Zufall: Der wichtige Schneetraum wird die Verpflichtung des Menschen zu Güte und Liebe behandeln und den Begriff ›Homo Dei‹ wieder aufgreifen (vgl. Anm. zu 679,3). Vgl. auch III sowie VI.5.
577,30 *Tempus:* vgl. Anm. zu 239,33.
578,3 *Quietismus:* vgl. Anm. zu 159,10.
578,14 *Relegation:* Verweisung eines Schülers oder Studenten von der Schule bzw. Universität.
578,19 *Bon:* (frz.) gut.

578,22 *Durchgänger:* vgl. Anm. zu 326,26.

579,11 f. *Akklimatisationsschwierigkeiten:* vgl. Anm. zu 123,17.

579,21 *Solide:* fest, zuverlässig.

579,29 f. *Standarte:* Fahne eines Königs oder Regiments.

579,36 *Schlußnota:* Nota: Rechnung.

580,11 *Poveretto:* (ital.) Ärmster.

580,15 *Urlaub:* vgl. Anm. zu 405,18.

580,29 *Vestibül:* vgl. Anm. zu 331,29.

580,31 *Frau Iltis mit dem »Sterilett«:* vgl. Anm. zu 27,16.

580,34 f. *Er trug einen Hut auf dem Kopf. Hans Castorp nicht:* Bei der Ankunft Hans Castorps war es umgekehrt, und Castorp hielt zunächst am Tragen eines Hutes als Zeichen der Gesittung fest (vgl. 62,7–10; 78,30–34).

581,10 *Hinkenden:* vgl. Anm. zu 15,10.

581,12 *Kabrioletts:* vgl. Anm. zu 16,20.

581,24 *Perron:* vgl. Anm. zu 14,17.

581,26 *Plaidrolle:* vgl. Anm. zu 11,30.

582,1–3 *Nicht mit »Du« oder »Mensch« … mit Vornamen:* vgl. 14,33–15,1. Auch Settembrini wird Hans zum Abschied mit seinem Vornamen anreden und ihn sogar duzen (979,30–34).

Abgewiesener Angriff

582,16 *Das Rad schwang:* Der Lauf der Geschichte wird auch als ›Rad der Zeit‹ bezeichnet.
Weiser: (veraltet) Uhrzeiger.

583,4 *Famulus:* vgl. Anm. zu 27,13.

583,14 *Tulasilberkrücke:* Tulasilber: Silberarbeit mit verzierten Gravuren aus einer schwärzlichen Legierung, benannt nach der russischen Stadt Tula.

584,10 *Aspirationen:* Bestrebungen.

584,13 *sanitär:* der Gesundheit dienend.

585,7 *Überzieher:* vgl. Anm. zu 12,2 f.

586,2 *Paletot:* vgl. Anm. zu 113,6.
586,12f. *tiefliegenden »Oberwelt«:* da der ›Zauberberg‹ die ›Unterwelt‹ darstellt (vgl. Anm. zu 84,1 und VI.2).
586,29 *Concierge:* vgl. Anm. zu 15,7.
587,4f. *um die Stunde seiner eigenen Ankunft:* Stärker noch als die Abfahrt Joachims wiederholt die nachfolgend geschilderte Ankunft Tienappels Castorps Ankunft auf dem ›Zauberberg‹ – bis hin zu Details wie z. B. dem Würdigen der Luft (588,22f., vgl. 18,33), der Reaktion auf die Verlautbarung des Besuchten, er werde noch ein halbes Jahr bleiben (589,13f., vgl. 16,23f.), dem Gespräch über das ausgeräucherte Zimmer (589,28, vgl. 22,21), dem grundlosen Lachen des Neuankömmlings (592,2, vgl. 20,2), dem Zusammentreffen mit Krokowski am ersten Abend (592,29f., vgl. 28,20) oder der Begegnung mit Behrens nach dem ersten Frühstück (594,18–36, vgl. 67,28–69,21). Doch auch darüber hinaus wiederholt Tienappel das Muster, das Hans Castorp vorgibt: Er verfällt einer Frau und interessiert sich für den Tod.
587,9 *ohne Hut:* vgl. 580,34f. und Anm.
587,22 *überhoben:* enthoben, ledig.
588,26 *latent:* verborgen; vorhanden, ohne in Erscheinung zu treten.
589,17 *revidieren:* überprüfen, ändern.
589,28 *H_2CO:* vgl. Anm. zu 425,3.
589,31 *kein Exodus, sondern ein Exitus:* ›Exodus‹: Abwanderung, konkret der Auszug der Juden aus Ägypten; ›Exitus‹: Tod.
589,32 *Jargon:* spezielle Ausdrucksweise einer (sozialen) Gruppe, ursprünglich die Bezeichnung für eine gemischte und schwer verständliche Sprache (Kauderwelsch).
590,5f. *Pneumothorax:* vgl. Anm. zu 74,5.
590,7 *grasse:* krasse.
590,8 *Pleura-Chocs:* vgl. Anm. zu 427,31.

591,20 *Tuberkelbildung:* Tuberkel: knötchenförmige Gewebeveränderung bei der Tuberkulose mit abgestorbenen Zellen im Zentrum (sogenannte Verkäsung).
591,21 *Verkäsungsprozeß:* vgl. vorige Anm.
591,22 *Petrifizierung:* Versteinerung.
591,28 *Pneumotomie:* Lungenschnitt.
591,29 *Lungenresektion:* chirurgische Entfernung (Resektion) von Teilen der Lunge bzw. eines Lungenflügels.
591,32 *Gangraena pulmonum:* feuchter Zerfall des Lungengewebes aufgrund von Fäulnisbakterien.
591,34 *Karbolsäurelösung:* heutige Bezeichnung für Karbolsäure: Phenol. Eine wässrige Lösung wurde als Desinfektionsmittel und Antiseptikum eingesetzt.
592,17 *Chansonette:* (frz.) kleines Liedchen, auch: Sängerin solcher (frivoler) Liedchen.
593,33 *operieren:* hier im Sinne einer militärischen Operation.
594,19 *Hospitanten:* vgl. Anm. zu 102,13.
Korona: Kranz, Kreis von Zuhörern.
594,26 *Neveu:* (frz.) Neffe.
594,28 *anämisch:* vgl. Anm. zu 69,9.
594,36 *tuberculosis pulmonum:* vgl. Anm. zu 69,21.
596,18f. *nichts zu erinnern:* vgl. Anm. zu 267,4f.
598,18 *Conférence:* vgl. Anm. zu 260,35.
599,20 *Souper:* vgl. Anm. zu 377,26.
600,10 *Sorbett:* (frz. *sorbet*): halbgefrorener Nachtisch.
600,36 *Judas Ischariot, als er vom Aste fiel:* Judas Ischariot, einer der zwölf Jünger Jesu Christi, soll sich aus Reue über seinen Verrat an Jesus an einem Baum erhängt haben. In Apg 1,18 berichtete Petrus über das Ende von Judas: »Dieser hat erworben den Acker um den ungerechten Lohn und sich erhängt und ist mitten entzwei geborsten, und all sein Eingeweide ausgeschüttet.«
601,5f. *Bürger von Palermo ... vor Porta Nuova:* In den Katakomben von Palermo, die dem Kapuzinerorden

gehören, wurden ab 1599 zunächst Kapuzinermönche, dann auch Bürger aus Palermo bestattet, die nach der Mumifizierung an den Wänden hängend befestigt wurden.

Operationes spirituales

602,22 *Operationes spirituales:* (lat.) geistliche/geistige Verrichtungen.

602,24 *galizisch-wolhynischen Grenze:* Das Gebiet Galizien nördlich der Karpaten gehörte zum Zeitpunkt der Handlung zur Doppelmonarchie Österreich-Ungarn; Wolhynien schloss sich als russische Provinz nordöstlich an.

602,27 *schochet:* (jidd.) ein vom Rabbiner autorisierter Schlachter, der Tiere koscher (nach den jüdischen Speisevorschriften) schächtet, d. h. rituell mit einem Schnitt durch den Hals tötet und ausbluten lässt.

602,33 *Gesetze Mosis:* die in den fünf Büchern Mose, der Thora, enthaltenen Gesetze, hier die Vorschriften zum Schächten (vgl. die vorige Anm.).

603,1 *Talmud:* Sammelbezeichnung für die kanonisierten Bücher und Schriften des nachbiblischen Judentums, in denen Auslegungen der Thora und Gesetzesvorschriften gesammelt sind.

603,7 *Leib:* laut Loose (1972, 226) »eine Übersetzung des hebräischen Arjeh ins Jüdisch-Deutsche« als »Abwandlung des Wortes Löwe.«

603,14 *Schachotmesser:* (jidd.) das Messer zum Schächten (vgl. Anm. zu 602,27).

603,29 *Gojim:* (jidd.) Nicht-Juden.

604,6 *Thora:* im engeren Sinne Bezeichnung für den Pentateuch (die fünf Bücher Mose), im weiteren Sinne das jüdische Gesetz, das im Pentateuch und im Talmud niedergeschrieben ist.

604,14f. *Baal-Schem:* (hebr.-jidd.) Wundertäter, berühmter Mensch. Baal Schem Tow, eigentlich Israel ben Elieser (um 1700–1760), ist der Gründer des osteuropäischen Chassidismus des 18. und 19. Jh.s, einer frommmystischen Bewegung innerhalb des Judentums. Nach Tätigkeiten als Lehrer und Schächter wurde Baal Schem Tow als wundertätiger Heiler berühmt: Er war in Naturheilkunde bewandert und heilte unter Berufung auf Gott – was auf Naphtas Vater ebenfalls zutrifft.

604,15 *Zaddik:* (hebr.-jidd.) Gerechter, Heiliger; frommer Mann; Titel eines chassidischen Rabbiners.

604,18 *Nimbus:* Ansehen; Glanz, der eine Person umgibt.

605,4 *hoffärtigen:* eitlen, ehrgeizigen.

605,27 *Dialektik:* Methode, durch kritische Auseinandersetzung mit Gegensätzen zu philosophischer Erkenntnis zu gelangen.

606,13 *Gesellschaft Jesu:* vgl. Anm. zu 560,26.

606,16 *Brevier:* Verzeichnis der Texte des Stundengebets der katholischen Kirche, das von Geistlichen täglich gebraucht wird.

607,2 *Konjunktion:* Verbindung, Bindewort.

607,28 *Stella matutina:* (lat.) Morgenstern. Wie der Hinweis auf Tisis (610,12) zeigt, handelt es sich hierbei um ein Jesuitenkonvikt in Feldkirch in Österreich.

608,9 *revolutionäre:* umwälzende, umstürzende.

609,10 *Refektorium:* (mittellat.) Speisesaal eines Klosters.

609,11 f. *Präfekt:* vgl. Anm. zu 561,3.

609,15 *Devotion:* Ergebenheit, Verehrung, Andacht.

610,12 *Tisis:* Ortsteil der Stadt Feldkirch (vgl. Anm. zu 607,28).

610,24 *querulierender:* vgl. Anm. zu 475,2.

610,26 f. *Exerzitienleiters:* Exerzitien: geistliche Übungen in Stille und Abgeschiedenheit, die sich auf den Gründer des jesuitischen Ordens, Ignatius von Loyola (1491–1556), zurückführen lassen.

610,28 *Ad haec quid tu?:* (lat.) Was sagst du dazu?

610,31 f. *ut in aliquem gradum quietis in anima perveniat:*

(lat.) damit er in der Seele zu einem ungefähren Stand der Ruhe gelange.

611,6 *Provinzial:* der Vorgesetzte des Ordens und aller zum Orden gehörenden Klöster in einer Region.

611,9 *Scholastiker:* Die Stufe der Scholastiker bildet bei den Jesuiten die erste Stufe nach Ablegung des Noviziats. Sie umfasst theologische und philosophische Studien in jesuitischen Einrichtungen, die Tätigkeit als Lehrer und wird mit dem Empfang der Priesterweihe abgeschlossen.

611,11 f. *Sozietät:* Gesellschaft; hier: die Jesuiten (vgl. Anm. zu 560,26).

611,23 *Alumnen:* Schüler.

611,23 f. *Humaniora:* vgl. Anm. zu 348,1.

611,33 *Epistel:* die Lesung aus den Apostelbriefen oder der Apostelgeschichte in der römisch-katholischen Messe.

611,36 *Subdiakonat:* Amt, das mit der niedrigsten der höheren Weihen erlangt wurde. Mit dem Subdiakonat ging die Verpflichtung zum Zölibat (Ehelosigkeit und sexuelle Enthaltsamkeit) und zum täglichen Stundengebet einher.

612,20 *Pleura-Chocs:* vgl. Anm. zu 427,31.

612,28 *Rhadamanthys:* vgl. Anm. zu 83,19.

613,2 *ci-devant:* (frz.) zuvor, ehemals.

613,9 f. *waltete mächtig ob:* herrschte besonders vor.

613,11 *geistliches Exerzierreglement:* hier: die Exerzitien des Ignatius von Loyola, in der die Heere Christi und Luzifers aufeinandertreffen. Die folgenden Ausführungen Naphtas beruhen hierauf – daher auch die spanischen Ausdrücke (vgl. Sagave 1973, 188).

613,11 f. *Gegenstück zu dem, welches später der preußische Friederich für seine Infanterie erlassen:* Der preußische König Friedrich Wilhelm I. (1688–1740) führte 1726/27 das Exerzierreglement für die preußische Infanterie ein.

613,19 *capitan general:* (span.) Generalkapitän, höchster militärischer Rang in Spanien.

613,21 *caudillo:* Heerführer.
613,23 *Divisionen:* kleinste Truppeneinheit aus verschiedenen Truppengattungen.
613,24 *Bienséance:* vgl. Anm. zu 407,3.
613,25 f. *eine Verbindung … so sagen durfte:* Diese Verbindung stellte Castorp auch schon in 407,11 und 519,29–32 her.
613,35 *Loyola:* vgl. Anm. zu 560,26.
614,14 *»Attaquez donc toujours!«:* (frz.) »Greift also immerzu an!« Als Ausspruch Friedrichs des Großen zitierte Mann dies schon 1915 in seinem Essay *Friedrich und die große Koalition* (GKFA 15.1, 66 und 115; vgl. Bulhof 1966, 95).
614,17 *Axiom:* Grundsatz; ein ohne Beweis unmittelbar einleuchtender Satz.
614,29 *den störenden Drehorgelmann:* vgl. Anm. zu 129,36–130,2.
614,30 *schalmeite:* Schalmei: ein Holzblasinstrument aus dem Vorderen Orient. Der Begriff ›Friedensschalmei‹ meint den Ruf nach Frieden.
615,2 *Nickel:* Goswin Nickel (1582–1664), der zehnte General des jesuitischen Ordens. Mann fand das folgende Zitat Nickels bei Eicken, *Mittelalterliche Weltanschauung*, 809 (vgl. Wißkirchen 1985, 443, Anm. 27).
615,16 *Kolloquium:* vgl. Anm. zu 528,17.
616,5 *Requiem aeternam:* vgl. Anm. zu 405,24 f.
616,13 *ridikülen:* lächerlichen.
Gelichter: Gesindel.
616,24–29 *Königstöchter … gut geschmeckt:* Die Passage verdankt sich Eicken, *Mittelalterliche Weltanschauung*, 507 (vgl. Neumann 2002 / GKFA 5.2, 295).
616,26 *Leprosen:* an Lepra Erkankten.
617,6–13 *den Kranken … im Interesse beider Parteien:* Wiederum nach Eicken, *Mittelalterliche Weltanschauung*, 504 und 508–510 (vgl. Neumann 2002 / GKFA 5.2, 295).

617,34 *sensorische:* die Sinnesorgane betreffende.
617,34 f. *Gnadennarkosen:* griech. *narkosis* bedeutet wörtlich ›Erstarrung‹.
618,10 f. *Despektierlichkeiten:* Verächtlichkeit, Geringschätzung.
618,31 *Affektation:* vgl. Anm. zu 566,14.
619,21 *infernalischen:* höllischen, teuflischen.
619,24 *pazzi:* (ital.) Irre, Wahnsinnige.
620,19 *Dantische Szenen:* Szenen aus Dantes *Göttlicher Komödie*, in der die Höllenqualen der Verdammten geschildert werden.
620,21 *Entsetzensstupors:* Stupor: vollständige Körperstarre.
620,23 *Ingredienzien:* Zutaten.
620,26 *Abschnappen:* drastisch für: sterben.
620,33 *Sonnenritter und Vikarius Salomonis:* Hochgrade des Freimaurertums. Mann konnte die entsprechenden Titel bei Wichtl, *Weltfreimaurerei*, 26 und 29 finden (Nunes 1992, 109).
621,21 f. *Diesem Gefühl ... Plotinus Ausdruck verliehen:* Schon zum zweiten Mal (vgl. 542,32 f.) führt Castorp hier Plotinus' Äußerung, er schäme sich seines Körpers, als Unterstützung einer Position Naphtas an – er hat diese Information jedoch ursprünglich von Settembrini (vgl. 345,33 f.).
621,25 *rezeptiv:* (passiv) aufnehmend.
621,31 *venenösen:* giftigen.
621,34 f. *Bresthaftigkeit:* vgl. Anm. zu 138,31.
622,10 f. *den Menschenleib als den wahren Tempel Gottes zu feiern:* Settembrini zitiert hiermit indirekt Novalis (vgl. Wißkirchen 1995, 100). Auch in der Rede *Von deutscher Republik* führt Mann das entsprechende Novalis-Zitat an: »Es gibt nur einen Tempel in der Welt und das ist der menschliche Körper. Nichts ist heiliger als diese hohe Gestalt. Das Bücken vor Menschen ist eine Huldigung dieser Offenbarung im Fleisch. Man

berührt den Himmel, wenn man einen Menschenleib betastet« (GKFA 15.1, 551 f.). Der Romantiker Novalis wird für Mann in *Von deutscher Republik* (vgl. den Ausschnitt in VIII.1, S. 393 f.) zu einem Gewährsmann für die Demokratie, womit Mann sein Demokratie-Verständnis in eine spezifisch deutsche, romantische Tradition stellt. Dass der romanische Literat Settembrini Ideen von Novalis im Munde führt, lässt sich als Zeichen dafür werten, dass die Einschätzung dieser Figur sich im Verlauf der Arbeit an dem Roman ändert (vgl. V.1).

623,5 f. *Prügelpön:* Prügelstrafe (Pön von lat. *poena* ›Strafe‹).

623,13 *Bastonade:* vgl. Anm. zu 438,8.

623,23 *Konrad von Marburg:* vgl. Anm. zu 543,27.

623,25–27 *sie selbst … mit Ruten geschlagen:* Mann bezog dies vermutlich aus dem Buch Emil Michaels, *Geschichte des deutschen Volkes vom 13. Jahrhundert bis zum Ausgang des Mittelalters*, Freiburg i. Br. 1899 (Bd. 2, 220; vgl. Wißkirchen 1985, 443 f., Anm. 27) – neben Eickens *Mittelalterlicher Weltanschauung* seine zweite Quelle zum Mittelalter.

624,25 *infam:* vgl. Anm. zu 543,27.

624,34 *renitente:* widerspenstige.

625,14 *Kadavergehorsam:* abwertend für ›blinder Gehorsam‹. Der Begriff leitet sich aus einer Ordensregel des Ignatius von Loyola ab: Man solle der göttlichen Vorsehung und den Oberen des Ordens folgen, als sei man ein Leichnam.

625,24 f. *internationalen Kongreß für Feuerbestattung:* Im Jahre 1905 formierten sich in Deutschland die ›Freidenker für Feuerbestattung‹. ›Freidenker‹ oder auch ›Freigeister‹ nennen sich seit dem 17. Jh. Gruppierungen, die sich gegen jede Dogmatik – und damit v. a. gegen christlich-religiöse Dogmen – stellen. Dem christlichen Glauben der Wiedererstehung des Fleisches nach war die Feuerbestattung bis Mitte des 20. Jh.s von Seiten der katholischen Kirche verboten.

625,29 *zopfig-obsoletes:* rückständig-überflüssiges.
625,33 *Peripherie:* Randbezirk einer Stadt.
626,6 *atavistische:* vgl. Anm. zu 356,27.
626,10 *Assimilation:* vgl. Anm. zu 390,33.
627,9f. *der »Halle des Todes« … eine »Halle des Lebens« anzubauen:* eine Idee, die Mann dem »Saal der Vergangenheit« aus Goethes Roman *Wilhelm Meisters Lehrjahre* (8. Buch) entlehnt hat (vgl. Neumann 2002 / GKFA 5.2, 297f.).
627,19 *Er desertiert zur Fahne:* vgl. 589,33.
627,22f. *Das Erlebnis des Todes muß zuletzt das Erlebnis des Lebens sein:* In seinem ›Schneetraum‹ im folgenden Abschnitt wird Hans Castorp zu ähnlichen Erkenntnissen kommen (vgl. 679,15f., 679,34–36 und Anm.).
627,24f. *obszöne Symbole … wie auf manchen antiken Särgen:* Dies hat Castorp von Settembrini (vgl. 278,20–22).
628,10 *Porcheria:* (ital.) Schweinerei.
630,5 *Deportationen:* Zwangsverschickungen.
630,25 *Revolutionär der Erhaltung:* Castorp charakterisiert Naphta damit als einen Vertreter der Konservativen Revolution (Tholen 1990, 85), vgl. hierzu V.2.
630,30f. *lichtsuchende Jugend:* Der Ausdruck charakterisiert Settembrini erneut als Freimaurer: Aufnahmewillige Freimaurer werden als ›Lichtsuchende‹ bezeichnet (Nunes 1992, 96).
630,31–33 *Eine internationale Liga … sich soeben gebildet:* Die Abschaffung der Todesstrafe stellte zu Beginn des 20. Jh.s eine wichtige Forderung der Arbeiterbewegung dar und war ein großes politisches Thema. Sie wurde auch von dem 1918 gegründeten ›Politischen Rat geistiger Arbeiter‹ gefordert, dessen Vorsitz in München Heinrich Mann innehatte. Darüber hinaus wurde die Todesstrafe auch in einigen Freimaurerlogen diskutiert, was Mann offenbar bekannt war (Nunes 1992, 95f., vgl. zum Freimaurermotiv V.1).
631,9 *Determinismus:* Der Determinismus negiert den

freien Willen als Ursache von Handlungen und nimmt an, dass Handlungen durch angeborene Faktoren oder äußere soziale Umstände bedingt und festgelegt sind.

631,16 *Regenschirmzeitläuften:* Neologismus, mit dem an dieser Stelle historische Zeitphasen (Zeitläufte) umschrieben werden, die sich durch das bürgerliche Bedürfnis nach (übertriebener) Sicherheit und Selbstsorge auszeichnen (man will nicht nass werden).

631,23 *in die Schanze geschlagen:* aufs Spiel gesetzt.

631,24 *Philanthropie:* Menschenfreundlichkeit.

632,17 *mit Linen füttern:* mit billigem Essen abspeisen.

632,26 *konstatiere:* stelle fest.

632,28 *Reverenz:* vgl. Anm. zu 216,33.

633,9 *Erzphilisterei:* Philisterei: Spießbürgertum, engstirniges Kleinbürgertum.

633,17 *inkarnierte:* fleischgewordene, verkörperte.

633,22 *Eloquenz:* vgl. Anm. zu 221,34.

633,25–27 *Denn Fortschritt … keine Politik und Eloquenz:* Castorp greift mit dieser Trias, wie zuvor schon einmal mit »Politik, Rebellion und Eloquenz« (535,24), auf Settembrinis Ausführungen in 221,18–36 zurück.

633,28 *und schließe die Augen:* als mystisch-religiöses Erlebnis. Griech. *mystikos* ›geheimnisvoll, geheim‹ leitet sich von *myein* ›(Augen und Lippen) schließen‹ ab.

633,34 f. *O Satana, o ribellione:* vgl. Anm. zu 85,35 f.

634,1 *dem anderen:* vgl. Anm. zu 86,4.

634,1 f. *ein Teufel rechts und einer links:* Die Stelle variiert berühmt gewordene Verse aus Goethes Gedicht *Diné zu Coblenz*, die Goethe auch in *Dichtung und Wahrheit* anführt (Dritter Teil, 14. Buch): »Und wie nach Emmaus, weiter gings, / mit Geist- und Feuerschritten, / Prophete rechts, Prophete links, / Das Weltkind in der Mitten« (Gedichtfassung 1815). Die Verse beziehen sich auf eine Reise, die Goethe mit dem Züricher Theologen Johann Caspar Lavater (1741–1801) und dem Pädagogen Johann Bernhard Basedow (1724–1790) unternahm. Beide versuchten, Dritten ihre unterschiedlichen Bibelauslegungen nahezubringen. Castorp meint hier zwar die zwei verschiedenen Teufelsvorstellungen, die Stelle lässt sich aber gleichwohl auch auf ihn selbst zwischen Naphta und Settembrini beziehen. Vgl. Heftrich 1975, 108f.

634,13f. *che guazzabuglio proprio stomachevole:* (ital.) Was für ein eigentümlicher ekelhafter Mischmasch!

634,29 *Illuminaten:* vgl. Anm. zu 696,28.

Monisten: Der 1896 von dem Biologen Ernst Haeckel (1834–1919) gegründete Deutsche Monistenbund gehörte den Freidenkern an (vgl. Anm. zu 625,24f.) und vertrat den Monismus (vgl. Anm. zu 514,14) auf naturwissenschaftlicher Basis.

635,11f. *wie als ob das Gegenteil ... das Vornehmere gewesen wäre:* vgl. den Essay *Kinder des Lebens* von 1924 (VIII.1, S. 395–397), in dem Mann die Idee, dass Vornehmheit an den Tod geknüpft sei, mit dem religiösen Instinkt des Menschen erklärt. Vgl. auch die folgende Anm. sowie zu 636,11–637,5.

635,14 *aristokratischen Frage:* In *Goethe und Tolstoi* präzisiert Mann diese Frage mit den Worten: »ob er [der Mensch] nicht in desto höherem Grade *Mensch* sei, je gelöster von der Natur, das heißt, je kränker er sei« (GKFA 15.1, 833). Das Thema lässt sich von Friedrich Nietzsche herleiten, Krankheit (so in *Ecce homo*) als notwendige Vorbedingung einer höheren Form der Gesundheit ansah. Vgl. hierzu Joseph 1996a, 98f. sowie IV.2.2.

635,18f. *den Tod ... spanischen Krause vorgestellt:* vgl. 407,11.

636,11–637,5 *daß Krankheit ein erhöhter Lebenszustand ... eben Krankheit sei:* Die hier diskutierte Bewertung von Krankheit stellt eine wichtige Problemstellung des *Zauberbergs* dar, ist es doch letztlich die Krankheit, die überhaupt erst zu Castorps ›Bildungsweg‹ (vgl. VII.2) auf dem ›Zauberberg‹ führt. Das Thema lässt sich von Nietzsche herleiten (vgl. hierzu IV.3.2) und ist zur Zeit des *Zauberbergs* in Manns Gedankenwelt zentral. Auch in dem Essay *Goethe und Tolstoi* diskutiert Mann den Wert der Krankheit, mit teilweise wörtlichen Übereinstimmungen zu dieser *Zauberberg*-Passage (vgl. den Ausschnitt in VIII.1, S. 390f.). Die entgegengesetzten Argumente, die hier auf Castorp (teilweise im Rückgriff auf seine Überlegungen in *Forschungen*, vgl. 394,35–395,1) und Naphta verteilt sind, werden dort in einer Argumentation zusammengefasst, die letztlich auf die Anerkennung des »Genius der Krankheit« hinausläuft (im Roman also auf die Position Naphtas) – und dennoch dialektisch-offen verfährt, was für den Roman umso mehr gilt. Denn schon Castorps Position ist eigentlich unernst und mehr dem Schlagabtausch bzw. der höflichen Zustimmung zu Settembrini als seiner eigenen Ansicht verpflichtet (schätzt Castorp doch den Wert der Krankheit durchaus hoch ein, vgl. etwa 137,11f. und das Ende von *Forschungen*). Eine solche spielerische Dialektik entspricht Manns Auffassung von Kunst: »jen[e] dichterisch[e] Sophistik, welche den Recht haben lässt, der eben redet« (*Betrachtungen*, GW XII, 11, vgl. auch III).

636,23f. *»zurück zur Natur zu kehren«:* Das Schlagwort ›Zurück zur Natur‹ stellt eine stark vereinfachte Quintessenz der Werke Jean-Jacques Rousseaus (1712–1787) dar.

636,25 *Regeneratoren:* Wiedererzeuger. Anfang des 20. Jh.s meinte der Begriff keine technischen Vorrichtungen, sondern steht im Kontext von (biologischer) ›Regeneration‹ als ›Wiederherstellung‹, ›Erneuerung‹ oder auch ›Wiedergeburt‹.

636,27 *jede Art Rousseau:* vgl. Anm. zu 636,23f.

637,6–13 *Es habe Menschen gegeben … wahre Kreuzestod:* eine Anspielung auf Friedrich Nietzsche, der sich in seiner Autobiographie *Ecce homo* (1888) als leidender Christus stilisierte. *Ecce homo* diente Nietzsche als Vorbereitung zum Projekt einer ›Umwertung aller Werte‹

(vgl. *Der Antichrist*). Nietzsche brach zu der Zeit der Abfassung psychisch zusammen und erholte sich nicht mehr wieder.

637,16 f. *joli jésuite … tache humide:* vgl. 563,14 f.

637,17 *Nun brülle du, Löwe:* vgl. Anm. zu 309,6.

637,19 f. *Rabulistik:* vgl. Anm. zu 559,15.

637,28 *Davvero, è criminoso:* (ital.) Wirklich, das ist verbrecherisch!

637,32 *Logos:* (griech.) Wort, Rede, Vernunft. Ein Zentralbegriff der griechischen Philosophie mit vielen Bedeutungsnuancen; verallgemeinert steht ›Logos‹ als Gegensatz zum ›Mythos‹ für das vernunftgeprägte Denken des Menschen bzw. die Vernunft als Prinzip. In neoplatonischer Tradition meint Logos auch die vernünftige Kraft Gottes, im Christentum – da Naphta das Wort ausspricht – das in Jesus fleischgewordene Wort Gottes.

638,8 *Vivats:* Hochrufe (lat. *vivat* ›es lebe‹).

638,13 *Faktum und Fatum:* vgl. Anm. zu 543,5.

638,15 *Posto:* (ital.) Stellung.

638,36 *Anonymität und Gemeinsamkeit:* vgl. 540,19 sowie 554,31.

639,3–6 *über die »Katholizität« … die sie gemeinsam bildeten:* vgl. 606,31–607,8.

639,15 f. *Exerzierreglement des preußischen Friedrich … spanischen Loyola:* vgl. Anm. zu 613,11 und 613,11 f.

639,20 f. *nicht an die Wahrheit … wissenschaftliche Wahrheit:* So zuvor Settembrini (vgl. Anm. zu 545,33–36).

639,26 *Wahrheit sei, was diesem fromme:* So zuvor Naphta (vgl. 546,9).

640,11 *Libertinage:* Liederlichkeit, Zügellosigkeit.

640,18 *Windbeutelei:* Als ›Windbeutel‹ wurde Settembrini schon in 89,33 und 310,24 bezeichnet.

641,11 *zu gewinnen:* zu erreichen.

641,13–15 *Waffenlärm der beide Heere … zusammentrafen:* vgl. 613,16–21.

641,14 *dos banderas:* (span.) zwei Fahnen (vgl. 613,16).

Schnee

Eine literarische Vorlage zur Beschreibung des übermächtigen Schnees fand Mann in Adalbert Stifters Erzählung *Aus dem Bayrischen Walde*, auch Stifters Novelle *Bergkristall* bot Anregungen (vgl. einen Brief Manns an Ernst Bertram: GKFA 22, 242 f.). Weiterhin lassen sich im Abschnitt *Schnee* Einflüsse aus Hans Christian Andersens Märchen (vgl. VI.1) und Parallelen zu einer Novelle Knut Hamsuns (vgl. IV.3.6) feststellen (vgl. die Anm.).

642,15 f. *Aviateur diplômé et Enseigne de la Marine allemande:* (frz.) diplomierter Flieger und Leutnant der deutschen Marine.

642,16 f. *Pneumothorax:* vgl. Anm. zu 74,5.

642,21 f. *Wie ein Adlerjäger … Wart, Nixe:* Das merkwürdige Gespräch verweist mit dem Stichwort »Nixe« auf Andersens Märchen *Die kleine Seejungfrau* und außerdem auf sein in den Alpen spielendes Märchen *Die Eisjungfrau*, dessen Protagonist ein Adlerjäger ist (vgl. Maar 1995, 127 f. und VI.1).

643,8 *Bagno:* vgl. Anm. zu 249,18.

643,10 *Äther:* vgl. Anm. zu 392,10.

643,12 *Brodem:* vgl. Anm. zu 398,7.

643,26 *Exzentrizität:* Überspanntheit, Phantastik.

643,30 *alabasternen:* aus Alabaster, einer marmorähnlichen, durchscheinenden Art des Gipses.

646,4 *Schleier-Phantasmagorie:* vgl. Anm. zu 13,31 f.

646,12 *gefriedeten:* eingefriedeten, umzäunten; hier auch mit der Nebenbedeutung ›befriedet‹: geschützt, beschirmt.

646,19 *weißer Finsternis:* Auch in Stifters *Bergkristall* ist die Rede von ›weißer Finsternis‹, in der die Protagonisten zudem, wie Castorp später auch, jegliche Orientierung verlieren: »[…] alles war, wenn man so sagen darf, in eine einzige weiße Finsternis gehüllt, und weil kein Schatten war, so war kein Urteil über die Größe der

Dinge, und die Kinder konnten nicht wissen, ob sie aufwärts oder abwärts gehen würden« (Stifter: *Werke III*, 174; vgl. Struc 1963, 327).

646,25 *Meeresstrande:* Die Analogie zwischen Schneelandschaft und Strand wird auch im Folgenden immer wieder hergestellt (vgl. 650,25–28; 652,10–31; 657,21). Im späteren Abschnitt *Strandspaziergang* wird die Besonderheit des Strandes näher beschrieben: Am Strand ist die Zeit aufgehoben, »in ungemessener Monotonie des Raumes ertrinkt die Zeit« (749,31) – das Gleiche gilt also auch für den Schnee. Diese Zeitlosigkeit als Ewigkeitserfahrung ist weiterhin eng mit dem Tod verbunden: In *Von deutscher Republik* aus dem Jahre 1922 schreibt Mann: »[...] denn Liebe zum Meer, das ist nichts anderes als Liebe zum Tode« (GKFA 15.1, 557). Das Motiv taucht auch schon in *Der Tod in Venedig* auf, als dessen Gegenstück *Der Zauberberg* ja ursprünglich gedacht war (vgl. III): Gustav von Aschenbach wird am Strand vom Tod heimgesucht, während er Tadzio »dort draußen im Meere, im Winde, vorm Nebelhaft-Grenzenlosen« beobachtet (GW VIII, 524). Der Strand bzw. das Meer stehen damit ebenso wie das starke Schneetreiben für die ›Unform‹, die Auflösung, das Nichts (vgl. VII.3 und VIII.1, S. 403). In *Lübeck als geistige Lebensform* (1926) führt Mann in Bezug auf Castorps hanseatische Herkunft aus: »Das Meer ist keine Landschaft, es ist das Erlebnis der Ewigkeit, des Nichts und des Todes, ein metaphysischer Traum; und mit den luftverdünnten Regionen des ewigen Schnees steht es sehr ähnlich« (GW XI, 394 / Ess III, 34).

647,32 *Schneeschuhe:* Gemeint sind, wie im Weiteren deutlich wird, Skier und keine Schneeschuhe.

648,16 *Rhadamanth:* vgl. Anm. zu 83,19.

648,23 *dem Kartenspiel ... obgelegen:* sich mit dem Kartenspiel beschäftigt.

648,29 *Eskapaden:* mutwillige Streiche, Ausreißen.

649,6f. *Flügelschuhe an den Füßen, wie Mercurio:* Der römische Gott Mercurius wird dem griechischen Hermes gleichgesetzt, der als Götterbote mit Flügelschuhen an den Füßen dargestellt wird. Obgleich Settembrini hier von sich spricht, lässt sich seine Bemerkung indirekt auch auf Castorp als Hermes beziehen, da Castorp die Skier/Flügelschuhe ja bereits trägt. Vgl. zum Hermes-Symbol VI.2.

649,36–650,1 *die Füße anmutig gekreuzt:* vgl. Anm. zu 81,24f.

650,10 *Virtuosentum:* vgl. Anm. zu 376,25.

650,18 *mit Telemarkschwung bremste:* Telemark: nach der norwegischen Provinz Telemark benannte Technik des Skifahrens, heute vor allem Landungstechnik beim Skispringen. Tatsächlich lässt diese Technik in beiden Fällen den Schwung nur auslaufen und bremst nicht.

651,4 *sichtigem:* gute, klare Sicht erlaubendem.

651,12f. *zyklopischen:* riesigen, gewaltigen (Zyklopen: einäugige Riesen der antiken Mythologie). Als ›zyklopische‹ oder ›kyklopische‹ Mauern wurden darüber hinaus in antiker Zeit gewaltige Mauern aus unbehauenen Steinblöcken im Nordosten der Peloponnes in Griechenland bezeichnet.

651,17–19 *Da war kein Windhauch … Es war das Urschweigen:* In Stifters *Bergkristall* heißt es: »Von den Vögeln, deren doch manche auch zuweilen im Winter in dem Walde hin und herfliegen, und von denen die Kinder im Herübergehen sogar mehrere zwitschern gehört hatten, war nichts zu vernehmen, sie sahen auch keine auf irgend einem Zweige sitzen oder fliegen, und der ganze Wald war gleichsam ausgestorben« (Stifter: *Werke III*, 169); sowie: »[…] es war nicht ein einziger Laut, auch nicht der leiseste außer ihrem Atem zu vernehmen, ja in der Stille, die herrschte, war es, als sollten sie den Schnee hören, der auf ihre Wimpern fiel« (ebd., 173; vgl. Struc 1963, 326f.). – Intertextuelle Bezüge zu Goethes

Gedicht *Ein Gleiches* (*Wandrers Nachtlied*) sind ebenfalls unübersehbar (vgl. Maar 1995, 154): »Ueber allen Gipfeln / Ist Ruh' / In allen Wipfeln / Spürest Du / Kaum einen Hauch; / Die Vögelein schweigen im Walde. / Warte nur! Balde / Ruhest du auch« (Johann Wolfgang Goethe, *Gedichte. Studienausgabe*, hrsg. von Bernd Witte, Stuttgart 2001 [u. ö.], S. 102).

651,21 *den Kopf zur Schulter geneigt, mit offenem Munde:* eine Haltung, die Castorp angesichts des Todes und beim Hören von Musik einnimmt (vgl. 57,32–58,4 und VII.3).

652,3 *Wickelgamaschen:* vgl. Anm. zu 537,10.

652,10–14 *Auf Sylt hatte er … schlundtief ergähnen läßt:* Ein Erlebnis, das Mann auf Sylt selbst hatte: Er schrieb von dort am 26. August 1921 an Ernst Bertram, man komme sich »am Saum der Schaumteppiche« u. a. vor »wie vor einem Raubtierkäfig« (Briefe TM – B, 102).

652,18 *Katarakts:* Stromschnelle, Wasserfall.

653,9 *Sportfexerei:* Sportvernarrtheit (österr. ›Sportfex‹: begeisterter Sportler).

653,23 *Homo Dei:* vgl. Anm. zu 518,36.

653,31 *Eh, Ingegnere, un po' di ragione, sa:* (ital.) He, Ingenieur, ein bisschen mehr Vernunft, wirklich! – Eine Paraphrase von Settembrinis Ausruf in 458,22 f.

653,32 *Satana mit deiner ragione und ribellione:* vgl. 85,35 f. und Anm.

653,33 f. *Windbeutel und Drehorgelmann:* vgl. Anm. zu 86,20.

654,16 f. *Praeterit figura hujus mundi:* (lat.) Die Gestalt dieser Welt vergeht (nach 1 Kor 7,31, in der Lutherübersetzung: »das Wesen dieser Welt vergehet«).

654,30–32 *so ganz allein hier oben … Frage und seinem Rätsel:* Die Formulierung erinnert an die Situation des kleinen Kay in Andersens Märchen *Die Schneekönigin*, der allein im Eispalast der Schneekönigin wohnt, bis ihn seine Freundin befreit (vgl. VIII.2, S. 426 f., und Maar in VIII.3, S. 449 f.).

655,7 *Tatarenschlitze:* vgl. 334,11 und Anm.
655,7f. *Steppenwolfslichter:* vgl. 334,13f. und Anm.
655,10f. *Aber mach ihn nicht entzwei: Il est à visser, tu sais:* »Il est à visser, tu sais«: (frz.) »Er ist zum Abschrauben, weißt du«. Gerade die Kombination einer Aussage Přibislav Hippes (vgl. 171,35) mit der Clawdia Chauchats (vgl. 460,9f./989,8) beim Akt des Bleistiftleihens verdeutlicht, dass Hippe und Clawdia für Castorp zu einer Figur verschmelzen.
655,27 *Schnäbel seines Fahrzeugs:* die hochgebogenen Skispitzen.
656,9 *Breeches:* (engl.) halblange englische Sporthose, unterhalb des Knies eng anliegend, an den Oberschenkeln weit geschnitten.
656,10 *Portwein:* Auch der Protagonist aus Andersens Märchen *Die Eisjungfrau* trinkt im eisigen Hochgebirge Wein, was ihn für die Verführung der Eisjungfrau anfällig macht (vgl. Maar 1995, 155f. und VI.1).
656,11f. *Der Stand der Sonne ... umnebelt war sie:* vgl. Stifters *Bergkristall*: »Der Knabe konnte die Zeit nicht ermessen, weil keine Sonne am Himmel stand, und weil es immer gleichmässig grau war« (Stifter: *Werke III*, 170; vgl. Struc 1963, 326).
656,24 *Brilliantagraffen:* Agraffe: Schmuckspange.
656,25 *minuziöser:* genauer.
656,30f. *Myriaden:* vgl. Anm. zu 383,22f.
657,19 *Latschenbüschen:* Latsche: eine Unterart der Bergkiefer (Pinus mugo), die buschartig wächst.
658,36 *akkumuliert:* angehäuft.
659,1f. *Komm denn an!:* Formulierung der Herausforderung, die den Gegenspieler zum Angriff auffordert, etwa im Sinne von: ›Versuch's doch!‹
659,35 *trug nicht sieben Pelze:* Auch dies ist – gerade in der Siebenzahl – ein Verweis aufs Märchen (vgl. Maar 1995, 153).
661,6f. *die Blendung durch all das Weiß:* vgl. Stifters *Berg-*

kristall: »Aber es war rings um sie nichts als das blendende Weiß, überall das Weiß« (Stifter: *Werke* III, 173; vgl. Struc 1963, 326).

661,7 *Gesichtssinn:* Sehsinn.

661,28 *Harnisch:* vgl. Anm. zu 216,23.

662,30 *hexagonaler:* sechseckiger.

662,36–663,3 *ohne die Konsonanten ... ebenso gewesen war:* vgl. 460,18–20.

663,18–22 *daß die Krankheit ... Erleichterungsmaßnahmen der Natur:* vgl. Settembrini in 617,32–36.

663,26 *heimkommen:* doppeldeutig: ›heimkommen‹ als Euphemismus für ›sterben‹ und/oder wörtlich als ›nach Hause zurückkehren‹.

663,30f. *Kristallometrie:* die Berechnung der Formen von Kristallen, hier wohl für ›Kristallformen‹.

663,33 *Sensoriums:* Bewusstseins, Empfindungsvermögens.

664,10 *Akklimatisation:* vgl. Anm. zu 123,17.

664,15 *Exzitation:* Erregung.

664,18 *Reminiszenzen:* Erinnerungen, Anklänge.

664,19 *verächterischen:* verachtungsvollen.

664,24 *schäbige Lebensbürgerlichkeit und irreligiöse Philisterei:* vgl. Naphta in 633,9–17.

665,17 *spanischem Schwarz mit schneeweißer, gefälteter Tellerkrause:* vgl. 407,11f. sowie 635,18f.

665,22 *ragione:* (ital.) Vernunft (vgl. 653,31 und Anm.).

666,11 *chimärische:* erträumte, ungereimte. Die Chimäre der griechischen Mythologie ist ein Mischwesen aus Löwe, Ziege und Schlange/Drache; der Begriff meint übertragen ein Hirngespinst, eine Ausgeburt der Phantasie.

666,20 *unter Auslassung der Labiallaute:* wie schon in 662,36–663,3 eine Parallele zur ›Walpurgisnacht‹: vgl. 460,18–20.

666,24f. *so stand es im Buche:* Die Formulierung verweist auf »das mythische Schema«, also die Allgemeingültigkeit dessen, was Castorp hier individuell erlebt. Mann nutzt sie später auch in den *Josephs*-Romanen (Heftrich 1975, 41).

666,28 *vexatorische:* vgl. Anm. zu 547,32.

667,7 *Schneeschuhe:* vgl. Anm. zu 647,32.

667,24–28 *›Umgekommen‹, was ist denn das … ein richtiges Wort:* Die Doppeldeutigkeit (ähnlich der des Wortes ›heimkommen‹, vgl. Anm. zu 663,26) wird hier deutlich herausgestellt, Castorps Schneeerlebnis wird so auch als symbolisches Todeserlebnis lesbar.

668,15 *dilettantische:* wohl weniger als Ableitung von ›Dilettant‹ (jemand, der sich aus bloßer Liebhaberei mit etwas beschäftigt), sondern wörtlich im Sinne von ital. *dilettare* ›ergötzen‹.

668,26 f. *liederlich unbeherrschte Reden von Fischsaucen:* vgl. 122,17–31.

668,28–30 *bei Herrn Lodovico … mit seinem Blick zur Vernunft anhielt:* vgl. 620,1–5.

668,33 *Sorgenkind des Lebens:* vgl. Anm. zu 425,26 f.

669,9 *dermaleinst in der Faschingsnacht:* Schon zum zweiten Male (vgl. 653,29–31) erinnert sich Castorp während seines Ausfluges an Settembrinis mahnende Worte in der Faschingsnacht (458,22 f.).

669,10 *ebenso toller und schlimmer Lage:* durch die das Erlebnis im Schnee als Erlebnis des Todes mit der Liebesnacht bzw. der Anziehung durch Hippe/Clawdia gleichgesetzt wird, wie Clawdia als Vertreterin des Ostens im Roman ja leitmotivisch die Position des Chaos und der Unform einnimmt (vgl. VII.3).

669,25 *Sophismen:* Behauptungen, Schlüsse; oft negativ verstanden (rhetorische Spitzfindigkeiten, Scheinargumente).

670,9 *zu geschmeidigen:* geschmeidig zu machen.

670,27–675,5 *Es war ein Park … strafbar mache:* Die hier entfaltete Idylle der ›Sonnenkinder‹ stellt Sauereßig in die Nähe von Goethes Entwurf der ›pädagogischen Provinz‹ in *Wilhelm Meisters Wanderjahre* (1974a, S. 32 f.):

Mann selbst bezeichnete die dort vorgestellte Erziehungs-Idee in seinem Essay *Goethe und Tolstoi* als »herrlichen und weisen, zugleich strengen und heiteren Traum von Erziehung und Jugendbildung« und sieht hier den »Begriff der Menschlichkeit, der Menschenwürde, Gesittung und Bildung« im Verein mit einem »ausgeprägten Sinn für Ehrfurcht, Überlieferung, Symbol, Geheimnis« verwirklicht (GKFA 15.1, 410) – genau um diese Ideen geht es aber auch im *Zauberberg* bei Castorps Suche nach einer neuen Humanität, in die sich die Episode mit den ›Sonnenleuten‹ einfügt.

670,27 *Es war ein Park:* Frizen (1987, 239) stellt im Rahmen seiner Deutung des *Zauberbergs* als Gegenstück zu Vergils *Aeneis* die Parallelen von Castorps folgender Vision mit Vergils Beschreibung des Eingangs zur Unterwelt heraus. Zusätzlich handelt es sich bei der nachfolgend geschilderten Landschaft aber (auch) um einen klassischen *locus amoenus* (die idealtypische ›liebliche Landschaft‹ im Grünen inklusive Quelle, Baum und Vogelsang), zu dessen Ausgestaltung Mann auf zahlreiche weitere Anregungen zurückgriff (vgl. die folgenden Anm.).

671,8f. *wie Musik … Geigen:* Mit diesen Instrumenten setzt *Von der Schönheit*, Gustav Mahlers vierter Satz des *Lieds von der Erde* ein (Maar 1995, 160f.), vgl. Anm. zu 672,31–33.

671,13–25 *einen weltberühmten Sänger … tränenschimmernder Herrlichkeit:* hier: Enrico Caruso, den Mann Anfang der 1920er Jahre in München hat hören können (Mertens 2006, 89). Bei dem ›hohen Ton‹ handelt es sich, so Mertens, um »das hohe *b* am Schluß von ›Celeste Aida‹, der Auftrittskavatine des Radames in Giuseppe Verdis ›Aida‹«. Eine Aufnahme von *Aida* wird im Abschnitt *Fülle des Wohllauts* zu Castorps Lieblingsschallplatten gehören (vgl. 884–888).

671,35 *zwischenein:* zwischendrin.

Palmen: vgl. Anm. zu 672,27.

672,7–12 *Dennoch erinnerte er sich … im Herzen getragen:* Dass Castorp sich hier an etwas erinnert, das er selbst nicht erlebt hat, weist auf eine Art ›Kollektivbewusstsein‹ der Gattung Mensch hin und lässt sich mit Schopenhauer als somnambulisches Erleben des ›nunc stans‹ (vgl. Dierks 1972, 123 sowie VI.4) und mit Carl Gustav Jung (1875–1961) als Traumbild des Unbewussten lesen (vgl. VI.3), wobei auch eine mythische Dimension hier hineinspielt (vgl. VI.2). Das Motiv findet sich auch bei Hamsun vorgeprägt (vgl. Anm. zu 672,27).

672,10 *sich … breitete:* sich erstreckte, sich weit ausbreitete.

672,27 *Menschen, Sonnen- und Meereskinder:* Sandberg (1987, 207, Anm. 77) macht darauf aufmerksam, dass die Vision des ›Sonnenlandes‹ in Knut Hamsuns (1859–1952) Erzählung *Der Sohn der Sonne* eine mögliche Vorlage für den Schneetraum Castorps bildet. Dort heißt es: »Allein der Anblick des Schnees raunte ihm Tod, raunte ihm Vernichtung ins Ohr.« Wo lag »die Heimat seiner Seele? Vielleicht in einem Sonnenland, in einem Palmenland. Vielleicht am Ufer des Ganges, wo die Lotusblume nimmer welkt.« »Gesichte und Stimmen aus warmen Gegenden strömten aus weiter Ferne her auf ihn ein und erfüllten ihn; da war eine Landschaft, die in einer seltsamen und schönen Klarheit der Vision vor seinen Augen lag, ein Märchental, und mitten in dem Tal stand der *Mensch*, die junge Herrlichkeit, die zum erstenmal den Blick über die Erde schweifen lässt« (Knut Hamsun, *Sämtliche Romane und Erzählungen*, München 1958, Bd. 5, 918).

672,31 *tummelten:* tummeln: einem Pferd lebhafte Bewegung verschaffen, mit ihm Reitübungen machen.

672,31–674,35 *Jünglinge tummelten Pferde … bequem machten:* Als Bildvorlagen für die nachfolgenden Szenen dienten Mann Gemälde und Zeichnungen des Malers Ludwig von Hofmann (1861–1945; vgl. Sauereßig 1974b

33 ff.). Laut Tagebucheintrag vom 3. März 1919 hatte sich Mann den 1918 von Edwin Redslob herausgegebenen Band *Handzeichnungen* bestellt, schon 1914 erwarb er Hofmanns Gemälde *Die Quelle* (Abb. in Wysling 1975, 180 und Wysling/Schmidlin 1994, 260). Der mit Hofmann befreundete Gerhart Hauptmann (1862–1946) notierte bei der Lektüre des *Schnee*-Abschnitts an den Rand seines *Zauberberg*-Exemplars: »Das ist ja L. v. H. ganzes Werk« (zit. nach Wysling/Schmidlin 1994, 260). Mann meinte später, er habe sich bei Castorps Traum »an ein bestimmtes Bild Ludwig von Hofmanns gewiß nicht erinnert«, vielleicht habe aber eine »allgemeine Erinnerung an die spezifische Schönheit« seiner Bilder mitgespielt (Brief an Adolf Thiersch, 2. Juni 1954, SK, 177). Die Ähnlichkeiten der Beschreibungen mit bestimmten Bildern sind jedoch zu offensichtlich.

672,31–33 *Jünglinge tummelten Pferde … an langem Zügel:* vgl. Hofmann: *Zug zur Schwemme* (Abb. in *Handzeichnungen*, Tafel 31; auch Sprecher in 1996, 280) und *Rückkehr von der Schwemme* (Abb. in *Handzeichnungen*, Taf. 72; auch in Sauereßig 1974b, 43). Siehe Abb. S. 184. – Als weitere Vorlage ist auch Gustav Mahlers (1860–1911) *Lied von der Erde* zu nennen, in dessen viertem Satz es heißt (Text Hans Bethge, 1876–1946): »O sieh, was tummeln sich für schöne Knaben / Dort an dem Uferrand auf mut'gen Rossen? / Weithin glänzend wie die Sonnenstrahlen; / schon zwischen dem Geäst der grünen Weiden / Trabt das jungfrische Volk einher!« (vgl. Mann 1965, 441, Maar 1995, 160f.). Mann schätzte das *Lied von der Erde* als »Werk der Liebe« (GKFA 15.1, 570), auch das Ende von *Fülle des Wohllauts* enthält mit dem Stichwort »Wort der Liebe« einen Verweis auf Mahler (vgl. Anm. zu 898,20–35) und damit einen indirekten Rückverweis auf die Vision der ›Sonnenleute‹ im Schneetraum, die symbolisch für die Seite der Liebe stehen.

Rückkehr von der Schwemme
Zeichnung von Ludwig von Hofmann (1904)

672,33–673,2 *oder trieben sie, sattellos reitend ... bezaubernd klangen:* vgl. die vorigen Bilder, auch: Hofmann: *Reiter am Meer* (Abb. in Wysling 1975, 178).

673,2–13 *An einer wie ein Bergsee ... in ruhigem Gespräch:* vgl. Hofmanns Werke *Tanzende in Landschaft* (Studie, Abb. in *Handzeichnungen*, Taf. 30; auch in Sauereßig 1974a, 44) sowie *Tanzende in der Landschaft* (Gemälde, Abb. in Wysling 1975, 178 und Wysling/Schmidlin 1994, 260). Siehe Abb. S. 185.

673,13–17 *Weiterhin übte sich ... schwirrend hinausging:* vgl. Hofmann: *Bogenschützen* und *Knaben mit Bogen* (Abb. in *Handzeichnungen*, Taf. 30; auch in Sauereßig 1974b, 45 [nur *Bogenschützen*] und Sprecher 1996, 281).

673,16 *vom Rückschlag Taumelnden:* Tatsächlich gibt es beim Bogenschießen keinen Rückschlag.

Tanzende in der Landschaft
Gemälde von Ludwig von Hofmann (1902)

673,18–22 *Andere angelten. ... recht weit hinauswarf:* vgl. Hofmann: *Angler* (Abb. in *Handzeichnungen*, Tafel 39a; auch in Sauereßig 1974b, 46 und Wysling 1975, 180).

673,24 f. *Kinder spielten und jauchzten zwischen den Wellenbrechern:* vgl. Hofmann: *Kinder am Strande* (Abb. in *Handzeichnungen*, Taf. 20a; auch in Sauereßig 1974b, 48).

673,25–30 *Ein junges Weib, lang hingestreckt ... spielend vorenthielt:* vgl. Hofmann: *Frühling* (Abb. in *Handzeichnungen*, Taf. 31; s. Abb. S. 186).

673,31–33 *man zögerte am Rande des Bades ... die Kühle des Wassers prüfte:* vgl. Hofmann: *Drei Knaben am Wasser* (Abb. in *Handzeichnungen*, Taf. 62a; auch in Sauereßig 1974b, 47 und Sprecher 1996, 282) und *Felsschlucht mit sechs Badenden* (Abb. in *Handzeichnungen*, Taf. 89).

673,33–35 *Paare ergingen sich ... der sie vertraulich führte:* vgl. Hofmann: *Aktstudie* (Abb. in *Handzeichnungen*, Taf. 5; auch in Sprecher 1996, 283).

Frühling
Zeichnung von Ludwig von Hofmann

673,35 f. *Langzottige Ziegen … von einem jungen Hirten:* vgl. Hofmann: *Alpenlandschaft mit Ziegen* (Abb. in *Handzeichnungen*, Taf. 81; auch in Sprecher 1996, 284).

673,36–674,3 *der, eine Hand in der Hüfte … am erhöhten Orte stand:* vgl. Hofmann: *Drei Jünglinge auf Felsen* (Abb. in *Handzeichnungen*, Taf. 69; auch in Sprecher 1996, 285).

674,19–21 *Denn dort auf einem runden, bemoosten Steine … stillte ihr Kind:* vgl. Hofmann: *[Stillende Mutter]* (Abb. in Sprecher 1996, 287).

674,26 f. *leicht, rasch und formell … lächelnd den Kopf neigten:* vgl. Hofmann: *Weihe* (Abb. in *Handzeichnungen*, S. 13).

674,32 *Devotion:* vgl. Anm. zu 609,15.

674,32–35 *die langsame Milde … bequem machte:* vgl. Anm. zu 674,19–21.

675,29 *Propyläen:* (griech.) Torbau; von Säulen getragene Vorhalle als Eingangsbereich eines Tempels.

675,32 *Kapitälen:* Kapitell: verbreiterter, oberer Abschluss einer Säule.

675,34 *gekehlter:* mit einer konkaven Einbuchtung bzw. einer Rinne (Hohlkehle) versehener.

676,6–14 *vor einer Statuengruppe … darin verborgen:* hier: Demeter, die griechische Göttin der Erde, des Getreides und des Ackerbaus, und ihre Tochter Persephone (vgl. Jens 1998, 167; Sera 1969, 168), die von Hades in die Unterwelt entführt wurde und jedes Frühjahr wieder auf die Erde zurückkehren durfte, den Großteil des Jahres jedoch bei Hades in der Unterwelt verbringen musste (vgl. Anm. zu 488,3). Der Stoff dürfte Mann aus Erwin Rohdes Buch *Psyche* bekannt gewesen sein (vgl. Anm. 83,34: Bd. 1, 289 u. ö.) – eine wichtige und frühe Quelle für sein mythologisches Wissen (vgl. Lehnert 1965, 117; Joseph 1996a, 297). Demeter und Persephone stehen im Mittelpunkt der Eleusinischen Mysterien (vgl. Anm. zu 701,27), deren Teilnehmer in ein höheres Bewusstsein eingeweiht wurden – wie auch Castorp nachfolgend zum dionysischen ›Urgrund‹ des Daseins und damit zu einer höheren Erkenntnisebene vorstößt. Darüber hinaus ist Demeter die Mutter von Dionysos-Zagreus (vgl. folgende Anm.).

676,21–28 *Zwei graue Weiber … von ihren wüsten Lippen troff:* Die Szene verweist deutlich auf die Mänaden, die der Raserei verfallenen Begleiterinnen des Gottes Dionysos. Neumann führt »die rasenden Mänaden in Euripides' *Bakchen*« als Vorlage an, die Pentheus bei lebendigem Leibe zerreißen (Neumann 2002 / GKFA 5.2, 316). Auch an Rohdes Buch *Psyche* ist hier als Vorlage zu denken, der von Mänaden berichtet, die im Wahnsinn ihre Kindern zerfleischen (vgl. Anm. 83,34: Bd. 2,

41; vgl. Lehnert 1965, 117; Joseph 1996a, 208). Weiterhin gehört es zu einer Überlieferungslinie des Dionysos-Mythos, dass Dionysos (als Dionysos-Zagreus) selbst als Kind von den Titanen zerrissen wurde und dann wiedererstand, was auch Nietzsche in seiner Schrift *Die Geburt der Tragödie aus dem Geiste der Musik* schildert (vgl. Joseph 1996a, 207f.). Die Szene markiert in jedem Fall die dionysische Welt als ebenso rauschhaften wie grausamen ›Urgrund‹ des Daseins, wie Nietzsche sie in der *Geburt der Tragödie* generell entwirft: Das Dionysische ist hier der Gegenpol zum ›Apollinischen‹, der formverbundenen reflektierten Oberfläche des menschlichen Daseins (vgl. hierzu VI.2). Das ›Hexenmahl‹ stellt in diesem nietzscheanischen Sinne die ›Rückseite‹ des lichtvollen Lebens der Sonnenleute dar. Da der Gott Dionysos weiterhin aus Indien stammt (vgl. VI.2), ist die Szene leitmotivisch mit dem Komplex ›Asien‹ als Symbol für die Todesverfallenheit Castorps verbunden, während die Sonnenleute die Seite des ›Lebens‹ vertreten. Hieraus erklärt sich auch Castorps folgender Gedankentraum als Auslegung der Vision und seine zentrale ›Erkenntnis‹ (vgl. Anm. zu 679,15f. und 679,34–36). – Maar (1995, 173ff.) sieht in der Szene auch eine Anspielung auf eine Episode von Andersens *Schneekönigin*, in der die kleine Gerda fast einer menschenfressenden Räuberin zum Opfer fällt (vgl. VI.1).

677,21f. *man träumt anonym und gemeinsam:* Die Formel ›anonym und gemeinsam‹ hat Castorp Naphta entlehnt (vgl. 540,19) und schon in 554,31 und 638,36 wieder aufgegriffen. Vgl. zur ›Kollektiverinnerung‹ weiterhin 672,7–12 und Anm.

677,32 *Durchgängerei:* vgl. Anm. zu 326,36.

677,34 *umgekommen:* vgl. Anm. zu 667,24–28.

677,34f. *Ich habe sein Fleisch und Blut erkannt:* Im Sinne des biblischen (lutherischen) ›Erkennens‹ ist hiermit auch die sexuelle Vereinigung mit Clawdia gemeint, wie im Fortgang des Satzes deutlich wird.

678,4–10 *Denn alles Interesse für Tod ... es ist der Mensch:* vgl. Castorps Ausführungen im Gespräch mit Behrens, 359,18–30. Castorp hat nun aber seine Perspektive auf den Zusammenhang von Tod und Leben verschoben, denn in *Humaniora* formulierte er noch: »›Und wenn man sich für das Leben interessiert [...], so interessiert man sich namentlich für den Tod‹« (368,28f.), nun hingegen ist »alles Interesse für Tod und Krankheit [...] nichts als eine Art von Ausdruck für das am Leben.« Mann selbst schrieb zu dieser Umkehrung im Jahre 1926: »Diese Wendung ist die Wende, an der die Neigung zur Krankheit sich als der Beginn höherer Gesundheit entdeckt« (GW X, 219). – Mann nimmt den ganzen Komplex 1922 mit einem Verweis auf den noch in Arbeit befindlichen Roman in seine Rede *Von deutscher Republik* auf, in der er die Demokratie als ›Interesse am Menschen‹ aus der Romantik und der ›Sympathie mit dem Tode‹ heraus zu legitimieren sucht (vgl. III sowie den Auszug der Rede: VIII.1, S. 392f.).

678,10f. *sein Stand und Staat:* Die Formulierung »Stand und Staat des Homo Dei« fiel in Bezug auf Castorps geistige »Regierungsgeschäfte« schon in 653,22f. Über den Ausdruck ›Homo Dei‹ (vgl. Anm. zu 518,36) ist dieser Komplex zugleich mit Castorps früheren Überlegungen zum ›Hochgebild‹ (565,13f.; 577,14) und damit auch mit Clawdia (vgl. 535,8–10 und Anm.) verknüpft.

678,17–19 *Waren sie so höflich ... im stillen Hinblick auf eben dies Gräßliche?:* Neumann (2002 / GKFA 5.2, 318) weist auf die Nähe dieses Gedankenganges zu Nietzsches *Geburt der Tragödie* hin, wo der Umgang der Griechen mit den »Schrecken und Entsetzlichkeiten des Daseins« ähnlich gedeutet wird (vgl. den Ausschnitt in VIII.2, S. 434f.).

678,25 f. *Es ist Philisterei … irreligiös:* vgl. Naphta in 633,9–17.

678,28 *guazzabuglio:* (ital.) Mischmasch. Vgl. Settembrini in 634,13 f.

678,34 f. *Mit ihrer aristokratischen Frage! Mit ihrer Vornehmheit:* vgl. 635,13 f.

679,2 *Durchgängerei:* vgl. Anm. zu 326,36.

679,3 *in der Mitte ist des Homo Dei Stand:* vgl. Anm. zu 678,10 f. Der Gedanke der ›Mitte‹ ist für Manns zeit- und gesellschaftspolitische Überlegungen im Anschluss an den Ersten Weltkrieg zentral: vgl. III.

679,5 f. *wie auch sein Staat ist zwischen mystischer Gemeinschaft und windigem Einzeltum:* Das Attribut ›mystisch‹ verweist auf Naphtas Religiosität, ›windig‹ auf Settembrini (der mehrfach von Castorp als ›Windbeutel‹ bezeichnet wird, vgl. zuletzt 653,33). Damit entwirft Castorp eine Idee vom Staat, die zwischen dem von Naphta ersehnten Kommunismus und der von Settembrini vertretenen westlichen Demokratie angesiedelt ist – was Manns politischen Überlegungen der frühen 1920er Jahre, etwa in *Goethe und Tolstoi,* entspricht: vgl. III.

679,15 f. *Ich will dem Tode keine Herrschaft einräumen über meine Gedanken:* So die erste Formulierung der ›zentralen Erkenntnis‹ des Schneetraumes, die von Mann variiert auch in dem Essay *Kinder des Lebens* wieder aufgegriffen wird: vgl. unten Anm. zu 679,34–36.

679,18 f. *Man nimmt den Hut ab und wiegt sich vorwärts auf Zehenspitzen:* So Castorp auch schon gegenüber Clawdia in der ›Walpurgisnacht‹, vgl. 472,21/999,35 f., vgl. auch den Toten- und Friedhofsbesuch in *Totentanz,* 403,35 f. und 442,36 (Bulhof 1966, 75 f.).

679,19 f. *Würdenkrause des Gewesenen:* was sich vom Großvater herleitet (vgl. 40,24) und von Castorp schon mehrmals als Erscheinung des Todes beschrieben wurde (vgl. 407,11 f., 635,18 f. und 665,17).

679,20 f. *streng und schwarz zu seinen Ehren:* was Castorp schon in 407,10–12 fordert.

679,22 *Unform:* vgl. Anm. zu 679,27 sowie die Deutung des *Zauberbergs* als Schopenhauer-Roman (VII.3).

679,23 f. *Tod und Liebe, – das ist ein schlechter Reim ... ein falscher Reim:* Es ist gleichwohl ein Reim, den der Roman bislang hergestellt hatte – sei es durch die leitmotivische Verbindung Clawdias mit dem Tod (vgl. etwa 395,12–25,), sei es durch Castorps emphatische Gleichsetzung von Liebe und Tod in der *Walpurgisnacht* (vgl. 468,15–17 und 472,11–14) oder sei es – erst wenige Seiten zuvor – durch Castorps Erinnerung an die Faschingsnacht, die ihn in seiner lebensgefährlichen Lage im Schnee überkommt (vgl. 669,10 und Anm.).

679,27 *Form ist nur aus Liebe und Güte:* Im großen Gespräch mit Behrens brachte Castorp »das Formale, die Idee der Form, der schönen Form« mit dem »humanistische[n] Beruf« in Verbindung (359,34 f.); ›Form‹ steht also als Schlagwort auf der Seite des Humanismus. Ebenfalls in diesem Gespräch sprach Castorp sich jedoch noch emphatisch für die Seite der ›Unform‹, die Auflösung des materiellen Körpers im Tod aus: »›Wozu die Form erhalten‹ [...] ›Form ist ete-pe-tete.‹« (368,33–36). Das hier vorgebrachte Plädoyer für die Form kennzeichnet also Castorps ›Wandel‹. Mann entwickelte hieraus eine »in verschiedenen Fassungen überlieferte Sentenz« (GKFA 15.2, 451), die er ab 1924 bei verschiedenen Gelegenheiten anbrachte (vgl. VIII.1, S. 403).

679,30 *regiert:* vgl. 536,5, wo der Begriff ›Regieren‹ für Castorps gedankliche Verarbeitung seiner Erlebnisse zum ersten Mal fällt, sowie Anm. zu 898,20–35.

679,34–36 *Der Mensch soll um der Güte und Liebe ... über seine Gedanken:* Dieser gesperrt gesetzte Satz aus dem Schneetraum wurde in zahlreichen Interpretationen als ›zentrale Erkenntnis‹ Hans Castorps gewertet –

in Anlehnung an Mann selbst, der ihn einmal als »Ergebnissatz« des Romans bezeichnete (GW XI, 423f. / Ess III, 296). Seine Bedeutung für den gesamten Roman ist allerdings umstritten (vgl. die Lesarten des *Zauberbergs* als Bildungsroman und als Schopenhauer-Roman: VII.2 und VII.3). Denn obgleich die starke ›Todesverfallenheit‹ Castorps hiermit ihr Ende zu finden scheint, bleibt seine innere Verbundenheit mit dem Tode bestehen, wie wenige Sätze vorher deutlich wurde: »Ich will dem Tode Treue halten in meinem Herzen« (679,30f.). Zudem hat Castorp die Erkenntnis bereits am selben Abend wieder vergessen (vgl. 682,2f.), und nicht zuletzt wird seine starke Verbundenheit mit dem Tod anhand des Lindenbaum-Liedes im Abschnitt *Fülle des Wohllauts* noch einmal deutlich, wenn Castorp dort auch »Gewissens- und Regierungszweifel an der höheren Erlaubtheit seiner Liebe« zum Tod hegt (vgl. 896,32–897,1). – Obgleich Castorps Überlegungen zum ›Stand und Staat‹ des Menschen im Schnee-Traum die ›Mitte‹ zwischen Naphta und Settembrini wahren wollen und Castorp es nicht mit Naphta, aber ausdrücklich »auch nicht mit Settembrini« halten will (678,21f.), steht er mit seiner Erkenntnis stärker auf Seiten Settembrinis als auf der Naphtas: Denn in 627,22f. formulierte Settembrini: »Das Erlebnis des Todes muß zuletzt das Erlebnis des Lebens sein«. Ganz in diesem Sinne greift Mann die ›Erkenntnis‹ des Schneetraums auch in dem Essay *Kinder des Lebens* von 1924 auf, dessen erste Hälfte wie eine Zusammenfassung zentraler Motive des *Schnee*-Abschnitts anmutet (vgl. VIII.1, S. 395f.).

680,32f. *wie es im Buche stand:* vgl. Anm. zu 666,24f.

681,25 *Brämenbühl:* richtig Brämabüel (Virchow 1995b, 24, Anm. 22).

681,30f. *warf die Hand über den Kopf:* vgl. zu dieser Geste Anm. zu 222,24–26.

682,2 *Verbleichen:* Verblassen, Schwinden.

Als Soldat und brav

682,4 *Als Soldat und brav:* Zitat aus Goethes *Faust. Der Tragödie Erster Teil.* Valentin, der Bruder Margaretes, stirbt in einem Duell mit Faust bzw. Mephisto: »Ich gehe durch den Todesschlaf / Zu Gott als ein Soldat und brav. / *(Stirbt.)*« (V. 3774 f.). Vgl. IV.2.3.

682,11 *Armut, Keuschheit und Gehorsam:* Gelübde des Jesuitenordens und weiterer Mönchsorden. Dass Castorp das Militär damit dem katholischen Orden gleichsetzt, entspricht seiner Auffassung der Nähe von Soldatenstand und Geistlichkeit (vgl. 407,2–6 und 519,27–32).

682,18 *Tressen:* vgl. Anm. zu 15,3.

682,22 *Rapporte:* vgl. Anm. zu 398,33.

683,6 *Instruktionsstunde:* Dienstunterricht beim Militär.

683,7 *Liebesmahlen:* Geselligkeiten des Militärs mit Gästen im Kasino.

683,27 *indiziert:* angezeigt.

683,31 *Depesche:* Eilnachricht.

683,33 f. *»Szo, szo, szo! Szieh, szieh, szieh!«:* Hans Castorp imitiert Settembrini (vgl. etwa 580,10 f.; zuerst 84,12–15).

684,5 *gravierend:* schwerwiegend.

684,13 *Sapienti sat:* Sapienti sat est: (lat.) Dem Verständigen genügt es.

685,1 *gdießenden Kameraden:* Krokowski (vgl. 503,13–23).

685,15 *Gaffky zehn:* vgl. Anm. zu 475,17 f.

685,16 f. *auf der Promenade ausgespuckt hat:* was in Davos verboten war (vgl. Anm. zu 17,13–16).

685,19 *irritabel:* leicht zu erregen, aus der Ruhe zu bringen.

685,25 *Altsassen:* Alteingesessener.

685,33 *Blepharospasmus:* Lidkrampf.

686,17 *Kohlen:* vgl. Anm. zu 577,5 f.

686,23 f. *er halte die Arme … für den Ausreißer zu schlachten:* nach dem Gleichnis vom verlorenen Sohn, dessen Rückkehr aus der Fremde der Vater mit einem Festmahl feiern lässt (Lk 15,11–24).

686,28 *properes:* vgl. Anm. zu 63,5.

687,26 f. *die weite Reise ... über den meerartigen See:* vgl. 11,6–11.

688,9 *Uni:* Einfarbiges.

690,29–33 *Spanien, das liege andererseits ... sondern Todesstrenge:* vgl. zur Trias ›Form‹, ›Unform‹ und ›Überform‹ die *Zauberberg*-Deutung Kristiansens in VII.3 sowie Manns Sentenz »Form« in VIII.1, S. 403.

690,33 f. *schwarz, vornehm ... gestärkte Halskrause:* vgl. 407,9–12, 635,18 f. und 665,17. Das Motiv wird auch später immer wieder aufgegriffen (vgl. Bulhof 1966, 61 ff., zur Leitmotivik VII.4).

690,34 *Loyola:* vgl. Anm. zu 560,26.

Eskorial: San Lorenzo el Real de El Escorial, eine Schloss- und Klosteranlage, die der spanische König Philipp II. im späten 16. Jh. errichten ließ und die als Königsresidenz und Grabstätte spanischer Könige diente.

691,1 *Kompensation:* Ausgleich.

691,29 *Akklimatisation:* vgl. Anm. zu 123,17.

691,32 *sanguinisch:* einer der vier Typen der antiken Temperamentenlehre, Bezeichnung für einen leicht erregbaren Menschen.

692,2: *mannentreu:* Mannentreue: die Treue mittelalterlicher Lehnsleute (Mannen) zu ihren Lehnsherren; Behrens verhält sich also wie in einem besonderen Pflichtverhältnis.

692,3 *korpsstudentisch:* vgl. Anm. zu 19,30.

692,13 *bandera:* (span.) Fahne.

692,21 *Rebellio carnis:* (lat.) Empörung des Fleisches (vgl. 614,2 f.).

692,23 *der heilige Antonius wußte ein Lied davon zu singen:* Der Legende nach wurde der heilige Antonius (um 250–356) vom Teufel in Gestalt einer oder mehrerer schöner Frauen in Versuchung geführt.

693,18 *H_2CO:* vgl. Anm. zu 425,3.

693,33 *Desperat-Unendliche:* desperat: verzweifelt.

693,36 *dialektischen:* vgl. Anm. zu 605,27.

694,1 *Freimaurer:* Die Freimaurerei ist eine international verbreitete Gemeinschaft, deren Mitglieder sich den Idealen von Humanität und Aufklärung verpflichten. Sie hat ihre Wurzeln in Steinmetzbünden des Mittelalters (engl. *freemason* ›Steinmetz‹ wurde als ›Freimaurer‹ übersetzt) und entstand in ihrer modernen Form Anfang des 18. Jh.s in England. Die Gemeinschaft ist in Logen organisiert, die sich zu nationalen Großlogen zusammenschließen. Zur Zeit des Ersten Weltkriegs wurde die Freimaurerei von nationalkonservativen Kreisen in Deutschland der Verschwörung gegen Deutschland bezichtigt; Mann konnte entsprechende Aufsätze in einigen Zeitschriften lesen und zog zur Gestaltung Settembrinis auch Friedrich Wichtls Buch *Weltfreimaurerei – Weltrevolution – Weltpolitik* heran (vgl. V.1).

694,7 f. *in einigen Jahren ihr zweihundertjähriges Jubiläum:* Als Gründungsjahr der modernen Freimaurerei gilt 1717.

694,18 *Carbonaro:* vgl. Anm. zu 212,33.

694,19 *Köhlerglauben:* schlichtes, ungeprüftes Hinnehmen von Glaubenssätzen (wie er den einsam im Wald Holzkohle produzierenden Köhlern – übertragen für: einfache Menschen – zugeschrieben wurde).

694,21 *klassizistisch-bourgeoiser:* vgl. Anm. zu 462,21.

694,27 f. *Fermente:* ältere Bezeichnung für Enzyme: Stoffe, die einen Prozess in Gang bringen und beschleunigen.

694,30 *Basalte:* Vulkangestein.

695,23–25 *Füße in den rechten Winkel … besondere Beschaffenheit verleiht:* Die Freimaurer haben untereinander Erkennungszeichen, Mann konnte Entsprechendes bei Wichtl finden: »Die Brüder erkennen sich in der Regel an anderen Zeichen, am Händedruck (Griff), an bestimmten Worten, an der eigenartigen Stellung der Füße gegeneinander« (*Weltfreimaurerei*, 33, vgl. Nunes 1992, 110). Die rechtwinklig gestellten Füße hebt Wichtl mehrfach hervor (vgl. 21, 22), sie verweisen auf den Winkel als Symbol der Steinmetze.

695,27 *Drei-Punkte-Bruder:* Mann charakterisierte schon in den *Betrachtungen* den Zivilisationsliteraten als »geborenen Drei-Punkte-Mann« (GW XII, 32). Die Bezeichnung bezieht sich darauf, dass die Freimaurer dem Namen eines ›Bruders‹ drei dreieckig angeordnete Punkte voranstellen; sie war in freimaurerfeindlicher Literatur während des Ersten Weltkrieges üblich (vgl. Urner 1973, 51) und findet sich schon in dem Aufsatz von Hofmiller aus dem Jahre 1915, den Mann kannte, sowie auch bei Wichtl, *Weltfreimaurerei*, 20 (vgl. V.1).

695,33–696,4 *Ich weiß nicht ... mit Schwertern bedroht hat:* Die Stelle stützt sich auf das Buch *Der Trivialroman des 18. Jahrhunderts und der romantische Roman. Ein Beitrag zur Entwicklungsgeschichte der Geheimbundmystik* von Marianne Thalmann, Berlin 1923, S. 77 und 79 f. (vgl. Scheer/Seppi 1991, 79). Auch die folgenden Ausführungen Naphtas verdanken sich in hohem Maße Thalmanns Untersuchung zum Motiv der Geheimbünde in der Literatur. Mann hat zur Grundlage von Naphtas Darstellung der Freimaurerei also eine Zusammenstellung von ihrerseits schon *literarischen* Verarbeitungen des Freimaurermotivs gewählt. Damit weichen Naphtas Ausführungen auch stark von Settembrinis Charakterisierung als Freimaurer ab, die auf anderen Quellen basiert (vgl. Scheer/Seppi 1991).

696,2 *katechisiert:* jemanden der Katechese, des (religiösen) Unterrichts in Frage und Antwort, unterziehen.

696,22 *heiligt im Namen des absoluten Zweckes jedes Mittel:* vgl. Thalmann, *Trivialroman*, 105 (vgl. Scheer/Seppi 1991, 80).

696,24 f. *Anhaltspunkte ... mit Blut besiegelt wurde:* vgl. wiederum Thalmann: *Trivialroman*, 80 (vgl. Abbott 1980, 140).

696,25–27 *Der Bund ... Organisatorisches:* Die Stelle folgt fast wörtlich Thalmann, *Trivialroman*, 78 (vgl. Abbott 1980, 140).

696,28 *Gründer des Illuminatenordens:* Adam Weishaupt (1748–1830) gründete den Illuminatenorden im Jahre 1776. Er war Zögling der jesuitischen Universität Ingolstadt und organisierte seinen Orden nach dem Vorbild der Jesuiten, als dessen Gegner er sich gleichwohl verstand. Zahlreiche Freimaurer traten den aufklärerisch orientierten Illuminaten bei (u. a. Goethe und Herder), weshalb beide Gruppen oft in Verbindung gesehen wurden (Nunes 1992, 52). Der Illuminatenbund wurde Ende des 18. Jh.s aufgelöst, 1896 aber wieder neu gegründet.

696,30 *Gesellschaft Jesu:* vgl. Anm. zu 560,26.

697,7 *Jesuitismus und Obskurantismus:* vgl. zu Obskurantismus Anm. zu 345,27. – Die Schlagworte konnte Mann bei Thalmann finden: *Trivialroman*, 3 (vgl. Scheer/Seppi 1991, 80).

697,13 *Rosenkreuzertum:* Die Bruderschaft der Rosenkreuzer war zunächst eine im frühen 17. Jh. entstandene und (fiktiv) auf den Ende des 14. / Anfang des 15. Jh.s lebenden Christian Rosencreutz zurückgeführte Bewegung innerhalb des Protestantismus, die naturwissenschaftlich-alchimistische (vgl. Anm. zu 697,21) Kenntnisse und Christentum mystisch miteinander verbinden wollte. In der zweiten Hälfte des 18. Jh.s trat der »Orden der Gold- und Rosenkreuzer« in Deutschland in Erscheinung, der zunächst alchimistische Interessen hatte, dann aber auch politisch wirksam war und vor allem in der Person Friedrich Wilhelms II. (1744–1797) gegen die Aufklärung vorging. Die Rosenkreuzer standen damit in starker Opposition zu den Illuminaten.

697,16–28 *Geheimwissen des Ostens … die Templer insbesondere:* vgl. als Quelle Thalmann, *Trivialroman*, 105 und 121 f. (vgl. Scheer/Seppi 1991, 81).

697,20 *strikten Observanz:* (lat.) ›strengen Befolgung‹: ein

System innerhalb der Freimaurerei, das hierarchisch gegliederte Hochgrade für die Mitglieder einführte und Mitte/Ende des 18. Jh.s vorübergehend starken Einfluss auf das deutsche Logenwesen hatte (das in der englischen Tradition zunächst nur drei Grade vorsah), sich letztlich aber doch nicht durchsetzte. Der strikten Observanz wird legendenhaft eine Verbindung zum Templerorden nachgesagt – so auch bei Thalmann (vgl. die vorige Anm.).

697,21 *magisch-alchimistischen Sinn:* Die Alchimie war die auf der antiken Naturphilosophie aufbauende Beschäftigung mit chemischen Stoffen im Mittelalter und der frühen Neuzeit, deren Grundprinzip die Annahme der Übertragung von Eigenschaften einiger Stoffe auf andere (Veredelung, Goldmachen) bildet. Nach Etablierung der eigentlichen Chemie bekam die Alchimie den Ruf einer ›geheimen Kunst‹ und Pseudowissenschaft.

697,25 *Hieratische:* vgl. Anm. zu 554,8.

697,28 *Templer:* Der Orden der Templer (Arme Ritter Christi vom Tempel Salomonis) wurde Anfang des 12. Jh.s zum Schutz der Pilger und der heiligen Stätten in Palästina gegründet und hatte seinen Sitz auf dem Tempelberg in Jerusalem. Der Orden gewann bald große wirtschaftliche Macht, wurde Anfang des 14. Jh.s vom französischen König Philipp IV. (1268–1314) in Frankreich zerschlagen und von Papst Clemens V. (gest. 1314) auf dem Konzil von Vienne 1311/12 aufgehoben, konnte sich jedoch Anfang des 18. Jh.s neu formieren. Den Templern werden esoterische Kenntnisse nachgesagt. Im 18. Jh. bildeten sich freimaurerische Logen, die sich als Nachfolger der Templer sahen. Vor allem die strikte Observanz betonte diese Verbindung.

697,28 f. *dem Patriarchen von Jerusalem:* dem Bischof von Jerusalem.

697,36 *Doctor angelicus:* Ehrentitel des Thomas von Aquin (1224/25–1274).

698,2–6 *Hoch- und Templergrade … des königlichen Geheimnisses:* vgl. Wichtl, *Weltfreimaurerei*, 26f. (vgl. Neumann 2002 / GKFA 5.2, 329).
698,16 *Philister:* vgl. Anm. zu 633,9.
698,22–26 *Zeiten gab … Mittelalter zuwendete:* Mann folgt hier wiederum Thalmann, *Trivialroman*, 147 (vgl. Scheer/Seppi 1991, 82).
698,34 *physica mystica:* Mann konnte diesen Ausdruck bei Thalmann finden: *Trivialroman*, 128 (vgl. Scheer/Seppi 1991, 82).
699,3 *Aurum potabile:* (lat.) Trinkgold; auch: Lebenselixier, eine andere Bezeichnung für den sogenannten Stein der Weisen, der unedle Metalle in edle verwandeln und verjüngend wirken sollte. Was Castorp hier an Wissen über die Alchimie zusammenträgt, steht eng beieinander auch bei Thalmann, *Trivialroman*, 125 (vgl. Scheer/Seppi 1991, 82).
699,5f. *Transsubstantiation:* Wesensverwandlung; in der katholischen Theologie die Umwandlung von Brot und Wein in Leib und Blut Christi in der Eucharistie.
699,6f. *lapis philosophorum:* (lat.) Stein der Weisen (vgl. Anm. zu 699,3). Dies und die folgenden Ausführungen über die *prima materia* konnte Mann Thalmann entnehmen: *Trivialroman*, 319, bei der auf den vorigen Seiten auch die Begriffe ›Stoffverwandlung‹ und ›Stoffveredelung‹ fallen (vgl. Abbott 1980, 141).
699,7 *Sulfur:* (lat.) Schwefel.
699,8 *Merkur:* (lat. Mercurius) Quecksilber.
res bina: (lat.) wörtlich ›doppelte Substanz‹, ›doppelte Sache‹, auch: Rebis; in der Alchimie die symbolische Darstellung der ersten, zugleich männlichen und weiblichen Substanz als Doppelwesen mit männlichem und weiblichem Kopf bzw. als Mercurius/Hermes mit einem Stab, um den sich zwei Schlangen winden.
prima materia: (lat.) in der Alchimie die (männlich-weibliche) Grundmaterie.

699,10f. *magische Pädagogik:* Das Stichwort der ›magischen Pädagogik‹ verdeutlicht, dass die Ausführungen zur Alchimie sich auch auf die Persönlichkeitsbildung des Individuums übertragen lassen. Koopmann (1983, 60–65) zufolge lassen sich die Naphtas Erklärungen als bloße (theoretische) Wiederholung dessen sehen, was Hans Castorp in seinem Schneetraum schon längst widerfahren ist: eine Steigerung seiner Persönlichkeit durch eine höhere Erkenntnis. Vgl. zum *Zauberberg* als Initiationsroman VII.2.

699,14 *Transmutation:* Vorgang der Veredlung von Metallen in der Alchimie, vgl. Anm. zu 699,3. Auch das Stichwort ›Transmutation‹ in Verbindung mit ›alchymistisch‹ fällt bei Thalmann: *Trivialroman*, 75 (vgl. Scheer/Seppi 1991, 83).

699,17f. *Hermetik:* Die Hermetik ist eine spätantike Geheimwissenschaft und Offenbarungslehre, die in der Nähe zur Alchimie steht und auf Hermes Trismegistos (den ›drei Mal größten‹ Hermes, so die griechische Bezeichnung für den ägyptischen Gott Thot) zurückgeführt wird. Dieser soll Glasröhren mit einem magischen Siegel luftdicht verschlossen haben, worauf Naphta anspielt.

699,18f. *Kristallretorte:* Retorte: Glaskolben zur Destillation.

699,24–700,1 *an unsere Weckgläser denken … auf seinem Bord:* vgl. die Tagebuchnotiz vom 4. Dezember 1918: »Es gab eingewecktes Huhn, und mir fiel ein, daß das Geflügel durch die luftdichte Abgeschlossenheit auch der Zeit entrückt sei, außer ihr de facto, ein schnurriger Gedanke, den ich in den ›Zauberberg‹ einfügte, ein Gespräch des Hans C. mit Joachim parodierend« (TB I, 101). Damit kann allerdings nicht diese Stelle gemeint sein, der Abschnitt *Als Soldat und brav* entstand erst in der zweiten Jahreshälfte 1923 (vgl. II).

699,33 *Konserve:* von lat. *conservatio* ›Aufbewahrung, Erhaltung‹.

699,34–700,1 *der Zeit entzogen war … auf seinem Bord:* Das hier beschriebene Phänomen trifft übertragen auch auf Castorp auf dem ›Zauberberg‹ zu: Er wird sich am Ende verdutzt die Augen reiben (975,22f.), als er bemerkt, was im Flachland mittlerweile alles passiert ist. Diese Art der ›Zeitentrücktheit‹ ist letztlich ein märchenhaftes Motiv (vgl. VI.1), als Erfahrung einer ›Zeitlosigkeit‹ aber auch Bestandteil des Themas ›Zeit‹ im Roman (vgl. VI.4).

700,4–2 *Der Lehrling … Schatten des Geheimnisses:* Die gesamte Stelle verdankt sich verschiedenen Passagen bei Thalmann: *Trivialroman*, 47, 79f., 122 (vgl. Scheer/Seppi 1991, 83).

700,19 *Neophyt:* jemand, der durch die Taufe neu in die (christliche) Gemeinschaft aufgenommen wird.

700,32 *Surrogat:* Ersatz.

701,1 *Bundeszeremoniells:* Der Begriff ›Bund‹ für die Freimaurerlogen bzw. logenartige Geheimbünde findet sich bei Thalmann häufig.

701,12 *Nacht- und Liebesmahl:* Das Liebesmahl, die sogenannte Agape (griech., ›Liebe‹), war in den christlichen Urgemeinden das Abendmahl, verbunden mit einem großen Festmahl bzw. einer Armenspeisung.

701,24 *orgiastischer:* ausschweifender, wilder (in der Art einer Orgie).

701,26f. *Mysterien der Isis:* Die ägyptische Göttin Isis ist die Schwester und Ehefrau von Osiris, die ihn nach seiner Ermordung wieder zum Leben erweckt hat. Sie gilt als weibliches Prinzip der Natur und Fruchtbarkeitsgöttin. Die dann auch in Griechenland und vor allem im römischen Reich begangenen Isismysterien feiern rituell die Überwindung des Todes und Wiedergeburt.

701,27 *sowohl wie die von Eleusis:* Die Mysterien der Eleusis waren ein mehrtägiges kultisches Fest zu Ehren der griechischen Göttinnen Demeter und Persephone (vgl. Anm. zu 676,6–14), in dem auch Dionysos-Zagreus (vgl. Anm. zu 676,21–28) eine Rolle spielte. Der Isis- und der Eleusiskult wurden in ihrer gemeinsamen Ausrichtung auf eine ›Wiedergeburt nach dem Tode‹ oft zu einer Einheit zusammengefasst. Die Stelle verdankt sich Thalmann, *Trivialroman*, 78f. (vgl. Abbott 1980, 140).

701,32 *aphrodisischen:* die Liebe betreffenden (zu Aphrodite, der griechischen Göttin der Liebe).

701,33 *Rosenfeste:* Der 24. Juni 1717 gilt als Gründungstag der Freimaurerei, an diesem Tag wird das Johannis- oder auch Rosenfest als eines der wichtigsten Feste der Freimaurer gefeiert. Dass diese Feiern angeblich ins Bacchantische übergingen, konnte Mann bei Thalmann lesen, die auch auf die drei blauen Rosen hinweist: *Trivialroman*, 81 (vgl. Abbott 1980, 140).

701,35 *Bacchantische:* ausgelassene, trunkene, orgiastische. Die sogenannten Bacchanalien waren im frühen Rom ausschweifende kultische Feiern zu Ehren von Bacchus (dem griechischen Dionysos), dem Gott des Weines, der Fruchtbarkeit und der Ekstase. Bei den orgiastischen Kultfeiern der Mänaden, der Begleiterinnen von Dionysos, soll freie Liebe praktiziert worden sein – einen ähnlichen Ruf haben die Bacchanalien.

702,16 *ehrliche Ritter vom Winkelmaß:* vgl. Anm. zu 695,23–25.

702,28–31 *»Dennoch«, setzte Naphta … auf Ihrer Hut zu sein:* eine Umkehrung von Settembrinis Warnung vor Naphta in 558,6–20.

703,4 *Mächte hinter ihm stehen:* was ebenfalls Settembrinis Auffassung von Naphta entspricht (vgl. 561,34).

703,5 *Emissär:* Abgesandter, Agent.

703,7 *Proselytenmacher:* Proselyt: ein neubekehrter, eben erst zu einem anderen Glauben übergetretener Mensch.

703,21f. *Rivista della Massoneria Italiana:* (ital.) Zeitschrift der italienischen Freimaurerei; mehrfach bei Wichtl, *Weltfreimaurerei* erwähnt.

703,24 *königliche Kunst:* andere Bezeichnung für die Freimaurerei.

703,29 *Ostentation:* Betonung, Augenfälligkeit.

703,35 f. *rund zwanzigtausend Logen ... über die ganze Welt:* Diese Auskünfte konnte Mann Wichtl entnehmen: *Weltfreimaurerei*, 5 (vgl. Nunes 1992, 109).

704,1 *Haiti und die Negerrepublik Liberia:* Auch dies übernahm Mann von Wichtl, *Weltfreimaurerei*, 5 (vgl. Nunes 1992, 109).

704,5–7 *Voltaire ... König von England:* vgl. die etwas längere, aber ansonsten übereinstimmende Liste bei Wichtl, *Weltfreimaurerei*, 6 (vgl. Nunes 1992, 204).

704,4 *Lafayette:* Marie Joseph Motier, Marquis de La Fayette (1757–1834), französischer Politiker, der sowohl im amerikanischen Unabhängigkeitskrieg als auch in der Französischen Revolution einflussreich mitwirkte.

704,5 *Mazzini:* vgl. Anm. zu 212,19 und V.1.
Garibaldi: vgl. Anm. zu 520,21.

704,6 *König von England:* Edward VII. (1841–1910).

704,27 *Odium:* vgl. Anm. zu 10,8.

705,16 *das neue Jerusalem:* symbolhafte Bezeichnung für eine bessere Welt. In der Offenbarung des Johannes wird das ›neue Jerusalem‹ als die Welt nach der Apokalypse beschrieben, in der weder Tod noch Trauer oder Mühsal herrscht, da Gott unter den Menschen wohnt (Offb 21,1–4, vgl. Offb 21,1–22,5).

705,22 f. *daß die Kunst des freien Maurers Regierungskunst ist:* Die Stelle folgt fast wörtlich Thalmann, *Trivialroman*, 77 (vgl. Abbott 1980, 140).

705,25 *Regentengrad:* Regent: regierender Fürst.

705,30 *Perchè:* (ital.) warum.

705,32 *Glauben Sie an Gott?:* Hiermit stellt Castorp Settembrini eine Frage aus dem originalen christlichen Glaubensbekenntnis, während Settembrini in aufgeklärt-variierter Form Naphta fragte: »Glauben Sie an eine Wahrheit [...]?!« (545,33; vgl. Anm.).

705,35 *biblische Geschichte:* vgl. Mt 22,19–21; Mk 12,15–17; Lk 20,24 f.

706,11f *Écrasez l'infâme:* (frz.) ›Zermalmt die niederträchtige [Kirche] / den verruchten [Aberglauben]‹ (Voltaire). Wichtl, *Weltfreimaurerei* führt Voltaires Ausspruch mehrmals als Beleg für die unchristliche Ausrichtung des Freimaurertums an (z. B. 41).

706,21 *Groß-Orient von Frankreich:* Groß-Orient: Bezeichnung für eine Großloge der Freimaurer. Dass die französische Großloge den Namen Gottes aus ihren Statuten strich, konnte Mann bei Wichtl finden: *Weltfreimaurerei*, 38 (vgl. Nunes 1992, 110 und 204).

706,31 *als ob Atheismus etwas kolossal Katholisches sei:* Da Castorps Frage nach dem Glauben der Freimaurer an Gott sich direkt an die Herausstellung der politischen Tätigkeit der Freimaurer anschließt, kann hier auch an Naphta gedacht werden, der als junger Mann im Gespräch mit dem Jesuitenpater die These vertrat, dass »der Begriff des Politischen [...] mit dem des Katholischen psychologisch verbunden« sei: vgl. 606,31–607,16.

707,6 f.: *Erfindung der Buchdruckerkunst:* Settembrini verweist natürlich auf die Erfindung des Buchdrucks mit beweglichen Lettern durch Johannes Gutenberg Mitte des 15. Jh.s, nimmt damit aber eine sehr eurozentrische Perspektive ein: Tatsächlich wurde diese Kunst bereits im 11. Jh. in China erfunden.

707,21 f. *Wendisch-Slawisch-Sarmatisches:* zu ›wendisch-slawisch‹ vgl. Anm. zu 168,26. Die Sarmaten waren ein eng mit den Skythen (vgl. Anm. zu 310,10) verwandtes iranisches Nomadenvolk der Antike und lebten im südrussischen Steppengebiet.

707,34 *Caro amico:* (ital.) teurer Freund.

708,1–5 *Ihrem Lande werden sie zufallen ... entscheiden müssen:* vgl. III sowie den Ausschnitt aus *Goethe und Tolstoi* in VIII.1, S. 389. Mit Settembrinis Aufforderung wird das Thema der Politik nun ausdrücklich angesprochen, das Mann zur Zeit der Abfassung des *Zauberbergs* stark beschäftigte. Settembrinis Fomulierung von der »Seele« Deutschlands erlaubt es zugleich, die von Settembrini verlangte Entscheidung Deutschlands auf Castorp als prototypischen Deutschen zu übertragen – der im Schneetraum im Grunde schon zu einer Entscheidung gelangt war (vgl. Anm. zu 679,3 und 679,5 f.).

708,28 f. *›und zwei mit gewaltigen Streichen erlegt er, die andern entweichen‹:* (ungenaues) Zitat aus Friedrich Schillers Ballade *Die Bürgschaft*: Der Protagonist, der zur Stadt zurückeilt, um den Freund vor der Rache des Tyrannen zu retten, erschlägt drei (nicht: zwei) ihn bedrohende Räuber. Im Kontext ist hiermit auch das Deutsche Reich gemeint, das sich Settembrinis Einschätzung nach durch Gewalttaten aus seinem Schweigen und seiner Stellung zwischen Ost und West (daher auch: zwei) befreien wird.

708,34 f.: *›Das Lachen ist ein Erglänzen der Seele‹, sagte ein Alter:* Mit dem ›Alten‹ ist hier der italienische Dichter Firenzuola (1494–1543) gemeint. Mann fand das Zitat in Jacob Burckhardts (1818–1897) Schrift *Die Cultur der Renaissance in Italien* (1860) und schrieb es sich als Stichwort in sein Notizbuch (NB II, 19).

709,1–12 *Herstellung des maurerischen Weltbundes … Esperanto zur Bundesweltsprache:* Mann konnte Entsprechendes bei Wichtl finden: *Weltfreimaurerei*, 8, der berichtet, dass zwei Freimaurer die Gründung des Weltbundes während eines Esperantokongresses in Bern im August 1913 in die Wege leiteten (vgl. Nunes 1992, 114).

709,11 *Kunstidiom Esperanto:* Ludwik Zamenhof (1859–1917) – mit dem Pseudonym Doctoro Esperanto: ›Der Hoffende‹ – veröffentlichte 1887 die Grundlagen der von ihm entwickelten Kunstsprache Esperanto.

709,12–17 *Sein Eifer erhob ihn … briefliche Fühlung unterhalten:* Die These einer Verbindung zwischen den Freimaurern und der Revolution in Portugal, die Mann hier aufgreift, war schon während des Ersten Weltkriegs ein Allgemeinplatz der deutschen Presse (Nunes 1992, 72–75; vgl. auch Wichtl, *Weltfreimaurerei*, 95–99). Da die Revolution in Portugal also in der Handlungszeit des *Zauberbergs* noch nicht stattgefunden hat, wäre das Gespräch vor Oktober 1910 zu datieren – bezüglich des ›Weltbundes‹ der Freimaurer (vgl. Anm. zu 709,1–12) könnte Settembrini dann lediglich Vorbereitungen meinen (Nunes 1992, 114f.).

710,35f. *Alumnenzeit:* vgl. Anm. zu 611,23.

711,7f. *Ihre Beatrice ... Sphären des Paradieses:* In Dantes *Göttlicher Komödie* wird Vergil als Führer Dantes beim Eintritt in die neun Himmelskreise des Paradieses von Beatrice abgelöst, einer verklärten Frauenfigur, die er schon in *Vita Nova* (1283–1293/95) besungen hatte (vgl. Anm. zu 211,1). Settembrini meint mit Beatrice natürlich Clawdia – und mit Virgil sich selbst.

711,10 *Ekklesiast:* Prediger. Griech. *ekklesia* (lat. *ecclesia*) bedeutet ›Kirche‹. Settembrini spielt also auf die Zugehörigkeit Naphtas zur katholischen Kirche an.

711,11 *medio evo:* (ital.) Mittelalter.

711,12 *franziskanischer Mystik der Gegenpol thomistischer Erkenntnis:* Der von Franz von Assisi (1181/82–1226) Anfang des 13. Jh.s gegründete Franziskanerorden prägte die sogenannte Franziskanerschule, eine philosophisch-theologische Lehrausrichtung an den Universitäten, die sich innerhalb der Scholastik (vgl. Anm. zu 513,11) in einem Gegensatz zum sogenannten Thomismus, einer Thomas von Aquin folgenden Schule, befand. Die unterschiedlichen Lehrpositionen der Franziskanerschule und des Thomismus betrafen auch Fragen der Mystik. Die Verbindung zu Dante ist hier auf der Seite franziskanischer Mystik zu sehen, während Settembrini wohl sich selbst die ›thomistische Erkenntnis‹ zuschreibt: Er will als Gegengewicht zur ›mystischen‹ Sphäre um Clawdia dienen.

711,21 *lateinischen Dichter:* Gemeint ist Vergil.

711,28 *Versifex:* Versemacher.

711,31 *Laureatus:* Poeta laureatus (lat.): mit Lorbeer gekrönter Dichter.

711,32 *julischen Hauses:* das auf das altrömische Patriziergeschlecht der Julier zurückgehende Kaiserhaus unter Julius Cäsar (100–44 v. Chr.) und seinem Neffen Augustus (63 v. Chr. – 14 n. Chr.).

711,36 *augusteischer Allongeperücke:* eine unter König Ludwig XIV. (1638–1715) in Frankreich am Hof eingeführte lange Lockenperücke für Männer. Die Verbindung mit dem Attribut ›augusteisch‹ spielt auf den französischen Klassizismus als Epoche an, die sich stark an der Antike orientiert.

712,17 f. *wo wieder ein Zeitalter zu Grabe sinke, abermals ein proletarischer Morgen tage:* Hier wird deutlich, dass Mann Naphta Grundansichten Oswald Spenglers (1880–1936) mitgegeben hat (vgl. Koopmann 1996, 282). Spenglers Buch *Der Untergang des Abendlandes* (1918/22) vertritt ein zyklisches Geschichtsmodell und verkündet den kurz bevorstehenden Untergang der abendländischen Kultur (vgl. IV.3.3).

712,22 *reservatio mentalis:* gedanklicher Vorbehalt.

713,12–16 *ob die mediterran-klassisch-humanistische Überlieferung … mit ihr sterben könne:* Mann übernahm diese Passage fast wörtlich aus seinem 1921 gehaltenen Vortrag *Goethe und Tolstoi* (GKFA 15.1, 419); vgl. zu den Beziehungen zwischen Vortrag und Roman: III.

713,29 *Spleen:* (engl.) Tick, Verrücktheit.

713,33 *Bildungsmandarinentum:* Mandarin: veraltete europäische Bezeichnung für chinesische Beamte; im Sinne von: unbeweglich durch Tradition und starre Verwaltung.

714,19 f. *das Haupt der Gorgo vorgezeigt zu haben:* Gorgo: anderer Name der Medusa (einer der drei Gorgonen, schlangenhaariger Ungeheuer), deren Anblick die Menschen zu Stein erstarren ließ. Perseus gelang es, Medusa zu enthaupten. Auch der abgeschlagene Kopf ließ den Betrachter versteinern.

714,21 *erblassen:* (poetisch) sterben.

714,24 f. *Prezioser:* Vertreter der sogenannten Preziösen Literatur (von frz. *précieux* ›kostbar‹), einer französischen Ausformung des gesamteuropäischen Manierismus. Der Manierismus ist die im Übergang von der Renaissance zum Barock anzusiedelnde Epoche bzw. die Bezeichnung für eine Stilrichtung, die sich zahlreicher Sprachspiele bedient, auf Überraschungseffekte zielt und ins Phantastisch-Irrationale reicht. Der Manierismus wurde oft (und vereinfachend) als ›Schwulst‹ verschrien.

714,25 *Secentist:* Vertreter der Dichtung des Secentismus, wie die Epochen des Manierismus und Barock bzw. die Literatur des 17. Jh.s im Italienischen bezeichnet werden (ital. *secentismo*).

Marinist: Vertreter des Marinismus (ital. *marinismo*), der nach dem Dichter Giambattista Marino (1569–1625) benannten italienischen Form des Manierismus.

estilo culto: (span.) wörtlich ›gepflegter Stil‹; die spanische Ausprägung des Manierismus.

715,4–8 *Windbeutel … Demokratie heiße:* Als Windbeutel wurde Settembrini bislang von Castorp bezeichnet (vgl. zuerst 89,33, zuletzt 653,33). Die Verbindung zwischen Rhetorik, Literatur und Demokratie, die Naphta hier herstellt, entspricht Manns Polemik gegen den Zivilisationsliteraten allgemein in den *Betrachtungen* (vgl. III).

715,17 f. *generosità:* (ital.) Großmut.

715,22 *uomini letterati:* (ital.) Schriftsteller, Männer der Literatur.

Romania: Bezeichnung des römischen Reiches, im weiteren Sinne der Gesamtheit der Gebiete, in denen die romanischen Sprachen gesprochen werden.

715,26 *im Kronrund:* in der Krone.

715,27–29 *auf welche Seite … hochherzige Jugend sich immer schlagen wird:* In seiner Rede *Von deutscher Republik* (vgl. III) fordert Mann ausdrücklich die »Jugend« auf, sich auf die Seite der Demokratie zu stellen. Settembrinis Formulierung zielt auf Castorp, im politischen Subtext ist damit aber (auch) Deutschland gemeint (vgl. Anm. zu 708,1–5 sowie die Lesart des *Zauberbergs* als Bildungsroman: VII.2, insbes. Mayer 1950: VIII.3, S. 437 f.).

715,35 f. *wie damals:* vgl. 708,2–15.

716,16 *Genius:* vgl. Anm. zu 519,3.

716,19 *Thot:* Der ägyptische Gott Thot gilt als Gott des Mondes, der Schreibkunst und der Wissenschaft sowie als Seelenführer und Götterbote; er tritt als Ibis und Pavian in Erscheinung. Im antiken Griechenland wurde Thot dann mit Hermes Trismegistos, dem ›dreimal größten‹ Hermes, gleichgesetzt, der in enger Verbindung zur Alchimie steht (vgl. Anm. zu 699,17 f.) – Thot steht aber auch den anderen Erscheinungsformen des antiken Hermes als Seelenführer, Götterbote und Gott der Redekunst nahe (vgl. Jens 1998, 173). Settembrini und Naphta betonen nachfolgend verschiedene Aspekte dieser Gottheit: Settembrini die Bedeutung des Gottes für Wissenschaft und Bildung, Naphta die mystische Seite.

716,23 *Trismegist:* vgl. Anm. zu 699,17 f. und 716,19.

716,24 *Palästra:* (griech.) ursprünglich der Ringerplatz des antiken *gymnasion* (des ›Turnplatzes‹); verallgemeinert ein Synonym zu ›Gymnasium‹.

716,25 *agonalen:* ›Agon‹ bezeichnet ein Streitgespräch als Bestandteil der griechischen Tragödie (von gr. *agon* ›Wettkampf, Kampf‹).

716,29–31 *Brunetto Latini … der Politik zu lenken:* Dies hat Castorp fast wörtlich von Settembrini (vgl. 221,27–31, auch 487,5–8).

717,2 *kabbalistischen:* Der mehrdeutige Begriff der ›Kabbala‹ bezeichnet zum einen einen wichtigen Aspekt des Judentums: als mystische Lehre – etwa mit dem System der zehn *sefirot* (Namen Gottes) und der *schechina* (der weiblichen Kraft in der Sphäre des Göttlichen) – wurde er in verschiedenen Ausprägungen zum beherrschenden Aspekt jüdischer Spiritualität (Messianismus). Zum anderen wird er in der europäischen Religions- und Geistesgeschichte als aus der Antike überkommene geheimnisvolle, okkulte Lehre verstanden (und als esoterische Spekulationen bis in heutige New-Age-Kreise aufgenommen). Hier steht der Begriff (vermutlich abwertend) für ›jüdische Geheimlehre‹.

717,5 *blaubemantelte Tod:* Ein langer blauer Mantel bildet die Bekleidung des nordischen Gottes Odin (Wotan), der unter anderem als Totengott, als Gott der Dichter und Erfinder der Runen gilt. In diesem Sinne steht Odin dem ägyptischen Gott Thot (Hermes Trismegistos) nahe. Offensichtlich handelt es sich um eine Assoziation Castorps, denn weder Settembrini noch Naphta erwähnten einen blauen Mantel oder Wotan.

717,16 *Lassalle und Moltke:* Ferdinand Lassalle (1825–1864), Schriftsteller und Politiker, erster Präsident des 1848 gegründeten Allgemeinen Deutschen Arbeitervereins, aus dem 1869 die Sozialdemokratische Arbeiterpartei hervorging; Helmuth Graf von Moltke (1800–1891), Abgeordneter und Chef des Generalstabs der preußischen Armee, der die Führung des Militärs im Deutsch-Französischen Krieg von 1870/71 innehatte.

717,31–718,1 *Die reinigende, heiligende Wirkung ... als Heiliger –:* Die Stelle entspricht wörtlich einer Passage des berühmten Lisaweta-Gesprächs in Manns Novelle *Tonio Kröger* (GW VIII, 300; vgl. Wißkirchen 1995, 101 und 116).

718,2 *apologetischer:* verteidigender; nach den Apologeten, griechischen Theologen des 2. Jh.s, die die christliche Lehre verteidigten.

718,3 *englische:* im Sinne von ›die Sprache der Engel sprechend‹.

718,6 *seraphischen:* engelsgleichen (ein Seraph ist nach Jes 6,2 ein sechsflügeliger Engel, einer jener Engel, die um den Thron Gottes stehen).

718,6 f. *Gleisnerei:* (poetisch) Heuchelei (von *gleißen*: glänzen, sich hervortun; im übertragenen Sinne auch: täuschen).

718,8 *tremoliert:* mit einem (falschen) Beben in der Stimme gesungen (›Tremolo‹ von ital. *tremolare* ›beben‹).

718,23 *Nihilismus:* vgl. Anm. zu 515,11 f.

718,29 *Feme:* Gerichte des Mittelalters, die sich mit schweren Verbrechen befassten.

718,31 *Inkarnation:* vgl. Anm. zu 633,17.

719,7 *»reçu« seien:* vgl. Anm. zu 230,17.

720,11 *Formamint:* vgl. Anm. zu 232,30.

720,12 *Guttapercha:* kautschukähnliche gummiartige Masse aus dem Milchsaft bestimmter Bäume.

720,28 *Famulus:* vgl. Anm. zu 27,13.

721,25 *Gabelfrühstück:* zweites (warmes) Frühstück, das zwischen 11 und 13 Uhr eingenommen wird.

721,33 *Suggestion:* Beeinflussung des Denkens und Handelns, das Einreden oder die Übertragung von Vorstellungen.

722,5 *Rhadamanthys:* vgl. Anm. zu 83,19.

722,24 *gekohlt:* vgl. Anm. zu 577,5 f.

723,1 f. *Remedur:* Abhilfe.

724,9 *Libertinage:* vgl. Anm. zu 640,11.

724,23 f. *vor Gott und Menschen angenehm zu machen:* Zitat aus Gotthold Ephraim Lessings (1729–1781) Drama *Nathan der Weise* (1779). In der dort zentralen Ringparabel heißt es von dem Ring, er »hatte die geheime Kraft, vor Gott / Und Menschen angenehm zu machen, wer / In dieser Zuversicht ihn trug« (V. 1915–17). Behrens spielt auf Castorps ›Zuversicht‹ an, nicht-angenehme Dinge in angenehme zu verwandeln.

724,26 *euphemistisch:* beschönigend.

726,4 *Larynx:* (griech.) Kehlkopf.

726,6 *Laryngea:* ›Phthisis laryngea‹ oder ›Tuberculosis laryngea‹: Kehlkopftuberkulose.
726,9 *locus minoris resistentiae:* (lat.) Ort des kleineren Widerstandes; Schwachstelle.
726,10 *Diversionen:* andere Wendungen, Ablenkungen, auch: Ablenkungsangriffe.
726,15 *sukzessive:* allmählich, nach und nach.
726,27 *Haschees:* Gericht aus fein zerkleinertem Fleisch oder Fisch.
726,32 *lamentierte:* jammerte, klagte.
727,4 f. *Links von seinem Vetter ging Hans Castorp:* Der Etikette nach geht der Mann links von der Frau, um die ›schwächere‹ Person beim Gang an einer Straße zu schützen.
727,19 *Bienséance:* vgl. Anm. zu 407,3.
727,30 *des witzigen Weisen:* Epikur (341 – um 270 v. Chr.), griechischer Philosoph.
728,21 *überäugig:* (veraltet) schielend.
728,32 *Pietät:* vgl. Anm. zu 218,9.
729,22 *ihn betraf:* (veraltet) ihn antraf.
731,18 f. *Moribundus:* vgl. Anm. zu 149,11.
732,7 *phlegmatisch:* vgl. Anm. zu 274,19.
732,8 *Wartung:* Pflege, Betreuung (in heute veraltetem Sinne besonders auf Kranke oder Kinder bezogen).
733,3 *tonischer:* stärkender. ›Tonische Mittel‹ waren ›stärkende Mittel‹, die die Gesamtverfassung des Körpers kräftigen sollten.
733,20 *letalen:* tödlichen.
733,35 *scharfköpfig:* scharfdenkend; ähnlich auch 95,16: »Ich bin sehr scharf im Kopf heute.«
734,3 *Exitus:* vgl. Anm. zu 441,26.
734,8 *kordialen:* herzlichen, vertrauten. Mann meinte offenbar ursprünglich den medizinischen Ausdruck ›kardial‹ (das Herz betreffend), ›kordial‹ passt allerdings gut zur idiomatischen Ausdrucksweise von Behrens. In einem Brief an Alfred Willy Kunze vom 29. Januar 1930

schreibt Mann: »›Kordial‹ ist nur ein halber Schnitzer. Wenn ich gewußt hätte, daß die Ärzte dies Wort vom Griechischen ableiten und also mit a buchstabieren, so hätte ich doch vielleicht kordial mit o gesetzt, weil es so besser paßt« (SK, 106).
Glottisödem: Anschwellung der Stimmritze (Glottis) bzw. der Kehlkopfschleimhaut, die zu Atemnot und Ersticken führen kann.

734,12 *Kampferspritze:* vgl. Anm. zu 352,1 f.

735,5 f. *man hätte ihn brennen und zwacken ... nicht mehr angegangen:* eine Engführung der Ausführungen Settembrinis zu »Gnadennarkosen« bei Krankheit in 617,32–36 (vgl. auch Castorp in 663,18–22) und dem Gespräch über die Folter im selben Kapitelabschnitt.

735,12 *Kriegsbart:* Die äußere Erscheinung Joachims auf dem Totenbett entspricht damit der des deutschen Kaisers Friedrich III. (1831–1888), der an Kehlkopfkrebs starb (vgl. Sauereßig 1974c, 151).

736,8 *Beffchen:* Teil der Amtskleidung besonders von Geistlichen: zwei eckige Leinenstreifen, die am Halsausschnitt getragen werden.

736,11–17 *ein eigentümliches Tun: ... sammle er etwas ein:* Neumann macht darauf aufmerksam, dass diese ›Karphologie‹ genannte Bewegung Sterbender auch schon der Konsulin Buddenbrooks zugeschrieben wurde (GW I, 565) und sich Anregungen Manns aus Flauberts *Emma Bovary* sowie Maupassants Roman *Bel-Ami* verdanken könnte (Neumann 1995).

736,35 f. *den englischen Marineoffizier dort so gebrannt hatten:* vgl. 22,2–7.

737,2 *Tal der Erden poetisch nach ihm benannt hat:* In der Vulgata, der lateinischen Bibel, ist im Ps 84,7 vom »vallis lacrymarum« (›Tal der Tränen‹) die Rede, in der Lutherübersetzung heißt es dann »Jammertal«. Der Begriff ›Tal der Erden‹ hingegen fällt in Wagners *Tannhäuser* (vgl. Heftrich 1975, 353, Anm. 3).

737,3 *alkalisch-salzige Drüsenprodukt:* die Zusammensetzung von Tränen findet sich in Hermanns *Lehrbuch der Physiologie*, 615 (Virchow 1995a, 133).
737,6 *Muzin:* vgl. Anm. zu 386,9 f.
737,19 *febril:* vgl. Anm. zu 253,20.
737,20 *echappiert:* entwichen, entflohen.
737,21 *Durchgänger:* vgl. Anm. zu 326,36.
738,7 *»Erotika«:* Frau Stöhr meint die ›Eroica‹ (Sinfonie Nr. 3 Es-Dur op. 55) von Ludwig van Beethoven (ital. *eroica* ›die Heldische‹), die dieser zuerst Napoleon gewidmet hatte, was er später jedoch wieder zurücknahm.
738,12 f. *Un giovanetto tanto simpatico, tanto stimabile:* (ital.) ein so liebenswerter, so achtbarer junger Mann.
738,26 *sentenziös:* in der Art einer Sentenz, eines kurzen Sinn- und Denkspruchs, formuliert.
738,30 *pythischer:* orakelhafter, dunkler (nach dem Titel der Priesterin des Orakels zu Delphi, Pythia).
739,3 *Bratenrock:* festlicher Gehrock.
739,4 *plebejischen:* zum Volk gehörigen (›Plebejer‹: im antiken Rom die Angehörigen der *plebs*, des nicht zum Adel gehörigen Bürgertums bzw. Volks); abwertend auch: ungehobelten.
739,16 *Leilach:* (veraltet) Betttuch, Leinentuch.
739,21 *Professionisten:* Gewerbetreibenden, Handwerker.
739,32 *Mann der Kehrseite:* ›Kehrseite‹ meint neben ›Rückseite‹ auch die unangenehme ›Schattenseite‹ einer Sache; hier also: Leichenbestatter.
740,4 *Honneurs:* (frz.) (militärische) Ehrenbezeugungen.

Siebentes Kapitel

Strandspaziergang

Der gesamte Abschnitt stellt die umfangreichste Zeitreflexion des *Zauberbergs* dar. Er greift damit ein Thema auf, das von Beginn an und durchgängig im Roman angesprochen wurde (vgl. u. a. 9,22–24; 94,17–95,30; 146,10–148,9; 255,3–256,12; 397,5–398,2 und 474,3–30); vgl. VI.4.

741,13 *Pietät:* vgl. Anm. zu 218,9.

741,14 *Gelegenheitsworte des seligen Joachim:* vgl. 160,3–15.

741,30–742,4 *Die Erzählung dagegen hat zweierlei Zeit: … entfernen kann:* Mit dieser Passage spricht Mann eine zentrale Unterscheidung der Erzähltheorie an: die zwischen Erzählzeit (der Dauer/Länge des Textes) und erzählter Zeit (der Zeitdauer der Handlung). *Der Zauberberg* selbst beschleunigt hier sein Erzähltempo in hohem Maße: vgl. VI.4.

742,5 *Fünf-Minuten-Walzer:* eine Anspielung auf Chopins ›Minutenwalzer‹ (op. 64, 1), zugleich ein Rückbezug auf Joachim, der in 160,8 von den ›sieben Minuten‹ sprach, die eine Konzertnummer benötige (vgl. Heftrich 1975, 94 f. und 345, Anm. 92).

742,17 *hermetischen:* vgl. Anm. zu 699,17 f.

742,19 *Man besitzt … verdorbenen Uhr:* Neumann (2002 / GFKA 5.2, 349) macht darauf aufmerksam, dass diese Stelle weitgehend wörtlich dem Buch *Philosophie der Musik* von Carl du Prel (2. Aufl. Leipzig 1910, 80) entlehnt ist.

743,3 f. *›Zeitromans‹ ein eigentümlich träumerischer Doppelsinn:* Mit dem ›Doppelsinn‹ ist hier also gemeint, dass der Roman einerseits die Zeit benötigt, um zu erzählen, dass die Zeit aber auch zum Thema des Romans wird. In der 1939 in Princeton gehaltenen *Einführung in den Zauberberg* wird Mann dann aber in anderer Hinsicht davon sprechen, dass der *Zauberberg* »ein

Zeitroman in doppeltem Sinne« sei: einmal, »indem er das innere Bild einer Epoche, der europäischen Vorkriegszeit, zu entwerfen versucht, dann aber, weil die reine Zeit sein Gegenstand ist« (GW XI, 611). Vgl. zum Zeitroman als Epochenroman VII.1 und zum Thema ›Zeit‹ im *Zauberberg* VI.4.

743,12 *alchimistischen:* vgl. Anm. zu 697,21.

743,23–32 *Wie lange Joachim eigentlich … als sie zurückgekehrt war:* Da Hans Castorp sieben Jahre auf dem ›Zauberberg‹ weilt und bei Ausbruch des Ersten Weltkrieges abreist, kommt er Anfang August 1907 an (vgl. die Zeitangaben auf 282 und 565). Joachim reist im September 1908 ab (vgl. 569,35), Castorp hat also dreizehn Monate bis zur »wilde[n] Abreise« mit ihm zusammengelebt. Sein Vetter kommt im August 1909 wieder (687,20) und stirbt Ende November 1909 (733,9), als Castorp also schon zwei Jahre und knappe vier Monate auf dem ›Zauberberg‹ weilte. Frau Chauchat reiste unmittelbar nach der ›Walpurgisnacht‹, also am 1. März 1908 ab (die Faschingsnacht war am 29. Februar, 835,21 f.), und kommt in der Adventszeit (vgl. 745,9) 1909 wieder: Drei oder vier Wochen (762,8) nach Clawdias Rückkehr erzählt Castorp ihr, Joachim sei »[s]eit einiger Zeit« tot (765,11). Dass hiermit kein ganzes Jahr gemeint ist, wird durch die Angaben über Castorps Aufenthalte an den verschiedenen Tischen deutlich: Im Oktober 1908 wechselt er zum Tisch mit dem Ehepaar Magnus (582 f.), hier sitzt er noch, als Joachim wiederkehrt (693), und auch noch, als Clawdia mit Peeperkorn anreist (754) – am Ende des Romans wiederum wird gesagt, Castorp habe an jedem Tisch im Speisesaal »ungefähr ein Jahr« verbracht (971,27 f.). Clawdia war also, nimmt man die Zeitangaben ernst, ein Jahr und zehn Monate fort, Hans Castorp hatte zum Zeitpunkt ihrer Rückkehr dann zwei Jahre und gute vier Monate auf dem ›Zauberberg‹ ausgeharrt.

745,24 f. *einer frühen und mit Ekel getanen Äußerung Joachims zufolge:* vgl. 26,13 f.

745,30–35 *ein Erlebnis dabei ... ihn angewandelt hatte:* vgl. 106,17–26.

746,7 *Siebenschläfer:* der Legende nach sieben junge Männer, die sich während einer Christenverfolgung im 3. Jh. in der Nähe von Ephesos in einer Höhle versteckten und erst knapp 200 Jahre später wieder aufwachten. Auch: Tier aus der Familie der Schlafmäuse (Bilche), das über sieben Monate lang Winterschlaf hält.

746,15–18 *die burschikose Redensart ... flachländischen Anstoß genommen hatte:* Gemeint ist »ein munterer Betrieb« als Charakterisierung des weiteren Wachstums von Haaren und Nägeln nach dem Tod (vgl. 102,27–29). Die Redensart stammt allerdings von Castorp, und es war umgekehrt Joachim, der daran Anstoß genommen hat. Mann wurde 1954 auf dieses Versehen aufmerksam gemacht und wollte den Fehler »baldmöglichst« verbessert wissen (Brief an Gerd Koenemann, 26. April 1954, SK, 176 f.).

746,27 *Samtnecessaire:* Necessaire: (frz.; Verkürzung von *nécessaire de toilette*) Kulturbeutel mit Toilettenartikeln.

746,34 f. *Wir haben oft versichert ... nicht schlechter zu machen wünschen:* vgl. etwa 49,14.

747,27 *der schwindligen Identitäten:* der schwindelerregenden gleichförmigen Übereinstimmungen (vgl. hierzu auch VI.2 zum Mythos im *Zauberberg*).

748,2–11 *Unschwer wären Wesen denkbar ... duldsamen Relativismus:* Die Passage bezieht sich deutlich auf die zeitgenössische Diskussion um die Zeitparadoxa in Einsteins Relativitätstheorie, waren doch »Gegenüberstellungen von Bewohnern entfernter Planeten beliebte Popularisierungsmodelle der Relativitätstheorie« (Könneker 2001, 221).

748,22–749,34 *Es gibt auf Erden eine Lebenslage ... ist*

keine Zeit: Das Bild des Strandes als Beispiel für eine Monotonie, die Zeit und Raum gleichermaßen aufhebt, wird hier nun weiter ausgeführt, nachdem es schon im Abschnitt *Schnee* etabliert wurde: vgl. Anm. zu 646,25.

749,1 f. *du bist der Zeit und sie ist dir abhanden gekommen:* vgl. Anm. zu 815,31 f.

750,2 f. *ein stehendes Jetzt … der Doktor, der diesen Gedanken zuerst empfing: Gemeint* ist Arthur Schopenhauer mit der Idee des ›nunc stans‹ (vgl. hierzu VI.4).

750,16 *Sorgenkind des Lebens:* vgl. Anm. zu 425,26 f.

750,29 *Schwadroneur:* jemand, der laut und aufdringlich redet (schwadroniert).

750,30 *»Biereifer« genannt:* so Behrens in 68,35.

letalen: vgl. Anm. zu 733,20.

Mynheer Peeperkorn

751,1 *Mynheer Peeperkorn:* vgl. V.3.

751,6 *Java:* Insel Indonesiens, zur Zeit der Handlung unter der Kolonialherrschaft der Niederlande.

751,10 *zu elfter Stunde:* gegen Ende.

751,11 *Tinten:* Farben, Farbtöne.

751,16 f. *das bemerkenswerte Kaffeegeschirr und die Sphinxzigaretten:* vgl. 362,14–363,8.

751,23 *Landauer:* vgl. Anm. zu 437,33.

751,27 f. *verschnittener:* kastrierter.

751,29 *gehechelten:* bespöttelten.

752,17–19 *ehemals der Lehrer Popów … veranstaltet hatte:* vgl. 413,5–414,20.

752,34 *Seladon:* schmachtender Liebhaber; nach Céladon, dem Helden in Honoré d'Urfés (1568–1625) Schäferroman *L'Astrée*.

753,4 *malignes:* bösartiges; Bezeichnung für schwerwiegende Krankheitsformen.

753,35 *Gehrock:* vgl. Anm. zu 35,10.
754,17 *Exploration:* Erforschung, Untersuchung.
754,27 *delikat:* zart, fein.
nuancierenden: abstufenden.
756,21 *Saaltochter:* vgl. Anm. zu 25,24.
757,1 f. *Emerentia:* Variante des Namens Emerentiana (lat., ›die Verdienstvolle‹). Die Heilige Emerentiana wird bei Magenleiden und Koliken angerufen, was zur Beziehung der Zwergin zu Peeperkorn durchaus passt.
757,28 *Genever:* holländischer Branntwein, der über Wacholderholz destilliert wird bzw. nach Wacholderbeeren schmeckt.
757,29 *Schiedamer:* Die niederländische Hafenstadt Schiedam ist für ihre Geneverbrennereien berühmt.
758,13 *im Haag:* Die niederländische Stadt Den Haag wird im Deutschen (veraltet) auch als ›der Haag‹ bezeichnet.
758,15 *Magnat:* Großindustrieller, reicher Adeliger, jemand, der eine große wirtschaftliche Macht besitzt.
758,18 *transkaukasischer:* von jenseits des Kaukasus stammender.
759,9 *Paletot:* vgl. Anm. zu 13,6.
759,24 *der die Krankheit so große Freiheit verlieh:* vgl. Anm. zu 288,28 f. und 465,7. Von der »Freiheit, welche die Krankheit ihr gab«, ist auch schon in 487,2 f. die Rede.
760,11 *Überzieher:* vgl. Anm. zu 12,2 f.
760,12 *Fond:* vgl. Anm. zu 161,31.
760,29 f. *Steppenwolfslichter:* ein Ausdruck, der zunächst von Settembrini stammte (vgl. 334,13 f., 399,12 f. und 655,7 f.).
761,36–762,1 *intermittierendes:* mit Unterbrechung immer wieder auftretendes.
762,2 *Quartanfieber:* die Malaria quartana.

Vingt et un

762,7 *Vingt et un:* Kartenspiel, bei dem man mit drei Karten maximal 21 Punkte zu erreichen versucht (im Deutschen ›17 und 4‹, vgl. zu Manns Bevorzugung von ›vingt et un‹ im Kontext der Zahlenspiele im Roman Seidlin 1972).

762,11 *zu zeitigen*: vgl. Anm. zu 277,34.

762,18 *Herr Settembrini ›hier gestört‹ hatte:* vgl. Anm. zu 129,36–130,2.

762,29 *exekutiert:* hier: aufgeführt.

762,32 *Pianinos:* ältere Bezeichnung für ein Klavier im Unterschied zum Flügel.

Pilgerchors: Chor aus Richard Wagners *Tannhäuser* (1845). »Anders als den Rom-Pilgern Wagners, so dürfen wir diese Stelle deuten, wird den in den Berghof Gepilgerten weder Heilung noch Heil zuteil werden« (Vaget 1997, S. 124).

762,33 *Diskant:* die Oberstimme eines mehrstimmigen Satzes.

763,27–29 *einst (dies Einst ist vage … Vergangenheitsgrad:* vgl. 338,6–341,21. Das Gespräch fand im Oktober 1907 statt (vgl. die Zeitangaben in 313,5 und 348,4). Da Clawdia im Dezember 1909 zurückkehrte (vgl. Anm. zu 743,23–32), liegt es also ca. zwei Jahre und drei Monate zurück.

763,36 *Portiere:* vgl. Anm. zu 120,6.

764,17 *Maria Mancini:* vgl. Anm. zu 22,34.

764,24 f. *die Stimme, die vorzeiten gesagt hatte: »Gern. Aber mach ihn nicht entzwei«:* Es handelt sich also um die Stimme Přibislav Hippes (vgl. 171,29 und 171,35).

764,35 *Somnambules:* Somnambulismus: schlafähnlicher Zustand; um 1900 auch als Synonym für hellseherische Trancezustände gebraucht.

765,16 *Rhadamanth:* vgl. Anm. zu 83,19.

765,16 f. *Biereifer:* vgl. 68,35, wieder aufgegriffen auch in 750,30.

765,17 *Rebellio carnis:* vgl. Anm. zu 692,21.

765,20–22 *Es ist übrigens ... als sich zu bewahren:* So Clawdia im Gespräch mit Hans Castorp in der Walpurgisnacht, 469,12f. (996,18f.), von Castorp schon in 530,13f. wiederholt.

765,27/28 *menschlich/»mähnschlich«:* vgl. die folgende Anm.

766,19 *humanistisch reden statt menschlich:* In diesem Sinne meint ›humanistisch‹ ›auf Form bedacht‹ (vgl. etwa 359,34f.). In Manns Denksystem zu Beginn der Arbeit am *Zauberberg*, in den *Betrachtungen eines Unpolitischen*, repräsentiert der Humanismus die (damals noch abgelehnte) Seite des westlichen (französischen) ›Rhetor-Bourgeois‹ (vgl. Anm. zu 86,20). Gegen diesen stellte Mann eine spezifisch ›russische‹ Menschlichkeit, die »auf christlicher Weichheit und Demut, auf Leid und Mitleid« beruhe und die der deutschen Menschlichkeit näher stehe als die französische (vgl. den Ausschnitt in VIII.1, S. 381). Clawdias ›Mähnschlichkeit‹ stellt also einen deutlichen Gegenpol zu Settembrinis Humanismus dar. Die in den *Betrachtungen* noch starke Polemik gegen die westlich-französische, bloß rhetorische Menschlichkeit modifiziert Mann im Zuge seiner ›Hinwendung‹ zur Demokratie Anfang der 1920er Jahre dann etwas. Dabei ist allerdings weiterhin eine starke Sympathie für das ›Russische‹ nicht zu übersehen (vgl. den Ausschnitt aus *Goethe und Tolstoi*: VIII.1, S. 389). Immer aber ging es Mann um eine spezifisch deutsche ›Mitte‹ – sowohl politisch als auch im Sinne einer besonderen ›Humanität‹ (vgl. III). Auf den *Zauberberg* bezogen lässt sich feststellen, dass Clawdias russische Menschlichkeit einen sehr wichtigen Bezugspunkt für Castorps Suche nach der ›neuen Humanität‹ (vgl. III) darstellt, nachfolgend aber auch Settembrini mit Zügen ›echter‹ Menschlichkeit ausgezeichnet wird, so vor allem gegen Ende des Romans (vgl. Anm. zu 979,27).

766,22 *Quelle blague:* (frz.) Was für ein Unfug.

766,36 *Wechselfieber:* Malaria. Dass Peeperkorn gerade ›Wechselfieber‹ hat, ist insofern symptomatisch, als er ja ständig von der Christus-Figuration in die Dionysos-Figuration wechselt (s. u.; vgl. Seidlin 1972 und V.3).

767,1 *Des allusions:* (frz.) Anspielungen.

767,6 *Mais c'est un sauvage:* s. hierzu und den folgenden französischen Ausdrücken die Übersetzung in 1001 f.

767,14 *Eskorial:* vgl. Anm. zu 690,34.

767,21 *Fes:* vgl. Anm. zu 455,16.

Boina: eine baskische Mütze.

768,20 *idolhaften:* Idol: Abgott, Götzenbild.

768,20 f. *Arabeskenwerk:* vgl. Anm. zu 36,6.

769,7 *peremtorisch:* zwingend, endgültig.

770,6 *Zu zwölf Personen:* Die abendliche Runde stellt eine (parodistische) Wiederholung des Abendmahles dar, die allerdings gleichzeitig bacchantische (vgl. Anm. zu 701,35) Züge trägt. Dies passt zu Peeperkorn als Figuration von Christus und Dionysos: Beide Aspekte wechseln sich nachfolgend in der Beschreibung Peeperkorns und in seinem Verhalten ab. Die Nähe von Christus und Dionysos ist dabei ein literarisch tradiertes Motiv (vgl. etwa Hölderlins große Hymne *Brot und Wein*), auch Nietzsche inszenierte sich – vor allem in seiner Autobiographie *Ecce homo* – als leidender Christus und als Dionysos. Wie Christus ist auch Dionysos (in Gestalt des Dionysos-Zagreus) ein ›Wiedererstandener‹, dem nach seiner Zerreißung durch die Titanen von Zeus neues Leben geschenkt wurde. Vgl. zum Christus-Dionysos-Komplex Seidlin 1973, Marx 2002, 98–117, sowie V.3.

770,22 *Römern:* grünen, bauchigen Weingläsern.

Malagatrauben: Die spanische Stadt Malaga ist für Wein, aber auch für Rosinen berühmt, die hiermit wohl gemeint sind.

770,30 *Hasard:* Glücksspiel.

770,31 *Rappen:* Schweizer Münzeinheit.

771,12 f. *jettschwarzen:* vgl. Anm. zu 153,15.

771,19 *dublieren:* verdoppeln.
772,22 *Chaiselongue:* vgl. Anm. zu 247,3.
772,30 *Kollation:* einfaches Mahl, leichte Zwischenmahlzeit.
773,3 *kollerig:* Koller: heftiger Wutausbruch, Zornanfall.
773,25 *eine gute Kräuter-Omelette:* hier Femininum (frz. *une omelette*).
773,36 *Genever:* vgl. Anm. zu 757,28.
774,5 f. *in einer russischen, mit einer dahinsausenden Troika geschmückten Lackdose:* Mann besaß selbst so eine Dose; eine Abbildung findet sich in Sprecher 1996, 267.
774,18 *lauterer:* reiner, klarer.
775,19 *Raffinements:* (frz.) Verfeinerungen.
776,13 f. *Bacchus selbst:* vgl. zu Bacchus/Dionysos Anm. zu 701,35.
776,17 *Leineweber:* Leinweber (die früher oft in Armut lebten).
776,26 *Das Leben – junger Mann – es ist ein Weib:* Bezug auf Nietzsche, der in der *Fröhlichen Wissenschaft* schreibt: »Ich will sagen, dass die Welt übervoll von schönen Dingen ist, aber trotzdem arm, sehr arm an schönen Augenblicken und Enthüllungen dieser Dinge. Aber vielleicht ist diess der stärkste Zauber des Lebens: es liegt ein golddurchwirkter Schleier von schönen Möglichkeiten über ihm, verheissend, widerstrebend, schamhaft, spöttisch, mitleidig, verführerisch. Ja, das Leben ist ein Weib!« (GOA 5, 264 / *Fröhliche Wissenschaft* 229). Vgl. hierzu Joseph 1996a, 258.
776,33–35 *Die Niederlage des Gefühls vor dem Leben, das ist die Unzulänglichkeit:* Da Peeperkorn kurz vorher das Leben als ›Weib‹ bezeichnet, sind diese Worte eine recht deutliche Anspielung auf Impotenz.
777,19 *Usurpation:* vgl. Anm. zu 552,12.
778,23 *stimulantia:* (lat.) Anregungsmittel.
778,31 *Haber:* (süddt./schweiz.) Hafer.
779,28–32 *der Wein also, ein göttliches Geschenk ... die Zivilisation zusammenhängt:* Dem Mythos zufolge wurde

die Kunst des Weinbaus von dem Gott Dionysos aus Indien nach Griechenland gebracht; sie gilt als Ausweis der Zivilisation. Dies thematisierte schon Hölderlin in seiner Hymne *Brot und Wein*, in der Christus und Dionysos zu einer Figur verschmelzen (vgl. Seidlin 1972).

779,36–780,1 *Kimmerer:* ein in der Krimgegend beheimatetes, südrussisches Nomadenvolk der Antike. In Homers *Odyssee* (XI,12–19) sind die Kimmerer jenes Volk, das am westlichen (und sonnenlosen) Ende der Welt wohnt.

780,19f. *vorsündflutlichen:* ›Sündflut‹ ist eine volkstümliche falsche Etymologie, die die biblische Sintflut, die als Bestrafung der Sünden der Menschen gedeutet wurde, auch sprachlich auf ›Sünde‹ zurückführen will. ›vorsintflutlich‹ meint: uralt, vor Urzeiten.

780,32 *Demoralisation:* Sittenverfall; auch: Entmutigung.

780,33 *trieben Allotria:* veranstalteten Unfug, trieben nicht zur Sache gehörige Dinge.

781,3 *Deroute:* (frz.) ungeordnete Flucht eines Heeres.

781,16f. *›schwach‹, so steht es in der Schrift:* vgl. Mt 26,41 und Mk 14,38: »Wachet und betet, dass ihr nicht in Versuchung fallet. Der Geist ist willig; aber das Fleisch ist schwach.«

781,21 *veneriere:* verehre.

781,25 *Gethsemane:* Garten am Fuß des Ölbergs in Jerusalem, in dem Jesus in der Nacht vor seinem Martyrium betete und gefangengenommen wurde (vgl. Mk 14,32).

781,25–33 *Und er nahm zu sich Petrum … Siehe, die Stunde ist hie:* vgl. Mt 26,37–45 und Mk 14,33–41. Durch die Bibelzitate inszeniert sich Peeperkorn hier selbst in der Rolle Jesu.

782,1–3 *das Haupt schräg geneigt. … zerrissenen Lippen gekommen:* Auch dies entspricht einer Christus-Figuration, der schräg geneigte Kopf ist ein ikonischer Verweis auf den leidenden Christus am Kreuz (vgl. Marx 2002, 99).

782,18–21 *zu heidnischem Gebet … sybaritisches Grüb-*

chen: Hier dominiert wieder die dionysisch-heidnische Komponente. Der ›gotische Schmerz‹ ist ein Verweis auf Darstellungen des leidenden Christus in der Epoche der Gotik (wie auch die Pietà Naphtas »Mittelalter, Gotik, Signum mortificationis« darstellt, vgl. 540,20). Das ›sybaritische Grübchen‹ hingegen meint eine genussfrohe Einstellung: Die in Unteritalien liegende griechische Stadt Sybaris war bekannt für den genussreichen Lebensstil ihrer Einwohner. Die Zusammenstellung »sybaritisch und grübchenhaft« findet sich schon am 10. Dezember 1918 in den Tagebüchern Manns (TB I, 105), er kennzeichnet so die Redeweise des befreundeten Schriftstellers Bruno Frank (1887–1945).

782,24 f. *Mumm & Co, Cordon rouge:* eine seit 1875 bestehende Champagnermarke, die mit einem roten Band (frz. *cordon rouge*) geschmückt ist

782,25 *très sec:* (frz.) extra trocken.

petits fours: (frz., ›kleine Backöfen‹) Bezeichnung des nachfolgend beschriebenen Feingebäcks.

783,10 *Galimathias:* (frz. *galimatias*; Herkunft unklar) wirres Geschwätz.

783,18 *Bacchanal:* vgl. Anm. zu 701,35.

783,22 *Chartreuse:* französischer Kräuterlikör, benannt nach La Grande Chartreuse, dem Stammkloster des Kartäuserordens in Frankreich.

783,23 *Maraschino:* italienischer Kirschlikör, der aus Marascakirschen und ihren Kernen hergestellt wird.

783,36 *das abschreckende Beispiel Petri:* Petri: (lat.) des Petrus; vgl. 781,25–33.

784,16 *Pleura-Chocs:* vgl. Anm. zu 427,31.

784,17 *Zungenschlages:* Das Grimm'sche Wörterbuch führt unter »Zungenschlag« unter anderem auch »durch einen rausch behindertes sprechen« als Bedeutung an (Bd. 16, Sp. 615).

784,32 f. *Heilig in jederlei Sinn, im christlichen wie im heidnischen:* vgl. Anm. zu 781,25–33.

785,1 *burlesk:* possenhaft, derb.
785,5–8 *der bejahrte Priester eines fremden Kults … vor dem Opferaltar tanzte:* Hier erscheint Peeperkorn also als Heidenpriester, vgl. 776,13 f. und 782,18–21. Marx (2002, 115, Anm. 90) macht darauf aufmerksam, dass Mann das Element des Tanzens dabei möglicherweise aus Dmitri Mereschkowskis (1865–1941) Gogol-Porträt übernommen hat – einer der Anregungen zu Peeperkorn (vgl. V.3).
785,22 *Impromptu:* (frz.) Stegreifwitz, unvorbereiteter Ausspruch.

Mynheer Peeperkorn (des weiteren)

788,15 *malignen:* vgl. Anm. zu 753,4.
788,23 f. *Weiserchen:* vgl. Anm. zu 582,16.
788,28 *Lastertraum ohne Opium und Haschisch:* vgl. 742,19–31.
789,5 *Loge:* vgl. Anm. zu 127,11.
789,6 *überartikulierten:* ›artikuliert‹ meint nicht nur: etwas laut und deutlich aussprechen, sondern auch: seine Gedanken in gegliederter Form wiedergeben.
789,6 f. *die seine arme Seele in die Mitte genommen:* vgl. 634,1 f. und Anm.
789,25 *kaudernden:* unverständlich sprechend.
789,30 *mit der Neugier eines Bildungsreisenden:* neben anderen, brieflichen oder essayistischen Äußerungen Manns ein Beleg dafür, dass *Der Zauberberg* ein Bildungsroman ist. Vgl. hierzu VII.2.
789,34 *Paletot:* vgl. Anm. zu 113,6.
790,2 f. *Unserem Grundsatz getreu, ihn weder besser noch schlechter zu machen, als er war:* vgl. 49,14 und zuletzt 746,34 f.
790,5 *romanhafte:* allgemein: abenteuerliche, ereignishafte. Der Begriff ›Roman‹ wurde allerdings lange Zeit auch als ein Synonym für ›Liebesgeschichte‹ (im Sinne tatsächli-

cher Liebesbeziehungen) verwendet, so etwa in Goethes *Wilhelm Meister.* ›romanhaft‹ mag an dieser Stelle also auch bedeuten: ein Liebesabenteuer betreffend.

790,27 *Fauteuils:* vgl. Anm. zu 246,34.

791,20 *sekundierte:* beistand.

791,31 *Königskoller:* vgl. Anm. zu 773,3.

792,14 *Reverenz:* vgl. Anm. zu 216,33.

792,33 *Antipyretikum:* fiebersenkendes Mittel.

Chinin: aus der Rinde des Chinarindenbaums gewonnenes Alkaloid, das lange Zeit das einzige Mittel zur Behandlung von Malaria darstellte.

793,9f. *wieder dem tanzenden Heidenpriester dabei glich:* vgl. 785,5–8 und Anm.

793,11 *Fieberrinde:* vgl. Anm. zu 792,33.

793,16f. *Konstitution:* Zusammensetzung.

793,21f. *Dynamik:* (auf Veränderung zielende) Kraft.

793,32 *fulminanten:* vgl. Anm. zu 350,29.

794,1 *Stirnarabesken:* vgl. 768,20f., zu Arabeske vgl. Anm. zu 36,6.

Exaktheitsring: vgl. 754,29.

794,3f. *Ptisanen:* (lat. *ptisana* ›Gerstengrütze‹) aus Gerste hergestellter Aufguss; auch: durch Aufkochen hergestellte Arzneimittel (Meyers XIII, 447).

794,18 *Atropin:* giftiges Alkaloid verschiedener Nachtschattengewächse (u. a. der Tollkirsche), das in der Medizin zur Beschleunigung des Herzschlags und u. a. zur Erweiterung der Pupillen eingesetzt wird.

794,20 *Cinchona:* botanische Bezeichnung des Chinarindenbaums.

794,21f. *Kordilleren:* Gebirgszug im Westen Nord- und Südamerikas, im engeren Sinne (und hier) nur Südamerikas, d. h. die Anden.

794,23 *Jesuitenpulver:* Die aus dem Chinarindenbaum gewonnene Chinarinde, die reich an Chinin und chininähnlichen Alkaloiden ist (vgl. Anm. zu 792,33), wurde von den Jesuiten Anfang des 17. Jh.s aus Südamerika nach Spanien gebracht und dann in Europa verbreitet, so dass sich der Begriff ›Jesuitenpulver‹ etablierte.

794,30 *Epidermis:* das Abschlussgewebe höherer Pflanzen. *Kambium:* das zwischen Rinde und Holz liegende Bildungsgewebe höherer Pflanzen, von dem aus nach außen das Wachstum der Rinde, nach innen das Wachstum des Holzes erfolgt.

794,33–795,13 *Auf einigen Inseln … aufs allerschnellste den Tod herbeiführe:* Die Quelle für das hier entfaltete Wissen um Gifte ist, so weit ich sehe, bislang nicht bekannt. Erstaunlicherweise findet sich in Karl Mays 1882 im *Deutschen Hausschatz* (8. Jg., Nr. 50–52) veröffentlichter Erzählung *Robert Surcouf. Ein Seemannsbild von Ernst von Linden* eine Passage, die viele Parallelen zu Peeperkorns Ausführungen aufweist:

»Da fiel zum Beispiele sogleich ein beinahe hundert Fuß hoher Baum in die Augen, der einen Umfang von vielleicht zwanzig Fuß haben mochte. Seine weiße Rinde war rissig, und seine Früchte hatten die Größe einer Pflaume. Das war der fürchterliche Antschar*, dessen Milchsaft schon durch seine Ausdünstung sehr schmerzhafte Geschwülste hervorbringt; es ist der berüchtigte Upas, von dem so viel Schreckliches gefabelt wird. Er soll ganz allein im ›Todesthale‹ auf Java stehen und die Luft meilenweit so verpesten, daß kein Baum, kein Strauch, kein Gras gedeiht und alle lebenden Wesen in seiner Nähe dem Tode verfallen. […] An ihm kletterte eine fast armsdicke Schlingpflanze empor, welche bis in bedeutende Höhe völlig astlos war, dann aber zwischen seinen eliptischen Blättern grünlich-weiße Blumen zeigte, welche einen jasminartigen Geruch ausströmten. Das war der javanische Brechnußbaum**, dessen Wurzelrinde einen giftigen Saft gewinnen läßt,

* Antiaris toxicaria.

** Strychnos Tieuté.

welcher unter den Namen Upas tschettek oder Upas radscha bekannt ist; er führt nach der geringsten Verwundung heftige Convulsionen und einen schmerzhaften Tod herbei. [...] Aus diesen fünf Pflanzen nebst einigen anderen bereiten die Bewohner des indischen Archipels ihr berüchtigtes Pfeilgift, über welches schon so viel Wahres und Unwahres erzählt worden ist. [...] Wird dasselbe in nicht zu großen Quantitäten genossen, so erregt es in der Regel nur ein heftiges Erbrechen, kommt es jedoch mit dem Blute in Berührung, so wirkt es schnell tödtlich« (Karl May, *Kleinere Hausschatz-Erzählungen von 1878–1897*, Reprint der Karl-May-Gesellschaft und der Buchhandlung Pustet, Regensburg 1982, 296).
Mays Erzählung wurde verschiedentlich wieder abgedruckt und 1917 in ca. 50 verschiedenen Tageszeitungen in Deutschland publiziert (vgl. den Kommentar ebd., 32–34). Obgleich Mann die Erzählung also *theoretisch* gekannt haben *könnte*, lässt seine Arbeitsweise doch stark vermuten, dass bei Nutzung genau dieser Vorlage wenigstens einzelne Sätze fast wörtlich übernommen worden wären. Da ferner sowohl May als auch Mann jeweils Informationen anbringen, die sich beim jeweils anderen nicht finden lassen (so bei Mann der ganze Komplex um den neuguinesischen Liebeszauber, der Manzanillabaum, später der Krähenaugenbaum), ist eine beiden gemeinsame Quelle wahrscheinlich. Einzelnes konnte Mann auch Lexika entnehmen, so etwa dem Brockhaus von 1908 den Hinweis auf Beimischung von Schlangengift zum Upas – gerade zu neuguinesischen Giften schweigt sich der Brockhaus jedoch aus.

794,36–795,1 *Antiaris toxicaria von Java:* auch Antscharbaum, Upasbaum oder javanischer Giftbaum, zur Gattung der Urticaceae gehörig. Auch von diesem Baum wird das weiter unten beschriebene Upasgift gewonnen.

795,1 *Manzanillabaum:* lat. Hippomane mancinella, ein

zur Gattung der Euphorbiaceae gehöriger Baum mit giftigem Milchsaft und giftigen Früchten.

795,10 *Strychnos Tieuté:* Schlingpflanze auf Java, zur Gattung der Longaniaceae gehörig, aus deren Wurzelrinde ebenfalls Upasgift gewonnen wird.

795,11 *Upas-Radscha:* ›Upas‹ (malaiisch, ›Gift‹) ist eine Sammelbezeichnung für malaiische Pflanzengifte, ›Radscha‹ (Raja) bedeutet im Sanskrit ›König‹, ›Fürst‹, gemeint ist also ein ›königliches Gift‹ – passend zu Peeperkorn.

795,20–24 *Krähenaugenbaum der Koromandelküste ... aschgrauen Geäst:* lat. Strychnos nux vomica, zu den Longaniaceae gehörig. Der Brockhaus von 1908 führt unter dem Stichwort »Strychnos« den Krähenaugenbaum an, der »auf der Koromandelküste« heimisch sei, »aschgraue Äste, glänzende, rundlich-eiförmige Blätter und gelbgrüne Blüten« habe und »orangegelbe« Blüten trage.

795,32 *Entrevue:* (frz.) Treffen.

795,34 *Quartananfall:* vgl. Anm. zu 762,2.

796,24 f. *sich wenigstens daran gewöhnen würden, daß sie sich nicht aneinander gewöhnten:* so auch eine Beschreibung von Castorps Akklimatisation in 664,10 f.

797,19 *konvenablen:* anständigen.

797,20 f. *diesem hübschen kleinen Bourgeois von guter Familie und mit einer feuchten Stelle:* Ähnlich charakterisierte Clawdia Hans Castorp in der ›Walpurgisnacht‹ (vgl. 472,6 f. / 999,17 f.). – Bourgeois: vgl. Anm. zu 462,21.

797,25 f. *friedlichen kleinen Lieder des Flachlandes:* vgl. 195,26–196,19, wo Castorp in seiner Verliebtheit eben ein solches Liedchen sang, sich über dessen Unangemessenheit aber schon im Klaren war. Das Motiv wurde auch in 318,27 und 320,14 wieder aufgegriffen.

797,31 *Tatarenschlitzen:* vgl. 334,11 und später 655,7.

798,14 *vagierenden:* umherziehenden.

798,14 f. *»Mähnschlichkeit«:* vgl. Anm. zu 766,19.
799,31 *Cerebrum, cerebral:* lat. *cerebrum* ›Gehirn‹; cerebral: das Gehirn betreffend.
800,18 *mot:* (frz.) Ausspruch.
800,20 f. *Aphorismensammlung:* Aphorismus: geistreicher, kurzer Sinnspruch oder treffend formulierter Gedanke.
800,32 *guazzabuglio:* (ital.) Mischmasch (vgl. 634,13 f.).
801,9 f. *Puschel:* Steckenpferd.
801,15 *Brachialgewalt:* rohe Körperkraft.
802,6 *Expektorationen:* Herzensergießungen.
802,17 *venerieren:* verehren.
802,20 *foppen:* necken.
802,33 *Gregor den Großen und den Gottesstaat:* vgl. 551,26 und Anm.
803,7 *Mundus vult decipi:* (lat.) Die Welt will betrogen werden.
803,11 *Distinkte:* Unterschiedene, Abgesonderte, Deutliche.
803,24 *aufwarten:* vgl. Anm. zu 276,18.
803,34 *Ölgötze:* Gemeint ist Peeperkorn. Götze: heidnischer Gott oder dessen Abbild. Ölgötze: Laut dem Grimm'schen Wörterbuch zielt die spöttische Bezeichnung vor allem auf die katholische Heiligenverehrung bzw. meint die mit Öl gesalbten katholischen Priester; vgl. zu Peeperkorn als Priester, der jedoch dionysische und christliche Elemente in sich vereinigt, Anm. zu 782,18–21.
Beatrice: Gemeint ist Clawdia (vgl. 711,7 f. und Anm.).
804,5 *hahnenmäßig:* vgl. Anm. zu 450,25 – hier ist die sexuelle Komponente des Wortes ›Hahn‹ angesprochen.
804,20 *point d'honneur:* (frz.) Ehrensache.
804,20 f. *Ehrenpuschel:* übertriebenes Ehrgefühl (Puschel: vgl. Anm. zu 801,9 f.).
805,8 f. *zerebralen Angelegenheiten:* Gemeint ist Peeperkorn (vgl. 799,31 und Anm.).
805,20 *entweste es:* nahm ihm sein inneres Wesen.

806,10 *religiös-asketischen:* vgl. Anm. zu 540,26.
806,22 f. *des idealen, des kommunistischen Gottesstaates:* vgl. Naphta in 553,19–33.
806,26 *luziferischen Revolutionsgedankens:* eine Anspielung auf die Teufelsfigur aus Carduccis Hymne *Inno a Satana* (vgl. Anm. zu 85,31 f. und 85,35 f.).
806,29 *inquirieren:* untersuchen, nachforschen, verhören. Settembrini benutzt das Wort hier allerdings auch mit dem Beiklang von ›Inquisition‹.
806,31 *Emissäre:* vgl. Anm. zu 703,5.
807,4 f. *das zu stellvertretender Diktatur berufene Weltproletariat:* vgl. 553,24–33 und Anm. zu 553,27.
807,10 *Pleonasmen:* Pleonasmus: rhetorische Figur der Dopplung derselben Aussage im Beiwort – Naphta meint also, dass ›asketisch‹ und ›Geist‹ ein und dasselbe bedeuten.
807,21 *lutherische Weise Wein, Weib und Gesang:* Die Lebensgenuss und Sinnenfreude zum Ausdruck bringende Formel ›Wein, Weib und Gesang‹ wird (irrtümlich) auf Martin Luther zurückgeführt.
807,29 *Mönches Ilsan aus dem ›Rosengarten‹:* In dem mittelalterlichen Heldenepos *Der Rosengarten zu Worms* oder auch *Der große Rosengarten* aus der zweiten Hälfte des 13. Jh.s fordert Kriemhild den Helden Dietrich heraus: Er soll mit elf Mannen ihren von Siegfried und anderen Kämpfern bewachten Rosengarten erobern, als Siegespreis winkt jedem Kämpfer ein Rosenkranz und ein Kuss Kriemhilds. Da der Mönch Ilsan recht unmönchisch 52 Männer überwältigt, darf er sie 52 Mal küssen, bis ihr Gesicht von seinem Bart blutig zerkratzt ist.
807,30 f. *Grabesaristokratismus:* vgl. Anm. zu 635,11 f. und 635,14.
807,34 *geistlich-feudale:* feudal: vgl. Anm. zu 216,23.
808,3 *kanonischen Rechtes:* des katholischen Kirchenrechts, das staatenunabhängig ist.
808,8 f. *Testier- und Sukzessionsfähigkeit:* Die Fähigkeit,

ein rechtskräftiges Testament zu verfassen (testieren) und die Rechtsnachfolge (Sukzession) als Träger von Rechten und Pflichten einer anderen Person anzutreten.

808,12 *»kanonische Portion«:* Gemeint ist vermutlich die Abtretung von Vermögenswerten an die Kirche im Falle des Todes von Menschen, die dem kanonischen Recht unterstehen, also etwa Geistlichen.

808,14 *»Pfaffendemagogie«:* Demagogie: Aufwiegelung, Volksaufhetzung.

808,29 *Apologetik:* vgl. Anm. zu 718,2.

808,30 *Kultus des Nichts:* d. h. den Nihilismus (vgl. Anm. zu 515,11 f.).

809,6 *Indulgenz:* Ablass, der Erlass einer von der Kirche auferlegten Bußpflicht.

809,36 *peripatetischer:* Die philosophische Schule von Aristoteles wird auch peripatetische Schule genannt, der Begriff leitet sich von dem Säulengang (griech. *peripatos*) ab, in dem Lehrer und Schüler umherzuwandeln pflegten – wie auch Naphta und Settembrini ihre philosophischen Streitigkeiten im Gehen ausfechten.

811,5 *Zero:* (frz.) Null; umgangssprachlich auch: nichts.

811,11 *Behufe:* (veraltet) Zweck.

811,13 *Bildungsreisenden:* Zum zweiten Mal wird Castorp hier als ›Bildungsreisender‹ bezeichnet (vgl. 789,30 und Anm.).

811,16–21 *Er neigte das Haupt … – ein Bild der Bitternis:* Die hier zur Schau gestellte »Martermiene« (811,22) verweist auf den leidenden Christus am Kreuz und wiederholt den Körperausdruck Peeperkorns in 782,1–3.

811,21 f. *Und siehe, im selben Nu erblühte die Martermiene zur Üppigkeit:* womit das zweite Gesicht von Peeperkorn erscheint. Auch schon in 782,18–21 ging seine äußere Erscheinung von einer Figuration des leidenden Christus zu dionysischer Lebensfreude über, die als »üppig« klassifiziert wurde.

811,24 *sybaritische Grübchen:* vgl. Anm. zu 782,18–21.

811,25 f. *der tanzende Heidenpriester war da:* vgl. 785,6–8 und Anm.
811,36 *Spiritus:* (lat.) Geist.
812,6 *Logomachie:* Wortstreit.
812,12 *Ehrenraptus:* Raptus: Anfall von Raserei, große Erregung.
813,13 *Jupiters Vogel:* der Adler gilt als ein Attribut des obersten römischen Gottes Jupiter (des griechischen Zeus).
813,14 *Leu:* (mittelhochdeutsch) poetisch für: Löwe.
813,26 *Antinomien:* vgl. Anm. zu 555,32.
815,14 *timbre-poste:* (frz.) Briefmarke.
815,15–17 *ein Kleid mit rundem Halsausschnitt … knapp um die Handgelenke lagen:* Die Zusammengehörigkeit von Peeperkorn und Clawdia drückt sich so auch rein äußerlich aus, denn die Beschreibung ihres Kleides entspricht der von Peeperkorns Schlafhemd in 791,5–7.
815,20 *Kirgisengesicht:* vgl. Anm. zu 204,7.
815,21 *Tant pis pour vous:* (frz.) Umso schlimmer für Sie; Ihr Pech.
815,25 *Portefeuilles:* vgl. Anm. zu 334,31.
815,31–33 *ein Lied …: ›Ich bin der Welt abhanden gekommen.‹:* Zitat aus einem Gedicht von Friedrich Rückert (1788–1866), das von Gustav Mahler (1860–1911) vertont wurde: »Ich bin der Welt abhanden gekommen, / mit der ich sonst viele Zeit verdorben; / sie hat so lange nichts von mir vernommen, / sie mag wohl glauben, ich sei gestorben! // Es ist mir auch gar nichts daran gelegen, / ob sie mich für gestorben hält. / Ich kann auch gar nichts sagen dagegen, / denn wirklich bin ich gestorben der Welt. // Ich bin gestorben dem Weltgetümmel / und ruh' in einem stillen Gebiet! / Ich leb' allein und meinem Himmel, / in meinem Lieben, in meinem Lied« (*Texte deutscher Lieder*, 252). Anzitiert wurde der erste Vers auch schon versteckt in der Zeitbetrachtung des Strandspaziergangs: »[…] denn du bist der Zeit und sie ist dir abhanden gekommen«

(749,1 f.). Das Motiv wird auch später wiederaufgenommen (vgl. 840,5 f. und 889,30). Vgl. zu Mahler im *Zauberberg* auch Anm. zu 898,20–35 sowie Maar 1995.

815,34 *Papyros:* Anfang des 20. Jh.s Synonym für: Zigaretten (so zwei Belege im DWDS).

816,8–10 *»mähnschlicher« Gemeinsamkeit ... wilden und weichen Selbstverständlichkeit:* vgl. Anm. zur ›russischen Menschlichkeit‹ in 766,19.

816,16 *phlegmatische:* vgl. Anm. zu 274,19.

816,21–25 *daß ihr um des Erlebnisses willen lebt. ... eines Tages als Feinde der Menschheit dastehen werdet:* Clawdias plötzlicher Übergang zur 2. Person Plural meint ›die Deutschen‹, die Aussage hat einen politischen Bezug.

817,29 *Voyons, mon ami:* (frz.) Aber, aber, mein Freund.

817,33 *Die Krankheit gibt dir Freiheit:* Die Freiheit Clawdias stellt ein Leitmotiv dar (vgl. zuletzt 759,24).

818,1 *fingieren:* ersinnen, erdichten.

818,9 *Impertinentes:* vgl. Anm. zu 84,29.

818,17 *sur le chantier:* (frz.) auf der Werft.

818,27 *partout:* durchaus, auf jeden Fall.

819,6 *Quelle générosité! Oh là, là, vraiment:* (frz.) Wie großzügig! Oh là, là, wirklich.

819,7 *homme de génie:* (frz.) Mann von Geist, Genie.

819,14–18 *alchimistisch-hermetische Pädagogik ... zum Höheren hinaufgetrieben und -gezwängt zu werden:* Castorp hat dies aus einem Gespräch mit Naphta (vgl. 699,4–20).

819,14 *alchimistisch-hermetische Pädagogik:* vgl. Anm. zu 699,17 f.

819,14 f. *Transsubstantiation:* vgl. Anm. zu 699,5 f.

819,24 *res bina:* vgl. Anm. zu 699,8.

819,25 *lapis philosophorum:* vgl. Anm. zu 699,6 f.

819,26 f. *denn die Liebe zu ihm führt zur Liebe des Lebens und des Menschen:* Eine Umformulierung des zentralen ›Erkenntnissatzes‹ aus dem Abschnitt *Schnee* (vgl. 679,34–36 und Anm.).

819,28–31 *Zum Leben gibt es zwei Wege: … der geniale Weg:* Castorp selbst wählt im *Zauberberg* den Weg über den Tod: Die Wertschätzung des Lebens muss erst die ›Sympathie mit dem Tode‹ (vgl. VI.6) überwinden, ist daher aber auch eine ›höhere‹ Einsicht (vgl. den Schneetraum). Dies entspricht Manns Wertschätzung der Krankheit, auf der die Würde des Menschen beruhe. In diesem Kontext fällt im *Zauberberg* (und in *Goethe und Tolstoi*) auch das Stichwort vom »Genius der Krankheit« (vgl. Anm. zu 636,11–637,5). Mann nahm den Satz von den zwei Wegen 1926 in *Die Begrüßung Gerhart Hauptmanns in München* auf (GW X, 219), wo er den ›genialen‹ Weg auch als »deutsche[n] Weg« bezeichnet – was Castorp hier noch einmal zum prototypischen Deutschen macht (vgl. Anm. zu 708,1–5 und VII.1).

819,35f. *en philosophe:* (frz.) wie ein Philosoph; übertragen: gleichmütig.

821,9f. *in Gethsemane im Stich zu lassen:* vgl. 781,25–33.

821,17 *C'est exact:* (frz.) Das stimmt.

822,30f. *ein Bündnis schließen für ihn:* Mit diesem Bündnis bekommt Castorps Beziehung zu Clawdia eine andere Qualität: Stand Clawdia vorher auf der Seite der ungebundenen Freiheit und der Homoerotik (vgl. Anm. zu 180,33f. und 465,7), so nimmt ihre Beziehung nun ein Element der ›Pflicht‹ in sich auf und bewegt sich somit, Manns Oppositionsmodell von Homoerotik und Ehe aus *Die Ehe im Übergang* zufolge, auf die Seite der lebenszugewandten Ehe. Vgl. VI.5.

822,34 *tu sais:* (frz.) weißt du.

823,1 *Enfin:* (frz.) schließlich, endlich.

823,18–20 *Dr. Krokowski's kunstreiche … von der Liebe in einem leise schwankenden Sinn zu sprechen:* vgl. 176,12–179,18.

824,4 *Charitas:* Caritas: (christliche) Nächstenliebe.

824,34 *Mynheer:* (niederl.) mein Herr; Herr; hier: der Herr.

825,8 *malignen:* vgl. Anm. zu 753,4.
825,12 *idolhaften:* vgl. Anm. zu 768,20.
826,6f. *Er hat seine Bürgerpike am Altar der Menschheit geweiht:* so auch über Settembrini in 535,24f., Settembrini erzählte dies von seinem Großvater: vgl. 218,16f.
826,7f. *die Salami in Zukunft an der Brennergrenze verzollt werde:* Ein ironischer Hinweis auf Settembrinis patriotische Einstellung gegenüber Österreich (vgl. 219,26–29 und 614,30–32; zur Brennergrenze Anm. zu 523,36).
826,16f. *Sorgenkind des Lebens:* vgl. Anm. zu 425,26f.
826,26f. *sozusagen des Teufels, und die Mittel dazu bezieht er hintenherum:* eine Anspielung auf Naphtas Zugehörigkeit zu den Jesuiten (vgl. Settembrini in 561,34).
827,5 *Re-ku-sa-tion:* Ablehnung.
827,30–31 *Sie fragen eine Frau: ... antwortet sie Ihnen:* vgl. die Frage von Hans und Clawdias Antwort in 820,33–821,1.
827,35 *ridikül:* lächerlich.
827,36 *epigrammatisch:* in Form eines Epigramms, eines kurzen, pointiert formulierten Sinngedichts.
828,13f. *der Ohnmacht, das Weib zur Begierde zu wecken:* ein weiterer Hinweis darauf, dass Peeperkorn impotent ist (vgl. seine Ausführungen zur »Niederlage des Gefühls« in 776,33–35).
828,15 *Mich dürstet:* viertes Wort Christi am Kreuz (vgl. Joh 19,28).
828,22 *Sauser:* (süddt./schweiz.) Wein, der sich noch in der Gärung befindet.
828,25 *Büstengurgel:* Büste: Plastik des menschlichen Kopfes bis zur Brust. Mit dem Begriff wird Peeperkorns Kehlkopf als denkmalsähnlich – oder denkmalswürdig – gekennzeichnet.
828,33–829,7 *Unser Gefühl, verstehen Sie, ist die Manneskraft ... eine kosmische Katastrophe, ein unausdenkbares Entsetzen:* vgl. Anm. zu 828,13f. Die Verweise auf

das Göttliche lassen sich eventuell als spezifische Auslegung der schopenhauerischen Willensmetaphysik lesen, der zufolge sich der ›Wille‹ ja in jedem Einzelnen manifestiert – und im Sexualtrieb seine stärkste Ausformung findet (vgl. IV.3.1; zu Peeperkorn als ›Hochzeitsorgan Gottes‹ auch V.3).

829,14 *Rigorosität:* Strenge, Härte.

831,9 *Mandat:* Auftrag; durch Wahl vergebenes Amt.

832,23 *ein Vielliebchen mit Madame gegessen:* Vielliebchen: Zwillingsfrucht (ein doppelter Kern in einer Haselnuss oder Mandel), die von zwei Personen verzehrt wird, was mit einer Abmachung einhergeht, wer wen am nächsten Tag zuerst in einer besonderen Form ansprechen wird.

834,7 *wie ein begossener Pudel:* kleinlaut, kläglich, lächerlich.

834,12 *frank:* offen (heute noch in der Redewendung ›frank und frei‹).

835,20 *hors d'œuvre:* (frz.) Vorspeise; wörtlich: Beiwerk, ›außerhalb des (eigentlichen) Werks‹.

836,11 *positive Rechtsverhältnis:* bestehende Rechtsverhältnis.

837,3 f. *neunundzwanzigsten Februar:* gibt es nur in Schaltjahren, also alle vier Jahre.

837,6–8 *daß ich mir renommistisch und geschmacklos vorkomme, indem ich mich einen ›Mann‹ nenne:* Hans Castorp spricht sich an dieser Stelle selbst ab, ein Mann zu sein – ein Verweis auf seine Androgynität, wie umgekehrt ja auch Clawdia durch ihre Kinderlosigkeit und ihre mythische Identität mit Přibislav Hippe keine ›eindeutige‹ Frau ist. Vgl. zur Erotik im *Zauberberg* VI.5.

837,6 f. *renommistisch:* angeberisch, aufschneiderisch.

837,17 *Sollte es nicht gemein sein, daß wir so über sie sprechen?:* Eine Umkehrung von Clawdias Bedenken, mit Hans über Peeperkorn zu sprechen (vgl. 821,21 f.).

839,14 f. *Ich bin seit langer Zeit hier oben … genau weiß*

ich es nicht, wie lange: Das Gespräch findet im Frühjahr (vgl. 824,16) 1910 statt (vgl. Anm. zu 743,23–32) – Castorp ist also seit gut zweieinhalb Jahren im Sanatorium.

840,5 f. *dem Flachland völlig abhanden gekommen und in seinen Augen so gut wie tot:* die dritte Anspielung auf das Lied von Friedrich Rückert (vgl. Anm. zu 815,31–33).

840,9–21 *eine Geschichte gelesen … sie es übrigens geradezu angelegt hatte:* Es handelt sich hierbei um die 1875 uraufgeführte Oper *Carmen* von Georges Bizet, die auch vorher schon auftauchte (229,4 und 327,10–12) und in *Fülle des Wohllauts* eine große Rolle spielen wird (890,5 ff.). Die Geschichte ist alles andere als »beziehungslos« (840,22): Ebenso wie Hans Castorp aufgrund seiner Leidenschaft für Clawdia »dem Flachland völlig abhanden gekommen und in seinen Augen so gut wie tot« ist, verliert auch der Held der Oper seine Stellung innerhalb der Gesellschaft aufgrund seiner Leidenschaft für Carmen und geht ›der Welt verloren‹. Die häufigen *Carmen*-Bezüge des Romans lassen sich zudem über Nietzsches Wagner-Kritik erklären und damit in das große Thema ›Musik im *Zauberberg*‹ einordnen (vgl. Anm. zu 229,4 sowie IV.3.3).

840,17 f. *Matador:* (span.) der Stierkämpfer, der den Stier am Ende tötet.

841,17–19 *in Form eines Bruderbundes … für jemanden schließen wollen:* eine Umkehrung von Clawdias und Hans Castorps Bund für Peeperkorn (vgl. 822,30 f.).

841,36–842,2 *Das ist eine gewaltige Ehre für mich … auf passive Weise, auf andere gewiß nicht:* Indem Hans Castorp hier herausstellt, dass er die Ehre von Peeperkorns Freundschaft auf ›passive Weise‹ verdient hat, schreibt er sich selbst weibliche Züge zu, denn Clawdia hatte ihre Liebe zu Peeperkorn als eine Liebe beschrieben, die passiv als Reaktion auf die Liebe des Mannes hin entstand (vgl. 820,33–821,1). Castorp hatte dies im Gespräch mit Peeperkorn aufgegriffen und als typisch weibliches Verhalten charakterisiert (vgl. 827,15–32). Auch in 837,6–8 sprach Castorp sich selbst ab, ein Mann zu sein.

842,17 f. *daß plötzlich Herr Settembrini hereinkäme und das Licht andrehte:* vgl. 268,4–8. Als Symbol für Settembrinis Eintreten für Vernunft und Aufklärung benutzte Castorp dies Motiv auch schon in 452,22 f.

842,23 f. *an denen Sie allen Anforderungen gewachsen sein werden:* Da Peeperkorns Angst, den Anforderungen des Lebens und des Gefühls nicht gewachsen zu sein, sich (auch) als Angst vor Impotenz verstehen lässt (vgl. 776,33–35 und 828,13 f.), hat Castorps Aussage einen versteckten Sinn: Er spricht Peeperkorn damit indirekt zu, ein sexuelles Anrecht auf Clawdia zu haben.

Mynheer Peeperkorn (Schluß)

843,14 f. *der Wonnemond einfältigen kleinen Liedern des Flachlandes zufolge:* Die Bezeichnung ›Wonnemond‹ (Mai) verweist auf Wagners *Ring*-Tetralogie, in der der berühmte Vers vorkommt: »Winterstürme wichen dem Wonnemond« (vgl. Heftrich 1975, 241). In Kombination mit den ›einfältigen kleinen Liedern‹ (vgl. Anm. zu 797,25 f.) wirkt dies allerdings ironisch (vgl. zu Wagner IV.3.2).

843,25 *maligne:* vgl. Anm. zu 753,4.

843,27 *Antidoten:* Gegengiften.

843,29 *Quartanfieber:* vgl. Anm. zu 762,2.

844,6 *Schmollis:* (veraltet) Brüderschaft.

844,8 f. *Vielliebchenwette:* vgl. Anm. zu 832,23.

844,25 *Concierge:* vgl. Anm. zu 15,7.

844,30 *Landauer:* vgl. Anm. zu 437,33.

845,4 *Ulster:* vgl. Anm. zu 14,18.

845,15 *Übergangspaletots:* vgl. Anm. zu 113,6.

847,8 *amalgamiert:* eng, fest verbunden; eine übertragene

Bedeutung des technischen Begriffs ›amalgamieren‹: eine Legierung mit Quecksilber herstellen.

847,16 *wer auf einer Tortur ist, der will davon los:* Tortur: Folter, Qual. Neumann stellt einen möglichen Bezug zu Nietzsche her, der in der *Genealogie der Moral* mit Blick auf Schopenhauers Willensphilosophie schreibt: »Und, um auf unsere erste Frage zurückzukommen ›was bedeutet es, wenn ein Philosoph dem asketischen Ideale huldigt?‹, so bekommen wir hier wenigstens einen ersten Wink: er will von einer Tortur loskommen« (GOA 7, 410 / *Genealogie* 102). Wehsal zeige so, »was aus dem wird, der den Willensdrang [Schopenhauers] weder zu stillen, noch ins Ästhetische oder Asketische umzulenken vermag« (Neumann 2002 / GKFA 5.2, 372). Kunst oder Askese stellen nach Schopenhauer Wege dar, mit dem Drang des Willens umzugehen (der sich, so Schopenhauer, ja am deutlichsten im Geschlechtstrieb ausdrückt; vgl. IV.3.1). Wehsal hingegen findet keine Alternative zu seinen sexuellen Bedürfnissen.

847,22f. *dem gehen die Augen über:* vgl. Anm. zu 240,13.

847,36–848,8 *darum so heißen wir sie viehisch … Denn die Liebe zum Angesicht ist Seelenliebe:* Wehsals Redeweise wird hier sehr altertümlich bzw. biblisch, eine mögliche Vorlage ist bislang nicht bekannt.

848,34 *Palingenesie:* Wiederentstehung; Wiedergeburt. Im theologischen Sinne die Auferstehung der Toten oder die sittliche Wiedergeburt des Menschen, weiterhin Begriff für die Seelenwanderung; im biologischen Sinne das Auftreten stammesgeschichtlicher Eigenschaften der Vorfahren in der Individualentwicklung eines Organismus.

848,35 *Hydrostatik:* Lehre vom Gleichgewicht von Flüssigkeiten, Teil der Hydromechanik.

849,19 *Schwulitäten:* peinliche Situation, Bedrängnis (von ›schwul‹ als Variation zu ›schwül‹: drückend heiß).

849,19–22 *eine Geschichte von einer Person ... mit jedem Wort eine Schlange oder Kröte:* Dies passiert in Charles Perraults (1628–1703) Märchen *Les Fées* (1697) der bösen, einer Fee gegenüber unfreundlichen Schwester, während der guten Schwester als Belohnung für ihr freundliches Verhalten bei jedem Wort Perlen und Edelsteine aus dem Mund fallen.

850,8 *Fond:* vgl. Anm. zu 161,31.

850,9 f. *Korsofahrers:* Korso: (ital.) Umzug von festlich geschmückten Wagen.

850,18 *Blessen:* Pferde mit Blessen (weißen Malen) auf der Stirn.

851,28 f. *Wald- und Felsenschlucht frei, in der der Wasserfall niederging:* Heftrich (1975, 228–237) sieht hier eine Anspielung auf das Ende von Goethes *Faust. Der Tragödie Zweiter Teil*: In der Szenerie, die den Hintergrund für Fausts Aufstieg in den Himmel bietet, befindet sich auch ein Wasserfall, der dort als Beispiel für die »allmächtige Liebe, / Die alles bildet, alles hegt« dient (V. 11872 f.). Peeperkorns letzter Auftritt werde so zur »Umkehrung der Apotheose der Liebe, mit der Goethes ›Faust‹ endet« (ebd., 229) – sein »Erledigt« (854,21) sei eine Chiffre für den »Weltuntergang«, den Peeperkorn schon in 777,12 beschworen hat. Das Tosen des Wasserfalls wird auch als »Höllenspektakel« (851,31) bezeichnet und mit biblischen Verweisen (etwa die »Posaunen« in 852,12) versehen und verweist daher auf die Apokalypse.

851,32 *Kaskade:* Stufe eines Wasserfalls (meist im Plural bei Wasserfällen mit mehreren Stufen).

852,1 *Tusch:* eigentlich: festliches Signal mit aufsteigenden Akkorden, fanfarenartig.

852,12 *Posaunen:* sprichwörtlich im Jüngsten Gericht.

853,11 *autokratisch:* Autokratie: Selbstherrschaft; Staatsform, bei der alle Macht uneingeschränkt in der Hand einer einzigen Person liegt.

853,16 *demokratisch-distinkten:* distinkten: vgl. Anm. zu 803,11.
853,17 f. *jener Gebärde der Verzweiflung und der Resignation:* Mit genau dieser Gebärde wandte sich Settembrini in der ›Walpurgisnacht‹ von Castorp ab, als dieser zu Clawdia ging (vgl. 458,24–27).
854,4 *bannenden:* fesselnden.
854,18 *Toastes:* Trinkspruchs bei festlichem Anlass.
854,22–26 *Man sah sein Haupt sich schräge neigen ... die heilige Unsittsamkeit des Heidenpriesters:* Schon zum dritten Mal verändert sich Peeperkorns Miene von einer Figuration des leidenden Christus zu der des Gottes Dionysos (vgl. 782,1–21 und 811,16–26, dort auch am Ende der Übergang zur Szene des ›tanzenden Heidenpriesters‹, die erstmals in 785,6–8 geschildert wurde).
854,24 *sybaritische:* vgl. Anm. zu 782,18–21.
855,9 *Plaid:* vgl. Anm. zu 11,30.
856,9 *Fauteuil:* vgl. Anm. zu 246,34.
856,26–29 *in typischer Haltung ... in ehrerbietig sinnender Betrachtung:* vgl. zur Haltung Castorps Anm. zu 57,32–58,4.
856,34 *idolhafte:* vgl. Anm. zu 768,20.
857,1 *habituelle:* auf einer Gewohnheit beruhende.
857,13 *Suicidium:* (lat.) Selbsttötung.
857,16 *Galanterieware:* vgl. Anm. zu 459,30.
857,20 *Kapriziös:* eigensinnig.
857,33 *organisierte:* In Behrens' eigenwilligem Sprachgebrauch ist hiermit die Bedeutung ›organisch‹ aufgerufen, wie durch seine Erläuterung deutlich wird: Das Werkzeug ist eine mechanische Kopie des Beißorgans von Schlangen.
858,19 *Dynamik:* vgl. Anm. zu 793,21 f.
858,20 *eruieren:* erforschen, ergründen.
858,26 *fulminant:* vgl. Anm. zu 350,29.
858,28 *Respirationszentrums:* Atemzentrum im Stammhirn.
859,3 *Es war sehr gütig von Ihnen:* Bislang hatte Hans

Castorp Clawdia durchgängig geduzt, was er mit dem traumhaften Charakter der Faschingsnacht (vgl. 465,3–22/991,34–992,20) und mit dem besonderen, unbürgerlichen Charakter ihrer Beziehung legitimierte (vgl. 470,15–19/997,17–21). Dass Castorp Clawdia nach dem Selbstmord Peeperkorns siezt, lässt sich als Hinweis darauf werten, dass ihre Beziehung spätestens jetzt in gesittet-bürgerlichen Bahnen verläuft (vgl. zu diesem Wandel auch Anm. zu 822,30f.). Nun ist also auch der Stirnkuss zwischen ihnen möglich, den Castorp in 787,31–33 noch abgelehnt hatte, da ein solcher Kuss seinem (damaligen) Verhältnis zu ihr nicht gerecht geworden wäre.

859,10–12 *das Versagen des Gefühls vor dem Leben … sich als Gottes Hochzeitsorgan:* vgl. Anm. zu 828,33–829,7.

859,14 *pietätlos:* vgl. Anm. zu 218,9.

859,15 *konzessionierte:* behördlich genehmigte, mit einer Konzession versehene.

859,16 *C'est une abdication:* (frz.) ›Das ist eine Abdankung!‹ Die Übersetzung (1002,28) schreibt »Das ist ein königlicher Verzicht« und stellt damit den Bezug dieser Formulierung zu Castorps Rede von der »königliche[n] Narretei« heraus.

Der große Stumpfsinn

859,31f. *inhaltliche Zeit … ihre musikalische:* vgl. zu dieser Unterscheidung 741,30–742,4 und Anm.

860,2 *Rhadamanthys:* vgl. Anm. zu 83,19.

860,4 *alter Schwede:* sprichwörtlich für: ehrlicher Kerl, alter Freund.

860,13 *Reichsverdrossenheit:* Ein Begriff für die Unzufriedenheit einzelner Gruppen mit dem 1871 gegründeten Deutschen Reich als Vereinigung der deutschen Einzelstaaten; Behrens meint hier übertragend scherzhaft die offensichtliche Unzufriedenheit Castorps im Sanatorium.

860,17 *Divertierung:* Belustigung; offenbar eine Wortbildung von Behrens zu ›divertieren‹: belustigen.

860,30 *Apperzeption:* die Wahrnehmung eines Sinneseindrucks und seine Eingliederung in das Bewusstsein.

860,35–861,1 *da findet ... nicht allzuviel mehr zu erinnern:* vgl. Anm. zu 267,4f.

861,2 *resorbiert:* aufgenommen, aufgesaugt.

861,4 *Unsolidität:* mangelnde Festigkeit, Unzuverlässigkeit.

861,20 *Kokken:* vgl. Anm. zu 273,12.

861,24 *Streptos:* Streptokokken, Sammelbezeichnung für diejenigen Kokken, die sich kettenförmig aneinanderlagern.

862,1 *Tuberkeln im Blute:* Gemeint sind hier die Tuberkelbakterien.

862,8 *diese Kleinen von den Meinen:* Anspielung auf *Faust. Der Tragödie Erster Teil,* V. 1627f. Mephistopheles meint mit »Dies sind die kleinen / Von den Meinen« unsichtbare Geister. Wenn Behrens die Streptokokken auf diese Weise kennzeichnet, spricht er quasi in der Rolle des Mephistopheles – Settembrini nannte ihn schon in 309,20 »Teufelsknecht«.

862,10 *Febrilität:* vgl. Anm. zu 253,20.

862,12 *Streptovakzinkur:* Es handelt sich hierbei um eine Impfkur mit einem Impfstoff, der speziell auf die im Auswurf (oder, wie hier, im Blut) enthaltenen Bakterien zugeschnitten war. Ziel dieser Therapie war »eine ausschließliche Konzentrierung der körpereigenen Abwehr auf die Tuberkelbazillen« (Rüttimann 1997, 105).

862,28 *Diversion:* vgl. Anm. zu 726,10.

863,9 *exzentrischen:* vgl. Anm. zu 643,26.

863,34–36 *Das Leben ohne Zeit ... das tote Leben:* Das Element des ›Stagnierens‹ verweist noch einmal auf Schopenhauers ›nunc stans‹ (vgl. Anm. zu 255,3–256,12 und 750,2f.). Dass diese Wendung hier mit einer Phase allgemeinen Stumpfsinns in Verbindung gebracht wird, stellt die Verknüpfung zwischen dem Thema der Zeit und der Epoche der Vorkriegszeit her (vgl. Karthaus 1970 und VII.1).

864,20 f. *farbige Photographien nach Lumière:* Die Entwicklung der Farbfotografie wurde seit den 1860er Jahren von verschiedenen Seiten vorangetrieben. Die Brüder Lumière entwickelten im Jahre 1904 die Autochromplatte, die 1907 auf den Markt kam. Es handelte sich hierbei um ein Diapositiv-Verfahren – daher die Glasplatte, die Hans Castorp gerahmt hat.

864,22 *Magnesiumblitz:* Vorform des Blitzes bei Fotoapparaten (Magnesium wird unter Entwicklung einer extrem hellen Stichflamme abgebrannt).

864,34 f. *Philatelistische:* Philatelie: Briefmarkenkunde.

865,10 *Milka-Nut:* Die Marke ›Milka‹ gibt es seit 1901, gemeint ist hier eine Nussschokolade (engl. *nut* ›Nuss‹).

865,10 f. *Chocolat à la crème d'amandes:* (frz.) Schokolade mit Mandelcreme.

865,11 *Marquis-Napolitains:* (frz.) offenbar eine Markenbezeichnung von Neapolitanern, mit Haselnusscreme gefüllten Waffeln.

865,13 f. *inauguriert:* begonnen, feierlich eingeleitet.

865,18 *Moribunder:* vgl. Anm. zu 149,11.

865,30 f. *deren kühlende … Wirkung wir haben preisen hören:* vgl. Behrens in 571,11–16. Behrens' Einschätzung der Mathematik könnte auf sein reales Vorbild, den Geheimrat Friedrich Jessen, zurückgehen, der in einer Veröffentlichung unter dem Titel *Lungenschwindsucht und Nervensystem* (Jena 1905) die »Mathematik als ein souveränes Dämpfungsmittel für den psychogenen Faktor der libido« bei der Lungentuberkulose empfahl. Vgl. Virchow 1996, 181 (Zitat ebd.).

866,8 *jener ägyptischen Fatme:* vgl. 751,15–27.

866,12 *kalmierender:* beruhigender.

866,15 *Persistenz:* Beharrlichkeit.

866,17 *Quieszierung:* Versetzung in den Ruhestand.

866,18 f. *die Quadratur des Kreises:* Die Quadratur des

Kreises stellt ein mathematisch unlösbares Problem dar; im übertragenden Sinne bedeutet der Ausdruck: ein unmögliches Unterfangen. Die Idee zu diesem Motiv fand Mann möglicherweise bei Spengler, *Untergang des Abendlandes*, 120 (vgl. Sauereßig 1974b, 40f., zu Spengler IV.3.3).

866,26 *transzendente:* vgl. Anm. zu 514,33f.

866,31 *Manie:* vgl. Anm. zu 526,36.

867,10 *Halbmesser:* Radius (die Hälfte des Durchmessers).

867,13 *Archimedes':* Archimedes: griechischer Mathematiker (285–212 v. Chr.), der sich mit der Quadratur des Kreises und der Umfangsbestimmung von Kreisflächen befasste, das weiter unten beschriebene Verfahren der Einbettung eines Kreises in außen und innen verlaufende Vielecke (Polygone) anwandte und sich damit dem mathematischen Wert π (pi) annäherte.

867,15 *rektifizieren:* die Bogenlänge einer Kurve bestimmen.

867,31 *Polygonen:* Vielecken.

867,34 *ätherisch:* flüchtigen (zu Äther, vgl. Anm. zu 392,10).

868,2 *Unterredner:* vgl. Anm. zu 274,23.

868,7f. *ohne Richtungsdauer in sich selber laufenden Ewigkeit:* vgl. Castorps Reflexionen zum Lauf der Gestirne in 509,36–510,2 und Anm. zu 510,1f.

869,27 *Esperanto:* vgl. Anm. zu 709,11.

869,29 *konversieren:* vgl. Anm. zu 110,10.

869,34f. *Did you ever see the devil with a night-cap on?:* (engl.) Haben Sie jemals den Teufel mit einer Nachtmütze gesehen?

869,35f. *No! I never saw the devil with a night-cap on:* (engl.) Nein! Ich habe niemals den Teufel mit einer Nachtmütze gesehen.

870,3 *Patienceleger:* Patience: Kartengeduldsspiel, bei der die Karten in einer bestimmten Reihenfolge ausgelegt, aufgedeckt und abgelegt werden. Die Patience geht nur dann auf, wenn keine Karte übrigbleibt.

870,32 *ihn »störend«:* Das wiederkehrende Motiv (zuletzt 762,18) geht auf einen Traum Castorps zurück (vgl. Anm. zu 129,36–130,2).
870,34 *Accidente!:* (ital.) Ausruf des Erstaunens und der Entrüstung.
871,2 *intrigieren:* hier: machen neugierig.
wetterwendischen: unbeständigen, launenhaften, sprunghaften.
871,11 *präokkupiert:* befangen, verpflichtet.
871,15 *Freimaurer:* vgl. Anm. zu 694,1.
871,16 *Balkanbund:* ein zwischen Serbien, Bulgarien, Griechenland und Montenegro im Frühjahr 1912 gegründeter Bund mit dem Ziel, die Osmanen vom Balkan zu vertreiben. Der Balkanbund wurde von Russland unterstützt und führte zum Ersten Balkankrieg gegen das Osmanische Reich (1912/13), dem 1913 der Zweite Balkankrieg um Gebietsansprüche innerhalb des Bundes folgte. Dass der Bund gegen Österreich-Ungarn gerichtet war, ist Settembrinis Interpretation. Die Eroberung des Kosovo durch Serbien führte allerdings tatsächlich zu Konflikten mit der Doppelmonarchie.
871,18 *Kombination:* Vereinigung, Verbindung.
871,23 *sarmatischen Despotie:* Gemeint ist Russland (vgl. Anm. zu 707,21 f.).
872,3 *Placet experiri:* vgl. Anm. zu 138,5.
872,10 *Affengottes:* vielleicht ein Verweis auf Thot (vgl. Anm. zu 716,19).
872,13 *apokalyptischer Name:* Der Hinweis auf die Apokalypse lässt sich hier als Vorgriff auf den Ersten Weltkrieg als Endpunkt des Romans lesen.
872,26 *Korpsstudentischen:* vgl. Anm. zu 19,30.
874,7 *ridikül:* lächerlich.
874,11 *hypochondrische:* Hypochondrie: krankhafte Sorge um den eigenen Körper, verbunden mit einer traurigen Gemütsverfassung.

Fülle des Wohllauts

Die Idee zu diesem Abschnitt hatte Mann während eines Aufenthalts in Feldafing 1920. Ein dort vorgefundenes Grammophon nutzte er beständig (vgl. den Tagebucheintrag vom 10. Februar 1920 in VIII.1, S. 387 f.; zu *Fülle des Wohllauts* Mertens 2002; zur Musik im *Zauberberg* auch VI.7). Vgl. auch Abb. S. 250. Die meisten der in diesem Abschnitt beschriebenen Musikstücke in Aufnahmen, die Mann vermutlich oder erwiesenermaßen kannte, finden sich bei Mertens (2006) als Beilage auf einer CD.

875,2 f. *stereoskopischen Guckkastens:* vgl. Anm. zu 119,20 f.

875,3 f. *kinematographischen Trommel:* vgl. Anm. zu 119,27 f.

875,22–26 *das armselige Kurbelkästchen ... mit näselndem Gebrüll erfüllte:* Emil Berliner (1851–1929) erfand 1887 das Grammophon, bei dem – im Gegensatz zum Phonographen Edinsons, der mit einer Walze arbeitete – eine flache Scheibe als Träger eingesetzt wurde. Die ersten Grammophone hatten einen großen Trichter zur Verstärkung der Klangwiedergabe und wurden mechanisch betrieben.

875,29 *Distinktion:* Unterscheidung.

876,1 *Hartgummiplatte:* Die ersten von Emil Berliner (vgl. Anm. zu 875,22–26) vertriebenen Schallplatten bestanden aus Hartgummi; der die Klangqualität erheblich verbessernde Schellack wurde 1896 eingeführt. Da die Handlung im Jahre 1912 oder 1913 spielt, sind Hartgummischallplatten eigentlich anachronistisch.

876,14 *in dem Janger:* Der Hofrat meint: ›in dem Genre‹: in der Art, auf dem Gebiet.

876,20 *Stradivarius:* Geige des berühmten Geigenbauers Antonio Stradivari (1644–1737).

Guarneri: Geige des berühmten Geigenbauers Guiseppe Antonio Guarneri (1698–1744) bzw. aus der Geigenbauerfamilie der Guarneris.

Thomas Mann am Grammophon

876,22 *Polyhymnia:* eine der Musen in der griechischen Mythologie.

876,32 *Zauberbücher:* Dass die Schallplattenalben hier als ›Zauberbücher‹ bezeichnet werden, ist bedeutsam; auch Schuberts *Lindenbaum*-Lied wird am Ende dieses Abschnitts als »Seelenzauber« und »Zauberlied« (898) bezeichnet. Die Musik steht so mit dem ›inneren Wesen‹

des ›*Zauber*bergs‹ als Reich des Todes in Verbindung (vgl. VI.7).

877,8 *Ouvertüre von Offenbach:* Wie nachfolgend durch das Zitat deutlich wird (877,14), handelt es sich um die Operette *Orphée aux enfers* (*Orpheus in der Unterwelt*, Urauff. 1858) von Jacques Offenbach (1819–1880), die den antiken Orpheus-Mythos parodiert: Der Sänger Orpheus steigt in die Unterwelt hinab, um seine gestorbene Frau Euridike zurückzuholen, was ihm unter der Bedingung erlaubt wird, dass er sich beim Aufstieg zur Oberwelt nicht nach ihr umdreht. Als er dies dennoch tut, ist Euridike verloren. Bei Offenbach befinden sich Orpheus und Eurydike in einem Ehestreit: Orpheus ist zunächst froh, dass Eurydike von Pluto entführt wird, Eurydike am Ende zufrieden, dass sie als Bacchantin bei den Göttern bleiben kann. Dass die erste der hier erwähnten Platten gerade den Orpheus-Stoff zum Inhalt hat, erstaunt kaum, greift dies doch die Unterweltthematik des *Zauberbergs* auf (vgl. die Anm. zu 83,3f. – 84,1), und auch das Zusammenspiel von Musik und Tod wird so noch einmal verdeutlicht.

877,10 *Koloraturen:* ›Verzierungen‹ des Gesangs durch Läufe, Akkordbrechungen und Triller, zur Darstellung von Virtuosität.

877,11 *präludierte:* präludieren: ein Musikstück einleiten bzw. in einem einleitenden Spiel vorbereiten.

877,12 *Tremolo:* (ital.) schnelle Wiederholung eines Tones bzw. schneller Wechsel zwischen zwei Tönen.

877,17 *Tutti:* Spiel des gesamten Orchesters.

877,35f. *ein italienischer Bariton berühmten Namens:* Mertens (2006, 91) zufolge verweist die genaue Beschreibung Manns auf Titta Ruffo (1877–1953), einen »außergewöhnlichen Sänger mit gewaltigem Volumen und großem Stimmumfang«. Vgl. auch den Tagebucheintrag vom 10. Februar 1920 (VIII.1, S. 388).

878,7 *Opernbravourarie:* schwierige Arie, die eine besondere technische Kunstfertigkeit und Meisterschaft im Gesang erfordert.

878,7f. *eh, il barbiere ... Figaro:* Arie aus *Il Barbiere di Siviglia* (*Der Barbier von Sevilla*, Urauff. 1816) von Gioacchino Rossini (1792–1868). Eine Aufnahme mit Titta Ruffo liegt Mertens (2006) auf CD bei.

878,9 *falsettierendes:* Falsett: hohe Kopfstimme von männlichen Sängern.

878,10 *parlando:* (ital., ›sprechend‹) Sprechgesang. Tatsächlich lässt sich die Bravourarie jedoch kaum als Parlando bezeichnen, sie stellt eher ein rasend schnelles, kapriziöses Spiel mit Sprache dar.

878,12 *Phrasierung:* Gliederung eines Musikstücks in sinnvolle Abschnitte.

878,13f. *welschen:* vgl. Anm. zu 450,25.

878,14 *Da capo:* Wiederholung eines Musikstücks bis zu einer bestimmten Stelle.

878,15 *Schlußtonika:* Tonika: Grundton; erste Stufe einer Tonart bzw. -leiter, dann auch der sich auf diesem errichtende Dreiklang; Schlusstonika: Abschluss einer Akkordfolge, die zum Ausgangspunkt zurückkehrt (Kadenz).

878,20f. *eine Sopranistin ... ›La Traviata‹:* Mertens (2006, 91) zufolge ist hier Luisa Tetrazzini (1871–1940) gemeint, die wegen ihrer »frische[n], klare[n] Stimme« gerühmt wurde. Eine Aufnahme der Arie liegt bei Mertens auf CD bei. Die weibliche Hauptfigur der 1853 uraufgeführten Oper *La Traviata* von Guiseppe Verdi (1813–1901) leidet bezeichnenderweise an Tuberkulose.

878,21 *stakkierte:* im Stakkato vorgetragene: d. h. die einzelnen Töne werden deutlich voneinander getrennt.

878,22 *Der Geist eines Violinisten:* Der Geiger Joseph Szigeti (1892–1973) hat sich selbst in dieser Bezeichnung wiedergefunden. Ob dies korrekt ist, ist nicht überprüfbar (vgl. Neumann 2002 / GKFA 5.2, 378f.; Mertens 2006, 91).

878,24 f. *eine Romanze von Rubinstein:* Neumann nennt die »Romanze in F-Dur, Nr. 11, aus den *Soirées de St. Petersburg*, op. 75« von Anton Rubinstein (1829–1894) in einer Bearbeitung für Violine und Klavier (2002 / GKFA 5.2, 378), Mertens hingegen »die Romanze Es-dur aus den ›Soirées de St. Petersburg‹ (op. 44 Nr. 1)« (2006, 91).

878,26 *Harfenglissandi:* Glissandi: gleitende Tonübergänge.

878,28 *neuen Import:* Der Tango entstand Ende des 19. Jh.s in Buenos Aires und Montevideo und wurde um 1910 von Südamerika nach Europa ›importiert‹.

879,21 *Epoche:* hier: Einschnitt, Wendepunkt (vgl. ›Epoche machen‹).

879,30 *Piecen:* (frz. *pièce*) Musikstücken.

879,31 f. *›Barkarole‹ aus ›Hoffmanns Erzählungen‹: Les Contes d'Hoffmann* (Urauff. 1881) ist eine Oper von Jacques Offenbach (1819–1880), die auf phantastischen Erzählungen des romantischen Dichters E. T. A. Hoffmann (1776–1822) beruht. Eine ›Barcarole‹ ist ein ruhiges, wiegendes Musikstück (von ital. *barca* ›Boot‹). Die Barcarole »Belle nuit ô nuit d'amour« zu Beginn des vierten Aktes der Oper gehört zu Offenbachs bekanntesten Werken.

880,22 f. *Hartgummidisken:* Disken: Scheiben. Vgl. Anm. zu 876,1.

880,29 *Symphonik:* Gesamtheit großer Orchesterstücke (Symphonien).

881,11 *Ensembleszenen:* Szenen, in denen das komplette Ensemble, die Gesamtheit aller Sänger/Schauspieler, auf der Bühne anwesend ist.

881,19 *obligater:* notwendiger, verbindlicher.

881,21 *Couplets:* witzige Lieder in französischen komischen Opern und Possen, seit Ende des 19. Jh.s auch: satirisch-komische Lieder im Kabarett.

881,36 *vibrato:* leichtes Beben eines Tons durch geringfügige Tonhöhenschwankungen, beim Singen oder bei Streichinstrumenten.

portamento: Verbindung eines Tons mit einem anderen; getragene Spielweise.

882,10 *Blick' ich umher in diesem edlen Kreise:* Zitat aus Wolframs Preislied im zweiten Aufzug von Wagners (1813–1883) Oper *Tannhäuser und der Sängerkrieg auf der Wartburg* (Urauff. 1845). Dass »dieses Stück keine Aufnahme unter Castorps Vorzugsplatten« finden wird, erklärt Vaget damit, dass »Wolframs Preis der Liebe [...] jeder Sinnlichkeit entrückt« ist und damit Castorps Konzept von Liebe kaum entspricht. Damit »wird dem mit *Tannhäuser* vertrauten Leser signalisiert, daß Castorp es mit Tannhäuser halten wird« – und nicht mit Wolfram (Vaget 1997, 125, vgl. zum Tannhäuser-Stoff IV.2.1).

882,17f. *weltberühmten Tenorstimme:* Enrico Caruso (vgl. Anm. zu 877,35f.).

882,19 *einem glashell-süßen kleinen Sopran:* Nellie Melba (1861–1931; Mertens 2006, 92); vgl. auch Manns Tagebucheintrag vom 10. Februar 1920, VIII.1, S. 388.

882,19f. *Da mi il braccio, mia piccina:* (ital.) »Dammi il braccio, mia piccina« (›Reich mir den Arm, meine Kleine‹). Zitat aus Giacomo Puccinis (1858–1924) Oper *La Bohème* (Urauff. 1896). Der arme Künstler Rodolfo spricht dies zu seiner Geliebten Mimi, die an Tuberkulose (!) erkrankt ist und bald darauf stirbt. Mertens (2006) liegt eine Aufnahme des Duetts mit Caruso und Melba auf CD bei.

882,20f. *die simple, süße ... ihm zur Antwort gab:* »Obbedisco, signor!« (ital., ›Ich gehorche, mein Herr!‹).

882,26 *Laboranten:* Fachgehilfen in einem medizinischen Laboratorium oder einer Apotheke. Castorp wird hiermit zum Gehilfen von Behrens – ein weiterer Hinweis auf die Nähe von Musik und Tod (vgl. VI.7).

883,1 *Kustos:* Verwalter, Sachbearbeiter einer Bibliothek oder Kunstsammlung.

883,3f. *jener tenorale Abgott:* vgl. Anm. zu 877,35f.

883,5 *Kantilenen:* Gesangsstücke, Lieder, getragene Melodien.

884,28 *Lieblinge in seinem Magazin:* zur Auswahl von Castorps »Vorzugsplatten« (898,36) vgl. VI.7.

884,32–885,2 *Opernwerks, das ein großer Landsmann ... Fürsten geschaffen hatte:* Guiseppe Verdi (1813–1901) komponierte die Oper *Aida*, die 1871 in Kairo uraufgeführt wurde, im Auftrag des Khediven (Vizekönigs) von Ägypten für das neue Opernhaus in Kairo, dessen Bau in Verbindung mit dem Bau des Suezkanals stand. Dass *Aida* direkt für die Eröffnung des Suezkanals bzw. des Opernhauses geschrieben und aufgeführt wurde, ist allerdings eine Legende: zu diesem Anlass wurde im Jahre 1869 Verdis *Rigoletto* gegeben. Mertens (2006, 93) nennt mögliche Aufnahmen, die Mann gekannt haben mag, und verweist für das Schlussduett auf »die berühmte Platte mit Johanna Gadski und Enrico Caruso« (bei Mertens auf CD).

885,15–17 *um der barbarischen Sklavin willen ... hingegeben hatte:* Aida, die äthiopische Königstochter, ist als Sklavin und Geisel in der Macht der Ägypter. In einem nächtlichen Gespräch mit ihr gibt der ägyptische Heerführer Radames, der Aida liebt (allerdings die ägyptische Königstochter Amneris heiraten soll), ungewollt kriegswichtige Geheimnisse preis und verrät damit sein Land an Aidas Vater. – Auch die Wahl dieser Oper ist nicht zufällig, endet die Liebe zwischen Aida und Radames doch im gemeinsamen Tod in einem unterirdischen Grab: Aida steigt aus Liebe zum verurteilten Radames in die ›Unterwelt‹ hinab und wird dort mit ihm eingeschlossen.

886,8 *Felonie:* Treulosigkeit, im Mittelalter der Vertragsbruch zwischen dem Lehnsherrn und dem Lehnsmann.

886,35 *bigotte:* übertrieben glaubenseifrige, scheinheilige.

887,1 *Tu – in questa tomba?:* (ital.) Du – in diesem Grab?

887,17 *Dominante:* fünfte Stufe einer Moll- bzw. Dur-

Faun, einer Amsel zupfeifend
Gemälde von Arnold Böcklin
(zweite Fassung, 1864/65)

Tonleiter bzw. der auf ihr errichtete Dreiklang; bezeichnet das Verhältnis der Tonart und des Dreiklangs zur Tonika, zu der er bzw. sie zurückkehrt.

887,28 *No, no! troppo sei bella:* (ital.) Nein, nein! Du bist zu schön.

888,16 *unisono:* einstimmig.

888,25–28 *ein Idyll ... ein symphonisches Präludium französischen Ursprungs:* Claude Debussys (1862–1918) *Pré-*

lude à l'après-midi d'un faune (*Vorspiel zum Nachmittag eines Fauns*) aus dem Jahre 1894.

888,33–889,1 *Der Traum ... Bocksbeine waren, die er kreuzte:* Wahrscheinlich bildet Arnold Böcklins (1827–1901) Gemälde *Faun, einer Amsel zupfeifend* (zweite Fassung 1864/65) die Bildvorlage für diesen Traum (s. Abb. S. 256). Vgl. Wysling/Schmidlin 1975, 184.

889,4 f. *Schalmei:* vgl. Anm. zu 614,30.

889,21 *kolorierten:* hier wohl zu ›Koloratur‹, der virtuos durchgeführten klanglichen Verzierung des Gesangs (vgl. Anm. zu 877,10).

889,28–30 *kein »Rechtfertige dich!« ... und abhanden kam:* Die Kombination des priesterlichen Gerichts über Radames aus *Aida* mit dem Castorp'schen Motiv des Abhanden-Kommens (vgl. Anm. zu 815,31–33) verdeutlicht, inwiefern die Thematik von *Aida* Castorp in seiner persönlichen Situation auf dem ›Zauberberg‹ anspricht: Radames verletzt Pflicht und Ehre und geht aufgrund seiner Liebe zu Aida, der er nicht abschwören kann, in den Tod.

889,33 *Apotheose:* Verherrlichung, Vergöttlichung.

890,5–8 *Oper, die Hans Castorp gut kannte ... eine Anspielung gemacht hatte:* In 840,9–21 erzählte Castorp Peeperkorn die Handlung von Georges Bizets (1838–1875) Oper *Carmen* (Urauff. 1875). Vgl. zur inhaltlichen Beziehung zwischen der Oper und Castorps eigener Situation die Anm. ebd., zur Bedeutung von *Carmen* als Gegenpol zu Wagner im Roman die Anm. zu 299,4.

890,8 f. *Es war im zweiten Akt:* Die folgende Beschreibung bezieht sich auf das Duett »Je vais danser«.

890,13 f. *Kastagnetten:* spanisches hölzernes Klapperinstrument zur Musikbegleitung, vor allem im Flamenco verwendet.

890,15 *Clairons:* (frz.) Signaltrompeten des Militärs.

891,22 *oder spanischen Hörner:* Die Ersetzung ist signifikant, ist doch ›Spanien‹ im Roman leitmotivisch nicht nur mit dem Tod, sondern auch mit dem Soldatenstand, Pflicht und Gehorsam verbunden (vgl. 519,27–29).

891,32f. *des kleinen Soldaten Arie:* die sogenannten ›Blumen-Arie‹. Während eines Aufenthalts in Feldafing notierte Mann am 30. März 1920 in sein Tagebuch: »Die Blumen-Arie aus Carmen (Piccaver) da capo« (TB I, 410). Mertens (2006) liegt eine Aufnahme mit dem Interpreten Alfred Piccaver (1884–1958) auf CD bei.

893,18 *Faust-Oper von Gounod: Faust* (Urauff. 1859, deutsch meist unter dem Titel *Margarete*) von Charles François Gounod (1818–1893). Mertens (2006, 96) vermutet, dass Mann die Aufnahme mit dem deutschen Bariton Joseph Schwarz (1880–1926) bekannt war (dort auf CD).

893,27f. *keck-chevaleresken:* chevaleresk: ritterlich.

894,9–15 *das Schwesternblut … laß Margarethe stehn:* Castorp identifiziert sich hier mit Margarete, während der tote Joachim die Rolle von Margaretes Bruder Valentin einnimmt, die ihm durch die Abschnittüberschrift *Als Soldat und brav* auch vorher schon zugeschrieben wurde (vgl. Anm. zu 682,4). Vgl. zur Androgynität Castorps VI.5.

894,18f. *bei späterer, seltsamer Gelegenheit:* Im Abschnitt *Fragwürdigstes* kommt Castorp durch das ›Gebet des Valentin‹ aus dieser *Faust*-Oper auf die Idee, in einer spiritistischen Sitzung den Geist Joachims heraufzubeschwören. Das Musikstück hilft bei diesem Vorgang: vgl. 922,1–19 und 935,1–7.

894,26f. *Schuberts ›Lindenbaum‹:* Das fünfte Stück aus dem Zyklus *Die Winterreise* (1827) von Franz Schubert (1797–1828) nach Texten des romantischen Dichters Wilhelm Müller (1794–1827). Die Verse »Komm her zu mir, Geselle / Hier find'st du deine Ruh'!« und »Du fändest Ruhe dort!« werden oft als implizite Todessehnsucht des lyrischen Ichs interpretiert (vgl. den Text in VIII.2, S. 420). In einem Brief an Agnes E. Meyer vom 12. Januar 1943 schreibt Mann über die Wahl dieses Liedes: »Den ›Lindenbaum‹ habe ich gewählt aus demselben Grund wie Hansens andere records, weil ich sie eben selbst hatte und sie mir auf meinem, ach, noch so primitiven Apparat immer wieder vorführte. [...] Meine Lindenbaum-Platte war von Tauber gesungen, sehr musikalisch und geschmackvoll. Das Lied wurde mir zum Symbol alles Liebenswert-Verführerischen, worin der heimliche Keim der Verderbnis lauert« (Br II, 290 f.).

894,29 f. *Ein Tenorist ... von Takt und Geschmack:* Richard Tauber (1891–1948), berühmter Tenor mit besonders weicher, klangschöner Stimme. Vgl. die vorige Anm. sowie Mertens (2006, 97); die Aufnahme liegt dort auf CD bei.

895,23 *Flageolett:* hoher, flötenähnlicher Ton (eigentlich ein hoher, leicht pfeifender Ton bei Saiteninstrumenten, der durch schwaches Fingeraufsetzen auf den Hauptreihungspunkten der Saite – z. B. Quinte oder Oktave – erzeugt wird).

895,31 *Intonation:* Art der Tongebung.

895,35 *Exponent:* herausgehobener Vertreter einer Sache.

896,9 *hermetisch-pädagogischer Steigerung:* vgl. Naphta in 699,4–20; von der »alchimistisch-hermetische[n] Pädagogik« sprach Castorp auch schon in 819,14.

897,13 *Sympathie mit dem Tode:* vgl. zu dieser zentralen Formel VI.6.

897,21 f. *Folterknechtssinn und Menschenfeindlichkeit in spanischem Schwarz mit Tellerkrause:* 690,33 f. und Anm.

897,26–29 *einst, vorzeiten ... hatte zuteil werden lassen:* vgl. Settembrini in 139,13–21.

898,12 f. *Selbstüberwindung:* ein Begriff, der auf Friedrich Nietzsche verweist: In seiner Autobiographie *Ecce homo* wird die ›Selbstüberwindung‹ zu einem zentralen Aspekt seiner Selbstbeschreibung. Vgl. auch Anm. zu 898,20–35.

898,15 *Seelenzaubers:* vgl. Anm. zu 876,32.

898,19 *alchimistisch:* vgl. Anm. zu 697,21 und Naphta in 699,4–20.

898,20–35 *Seelenzauber! Wir alle waren seine Söhne ... der Zukunft in seinem Herzen:* Es handelt sich hier um eine zentrale Passage des Romans, die auch mit dem Schluss des *Zauberbergs* in Verbindung steht. Der musikalische ›Seelenzauber‹ meint die romantische ›Sympathie mit dem Tode‹ (vgl. VI.6), als deren wichtigster Vertreter dann Wagner indirekt genannt wird (vgl. IV.3.3). In einem Brief an Alan J. Ansen vom 1. Mai 1945 schreibt Mann, dass mit »Seelenzauberkünstler, der dem Liede Riesenmaße verleiht«, Richard Wagner gemeint sei. »The words ›Man mochte wahrscheinlich sogar Reiche darauf gründen, irdisch-allzu-irdische‹, refer to Bismarck« (SK, 114). Mann setzt die romantische ›Sympathie mit dem Tode‹ also mit dem politischen Hegemoniestreben des Deutschen Reiches in Verbindung und betont damit die Bedeutung der deutschen Mentalität vor dem Ersten Weltkrieg für das Entstehen eben dieses Krieges (vgl. hierzu Vaget 2006 und VII.7). Der schon zitierte Brief an Ansen geht dann weiter mit der Erklärung, dass »sein bester Sohn, der in seiner Überwindung sein Leben verzehrt«, Nietzsche sei (SK, 144). Zu ergänzen ist, dass bereits die Formulierung »irdisch-allzuirdische [Reiche]« indirekt auf Nietzsche verweist, vgl. dessen Buch *Menschliches, Allzumenschliches*). Nietzsche hatte Wagner – trotz seiner großen Liebe zu Wagners Musik – in einer kritischen Auseinandersetzung ›überwunden‹. Dass Nietzsche Mann als Vorbild für eine ›Selbstüberwindung‹ der todesverfallenen Romantik dient, verdankt sich wohl teilweise Ernst Bertrams Nietzsche-Deutung, der Nietzsches Verhältnis zur Musik als »Leid und Leidüberwindung« beschrieb (Bertram: *Nietzsche*, 122). In einem Brief an Hans Pfitzner vom 23. Juni 1925 nennt Mann Nietzsche einen »revolutionäre[n] Selbstüberwinder«, der »zu einem Seher

und Führer in neue Menschenzukunft geworden ist« (SK, 70). Der gesamte Schluss des Abschnitts *Fülle des Wohllauts* (ab 897,36) findet sich dann auch in Manns 1924 gehaltener Rede zum 80. Geburtstag Friedrich Nietzsches. Die Übernahmen aus dem Roman werden dort eingeleitet mit dem Satz: »Denn das Romantische ist das Lied des Heimwehs nach dem Vergangenen, das Zauberlied des Todes; und das Phänomen Richard Wagners, das Nietzsche so unendlich geliebt hat und das sein regierender Geist überwinden mußte, war kein anderes, als das paradoxe und ewig fesselnde Phänomen welterobernder Todestrunkenheit« (GKFA 15.1, 790).
Neben Nietzsche kann mit dem ›besten Sohn‹ aber zugleich *auch* Hans Castorp gemeint sein. Nicht nur ist auffällig, dass Mann Nietzsche in seiner Rede von 1924 einen »regierende[n] Geist« zuschreibt – ›regieren‹ aber ist der Schlüsselbegriff für Castorps gedankliche Verarbeitung seiner Erlebnisse auf dem ›Zauberberg‹ (vgl. 536,5 und 679,30–34). Auch der Schluss des Romans weist auf diese Schlusspassage von *Fülle des Wohllauts* zurück: Castorp findet sich, das ›Zauberlied‹ vom Lindenbaum auf den Lippen, im Schlachtgetümmel des Ersten Weltkriegs wieder; es ist zu vermuten, dass er dies »wohl kaum überleben« wird (984,28f.). Die abschließende Frage des Romans, ob aus diesem »Weltfest des Todes [...] einmal die Liebe steigen [wird]« (984,31–33), schlägt den Bogen zum ›besten Sohn‹ zurück, der »im Grunde schon für das Neue starb, das neue Wort der Liebe und der Zukunft in seinem Herzen«. Mann stimmte in einem Brief an Julius Bab vom 23. April 1925 einer Deutung des *Zauberbergs* zu, die in Hans Castorp einen »Vorwegnehmer« sieht; während der Arbeit habe er sich immer gesagt: »›Ich schreibe von einem jungen Deutschen, der vorm Kriege schon über den Krieg hinauskommt.‹« (Br I, 239).
Die Romanpassage geht mit dem punktuellen ›wir‹ (»Wir

alle waren seine Söhne«) aber zugleich auch über Castorp hinaus: So schließt Reed neben Nietzsche und Castorp auch Mann selbst in dieses ›wir‹ mit ein, da der Autor des *Zauberbergs* »Schlüsse gezogen hat über die Art und Weise, wie die Deutschen mit ihrer Vergangenheit leben und sich zur europäischen Gegenwart verhalten sollten« (Reed 1974b, 129). Vaget deutet das ›wir‹ ähnlich, »daß Deutschland den Wagnerschen Seelenzauber seiner finsteren Konsequenzen wegen hinter sich lassen und darüber hinauskommen soll« (1997, 129). – Maar (1995, 202) macht darauf aufmerksam, dass die letzten Zeilen auch auf die Mahler-Monographie Paul Bekkers (1882–1937) Bezug nehmen könnten, der schreibt: »Mahler stirbt, ein letztes Wort, seine Zehnte auf den Lippen, unvermögend, es noch auszusprechen« (Paul Bekker, *Gustav Mahlers Sinfonien.* Reprint der Ausgabe von 1921, Tutzing 1969, 354). Da Mann Mahlers *Lied von der Erde* als »Werk der Liebe« schätzte (GKFA 15.1, 570, vgl. Maar 1995, 160), ist die Verbindung zum »Wort der Liebe« im Roman nicht unwahrscheinlich.

898,32 *Zauberlied:* vgl. Anm. zu 876,32.

Fragwürdigstes

Das in diesem Abschnitt Geschilderte beruht auf eigenen Erfahrungen Manns: Er nahm im Winter 1922/23 an okkultistischen Sitzungen unter der Leitung des Parapsychologen Albert von Schrenck-Notzing (1862–1929) teil und verfasste über die Sitzungen *Drei Berichte*, die er später in dem Essay *Okkulte Erlebnisse* (Ausschnitt in VIII.1, S. 394 f.) zusammenfasste. Vgl. hierzu Kurzke 1997b, zur Paraspychologie im *Zauberberg* VI.3.

899,16 *Hypnotismus:* Lehre von der Hypnose, einem schlafähnlichen Zustand, in den eine Person durch eine andere oder durch sich selbst versetzt wird.

899,17 *Somnambulismus:* vgl. Anm. zu 764,35.
Telepathie: die Fähigkeit, Gedanken, Empfindungen und Vorgänge, die räumlich (und/oder zeitlich) entfernt sind, mitzuempfinden bzw. zu ›lesen‹.

899,18 *Zweiten Gesichtes:* die Fähigkeit, in der Zukunft liegende Begebenheiten in einem traumähnlichen Zustand vorauszusehen.

899,18 f. *Hysterie:* überspannte psychische Verfasstheit, die mit Krampfanfällen, Bewusstseinstrübungen und Gemütsverstimmungen einhergeht. Der antiken Lehre nach ging die Hysterie auf die Auswirkungen einer nicht fest verankerten bzw. ›wandernden‹ Gebärmutter zurück; von ihr waren also nur Frauen betroffen. Diese Auffassung war um 1900 noch weit verbreitet, ist heute aber – ebenso wie der inzwischen gemiedene medizinische Begriff ›Hysterie‹ – überholt.

899,21–25 *des Verhältnisses der Materie zum Psychischen … auf dem der Gesundheit:* vgl. Castorps ›Forschungen‹, 394,21–395,4.

900,10–12 *Verbindungen und Zusammenhänge … wissenden Allseele bestehen:* Die Idee einer Art ›Kollektivbewusstseins‹ kam schon im Kapitelabschnitt *Schnee* auf (vgl. Anm. zu 672,7–12).

900,13 *okkult:* Dem Wortsinne nach (lat. *occultus* ›verborgen, versteckt‹): geheimnisvoll, heimlich, verborgen, mit dem Unterbewussten korrespondierend. Unter Okkultismus werden sodann »Vorgänge des Natur- und Seelenlebens« verstanden, »die durch die bekannten Naturkräfte nicht erklärbar erscheinen« – so der Brockhaus von 1908, der als Beispiele bezeichnenderweise »Hypnose, Hellsehen, Telepathie, Gedankenübertragung, Somnambulismus, Doppelgängerei« anführt (vgl. 899,16–18).

900,19 f. *der anerkennt die Schöpfermacht des Psychischen im Materiellen:* Dierks weist hier und in den weiteren Ausführungen Krokowskis auf den Einfluss Schopenhauers hin, der in seinem *Versuch über Geistersehen und was damit zusammenhängt* ebenfalls eine ›idealistische‹ Erklärung der spiritistischen Phänomene unternimmt und den Spiritismus »als Geschehen unterhalb des *principium individuationis*« erklärt, »wo die Einzelseelen ungehindert aufeinander einwirken« (1969, 237; vgl. Frizen 1980, 283–288). Eine ähnliche Erklärung findet sich im Roman etwas später: 909,2–8.

900,26 *Materialist:* Anhänger einer Lehre, der zufolge die Materie das allein Existierende ist.

900,28 *phosphoreszierendes:* Phosphoreszieren: die Eigenschaft mancher Stoffe, nach Bestrahlung mit Licht im Dunkeln zu leuchten.

900,29 *Idealist:* Vertreter der Auffassung, dass alle materiellen Dinge ihren Ursprung in Nicht-Materiellem haben. Der Begriff leitet sich u. a. von Platons Ideenlehre her, nach der die einzelnen Gegenstände der Welt spezielle Einzelvorkommnisse von übergeordneten, immateriellen Ideen sind.

900,31 *Primats:* Vorrangs.

901,8f. *empirisch-experimentelles Stadium:* Dies entspricht dem Verhältnis von Psychologie und Parapsychologie Anfang des 20. Jh.s (vgl. hierzu VI.3). In seinem Essay *Okkulte Erlebnisse* bezeichnet Mann den Okkultismus auch als »empirisch-experimentelle Metaphysik« (GKFA 15.1, 614), was indirekt die Verbindung zu Schopenhauers Metaphysik herstellt (vgl. Anm. zu 900,19f.).

901,14f. *Odense auf Fünen:* In Odense ist der Dichter Hans Christian Andersen geboren: vgl. Anm. zu 906,1.

901,18 *Drehbock:* Bock: drei- oder vierbeiniges Gestell zum Sitzen vor einem Schreibpult.

901,22 *bleichsüchtig:* vgl. Anm. zu 251,29.

901,34f. *Kontorbockhockerin:* vgl. zu Kontor Anm. zu 38,33.

902,2 *sich zu entdecken:* sich nach und nach offen zu zeigen.

904,31 *der seherischen Urtante ist ja Erwähnung geschehen:* vgl. 303,16–27.

905,13 *Placet experiri:* vgl. Anm. zu 138,5.

905,17 f. *Neugier eines Bildungsreisenden:* vgl. Anm. zu 789,30.

905,18 f. *Mysterium der Persönlichkeit:* Gemeint ist Peeperkorn.

905,35 *Concierge-Loge:* vgl. Anm. zu 331,10.

906,1 *Holger:* Maar (1995, 248–253) leitet den Spirit Holger, den die aus Odense stammende Dänin Ellen in sich birgt, von Hans Christian Andersens Märchen *Holger Danske* ab und sieht in Holger darüber hinaus eine spielerische Figuration von Andersen selbst, der in Odense geboren wurde – ein weiteres Steinchen im Mosaik der zahlreichen Andersen-Anspielungen im Roman (vgl. VI.1).

906,2 *spirit:* (engl.) Geist.

abgeschieden-ätherisch: vgl. zu Äther Anm. zu 392,10.

907,21 *Mummeln:* Teichrosen (Nuphar lutea oder Nuphar pumila, zur Familie der Nymphaeaceae gehörig).

908,14 *Beinplättchen:* Knochen-, vielleicht auch Elfenbeinplättchen.

909,2–8 *Mischprodukt ganz-, halb- und unbewußter … beteiligt sein würden:* vgl. Anm. zu 900,19 f.

910,5 *stipulierte:* vereinbarte.

910,24 *Blödigkeit:* Verlegenheit.

911,13 f. *gleisnerisch-halbdingliche:* vgl. zu gleisnerisch Anm. zu 718,6 f.

912,3 *Plafond:* (österr.) Zimmerdecke.

912,31 *Karmesin:* Dunkelrot.

912,35 *opalenen:* bunt schimmernden (wie ein Opal).

913,20 f. *das Gehäuse des Klausners … Totenschädel:* Die Szene entspricht der ikonographischen Darstellung des heiligen Hieronymus, wie sie etwa von Albrecht Dürer (1471–1528) in dem Kupferstich *Der heilige Hieronymus im Gehäus* (1514) oder auch von Michelangelo Caravaggio (1573–1610) in dem Gemälde *Der heilige Hieronymus in der Höhle* (um 1606) festgehalten wurde.

914,3 *der Chaldäer und des Tierkreises erwähnte:* vgl. Castorp in 508,16–26.

915,5 *Quer durch Nummer 34?:* Holger wird durchaus Recht behalten – die Quersumme von 34 ist sieben.
916,16–18 *einst seinen Onkel … Kommode genommen:* vgl. 598,10–16.
916,31 *Apport:* in der Parapsychologie Bezeichnung für ein plötzlich aufgetauchtes Objekt.
917,7 *Flocken Höllenfeuers:* durch Asche verursachte Flocken.
917,34 *Caro mio:* (ital.) Mein Lieber.
918,24 *Exerzitien:* vgl. Anm. zu 610,26f.
919,4 *Perpendikel:* Pendel.
919,10f. *telekinetische:* die Bewegung materialer Objekte kraft psychischer Beeinflussung betreffende.
919,18 *mediale:* das Medium (die Person, die zwischen ›Geistern‹ und Lebenden ›vermittelt‹) betreffende. *Konstitution:* (psychische und/oder körperliche) Verfassung.
919,21 *ideoplastisches:* die äußere Gestaltwerdung und Formung innerer Vorstellungen betreffendes. Der Begriff meint das Phänomen der Materialisation von geistigen Vorstellungen; Mann selbst beobachtete dies bei den Sitzungen und erörtert es in *Okkulte Erlebnisse* (vgl. Kurzke 1997b, VI.3 und den Ausschnitt in VIII.1: S. 394f.).
919,23 *ephemerer:* vergänglicher, vorübergehender.
919,36 *überäugig:* (veraltet) schielend.
920,2 *Expektorationen:* vgl. Anm. zu 802,6.
920,9 *Nichtvitales:* Nicht-Lebendes.
920,23 *Transzendenz:* vgl. Anm. zu 514,33f.
920,25f. *noch die andere Backe hingehalten:* vgl. Lk 6,29. Dass Paravant dies »aus Begier« tut, widerspricht dem biblischen Sinn.
920,27 *schlagenden Verbindung:* Studentenverbindungen, die den Fechtkampf (die Mensur) zwischen Mitgliedern pflegen.
921,22 *buckligen Männleins im Liede:* In dem alten Kinder- und Volkslied *Das bucklige Männlein* (etwa in der

Volksliedsammlung *Des Knaben Wunderhorn*) stört das bucklige Männlein allerlei Tätigkeiten des lyrischen Ichs. Die letzten Verse lauten: »Liebes Kindlein, ach ich bitt / Bet' fürs bucklicht Männlein mit!«

921,28f. *jeden beliebigen Verstorbenen:* Schon Schopenhauer bezieht in seinem *Versuch über Geistersehen und was damit zusammenhängt* Verstorbene in den Spiritismus mit ein (vgl. hierzu und zum Einfluss Schopenhauers auf *Fragwürdigstes* Dierks 1969, 236f. und Anm. zu 900,19f.).

922,1–12 *zu einsamer Abendstunde ... Rührung auf in Hans Castorps Brust:* vgl. 893,17–894,19.

922,17f. *einst, im Durchleuchtungslaboratorium:* 302,6 und 303,8.

922,23 *Habitués:* (frz.) Stammgäste.

923,25 *bekneipt:* angetrunken (›kneipen‹: umgangssprachlich für ›trinken‹; vgl. Anm. zu 149,35).

923,26f. *ein Mädchenhaus in Sankt Pauli zu besuchen:* Dass die Stimmung der Besucher »ein wenig an die Stimmung junger Leute erinnerte, die sich zu ihrem ersten Besuch bei Mädchen anschickten«, schreibt Mann schon im Essay *Okkulte Erlebnisse* über die okkultistischen Sitzungen, an denen er bei Schrenck-Notzing teilgenommen hatte (GKFA 15.1, 620). Die sexuellen Implikationen des nachfolgenden Vorgangs werden auf diese Weise vorbereitet (vgl. hierzu Kurzke 1997b, 88 und Anm. zu 931,15).

924,2 *Besucherfauteuil:* vgl. Anm. zu 246,34.

924,5f. *Wachstuch-Chaiselongue:* vgl. Anm. zu 247,3.

924,7 *Hippokratesbüste:* Hippokrates (um 460 – um 370 oder 375 v. Chr.) gilt nicht nur als der berühmteste Arzt des Altertums und Begründer der wissenschaftlich arbeitenden Medizin, auch die Krankheitsbeschreibung der Hysterie wird auf Hippokrates zurückgeführt.

924,8 *Rembrandts ›Anatomie‹:* Vermutlich das berühmte Gemälde *Anatomie des Dr. Tulp* (1632) von Rembrandt van Rijn (1606–1669) oder auch dessen *Anatomie des Dr. Deyman* (1656).

925,2 *Store:* vgl. Anm. zu 539,13.
925,7 *Crêpe:* (frz.) Krepp, eine Gewebeart.
926,10 *Glasséance:* Séance: (frz.) spiritistische Sitzung, bei der mit Hilfe von Medien Kontakt zu Geistern aufgenommen wird.
927,9–11 *dasjenige, worin man sich … Tagaugen gewaschen hatte:* vgl. 301,8–18.
927,36 *Ouvertüre von Millöcker:* Der österreichische Komponist Karl Millöcker (1842–1899) schrieb zahlreiche Operetten; die bekannteste ist *Der Bettelstudent* aus dem Jahre 1882.
928,1 *rückte man sich auf:* vermutlich: riss man sich zusammen, machte man sich Mut.
928,4 *Arrivée:* (frz.) Ankunft.
928,21 f. *Sie drückt … Er:* Dass Ellen eigentlich Holger ist, bringt ein weiteres Mal das Thema der Androgynität in den Roman ein (vgl. Maar 1995, 214; zur Androgynität VI.5), wie es in der Gleichsetzung von Hippe und Clawdia und auch im Verhältnis zwischen Hans und seinem Vetter Joachim schon zum Tragen kam (vgl. Anm. zu 894,9–15). Die folgenden Geschehnisse von ›Zeugung‹ und ›Geburt‹ (vgl. Anm. zu 931,15) werden damit noch skandalöser.
928,36 *epidermale:* vgl. Anm. zu 358,8.
929,1 f. *der Hofrat ihm eines Tages erläutert hatte:* vgl. 365,13–29.
929,5 *Na, die vermißt sich ja weitgehend:* Neben ›vermissen‹ (Elly vermisst ihre eigene Person, ist also abwesend) ist hier auch die Rückführung auf ›sich vermessen‹ wahrscheinlich, im Sinne von ›Na, die maßt sich ja viel an!‹ oder ›Die prahlt aber!‹ (vgl. Grimm, Bd. 12, 1. Abt., Sp. 864 f.: »vermisz dich nichts gutes von dir, *prahle nicht mit deinen guten eigenschaften*«).
929,11 *rapportierte:* vgl. Anm. zu 398,33.
929,14 *Manifestation:* Erscheinung; auch: Offenbarung.
931,9–16 *Wir Männer … Akt der Geburt:* In den *Betrach-*

tungen schreibt Mann über die schwere Geburt seiner Tochter Erika: »Ich habe Menschen sterben und Menschen geboren werden sehen und weiß, daß der zweite Vorgang den ersten an mystischer Schrecklichkeit noch weitaus übertreffen kann. [...] mir sträubten sich einmal die Haare, als in sechsunddreißig Stunden ein Mensch geboren wurde. Das war nicht menschlich, es war *höllisch*« (GW XII, 464; vgl. Kurzke 1997b, 89f.).

931,15 *von unserer Gatten- und Vaterschaft:* Was sich hier nachfolgend vollzieht, ist ein Geburtsakt einerseits, ein Zeugungsakt andererseits. Mann hat auch in *Okkulte Erlebnisse* beschrieben, dass der Zustand und die Tätigkeit des Mediums »auffallend, unzweideutig und entscheidend an den Gebärakt erinnern« (GKFA 15.1, 631), hier allerdings unter Aussparung der sexuellen Komponente, die er in den (für Schrenck-Notzing bestimmten) *Drei Berichten über okkultistische Sitzungen* zur Sprache bringt: Der sexuelle Einschlag sei »so unverkennbar, dass es mich nicht wunderte, nachträglich zu hören, dass Erektionen und selbst Sperma-Ergüsse, die zuweilen aktiv herbeigeführt werden sollen, die psycho-physische Arbeit und Produktion des jungen Menschen begleiten« (GKFA 15.1, 590). – Als die »skandalöse Niederkunft« (934,14f.) schließlich vollbracht ist und Joachim erscheint, verhält sich Ellen wie bei einem Orgasmus: vgl. 936,13–15.

931,22 *Behufe:* vgl. Anm. zu 811,11.

931,24f. *animierten Wochenstube im Rotlicht:* In *Okkulte Erlebnisse* heißt es (das Medium war männlich): »Eine männliche Wochenstube im Rotdunkel, mit Geschwätz, Dideldum-Musik und fröhlichen Zurufen!« (GKFA 15.1, 631).

931,32f. *und immer heraus damit:* Maar (1995, 218) sieht hierin eine Anspielung auf die Lazarus-Episode im Johannesevangelium, in der Jesus Lazarus mit den Worten von den Toten erweckt: »Lazarus, komm heraus!« (Joh 11,43). Damit spielt sich Krokowski ein weiteres Mal als

Jesus auf (vgl. 181,14–17 und Anm.). Die Verbindung von Christus und Parapsychologie ist nicht so absurd, wie sie auf den ersten Blick scheint (vgl. Marx 2002, 94f.): So vertritt Hans Blüher (1888–1955) im Rahmen der zeitgenössischen Leben-Jesu-Forschung in seinem Buch *Die Aristie des Jesus von Nazareth* (1921) die These, dass »die Wunderheilungen des historischen Jesus von Nazareth auf hypnotische Kräfte zurückzuführen« seien (ebd., 95). Mann las das Buch im Juli 1921 (vgl. TB I, 536f.).

932,2 *der kleinen Leila ihre einst:* vgl. 416,23f.

932,10 *Aufpulverungsmethoden:* aufpulvern: jemanden (mit Hilfe von Anregungsmitteln) wieder aufrichten.

932,12 *Zeloten:* religiöse Eiferer.

932,30 *schollern:* dumpf erklingen.

932,35–933,5 *eigentümlich beschäftigt … sammle sie etwas ein:* Die gleiche Bewegung machte auch Joachim kurz vor seinem Tod (vgl. Anm. zu 736,11–17). Mann hatte diese Geste während seiner Teilnahme an spiritistischen Sitzungen bei dem Medium Willi Sch. beobachten können und berichtet davon in *Okkulte Erlebnisse* (GKFA 15.1, S. 633); vgl. Kurzke 1997b, S. 85.

934,21 *Eklampsie:* schwere, teilweise mit Bewusstlosigkeit einhergehende Krämpfe während des letzten Schwangerschaftsdrittels oder bei der Geburt.

934,24 *Magnetisierung:* Angesprochen ist hier die von Franz Anton Mesmer (1734–1815) begründete Lehre des Mesmerismus, nach der ein ›Magnetismus animalis‹ genanntes Fluidum (ein flüchtiger Stoff, dem die Kraft zugesprochen wird, Wirkungen weiterzugeben) von Mensch zu Mensch übertragbar sei und zur Heilung eingesetzt werden könne.

935,35 *Allotria:* Unsinn, Unfug; hier: Sammlung mit ›leichten‹ Musikstücken, die Castorp für die Séancen zur Verfügung gestellt hatte.

937,1–7 *Stempel des Leidens … die abstehenden Ohren:*

Die Beschreibung Joachims entspricht teilweise wörtlich seiner Erscheinung auf dem Sterbebett (vgl. 731,21–31).

937,10–23 *nicht in Zivil; … kriegerisch kleidsam:* Joachims Bekleidung nimmt die Uniform der Soldaten im Ersten Weltkrieg vorweg – ein Verweis auf das Ende des Romans. Vgl. hierzu Manns Brief an Bab vom 22. Februar 1925: VIII.1, S. 402 f.

937,15 *Litewkakragen:* vgl. Anm. zu 93,24.

937,22 *landsknechthaft:* vgl. Anm. zu 520,18.

937,35 *gingen die Augen ihm über:* Dass die schon früher (240,13) verwendete biblische Formulierung für ›weinen‹ hier fällt, ist nicht zufällig: »Und Jesu gingen die Augen über« findet sich nämlich gerade in der Lazarus-Episode der Bibel (Joh 11,35), vgl. Maar 1995, 221 f. und oben Anm. zu 931,32 f.

Die große Gereiztheit

938,20 *Dämon, dessen bösartigen Namen wir genannt haben:* der große Stumpfsinn (vgl. 872,9–12).

938,32–939,1 *Zanksucht … Wutausbruch:* Ritter-Santini leitet die Bilder, in denen hier und später (vgl. 942,15–18) die ›große Gereiztheit‹ gefasst wird, von Dantes Schilderung der Hölle im 29. und 30. Gesang der *Göttlichen Komödie* her. Mann strich sich entsprechende Passagen (auch in den Einleitungen zu diesen Gesängen) in seiner Dante-Ausgabe an. Der intertextuelle Bezug macht so den Krieg, der aus der ›großen Gereiztheit‹ hervorgeht, »mit der Raserei in der Hölle« vergleichbar (Ritter-Santini 1978, 93).

939,6 *sympathetischen:* vgl. Anm. zu 436,36–437,1.

939,28–30 *des rund bebrillten Schülers … erinnern:* vgl. 108,32–109,3.

940,3 f. *Zufall:* vgl. Anm. zu 77,15.

940,4 *Raptus:* vgl. Anm. zu 812,12.

940,10 *Spülicht:* (veraltet) schmutziges (Abwasch-)Wasser.
940,36 *febril:* vgl. Anm. zu 253,20.
941,19 *Puschel:* vgl. Anm. zu 801,9f.
942,15–18 *Anblick voll Grauen … Nase und Kehle:* vgl. Anm. zu 938,32–939,1.
943,13 *polnische Angelegenheit:* Der nachfolgend geschilderte ›Ehrentrubel‹ beruht auf einer Affäre um den polnischen Dichter Stanislaw Przybyszewski (1868–1927), die sich im Jahre 1913 in München abgespielt hat (vgl. Neumann 2002 / GKFA 5.2, 397f.). Mann schrieb später, die Dokumente hätten einen »grotesken Eindruck« auf ihn gemacht und sich so gut in seine Arbeit eingefügt, dass er sie unbefangen benutzt hätte – »in der sicheren Annahme, daß meinem Publikum diese Vorgänge und Personen völlig unbekannt seien« (Brief an Ferdinand Hardekopf vom 1. August 1950, SK, 150).
944,14 *Insinuationen:* Einflüsterungen.
946,31 *Komment:* (frz. ausgesprochen; von frz. *comment* ›wie‹) Umgangsformen (aus der Studentensprache: Sitten, Regeln und Gebräuche des Zusammenlebens in einer Studentenverbindung).
948,3 *Replik:* Entgegnung, Erwiderung.
948,12f. *Maurers:* vgl. 694,1 und Anm.
949,21 *Bourgeoisstaat:* vgl. zur Bourgeoisie Anm. zu 694,21.
949,36 *Menetekel:* Warnruf, Anzeichen einer drohenden Gefahr (nach dem aramäischen Wortlaut des Orakelspruchs, der dem König Belsazar in Dan 5,24–27 den Untergang seines Reiches ankündigt).
950,1 *Titanic:* Der Untergang einer »Luxusarche« wurde in 490,26f. schon einmal von Settembrini ins Spiel gebracht. Auch dort mochte der Leser schon an die ›Titanic‹ denken, die Bemerkung Settembrinis fiel allerdings, in der Handlungzeit des Romans verortet, vier Jahre vor ihrem Untergang. Entscheidend ist, dass Settembrini den Untergang eines solchen Schiffes als heroisches

Denkmal für die menschliche Vernunft ansah – ganz im Gegenteil also zu Naphtas Bewertung.
atavistisch: vgl. Anm. zu 356,27.
950,5 *Krudität:* vgl. Anm. zu 277,35.
950,27–29 *war man »gerecht« ... Rest war Liberalismus:* Mann schrieb an Paul Amann am 21. Februar 1915, man sei »gerecht gegen den einen Standpunkt oder gegen den anderen, – die goldene Mitte heißt Apathie« (GKFA 22, 62). Eine solche Einseitigkeit entspricht allerdings kaum Manns künstlerischer Verfahrensweise, die verschiedene Positionen einander gegenüberstellt – wie hier die Settembrinis und Naphtas (vgl. Sandberg 1985,88 und III).
951,2 *Wissenschaft ... an die er nicht glaubte:* Rekurs auf Settembrinis Frage an Naphta in 545,33–36.
951,10 *Dogmatik:* die wissenschaftliche Lehre von Glaubenssätzen (Dogmen) in der Theologie, hier von Naphta auf den Glauben an die Wissenschaft ausgeweitet.
951,15–18 *daß die Erkenntnisformen ... existierten:* Naphtas Argumentation speist sich hier und im Folgenden aus Max Steiners (1884–1910) Buch *Die Rückständigkeit des modernen Freidenkertums*, Berlin 1905 (vgl. Wißkirchen 1985, 430 und V.2). Steiner kritisiert den Wahrheitsanspruch der Naturwissenschaften und wendet sich speziell gegen Haeckels Monismus (vgl. Anm. zu 634,29).
951,18 *monistische:* vgl. Anm. zu 514,14.
951,21 *freidenkerisch-atheistischen:* vgl. zu den Freidenkern Anm. zu 625,24f.
951,22 *Afterreligion:* falsche, unechte Religion.
Haeckel: vgl. Anm. zu 386,18f. und 634,29.
951,25 *Empirie:* aus der Erfahrung gewonnene Erkenntnis (als naturwissenschaftliches Prinzip).
Weltäther: vgl. Anm. zu 392,10.
951,26–32 *Das Atom ... des Nichts:* vgl. Steiner, *Rückständigkeit*, 38f. (vgl. Wißkirchen 1985, 430).

951,33 *Nihilismus:* vgl. Anm. zu 515,11f.
951,33–952,4 *Aus dem einfachen Grunde ... gar Bewegung geben:* vgl. Steiner: *Rückständigkeit*, 36ff. (vgl. Wißkirchen 1985, 430).
952,5 *materialistische:* vgl. Anm. zu 900,26.
952,6 *windiges:* vgl. Anm. zu 679,5f.
952,14f. *Kosmologie:* die Lehre von der (metaphysischen) Weltordnung.
952,15 *Kosmogonie:* die Lehre von der Entstehung der Welt.
952,16–19 *Welch ein lästerlicher Unsinn ... Lichtjahren zu berechnen:* Mann zitiert hier sich selbst, nämlich aus seinem Brief an den naturalistischen Dichter Johannes Schlaf vom 30. Mai 1915 (vgl. Anm. zu 544,23–28 und 545,10–17; Wißkirchen 1985, 432f.).
952,22–24 *Unendlichkeit ... nichts zu schaffen hätten:* vgl. Steiner: *Rückständigkeit*, 44 (vgl. Wißkirchen 1985, 431).
953,6 *Aviatiker:* Flieger, Flugtechniker.
953,26 *Lehne:* vgl. Anm. zu 131,11.
954,7 *walhallmäßig:* Walhall: in der nordischen Mythologie der Aufenthaltsort der in der Schlacht gefallenen Krieger im Jenseits.
954,8f. *Castorp bewunderte ... es zu tun:* Castorp handelt damit wie ehemals Peeperkorn (vgl. etwa 812,16–813,4).
954,16f. *Mount Everest ... entgegengesetzt habe:* Der Mount Everest wurde erstmals im Jahre 1953 bezwungen.
954,35 *Ex-Jesuit:* vgl. 560,26 und Anm.
954,36 *instruierend:* unterrichtend.
955,9f. *irisierende:* in Regenbogenfarben schillernde.
955,16 *sprach er von der Romantik:* Die folgenden Ausführungen Naphtas verdanken Manns Lektüre von Georg Brandes' *Die romantische Schule in Deutschland* (vgl. IV.3.4) viele Einzelheiten, vor allem dem Abschnitt »Verhältnis der romantischen Poesie zur Politik«, zu dem Mann sich unter dem Stichwort »*Verwirrungen*« Verschiedenes notierte (z. B. »Schwankende Situation

der Romantik, selbst als Freiheitsbewegung, antiklassizistisch«; vgl. Sauereßig 1974b, 22, Zitate ebd.). Schon 1920 vermerkt Mann bei der Lektüre von Brandes »Aufregung zu den Dialogen Bunge [= Naphta] – Settembrini« und plant bereits damals die aus dem Streit entstehende »Duellforderung« (vgl. den Tagebucheintrag vom 5. Juli 1920: VIII.1, S. 388).

955,25–27 *altfranzösischen Geschmack ... gepuderte Perückenköpfe:* Naphta vermischt hier den französischen Klassizismus des 17. Jh.s (vgl. zu den Perücken Anm. zu 711,36) mit der Aufklärung, etwa Voltaire, des 18. Jh.s.

955,28 f. *Fichte'sche Begeisterungen:* Der Philosoph Johann Gottlieb Fichte (1762–1814), einer der wichtigsten Vertreter des Deutschen Idealismus, war ein entschiedener Gegner Napoleons und hielt im Winter 1807/08 in dem von Franzosen besetzten Berlin die patriotischen *Reden an die deutsche Nation*, in denen die Deutschen als ›Urvolk‹ gefeiert werden.

956,13–15 *Überzeugung von der unendlichen ... geozentrische Lehre:* vgl. hierzu Naphta in 544,2–28.

956,25 *Arndt:* Der Schriftsteller Ernst Moritz Arndt (1769–1860) wandte sich scharf gegen Napoleon und trat vehement für die Einheit der deutschen Staaten ein. Dass er sich gegen die Industrialisierung aussprach und den Adel verherrlichte, hat Mann von Brandes übernommen: *Die romantische Schule*, 322 (Neumann 2002 / GKFA 5.2, 402).

956,26 *Görres:* Auch der Publizist Joseph Görres (1776–1848) wandte sich mit seiner einflussreichen Zeitschrift *Rheinischer Merkur* scharf gegen Napoleon; sein Buch *Die Christliche Mystik* erschien 1836–1842. Die Argumentation stammt wiederum von Brandes (Neumann 2002 / GKFA 5.2, 402).

956,28 f. *anti-scholastisch:* gegen geistige Enge und kaltes Gelehrtentum (zur Scholastik vgl. Anm. zu 513,11).

957,4 f. *Ermordung des Staatsrats Kotzebue durch den Burschenschaftler Sand:* Der Dramatiker August von

Kotzebue (geb. 1761) wurde 1819 von dem Burschenschafter Karl Ludwig Sand (1795–1820) erstochen, nachdem er sich gegen die Studentenverbindungen als Hort revolutionärer Umtriebe gewandt hatte. Die Burschenschaften verfolgten liberale Ideen und wurden nach Sands Tat im Rahmen der Karlsbader Beschlüsse verboten. Brandes erwähnt den Mord an Kotzebue auf einer Seite mit Arndt und Görres, die Naphta vorher anführte. Von Brandes stammen auch Naphtas Thesen, dass Sand im Auftrag der russischen Diplomatie gehandelt habe und sich »Jesuiten unter Sands intimsten Freunden« befunden hätten: *Die romantische Schule*, 322 (vgl. Neumann 2002 / GKFA 5.2, 403).

957,10 *Frivolität:* Leichtfertigkeit; eine Handlungsweise, die Sitte und Moral verletzt.

957,11 *in russischen Diensten:* Kotzebue war ab 1817 im Auftrag des russischen Zaren als Gesandter in Deutschland tätig.

Heiligen Allianz: vgl. Anm. zu 212,30.

958,5 *Infamie:* vgl. Anm. zu 543,27.

959,3 *stößig:* mit Neigung zum Auskeilen.

959,5 *blank zieht:* das Schwert oder den Degen aus der Scheide zieht, so dass man das blanke Metall sehen kann.

959,8 *in Harnisch zu jagen:* zu reizen, in Wut zu bringen (Harnisch: Ritterrüstung).

959,18 *Jakobiner-Revolution:* vgl. Anm. zu 543,35 f.

959,25 *Ennui:* (frz.) Langeweile, Überdruss.

959,30 f. *heilige Terror:* vgl. hierzu Naphta in 549,16 ff.

960,3 *Distruttore! Cane arrabbiato! Bisogna ammazzarlo!«:* (ital.) Zerstörer! Tollwütiger Hund! Man muss ihn totschlagen!

960,14 *gefordert:* zum Duell gefordert.

961,8 *Kartellträger:* der Überbringer einer Herausforderung zum Zweikampf.

962,12 f. *All' incontro:* (ital.) Im Gegenteil.

963,12 *Wiedemann und Sonnenschein:* vgl. 941,9–942,33.

963,23 *Mensur:* hier: Duell (eigentlich: rituell-traditioneller Zweikampf in den sogenannten ›schlagenden‹ studentischen Verbindungen; vgl. Anm. zu 353,28).
963,30 f. *Modalitäten:* Umstände, Einzelheiten der Durchführung.
964,8 *Realinjurie:* durch eine Tätlichkeit hervorgerufene Beleidigung (im Gegensatz zur Verbalinjurie, einer Beleidigung durch Worte).
964,20 *Kombattanten:* Kämpfer, Kriegsteilnehmer.
964,26 *die Damen zu ängstigen liebte:* vgl. 113,11–114,24.
965,3 *Gewehren:* hier (veraltet): Waffen.
965,14 *Rhadamanth:* vgl. Anm. zu 83,19.
Korpsstudent: vgl. Anm. zu 19,30.
965,21 *spirituelle:* geistige, vergeistigte; zugleich eine Anspielung auf die spiritistischen Neigungen Krokowskis.
967,25 *Pathetik:* voll Pathos, d. h. voll leidenschaftlichen Gefühlsüberschwangs bzw. erhabenen Gefühls. ›Pathos‹ ist in der Dramentheorie seit Aristoteles das Element der Tragödie, das durch die Darstellung von Leid und Tod im Zuschauer die Affekte *eleos* und *phobos* (Jammern und Schaudern) hervorruft (von griech. *pathos* ›Leid‹).
968,29 f. *einst ... hatte erwarten müssen:* vgl. 167,10–173,15.
968,34 *Affektation:* vgl. Anm. zu 566,14.
971,13 *Infelice:* (ital.) Unglücklicher.
Che cosa fai per l'amor di Dio: (ital.) Was tust du da, um Gottes willen.

Der Donnerschlag

971,26 *Bucharier:* Bewohner von Buchara, einem zum Zeitpunkt der Handlung unter russischer Kontrolle stehenden Emirat, heute Usbekistan.
972,2 *Diversionen:* vgl. Anm. zu 726,10.
972,9–12 *wie einen Schüler ... nicht mehr in Betracht*

kommt: vgl. Herrn Albins und Castorps Überlegungen kurz nach seiner Ankunft in 114,32–115,32.

972,12f. *orgiastische:* vgl. Anm. zu 701,24.

972,29 *Rhadamanthys:* vgl. Anm. zu 83,19.

Turnus: vgl. Anm. zu 565,33–566,1.

972,34–973,9 *Die Zeit ... Veränderungen zu zeitigen:* Die letzte der zahlreichen Zeitreflexionen des Erzählers (vgl. zum Stichwort ›Veränderungen‹ den Beginn des gleichnamigen Kapitelabschnitts: 474,2–10, zur Zeit im *Zauberberg* VI.4).

973,9f. *Der Knabe Teddy:* vgl. 430,21–35.

973,33f. *Apoplexie:* Schlaganfall.

974,24f. *wie am Meere lag:* vgl. Anm. zu 646,25.

974,26 *Rütlischwur:* Gründungsmythos der Schweiz, nach dem drei Vertreter der ›Urkantone‹ im 14. Jh. ein gegenseitiges Schutzbündnis eingegangen sein sollen. Man kann den ›Rütlischwur‹ auch als eine Art Unabhängigkeitserklärung und Castorps Wechsel zu gerade dieser Zigarre als Loslösung von allen vorigen Bindungen ans Flachland deuten. Eine Zigarrenmarke namens ›Rütlischwur‹ ist – im Gegensatz zu Maria Mancini (vgl. Anm. zu 22,34) – nicht nachgewiesen.

975,3f. *dem Strandspaziergange, dem stehenden Immer-und-Ewig zu Ehren:* vgl. 748,22–749,34 und Anm. zu 750,2f.

975,4 *hermetischen:* vgl. Anm. zu 699,17f.

975,6f. *alchimistischen:* vgl. Anm. zu 697,21. Von der ›hermetisch-alchimistischen Steigerung‹, die Hans Castorp erfährt, und der ›hermetisch-alchimistischen Pädagogik‹ ist im Roman vorher schon in 819,14–18 und 896,9 die Rede, dies lässt sich zurückführen auf Naphtas Bemerkungen in 699,14–20. Vgl. die Deutung des *Zauberbergs* als Initiationsroman in VII.2.

975,21 *Siebenschläfer:* vgl. Anm. zu 746,7.

975,25 *mittelländischer:* mittelmeerischer, mediterraner.

975,27 *Sorgenkind seiner Erziehung:* eine Variation von ›Sorgenkind des Lebens‹ (vgl. Anm. zu 425,26f.).

975,32f. *die Schatten ... nur Schatten zu sehen:* eine Anspielung auf das berühmte Höhlengleichnis Platons im 7. Buch der *Politeia.*

975,36–976,3 *einst, daß Herr Settembrini ... auf ihn einzuwirken suchte:* vgl. 267,35–278,30.

976,6 *separierten und traulichen:* vgl. 556,29f. (und Anm.).

976,6f. *Carbonarostühlen:* vgl. 557,23f.

976,13f. *›Soziologischen Pathologie‹:* vgl. Anm. zu 340,19f.

976,18f. *Organisation des Fortschritts:* vgl. 338,22.

976,24–28 *wie auf Taubenfüßen ... Adlerschwingen hinein:* vgl. 219,16f. und Anm.

976,29–36 *das großväterliche Erbe ... in die Wege geleitet werden:* Die Stelle bezieht sich auf das Gespräch über Politik und Demokratie, das seinen Ausgangspunkt in Settembrinis Erzählung von seinem Großvater hatte (vgl. 219,19–29). Mit dem »Prinzip der Beharrung« ist also zugleich Asien und Österreich gemeint.

977,6f. *Pike des Bürgers am Altar der Menschheit weihte:* vgl. 218,16f. und Anm.

977,14–16 *Neulich ... sein Gespräch beunruhigt:* Österreich-Ungarn und Italien unterstützten die Unabhängigkeit Albaniens während der Londoner Botschafterkonferenz, die die Folgen des Ersten Balkankrieges regelte und im Sommer 1913 dann den Staat Albanien bestätigte. Das hier gemeinte Gespräch mit Settembrini ist vorher nicht im Roman wiedergegeben, Settembrini äußerte sich allerdings in 871,16 (im Frühjahr 1912) über die Entstehung des Balkanbundes, der letztlich zum Balkankrieg und damit zu den hier angesprochenen Entwicklungen führte.

977,17 *Knute:* vgl. Anm. zu 334,14.

977,18 *Schlüsselburg:* vgl. Anm. zu 334,14.

977,25f. *sein Großvater ... Weltschöpfung gleichgesetzt hatte:* vgl. 217,28–32 und Anm. zu 217,29f.

977,27 *erleuchteten Republik: Gemeint* ist Frankreich. Das Attribut ›erleuchtet‹ verweist auf die von Settembrini hochgeschätzte Aufklärung.

977,28 *Skythentum:* vgl. Anm. zu 310,10.

977,31 f. *Fürstenmord:* die Ermordung des Thronfolgers von Österreich-Ungarn, Franz Ferdinand (1863–1914), und seiner Frau in Sarajevo am 28. Juni 1914. Das Attentat wurde von einem Angehörigen der Bewegung Jung-Bosnien ausgeführt (Österreich-Ungarn hatte Bosnien und Herzegowina 1908 annektiert, vgl. Anm. zu 522,13) und von der serbischen Geheimorganisation ›Schwarze Hand‹ mitgeplant. Es führte zur sogenannten Juli-Krise mit zahlreichen Mobilmachungen und wurde damit zu einem der Auslöser für den Ersten Weltkrieg.

977,33 f. *Bescheid für die Wissenden ... zu rechnen haben:* Eine der leitenden Thesen des Buches *Weltfreimaurerei* von Wichtl (vgl. V.1) ist, dass die Attentäter von Sarajevo zu den Freimaurern gehörten und die französische Großloge das Attentat angestiftet habe – die Stelle ist also eine Anspielung auf Settembrinis Freimaurertum (Nunes 1992, 118).

978,3 *Frucht moskowitischen Betreibens:* Österreich-Ungarn vermutete hinter Serbien Russland als Drahtzieher des Attentats.

978,5 *Aufforderung der Monarchie an Serbien, drei Wochen später:* das Ultimatum Österreich-Ungarns an Serbien vom 23. Juli 1914.

978,14 *In den Tagen der ersten Mobilisationen, der ersten Kriegserklärung:* Die Mobilmachungen Österreich-Ungarns und Serbiens begannen am 25. Juli, am 28. Juli erklärte Österreich-Ungarn Serbien den Krieg. Deutschland trat am 1. August in den Krieg gegen Russland und am 3. August in den Krieg gegen Frankreich ein.

978,20 f. *Sie haben das einst ... gegen die Revolution marschieren:* Settembrini meint hier mit ›Sie‹ Deutschland (ähnlich früher einmal Clawdia im Gespräch mit Hans, 816,21–25) und spielt auf die (Un-)Wahrscheinlichkeit des italienischen Kriegseintritts auf der Seite Deutschlands gegen Frankreich an. Tatsächlich erklärte Italien Deutschland am 26. August 1916 den Krieg.

978,28 *Moribunden:* vgl. Anm. zu 149,11.

979,5 *wohlfeile:* preiswert, billig.

979,10f. *die Grottendecke des Sündenberges:* eine Anspielung auf den ›Zauberberg‹ als Liebesgrotte, in der Tannhäuser von Venus festgehalten wird (vgl. IV.2.1).

979,27 *oder auch wie ein Russe:* Die Klammer ist sehr bezeichnend, denn mit ihr wird der Gegensatz zwischen dem Zivilisationsliteraten und der »Mähnschlichkeit« des Ostens (vgl. Anm. zu 766,19) aufgehoben und Settembrini damit stark aufgewertet (vgl. V.1).

979,32 *das Du walten ließ:* In der Walpurgisnacht verbat Settembrini sich das Du und verwies Castorp scharf auf die »im gebildeten Abendlande üblich[e] Form der Anrede« (452,28f.). Stellt also sein Übergang zum Du einen Verweis darauf dar, dass das ›gebildete Abendland‹ zum Zeitpunkt des Krieges nicht mehr existiert?

979,33f. *E cosi in giù … in giù finalmente! Addio, Giovanni mio:* (ital.) So fahre hinunter … endlich hinunter! Lebe wohl, mein Hans.

980,14f. *Brandröte des trüben Himmels:* Vaget sieht in der Schlusspassage des *Zauberbergs* das Götterdämmerung-Finale der Wagnerschen *Ring*-Tetralogie (Urauff. 1876) durchscheinen, in dem – so die Regieanweisung am Schluss der Oper – »ein rötlicher Glutschein mit wachsender Helligkeit« auf die Erlösung der Götter und Helden im Feuertod vorbereitet (Vaget 1997, 132). Die Analogie liegt vor allem darin, dass Wagners *Ring des Nibelungen* »nichts Geringeres als die Neugeburt der Liebe aus dem Geist des Mitleidens« entfalte (ebd., 134). Die Schlusspassage des *Zauberbergs* wiederum wird die Frage stellen, ob aus dem »Weltfest des Todes […] einmal die Liebe steigen [wird]« (984,31–33).

980,18 *Lohen:* lodernde Flammen, helle Glut.

980,19 *Zinkgeschmetter:* Zink: altes Blasinstrument der

Stadtpfeifer aus Holz, das wie eine Trompete (mit ähnlichem Kesselmundstück) geblasen wird.

980,35 *Geist der Erzählung:* Der ›Geist der Erzählung‹ hat eine über das Personale des Erzählers hinausgehende, abstrakte Bedeutung und lässt sich als eine Art ›Erzählprinzip‹ des Textes verstehen, dem an dieser Stelle ja auch der Erzähler selbst (im »wir«, 980,33) folgt. In *Der Erwählte* führt Mann den »Geist der Erzählung« dann noch einmal ausdrücklich als diejenige Instanz des Textes ein, die die Dinge geschehen lässt, weil sie sie erzählt (GW VII, 10).

981,10f. *ein Regiment Freiwilliger, junges Blut:* Spätestens hier wird der Bezug der Kriegsschilderung auf den ›Mythos von Langemarck‹ deutlich: Dieser Legende nach sollen im November 1914 in der Nähe von Langemarck Regimenter junger Freiwilliger unter dem Gesang von ›Deutschland über alles‹ in den Tod gestürmt sein. Bei Mann bekommt dieses Bild jedoch etwas überaus Zweifelhaftes, der Tod im Krieg wird hier zu einer »schmutzige[n] Vernichtung«. Vgl. Lehnert 1987, Zitat 288.

981,29 *Schrapnells:* mit kleinen Kugeln gefüllte Artilleriegeschosse, die mit einem Zünder ausgestattet waren und auf diese Weise noch in der Luft zersprengt werden konnten, wodurch sich die Kugeln mit großer Wirkkraft zerstreuten.

981,34 *Bajonetten:* spitz zulaufenden, langen Klingen, die als Stichwaffe vorne auf das Gewehr gesetzt (›aufgepflanzt‹) wurden.

982,23 *Ackerklüten:* Klüten: (niederdt.) Klumpen.

983,2–6 *Rosse regend … Bogenschuß unterweist:* So der Schneetraum in 672,31–673,35.

983,14f. *Spießgewehr:* Gewehr mit aufgepflanztem Bajonett (vgl. Anm. zu 981,34).

983,22f. *Ich schnitt in seine Rinde / So manches liebe Wort:* Zitat aus Schuberts Lindenbaumlied *Am Brunnen vor dem Tore* (vgl. Anm. zu 894,26f.).

983,24 f. *Höllenhund:* Der Höllenhund Kerberos bewacht der griechischen Mythologie zufolge den Eingang zur Unterwelt. Nachdem Hans also lange in der ›Unterwelt‹ des ›Zauberbergs‹ verbracht hat (vgl. die Anm. zu 83,3 f.–84,1), tritt er nun durch den Krieg in eine neue und andere Unterwelt als Hölle ein.

983,25 *Brisanzgeschoss:* ein Geschoss mit hoher, alles zermalmender Sprengkraft.

984,7 f. *Und sei-ne Zweige rau-uschten, / Als rie-fen sie mir zu:* wiederum Schuberts *Lindenbaum*-Lied. Der Lindenbaum kann im Lied als Symbol der Todesverführung gewertet werden (vgl. Anm. zu 894,26 f.; vgl. das Lied in VIII.2, S. 420), von dem Hans also hier gerufen wird.

984,13 *weder kurzweilig noch langweilig:* vgl. den Vorsatz, 10,5–8.

984,14–16 *Wir haben sie erzählt … da sie dir zustieß:* vgl. den Vorsatz, 9,2–8.

984,19 f. *zart mit der Fingerspitze den Augenwinkel zu tupfen:* Der Erzähler übernimmt diese Geste von Settembrini (vgl. 980,11 f.), womit Settembrini letztgültig zu einer positiv besetzten Figur im Roman wird; vgl. V.1.

984,23 *arge Tanzvergnügen:* eine Anspielung auf den *Totentanz* (vgl. Anm. zu 395,26).

984,29–33 *Augenblicke kamen … einmal die Liebe steigen:* Das Ende des Romans weist auf zwei zentrale Stellen zurück: zum einen auf die ›Erkenntnis‹ des Schneetraums (vgl. 679,34–36 und Anm.), zum anderen auf das Ende des Kapitelabschnitts *Fülle des Wohllauts* (vgl. 898,20–35 und Anm.).

984,34 *FINIS OPERIS:* (lat.) Schluss des Werkes, Ziel des Werkes, Handlungsziel. Mann schrieb am 25. Dezember 1922 an Ernst Bertram: »Ich werde sicher ›Finis‹ schreiben diesmal, vor lauter Feierlichkeit, möge man es nun für Humanisten[-] oder für Sacral-Latein nehmen« (GKFA 22, 461).

II. Entstehung

Der Zauberberg	andere Arbeiten	Zeitgeschichte / Persönliches
Idee: Mai/Juni 1912, Besuch bei Katia Mann in Davos		
Erste Arbeitsphase 1913–1915		
verm. Juli 1913 – Aug. 1914: verm. bis *Hippe*, 4. Kap.		
Unterbrechung	Aug. – Okt. 1914: *Gedanken im Kriege* Okt. 1914: *Gute Feldpost* Sept. – Dez. 1914: *Friedrich und die große Koalition*	Aug. 1914: Ausbruch des Ersten Weltkriegs
Anfang 1915 – Herbst 1915: bis ? nach *Hippe*, 4. Kap.		
Unterbrechung	Herbst 1915 – Febr. 1918: *Betrachtungen eines Unpolitischen* März – Okt. 1918: *Herr und Hund* Okt. 1918 – März 1919: *Gesang vom Kindchen*	Nov. 1918: Ende des Ersten Weltkriegs, Ende der Monarchie ab Febr. 1919: Konstituierung der Weimarer Republik

Der Zauberberg	andere Arbeiten	Zeitgeschichte / Persönliches
Zweite Arbeitsphase 1919–1924		
März 1919: Beschäftigung mit dem Roman		
April 1919: Einsicht in das alte Manuskript		7. April – Anfang Mai 1919: Räterepublik in München
20. April 1919: **Wiederaufnahme der Arbeit: Abschrift und Überarbeitung des alten Manuskripts**		
24. April 1919: **Vorsatz** fertig		
bis 22. Juni 1919: **Kap. 1 u. Kap. 2**		
bis verm. Juli 1919: **Kap. 3**		
verm. Aug. 1919: **Beginn Kap. 4**		
Mitte/Ende Aug. 1919: **Ende des alten Manuskripts erreicht** (= ? nach *Hippe*)		
bis 26. Sept. 1919: *Aufsteigende Angst*		

Der Zauberberg	andere Arbeiten	Zeitgeschichte / Persönliches
bis 14. Nov. 1919: *Das Thermometer* **Ende Kap. 4** Anfang 1920: **Umstellung von Kap. 1 u. 2** 18. Jan. 1920: **Beginn Kap. 5** bis 15. Febr. 1920: *Ewigkeitssuppe und plötzliche Klarheit* bis 20. März 1920: *»Mein Gott, ich sehe!«* bis Ende April 1920: *Freiheit* und *Launen des Merkur* bis 30. Sept. 1920: *Enzyklopädie, Humaniora, Forschungen* ab 2. Okt. 1920: Arbeit an *Totentanz* Febr. 1921: Einarbeitung der Davoser Reiseeindrücke bis 16. März 1921: *Totentanz*		Febr. 1920: Grammophon-Erlebnis Jan./Febr. 1921: Schweizreise, 30. Jan. – 2. Febr. Davos

Der Zauberberg	**andere Arbeiten**	**Zeitgeschichte / Persönliches**
bis 10. Mai 1921: *Walpurgisnacht* Ende Mai 1921: Einfügung der Kapitelüberschriften, **Planung der Kap. 6 u. 7**	April – Aug. 1921: Arbeit an dem Vortrag *Goethe und Tolstoi* (gehalten Anfang Sept. 1921)	
Unterbrechung		
Anfang Okt. 1921: Überarbeitung des frz. Dialogs in *Walpurgisnacht*, **Ende Kap. 5** 15. Okt. 1921: **Beginn Kap. 6** bis Dez. 1921: *Veränderungen*		
Erste Jahreshälfte 1922: erster Auftritt **Leo Naphtas**: *Noch jemand, Vom Gottesstaat und übler Erlösung*		Jan. 1922: Begegnung mit Georg Lukács
vor dem 8. Juli 1922: *Jähzorn. Und noch etwas ganz Peinliches*		24. Juni 1922: Ermordung Walther Rathenaus
	Juli/Aug. 1922: *Von deutscher Republik*	
Unterbrechung		

Der Zauberberg	**andere Arbeiten**	**Zeitgeschichte / Persönliches**
Sept. 1922: Wiederaufnahme der Arbeit vor dem 15. Dez. 1922: *Abgewiesener Angriff*, *Operationes spirituales* (zur Hälfte?) Anfang 1923: Arbeit an *Schnee*?		Dez. 1922 / Jan. 1923: spiritistische Sitzungen
Unterbrechung		April/Mai 1923: Spanienreise
vor dem 2. Juni 1923: *Schnee* Herbst 1923: **Beginn des Drucks** des 1. Teils (bis einschl. Kap. 5) verm. Jahreswechsel 1923/24: **Ende Kap. 6 Beginn Kap. 7** vor dem 1. Febr. 1924: *Strandspaziergang* verm. vor Febr. 1924: erster Auftritt **Mynheer Peeperkorns:** *Mynheer Peeperkorn*		Okt. 1923: Begegnung mit Gerhart Hauptmann

Der Zauberberg	**andere Arbeiten**	**Zeitgeschichte / Persönliches**
vor dem 15. Juli 1924: *Fülle des Wohllauts* bis ca. 19. Sept. 1924: *Die große Gereiztheit* 27. Sept. 1924: »Finis operis«, **Ende Kap. 7 Ende des Romans**		

Die Übersicht stützt sich auf Selbstaussagen Manns in Briefen aus den Jahren 1912 bis 1924, in den erhaltenen Tagebüchern von September 1918 bis Dezember 1921 (vgl. TB I) sowie auf spätere Selbstzeugnisse in Essays, Lebensläufen u. Ä. (vgl. die Dokumente in VIII.1), auf die Ausführungen zur Entstehung bei Sauereßig 1974b sowie Neumann 2002 / GKFA 5.2, 9–46. Datierungen, die mit ›bis‹ erfolgen, sind aufgrund der Tagebuchaufzeichnungen relativ sicher; Datierungen, die mit ›vor‹ erfolgen, meinen den Zeitpunkt, an dem der Abschnitt mit Sicherheit vorlag – der entsprechende Textteil könnte allerdings auch einige Zeit vorher entstanden sein. Es werden nur größere Arbeitsunterbrechungen angegeben.

III. Konzeption

Kurz vor Ende der Arbeit am *Tod in Venedig* besuchte Mann seine Frau Katia in einem Sanatorium in Davos: An diesem Ort entstand die Idee zu *Der Zauberberg*. Der Roman (ursprünglich eine Novelle) war damit zunächst als »humoristisches Gegenstück« und »Satyrspiel« zum *Tod in Venedig* gedacht (vgl. den Vortrag *On Myself*: VIII.1, S. 412f.; den Brief an Schmitz vom 2. April 1925: VIII.1, S. 400). Wie die Satyrspiele der Antike als Nachspiele der Tragödien die dort behandelten Themen auf ausgelassene, derb-komische Weise noch einmal aufnahmen und travestierten, sollte das im *Tod in Venedig* tragisch behandelte Thema der ›Heimsuchung‹ des Künstlers Aschenbach durch eine schicksalhafte, unerlaubte, todesverbundene Liebe ins Komische überführt werden – aus dem Künstler Aschenbach wurde der mittelmäßige Ingenieursanwärter Hans Castorp. In beiden Fällen unternimmt der Held eine Reise, wird von der fremden Atmosphäre des Ortes und besonders von einer slawischen Person in den Bann gezogen, gibt sich dieser Leidenschaft halb unbewusst, halb bewusst hin und gibt dabei seine bürgerlichen Sitten auf. In beiden Fällen werden die Handlungsorte auf einer mythologischen Ebene mit dem Hades, der Unterwelt, in Verbindung gebracht (vgl. VI.2). In beiden Fällen spielt also eine ›Sympathie mit dem Tode‹ (vgl. VI.6) eine große Rolle (vgl. zu den Parallelen Reed 1974b, 84f.). Während jedoch Aschenbach am Ende der Novelle stirbt, endet *Der Zauberberg* damit, dass Hans Castorp in den Krieg zieht – und obgleich er dort vermutlich ebenfalls stirbt, hat er im Roman doch eine Entwicklung vollzogen, die eine Relativierung des zunächst leitenden Motivs der ›Sympathie mit dem Tode‹ nach sich zieht. Die Veränderung der Romankonzeption steht dabei in engem Zusammenhang mit den zeitgeschichtlichen Ereignissen während der langen Entstehungszeit des Romans (vgl. Sauereßig 1974b, Reed 1974b, zur Entstehung II).

Dass der Erste Weltkrieg als »Lösung« in die »Verkommenheit« des *Zauberbergs* hineinbrechen sollte, stand für Mann mit Ausbruch des Krieges fest (vgl. den Brief an Fischer vom 22. August 1914: VIII.1, S. 377). Er unterbrach die Arbeit am Roman dann im Herbst 1915, um seinen großen Kriegsessay *Betrachtungen eines Unpolitischen* zu verfassen. In den *Betrachtungen* überdenkt Mann sein eigenes Künstlertum und verteidigt die ›unpolitische‹ deutsche Wesensart gegen die politisierte westliche Demokratie, die er im Typus des sogenannten Zivilisationsliteraten stark angreift. Wichtig für die Kriegsschrift ist die Idee der Humanität als Suche nach einer Menschlichkeit, die eine freie Entwicklung des Individuums ermöglicht. Mann siedelt ›deutsche Menschlichkeit‹ dabei in der Nähe der russischen an, während er die französisch-lateinische Menschlichkeit des Zivilisationsliteraten als »politisches Geschrei« bezeichnet (vgl. VIII.1, S. 381): Es ist einer der Hauptzweifel der *Betrachtungen*, ob eine wahre Humanität unter den Bedingungen der westlichen, politisierten Demokratie überhaupt möglich ist.

Die Beziehungen zwischen den *Betrachtungen* und dem *Zauberberg* sind eng: Nicht nur taucht der Zivilisationsliterat in Gestalt Settembrinis im Roman auf (vgl. hierzu V.1). Auch Castorp begibt sich auf die Suche nach einer neuen Humanität (vgl. das Leitmotiv des ›Homo Dei‹ im Roman, z. B. Anm. zu 577,14). Dabei ist er zunächst bezeichnenderweise von Clawdias *russischer* ›Mähnschlichkeit‹ (vgl. Anm. zu 766,19) stark angezogen.

Manns Haltung gegenüber dem Westen verschob sich jedoch nach der Niederlage Deutschlands, dem Untergang des Kaiserreichs und damit der Konstituierung einer (›westlichen‹) demokratischen Republik: In den Jahren zwischen 1919 und 1922 wird für ihn – nachzuvollziehen in zahlreichen Essays – nun die Frage leitend, *wie* unter den veränderten Bedingungen der neuen Republik das Leitbild der Humanität verwirklicht werden kann. Dabei nähert sich Mann der Demokratie zunehmend an (dies stellt seine vielbeschworene ›politische Wandlung‹ dar), ohne andererseits seine Vorstellung von Humanität wesentlich zu verändern. Kompliziert wird die Rede von Manns ›politischem Wandel‹ (vgl. hierzu Pikulik 1985) dadurch, dass er auch schon in den *Betrachtungen,* bei aller dort geführten Polemik gegen die westliche Zivilisation, Deutschland selbst und das ›deutsche Wesen‹ in der *Mitte* zwischen West und Ost angesiedelt hatte. Manns ›politischer Wandel‹ zeichnet sich letztlich durch die Kontinuität seiner Überlegungen aus, in deren Zentrum weiterhin die (wenngleich etwas unscharf bleibende) Idee der ›Humanität‹ steht (vgl. Langer 2007). Diese Idee wird im Roman nun zunehmend zentral: Nach der kriegsbedingten und mit der Abfassung der *Betrachtungen* gefüllten Arbeitspause am Roman greift gleich einer der ersten Tagebucheinträge zum *Zauberberg* das Thema der Suche nach dem ›Neuen‹, einer »neuen Konzeption des Menschen« auf (Eintrag vom 17. April 1919: VIII.1, S. 383; vgl. auch den Schluss des Abschnitts *Fülle des Wohllauts,* in dem das Stichwort »das Neue« fällt: ZB, 898 und Anm. zu 898,20–35). Mann überarbeitet bei Wiederaufnahme der Arbeit im Jahre 1919 das bereits Geschriebene (ca. das erste Fünftel des gesamten Romans), die übrigen vier Fünftel entstanden in der Zeit von 1919 bis 1924 (vgl. II). Die Komplexität des *Zauberbergs* ergibt sich nicht zuletzt aus der Verschränkung der erzählten Zeit des Romans – den Jahren von 1907 bis 1914, also der Vorkriegszeit – mit der Zeit seiner Abfassung (bzw. Überarbeitung) *nach* dem Krieg.

Die Überlegungen der *Betrachtungen* wirken dabei nach, werden im Laufe der Arbeit aber gleichwohl von Manns Hinwendung zur Demokratie überlagert. So haben wichtige Essays der frühen 1920er Jahre Bezüge zum Roman – wie umgekehrt die Arbeit am Roman auf die Essays einwirkt. Zu nennen sind hier besonders der Vortrag *Goethe und Tolstoi* vom September 1921 und die Rede *Von deutscher Republik* aus dem Sommer 1922.

Die intensive Beschäftigung mit Goethe im Umkreis der Erziehungsidee, die in *Goethe und Tolstoi* zentral ist, führt Mann nun zu dem Gedanken, dass der *Zauberberg* ein Bildungsroman sei (vgl. den Tagebucheintrag vom 15. Juni 1921: VIII.1, S. 389) – eine Selbstdeutung, an der er in der Folgezeit festhalten wird (vgl. VII.2). Weiterhin stellt Mann in diesem Vortrag (bei immer noch erkennbarer Sympathie für den ›Osten‹) Überlegungen zur Stellung Deutschlands zwischen Ost und West an, die an Castorps Stellung zwischen dem westlichen Aufklärer Settembrini und der Russin Clawdia Chauchat erinnern (vgl. den Ausschnitt aus *Goethe und Tolstoi* in VIII.1, S. 389).

Ein Jahr später bekennt sich Mann in *Von deutscher Republik* dann eindeutig zur (›westlichen‹) Republik. Diese Rede steht unter dem Eindruck der Ermordung des Außenministers Walther Rathenau (1867–1922) durch Rechtsradikale im Juni 1922 und versucht die deutsche Jugend für die Demokratie zu gewinnen. Mann erkennt den demokratischen Staat jetzt als Raum für die Entfaltung von Humanität an, erläutert seine Vorstellung von Demokratie in der Rede allerdings (nur auf den ersten Blick erstaunlicherweise) mit Hilfe von Novalis (1772–1801) und knüpft sein Demokratieverständnis damit an die deutsche Romantik an: Dies erklärt sich nicht zuletzt aus der Arbeit am *Zauberberg*, in dem Novalis zitiert wird (vgl. IV.3.5) und das Thema Romantik in Form der romantischen ›Sympathie mit dem Tode‹ (vgl. VI.6) zentral ist. Und trotz der ›Hinwendung‹ zur westlichen Demokratie vertritt Mann weiterhin das Konzept einer »deutsche[n] Mitte« (vgl. den Ausschnitt aus *Von deutscher Republik* in VIII.1: S. 394). Dies wird sich im Schneetraum widerspiegeln, in dem Castorp, sich geistig sowohl von Settembrini (dem ›Westen‹) als auch von Naphta (dem ›Osten‹) emanzipierend, zu

Das *Zauberberg*-Manuskript (1924)

dem Schluss kommt: »[...] in der Mitte ist des Homo Dei Stand – inmitten zwischen Durchgängerei und Vernunft – wie auch sein Staat ist zwischen mystischer Gemeinschaft [= Naphta] und windigem Einzeltum [= Settembrini]« (ZB, 679, vgl. Anm. zu 679,5 f.; vgl. auch *Lübeck als geistige Lebensform*: VIII.1, S. 407).
Überdeutlich werden die Bezüge zwischen Manns politischem Denken und dem *Zauberberg* bzw. umgekehrt, wenn der Vortrag auf die ›Sympathie mit dem Tode‹ zu sprechen kommt (vgl. VI.5): Denn an dieser Stelle zitiert Mann in seiner Rede Worte Hans Castorps aus dem Roman (vgl. den Ausschnitt aus *Von deutscher Republik*: VIII.1, S. 392 sowie ZB, 359). Er kehrt deren Zielrichtung nun allerdings um. Hatte Castorp im Mitte 1920 entstandenen Gespräch mit Behrens noch formuliert: »Und wenn man sich für das Leben interessiert, [...] so interessiert man sich namentlich für den Tod« (ZB, 368), so heißt es

nun, 1922, in *Von deutscher Republik*: »Das Interesse für Tod und Krankheit [...] ist nur eine Art von Ausdruck für das Interesse am Leben [...].« Und in genau dieser Form wird Mann die Passage wenige Monate später in den Schneetraum Hans Castorps übernehmen (vgl. ZB, 678). Auf diese Weise wird das Gewicht vom Tod zum Leben verlagert – wenn auch beides wechselseitig aufeinander bezogen bleibt. Das ›humoristische Gegenstück‹ zum *Tod in Venedig*, als das der *Zauberberg* ursprünglich geplant war, wird im Laufe der Zeit also zu einem Gegenstück, das sich vom Thema der Todesverfallenheit zwar nicht löst (dies war und blieb die Ursprungsidee des Romans), ihm aber zunehmend eine ›Hinwendung zum Leben‹ entgegenhält – korrespondierend Manns Hinwendung zur Demokratie in der Nachkriegszeit. Da der Roman allerdings in der Vorkriegszeit spielt und im Krieg endet, zeigt sich die Hinwendung zum Leben im *Zauberberg* nur als zukünftige Perspektive: Entwickelt wird sie deutlich im Schneetraum, am Ende des Abschnitts *Fülle des Wohllauts* sowie am Ende des Romans, wenn es in Frageform heißt: »Wird auch aus diesem Weltfest des Todes [...] einmal die Liebe steigen?« (ZB, 984). Auch der Auftritt der (in der Vorkriegskonzeption nicht vorhandenen) Figur Mynheer Peeperkorns lässt sich vor dem Hintergrund dieser sich wandelnden Romanausrichtung lesen (vgl. V.3).

Festgehalten werden muss bei allen Beziehungen zwischen dem Roman und den politischen Essays Manns aus diesem Zeitraum allerdings auch, dass die Essays deutlicher Position beziehen, als der *Zauberberg* dies macht (vgl. Kurzke 1997a, 195): Der Roman lässt sich somit als spezifisch künstlerische Auseinandersetzung mit den vielfältigen Zeiterfahrungen Manns zwischen 1912 und 1924 werten. Ob *Der Zauberberg* als Ganzes, im Zuge dieses Konzeptionswandels, die Wendung vom Tod zum Leben wirklich vollzogen hat oder nicht, ist in der Forschung auch umstritten (vgl. VI.6 sowie die Lesarten in VII.2 und VII.3).

IV. Quellen und Einflüsse

Sichtet man Materialien und die Quellen, so lassen sich bei Mann Realien einerseits von literarischen, philosophischen oder künstlerischen Einflüssen andererseits unterscheiden (vgl. Wysling 1967).

Realien dienen Mann dazu, »die im Werk darzustellende Welt dingdicht und damit wahrscheinlich zu machen« (Wysling 1967, 281); zu ihnen gehören vor allem Schauplätze und Personen. In welchem Maße das Finden (und nicht Erfinden) von Vorlagen für Manns künstlerische Arbeitsweise bedeutsam ist, zeigt sich schon an den *Buddenbrooks*. In dem Essay *Bilse und Ich* aus dem Jahre 1906 verwahrt sich Mann jedoch gegen eine Lektüre dieses Buches als ›Schlüsselroman‹ und erläutert sein spezifisches Verständnis von Dichtkunst: Die »Beseelung, die Durchdringung und Erfüllung des Stoffes mit dem, was des Dichters ist, macht den Stoff zu seinem Eigentum« (GKFA 14.1, 100). In diesem Sinne überformt Mann die gefundenen Realien literarisch, gliedert sie in die spezifische Komposition seines Kunstwerks ein und gibt ihnen damit eine Funktion, die über eine reine Abbildung von Wirklichkeit weit hinausgeht. Auch die Fachlektüre (im Falle des *Zauberbergs* etwa die Erarbeitung biologischen und medizinischen Wissens) gehört zu den Realien. Mann liest zielgerichtet und selektiv und arbeitet das Angelesene dann in sein Werk ein – dies dient der realistischen Verankerung des Geschriebenen und trägt zur Exaktheit in Sachfragen bei.

Literarische und philosophische Texte, Kunst und Musik sowie aktuelle zeitgeschichtliche Diskurse stellen hingegen Materialien dar, »die *selbst schon Geist sind*« (so Wysling 1967, 309 im Rekurs auf Mann selbst: Br II, 470). Unterscheiden lassen sich hier in Sicht auf den *Zauberberg* Folien für die *Zauberberg*-Geschichte (als grundlegende

Handlungsmuster) von allgemeinen geistigen und spezifischen literarischen Einflüssen. Weitere Quellen, die punktuell in den Roman eingingen und geringere konzeptionelle Bedeutung besitzen, werden hier nur in den Erläuterungen aufgeführt (vgl. I). Was in Sicht auf die Figurenkonzeption bedeutsam ist, wird in Kapitel V behandelt.
Da Teile von Manns Bibliothek ebenso wie das komplette Notizen- und Materialkonvolut zum *Zauberberg* im Zweiten Weltkrieg verloren gegangen sind, wurde die Aufdeckung von Anregungen und Einflüssen zu einer Aufgabe für die quellenphilologische Forschung, der – nicht zuletzt durch die Veröffentlichung von Manns Tagebüchern von 1918 bis 1921 im Jahre 1979 – insgesamt ein recht breiter Einblick in die Quellen des Romans gelang.

1. Realien

Der Ursprung des Romans liegt in Manns Aufenthalt in Davos: Eine Fülle realistischer Details verdankt sich dem Schauplatz. Eine ausführliche Darstellung von *Davos im ›Zauberberg‹* liefert Sprecher (1996), der die Davoser Realien jedoch auch als »Bausteine zur fiktiven Behausung ortsungebundener Ideen« (Sprecher 1995b, 36) charakterisiert: Zur eigentlichen Fabel tragen sie wenig bei, obgleich das Sanatoriumsleben mit seinem spezifischen Verhältnis zu Krankheit und Tod einen ausgezeichneten Hintergrund für Hans Castorps Erlebnisse darstellt. Zahlreiche zeitgenössische Zeitschriftenartikel über den Kurbetrieb in Davos und andere Heilstätten belegen, wie genau Mann Tendenzen des Sanatoriumslebens in sich aufnahm: Die Vergnügungssucht der Patienten, ihr Hang zu hypochondrischer Selbstbeobachtung und die negative Auswirkung des eintönigen Krankenlebens auf die Psyche werden in diesen Artikeln deutlich herausgestellt, von denen Mann einige persönlich gekannt haben mag (vgl. Sauereßig 1974b, 13f.; 1974c, 144 sowie Würffel 1995, 203f.). Auch Katia Manns (heute verlorene) Briefe aus Davos gaben ihrem Mann Material, vor allem in Sicht auf die Schilderungen der Kranken, des Hofrats und der Oberin Mylendonk (vgl. hierzu Virchow 1995b, Virchow 1997). Für einige Figuren und deren Tischgespräche griff der Autor auch auf alte Notizen zurück, die er vermutlich im Jahre 1902 während eines Aufenthalts beim Arzt Hartung in Riva gemacht hat (vgl. NB II, 79).

Über Davos hinaus sind auch andere persönliche Erfahrungen und Begegnungen Manns als ›Realien‹ in den Roman eingegangen, etwa sein erstes Grammophon-Erlebnis (vgl. VII.1, S. 387f.), die okkultistischen Sitzungen bei Albert Freiherr von Schrenck-Notzing (1862–1929) in München (vgl. VI.3) sowie die persönlichen Begegnungen mit Georg Lukács (1885–1971) und Gerhart Hauptmann (1862–1946), vgl. V.2 und V.3.

Daneben stellt auch die Fülle medizinischen und biologischen Wissens – von der Darstellung der Tuberkulose über die Beschreibung der Röntgenuntersuchung bis hin zu Hans Castorps umfangreichen ›Forschungen‹ – ›reales‹ Material dar, das Mann sich in stetigem Austausch mit befreundeten Ärzten sowie durch intensive Fachlektüre aneignete. Die Quellen für Hans Castorps »biologische Phantasie in der Frostnacht« (TB I, 464) sind vor allem ein *Physiologie*-Lehrbuch (14. Aufl. 1910) von Ludimar Hermann (1838–1914) sowie die *Allgemeine Biologie* (5. Aufl. 1920) von Oscar Hertwig (1849–1922; vgl. Schmidt 1987, ausführlich Virchow 1995a, Joseph 1996b; vgl. die Anm. zu 363–393). Auch hinsichtlich dieses »höhere[n] Abschreibens« (Br II, 470) gilt jedoch, was für die Übernahme von ›Realien‹ in Werke Manns generell Geltung hat: Auch diese rein fachlichen Quellentexte werden leitmotivisch verknüpft und in die Komposition des Romans eingebettet.

2. Hintergrundfolien für die *Zauberberg*-Geschichte

Es gibt eine Reihe literarischer Texte und Stoffe, die von besonderer Bedeutung für den *Zauberberg* sind, nämlich das Hörselberg- bzw. Tannhäuser-Motiv, die Trias von Vergils *Aeneis*, Homers *Odyssee* und Dantes *Göttlicher Komödie* sowie Goethes *Faust*. Diese Texte bilden grundlegende Handlungsmuster, die der *Zauberberg*-Geschichte als Folien unterlegt sind – ihr Stellenwert geht damit über einen allgemeinen Einfluss einerseits und lediglich punktuelle Bezugnahmen im Roman andererseits weit hinaus.

2.1. Der Tannhäuser-/Hörselberg-Stoff

Schon im Jahre 1901 verfasste Mann über das Kurleben in Mitterbad ein Gedicht (vgl. VIII.1, S. 375 f.), dessen erste Strophe auf das Tannhäuserlied aus *Des Knaben Wunderhorn* anspielt (vgl. VIII.2, S. 416). Die Verbindung zwischen Sanatoriumsleben und Hörselbergsage stellte Mann also schon früh her, wenn er auch das Motiv hier noch nicht ausführte (vgl. Sprecher 1995b, 23). In Selbstaussagen Manns findet sich der Verweis auf die »Hörselbergidee« erst nach Beendigung des Romans (*Lebensabriß*, 1930 GW XI, 125 / Ess III, 203), sie ist allerdings dem gesamten Roman unterlegt. Der Sage nach hielt sich der mittelalterliche Sänger Tannhäuser sieben Jahre im Hörselberg in den Armen von Venus auf. Die Venusberg-Sage, nach der die Liebesgöttin Ritter in den Berg lockt, wurde in Deutschland mit dem Hörselberg in der Nähe von Eisenach in Verbindung gebracht und mit der Gestalt Tannhäusers verknüpft. Die Sage unterlag im Laufe der Zeit vielen literarischen Verarbeitungen: Neben dem Tannhäuserlied aus dem 17. Jh., das durch den Abdruck in der Liedersammlung *Des Knaben Wunderhorn* im Jahre 1805 neue Bekanntheit erhielt, sind Ludwig Tiecks (1773–1853) Novelle *Der getreue Eckart und der Tannenhäuser* (1799),

Heinrich Heines (1797–1856) Tannhäuser-Gedicht (1836) und sein die Venusberg-Sage behandelnder Essay *Elementargeister* (1837) sowie nicht zuletzt Richard Wagners (1813–1883) Oper *Tannhäuser* (1845) zu nennen, auf die im Roman auch gelegentlich angespielt wird (vgl. Anm. zu 762,32 und 882,10). Sandt (1979,15) macht darauf aufmerksam, dass in Joseph von Eichendorffs (1788–1857) Erzählung *Das Marmorbild* (1818), die u. a. auf Tiecks Venusberg-Erzählung zurückgeht, der Begriff ›Zauberberg‹ fällt. Vaget nimmt neben Wagner und Heine auch »Hans Christian Andersens Märchen *Die Nachtmütze des Hagestolzen*, die gleichfalls eine Hörselberg-Episode aufweist«, als möglichen Bezugstext Manns an – sowohl Wagner als auch Heine und nicht zuletzt Andersen (1805–1875) haben Mann früh geprägt (1997, 112; vgl. zum Andersen-Einfluss unten 3.6 sowie VI.1).
Welche Bezugstexte Mann genau vorgeschwebt haben, lässt sich nicht ermitteln, ist letztlich aber auch kaum von Bedeutung: Das in der Hörselberg-Sage generell enthaltene, mittelalterliche Motiv des ›Verligens‹, des Vergessens von Zeit und Welt in den Armen einer Frau, prägt die Geschichte Hans Castorps deutlich, der, wenn auch unbewusst, zunächst durch seine Faszination für Clawdia Chauchat auf dem ›Zauberberg‹ festgehalten wird. Dass es bei dem Bild des Berges weniger um eine »Gipfel-Forcierung« als vielmehr »um ein Eindringen *in* den Berg« geht, verdeutlicht ein Brief Manns an Josef Ponten (1883–1940) aus dem Jahre 1925, in dem er auch auf Tannhäuser aufmerksam macht (vgl. VIII.1, S. 398).

2.2. Vergils *Aeneis*, Homers *Odyssee*, Dantes *Göttliche Komödie*

Frizen (1987) hat gezeigt, in welchem Maße Vergils Epos *Aeneis* dem *Zauberberg* als Muster unterlegt ist: Über die wenigen direkten Vergil-Zitate Settembrinis hinaus (vgl.

Anm. zu 89,19f.; 550,33–35) stelle die *Aeneis* ein »Geschichtsmodell« (Frizen 1987, 233) für den *Zauberberg* dar. Aeneas' Schicksal ist es, vom untergegangenen Troja aus aufzubrechen, um ein neues Weltreich zu gründen – Rom. Das Epos setzt das Rom des Kaisers Augustus (die Gegenwart Vergils) als hoffnungsvollen Endpunkt der Geschichte und ist somit »das erste Epos der Zeitenwende, das der Wende der Zeit eine theologische wie eine politische Bedeutung zumißt« (ebd.). Auch *Der Zauberberg* lässt sich als ein Roman der Zeitenwende lesen, an dessen Ende die Hoffnung auf eine bessere Zukunft und eine ›neue Humanität‹ steht.

Daneben lassen sich auch Äquivalenzen in der Handlung finden: Wie Aeneas sich in den Armen von Dido ›verligt‹, so wird Hans Castorp auf dem *Zauberberg* durch Clawdia Chauchat festgehalten. Während Aeneas allerdings mit Hilfe von Hermes der Aufbruch nach Italien und damit die Erfüllung seines Schicksals gelingt, mahnt Settembrini – eine mit Hermes verbundene Figur (vgl. Anm. zu 81,24f.) – Hans Castorp vergeblich zur Rückkehr in das Flachland. Der Schneetraum Castorps mit der Vision künftiger Humanität lässt sich mit Aeneas' Abstieg in das Schattenreich vergleichen, in dem ihm die Zukunft Roms bis zum Friedensreich des Augustus vor Augen gestellt wird (Frizen 1987, 240f.). Allerdings bleibt die Idee vom neuen »Stand und Staat« (ZB, 678) des Menschen im Schneetraum nur eine folgenlose Vision. Aeneas und Castorp verhalten sich somit »wie Thesis und Antithesis« (236), so Frizen.

Dieser schätzt damit die Bedeutung der *Aeneis* für den *Zauberberg* höher ein als die Bedeutung von Homers *Odyssee*. Allerdings werden auch dieses Epos und nicht zuletzt Dantes *Göttliche Komödie* zu wichtigen Folien für den Roman, da das Sanatorium und der ›Zauberberg‹ durch Settembrinis Anspielungen auf Homer (ZB, 83,34; 83,35f.; 342,17–21) und Dante (ZB, 491,2–6; 711,7f.)

als mythische Unterwelt gekennzeichnet werden (vgl. die Anm. in I sowie VI.2). Im *Zauberberg* finden sich vor allem Zitate aus dem 10. und 11. Gesang der *Odyssee*, die Odysseus' Aufenthalt bei der Zauberin Kirke und den Aufstieg der Seelen von Verstorbenen aus dem Totenreich zum Gegenstand haben. Dantes *Göttliche Komödie* wiederum schildert die Wanderung des Dichters durch das Jenseits (in christlicher Deutung gegliedert in die drei Bereiche Hölle, Fegefeuer und Paradies) und bildet mit den »Motiven der Verirrung und Verwirrung« sowie »dem Prinzip der Steigerung« mehr als ein nur äußeres Modell für Castorps ›Bildungsweg‹ auf dem ›Zauberberg‹ (vgl. Ritter-Santini 1978, hier 88f.). Die intertextuellen Bezüge des *Zauberbergs* auf die Klassiker Homer, Vergil und Dante kennzeichnen Castorps siebenjährigen Aufenthalt so nicht nur als typische Hörselberg-Episode, sondern auch als Aufenthalt im Reich der Toten und zugleich als eine ›Irrfahrt‹ (vgl. zum Mythos im *Zauberberg* auch VI.2).

2.3. Goethes *Faust*

Der *Zauberberg* enthält weiterhin eine Fülle von Anspielungen auf Goethes *Faust*, vor allem auf *Der Tragödie Erster Teil*: Nicht nur der *Walpurgisnacht*-Abschnitt ist hier bedeutsam, in dem sehr viele Zitate aus den Walpurgisnacht-Szenen von *Faust. Der Tragödie Erster Teil* fallen (vgl. die Anm. zu 444–455). Auch Joachim stirbt »als Soldat und brav« (so der Titel des Kapitelabschnitts), womit wiederum *Faust. Der Tragödie Erster Teil* zitiert wird: Gretchens Bruder Valentin stirbt mit diesen Worten, als er sich mit Faust duelliert – angeblich, um Margaretes Ehre zu verteidigen. Heftrich (1975) hat diese und eine Fülle weiterer – offensichtlicher oder versteckter – Anspielungen und Zitate aufgedeckt und liest den *Zauberberg* damit als eine »Parodie im Sinne des hohen Spiels bewahrender Nachfolge« auf Goethes *Faust* (130).

Konkrete Handlungselemente des *Faust* spielen bei einem solchen Verständnis von ›Nachfolge‹ allerdings kaum eine Rolle. Die Walpurgisnacht-Analogien inszenieren Hans' Aufenthalt im Sanatorium zwar als Teilnahme an einer ›Hexennacht‹ und den ›Zauberberg‹ damit als ›Hexenberg‹, doch wie Kurzke pointiert bemerkt, fehlt ein Gretchen, »Castorp erliegt im Gegensatz zu Faust der Versuchung«, und Mephisto – im Roman Settembrini, der Mephisto fortwährend zitiert – »ist, anders als bei Goethe, nicht der Verführer, sondern nur der Kommentator« der Szene (Kurzke 1997a, 200).
Auf einer abstrakteren Ebene kann *Faust* dennoch als eine Folie für den Roman angesehen werden: Im ›Prolog im Himmel‹ aus *Faust. Der Tragödie Erster Teil* wettet Mephisto mit Gott, dass er Fausts Streben nach Erkenntnis von seinem ›Urquell‹ lösen und Faust auf Abwege bringen kann. Das Vertrauen Gottes: »Ein guter Mensch in seinem dunkeln Drange / Ist sich des rechten Weges wohl bewußt« (*Faust I*, V. 328 f.) könnte als Motto über Hans Castorps Bildungsweg auf dem ›Zauberberg‹ stehen. Die zahlreichen einzelnen und jeweils in ihrem Stellenkontext bedeutsamen *Faust*-Zitate des Romans (vgl. I) ergeben als Ganzes zwar kein so deutliches Handlungsmuster wie die Hörselberg-Geschichte oder auch Vergils *Aeneis*, sie verweisen aber darauf, dass Goethes Text eine grundlegende Bedeutung für den Roman besitzt: Auf seiner Suche nach einer neuen Humanität, in seinem persönlichen Streben nach Erkenntnis nimmt Castorp die (parodistisch verkehrte) Rolle Fausts ein.

3. Einflüsse

Für Mann immer bedeutsam ist das »Dreigestirn« Schopenhauer, Nietzsche und Wagner, seiner eigenen Aussage zufolge die »Fundament[e] meiner geistig-künstlerischen

Bildung« (GW XII, 71f.). Dies gilt auch für den *Zauberberg*. Hinzu treten hier Oswald Spengler (1880–1936), Georg Brandes' (1842–1927) Romantik-Darstellung sowie zahlreiche literarische Einflüsse. Auf den ebenfalls wichtigen Einfluss Sigmund Freuds (1856–1939) wird im Rahmen der psychoanalytischen Motivik eingegangen (vgl. VI.3).

3.1. Schopenhauer

Die Lektüre Arthur Schopenhauers (1788–1860), die Mann selbst später als rauschhaftes Erlebnis beschrieben hat (vgl. GW XII, 72) und die sich vermutlich auf die Jahre 1898/99 datieren lässt (Frizen 1980, 38–49 zufolge vielleicht schon auf 1895), beeinflusste Manns Verständnis von Welt und Kunst zutiefst: Seine Schopenhauer-Rezeption lässt sich durch sein gesamtes Werk hindurch verfolgen. Schopenhauers in *Die Welt als Wille und Vorstellung* entwickelte Willensmetaphysik setzt den Willen als Grund allen Daseins, während die einzelnen Erscheinungen der Welt Objektivationen des Willens seien. Die an Zeit, Raum und Kausalität gebundene Welt als Vorstellung sei lediglich die Oberfläche des Daseins, hinter der sich die wahre Welt des Willens auftue. Das damit verbundene Zeitverständnis eines ›nunc stans‹, eines (außerhalb von Zeit und Raum befindlichen, transzendenten) stehenden Jetzt, hat die Zeitkonzeption des *Zauberbergs* wesentlich geprägt (ausführlich dazu: VI.4). Schopenhauers Lehre von Gattung und Individuum, der zufolge die einzelnen Individuen lediglich Manifestationen der Gattung als übergeordneter Idee darstellen, wurde wiederum für Manns Verständnis des Mythos und – damit einhergehend – auch für seine Rezeption Freuds und der Psychoanalyse verbindlich und hat von daher Eingang in den *Zauberberg* gefunden (vgl. ausführlich dazu: VI.3).

Darüber hinaus hat Schopenhauer in vielen einzelnen Aspekten auf den *Zauberberg* eingewirkt, wie am ausführlichsten von Frizen (1980) gezeigt wurde (ergänzend Reents 1998, 220–340; Dierks 1972, 119–126). Zu nennen ist hier etwa Naphtas Wissenschaftskritik, die Züge Schopenhauers trägt, wie Naphta Schopenhauer auch in seiner metaphysischen Grundausrichtung folgt (vgl. Frizen 1980, 145–152). Castorps biologisch-medizinische *Forschungen*, in denen er über das Verhältnis von Geist und Materie nachsinnt, folgen der schopenhauerischen Willensmetaphysik, nach der sich der Wille in der Materie manifestiert – im *Zauberberg* wird diese als »Reizwucherung des Immateriellen« bezeichnet (ZB, 384; vgl. Frizen 1980, 175–187). Schopenhauer zufolge führt die Objektivation des Willens in den einzelnen Erscheinungen der Welt zum Leiden, da sich hier individuierte, vereinzelte Willen gegenüberstehen und das Prinzip des Willens das ständige, unerfüllt bleibende Wollen des Menschen verursacht. Das große Thema der ›Krankheit‹ im *Zauberberg* lässt sich mit dem schopenhauerischen Leiden als existentielle Grundbedingung des Menschen in Verbindung bringen. Wie das Leiden nach Schopenhauer mit zunehmendem Bewusstsein steigt (und damit beim Menschen am intensivsten ist), so stellt auch der Roman den Zusammenhang zwischen ›Krankheit‹ und ›Geist‹ her (vgl. ebd., 193–197), während sich Castorp zufolge Krankheit und Dummheit nur schlecht miteinander vertragen (vgl. ZB, 136f.). Die große Bedeutung, die im *Zauberberg* darüber hinaus die Liebe einnimmt, korrespondiert wiederum Schopenhauers Auffassung der Geschlechtsliebe, der zufolge der Geschlechtstrieb und speziell der Zeugungsakt Ausdruck des metaphysischen ›Willens zum Leben‹ ist. Schopenhauers Deutung der Liebe, deren Ziel daher in der Zeugung liegt, findet sich im *Zauberberg* wieder, wenn Castorp angesichts von Clawdias enblößten Armen eine Reflexion über den Sinn seines Verliebtseins in eine kranke und daher ›unfruchtbare‹ Frau anstellt (ZB, 180f.; vgl. Frizen 1980, 228–237; Reents 1998, 233–241).

Der Kreislauf von Zeugung zu Zeugung als Erscheinung des Willens endet für das Individuum jeweils mit dem Tod, den Schopenhauer als (Wieder-)Eintritt in den Willen und als Befreiung von der Individuation wertet, während die Gattung weiterexistiert (vgl. Auszüge aus »Ueber den Tod und sein Verhältniß zur Unzerstörbarkeit unsers Wesens an sich« in VII.2, S. 430–434). Dieses Todesverständnis ist auch für den *Zauberberg* bedeutsam (vgl. Frizen 1980, 288–313; Reents 1998, 241–244, 288–294): Hinter Castorps Faszination für den Tod als Auflösung der Form (vgl. Anm. zu 368,31f. und 368,36) steht die Willensmetaphysik Schopenhauers. Entscheidend ist hier auch die Verbindung mit Castorps ›Rückwärtsgewandtheit‹, die sich im Motiv der Taufschale offenbart: Das »Ur-Ur-Ur-Ur« als »dunkle[r] Laut der Gruft und der Zeitverschüttung« (ZB, 36) führt Castorp zu der vagen Ahnung, dass er nur Glied einer langen Kette ist und sein Großvater nur die spezifische Individuation einer dahinterliegenden, ›wahren‹ Gestalt – was Schopenhauers Lehre von der ›Wiedergeburt‹ des Willens in wechselnden Manifestationen entspricht.

Auch die Langeweile der untätigen Patientenschaft, deren Folgen im Abschnitt *Der große Stumpfsinn* geschildert werden, stimmt mit Schopenhauers Analyse der Langeweile überein (vgl. Frizen 1980, 201–208; Reents 1998, 230–244). Nicht zuletzt ist auch Manns Musikverständnis dem Schopenhauers verpflichtet, was sich auch im *Zauberberg* zeigt (hierzu ausführlich: VI.7).

So stark Frizen den Einfluss Schopenhauers auch herausarbeitet: Er liest den *Zauberberg* dennoch nicht als ›Abbildung‹ der schopenhauerischen Willensmetaphysik, wie es Kristiansen (1978/86) getan hat, dessen Interpretation daher unten als ›Lesart‹ vorgestellt wird (vgl. VII.3: *»Der Zauberberg* als Schopenhauer-Roman«). Frizen bezieht in seine Analyse auch andere Lektüren Manns mit ein und betont vor allem die große Bedeutung Nietzsches, dessen Erkenntniskritik und Lebensbejahung Mann ein kritisches Korrektiv zu Schopenhauer an die Hand gaben.

3.2. Nietzsche

Friedrich Nietzsche (1844–1900) stellt für den frühen Mann einen zentralen Bezugspunkt seiner Selbstpositionierung als Künstler dar und spielt auch in den *Betrachtungen eines Unpolitischen* eine große Rolle. Gleichzeitig mit Manns Arbeit an der Kriegsschrift verfasste sein Freund Ernst Bertram (1884–1957) das Buch *Nietzsche. Versuch einer Mythologie*; viele Nietzsche-Zitate der *Betrachtungen* verdanken sich Bertrams Wissen. Die geistige Nähe zwischen beiden Büchern war so groß, dass Mann bei Erscheinen von Bertrams *Nietzsche* im Oktober 1918 an diesen schreiben konnte, es komme ihm so vor, »als sei es ganz eigentlich *mein* Buch und mir zugedacht« (GKFA 22, 252). Geht es um den Einfluss Nietzsches auf den *Zauberberg*, so müssen indirekt also immer auch Bertrams *Nietzsche* (vgl. Böschenstein 1993) und die *Betrachtungen* mit einbezogen werden. Nietzsche-Anklänge des Romans wurden schon 1933 von Weigand herausgestellt, eine ausführliche Aufarbeitung von *Nietzsche im »Zauberberg«* nahm im Jahre 1996 Joseph vor (1996a).
Es ist kein Zufall, dass schon der Titel des Romans einen Ausdruck Nietzsches aus der *Geburt der Tragödie* aufgreift (vgl. Anm. in I), jener Schrift, die das Apollinische und das Dionysische einander gegenüberstellt, und dass diese entgegengesetzten Prinzipien des Daseins auch in Castorps Schneevision eine zentrale Rolle spielen (vgl. VI.2). Jenseits dieser direkten Bezüge lässt sich der Einfluss Nietzsches jedoch auf einer noch grundsätzlicheren Ebene feststellen: In Sicht auf den *Zauberberg* sind es vor allem die (auch von Bertram herausgestellten) Motive der Krankheit und der Selbstüberwindung bei Nietzsche, die

Mann beschäftigten und die er künstlerisch fruchtbar machte. Den Komplex der Krankheit behandeln ausführlich Pütz (1995) sowie Koopmann (1997), der besonders die Bedeutung des Kapitels ›Krankheit‹ in Bertrams Nietzsche-Buch für den *Zauberberg* herausstellt: Nach Bertram stellt ›Krankheit‹ für Nietzsche einen höchsten Wert dar, »durch den allein Zugang zur Einsicht in das Leben möglich war« – was der Bedeutung der Krankheit für Castorps individuellen ›Bildungsweg‹ auf dem ›Zauberberg‹ entspricht. Damit seien die Themenkomplexe »Steigerung, Höherbildung, Erkenntnis« im *Zauberberg* auch nicht »Relikte des Goetheschen Bildungsromans, sondern die durch Bertram vermittelten Spuren Nietzsches« (Koopmann 1997, 287; zum *Zauberberg* als Bildungsroman vgl. VII.2).

Auch das Motiv der ›Selbstüberwindung‹, das in Verbindung mit Hans Castorps Suche nach dem ›Neuen‹ am Schluss des Unterkapitels *Fülle des Wohllauts* in den Roman eingebracht wird (vgl. Anm. zu 898,20–35), bezieht sich auf Nietzsche: Die Selbstüberwindung der Dekadenz, die Selbstüberwindung des Nihilismus in Sicht auf eine lebensbejahende, dionysische Haltung (die Krankheit, Schmerz und Tod nicht negiert, sondern in sich aufnimmt) ist ein zentrales Moment von Nietzsches Philosophie. Damit verbunden ist Nietzsches Selbstüberwindung der todesverbundenen Musik Richard Wagners. Auch dies konnte Mann bei Bertram finden, darüber hinaus hat er sich jedoch während der Arbeit an den *Betrachtungen* selbst intensiv mit Nietzsche und mit dessen Selbstüberwindungs-Schrift *Ecce homo* auseinandergesetzt (vgl. Langer 2006). Die ›Selbstüberwindung‹ als Leitbild, wie sie Hans Castorps Weg durch Krankheit und Tod zum Leben (wie der Schneetraum ihn beschwört) prägt, verdankt sich also auch Nietzsche. »Todesromantik plus Lebensja im Zauberberg« – so kennzeichnete Mann bei Lektüre von Bertrams *Nietzsche* die »thematischen Zusammenhänge«

seiner Arbeit mit der Nietzsche-Darstellung seines Freundes (vgl. etwa den Tagebucheintrag vom 14. September 1918: VIII.1, S. 381).
Damit tritt der Einfluss Nietzsches neben den Schopenhauers: Den Gegensatz von Schopenhauers Todesmetaphysik und Nietzsches Lebensbejahung im *Zauberberg* fasst Dierks in die Formel »Metaphysik – metaphysikverneinende Weltimmanenz« (1972, 120). Welcher Seite der Roman als Ganzes letztlich den Vorzug gibt, ist in der Forschung umstritten. Zentral ist hierbei die Beantwortung der Frage, ob Castorps Absage an den Tod im Schneetraum und damit das ›Lebensja‹ Nietzsches Zielpunkt und Aussage des *Zauberbergs* darstellen oder durch die ›abfallende‹, im Krieg endende Linie des Romans und den Pessimismus Schopenhauers überlagert bleiben (vgl. hierzu die Lesarten in VII).

3.3. Wagner

Anspielungen auf Richard Wagner sind im Roman selten, und auch wenn Hans Castorp in *Fülle des Wohllauts* einmal Wolframs Preislied aus dem *Tannhäuser* spielt (vgl. Anm. zu 882,10), so befindet sich Wagner dennoch nicht unter seinen Lieblingsplatten. Dies erstaunt auf den ersten Blick – gerade beim Vergleich mit Manns erster Sanatoriumserzählung, der Novelle *Tristan* aus dem Jahre 1903, wo Wagners Musik die Lungenkranke Gabriele Klöterjahn und den Schriftsteller Detlev Spinell in einem Gefühlsrausch verbindet, der Gabrieles Krankheit neu auflodern lässt und zu ihrem Tod führt. In den *Buddenbrooks* gibt sich der in jungen Jahren an Typhus sterbende Hanno Klavierphantasien hin, die deutlich auf Wagner verweisen. Jenseits von ausdrücklichen Bezugnahmen, die im *Zauberberg* spärlich gesät sind, verdankt der Roman Wagner jedoch etwas Grundsätzliches. In seiner *Einführung in den Zauberberg* aus dem Jahre 1939 verweist Mann auf

die große Bedeutung der Leitmotivtechnik Wagners, die er selbst als Prinzip der Komposition auf den Roman übertragen habe (vgl. VIII.1, S. 409). Die Monographie *Zauberbergmusik* von Heftrich (1975) geht dieser Spur nach und verfolgt eindringlich das komplexe Ideengewebe des Romans (vgl. VII.4). Dem Einfluss Wagners auf den *Zauberberg* ist 1997 auch Vaget nachgegangen, der das »Schweigen« des Romans in Sicht auf Wagner als ein Schweigen liest, »das von dem Verschwiegenen handelt« (117). Manns Verhältnis zu Wagner war dabei von Beginn an zwiespältig: Seine frühe Wagner-Begeisterung mischte sich bald mit einer (durch Nietzsche vermittelten) Kritik, ihn störte vor allem die pseudoreligiöse Verehrung Wagners in Bayreuth und das Rauschhafte seiner Musik (vgl. auch den Tagebucheintrag vom 19. September 1919: VIII.1, S. 387). In den *Betrachtungen eines Unpolitischen* erneuerte er dann zunächst »sein Bekenntnis zu Wagner« (Vaget 1997, 122) und bezeichnet Wagners Werk als »eruptive Offenbarung deutschen Wesens« (GW XII, 77). Diese Verbindung Wagners mit dem ›Deutschen‹ wird im *Zauberberg* dann aber zu einem zweifelhaften Gütekriterium, entscheidend ist hierbei auch Manns zunehmende Infragestellung einer rückwärtsgewandten deutschen ›Sympathie mit dem Tode‹ (vgl. VI.6).
Eine der wenigen Stellen, an denen Wagner im Roman unmittelbar auftaucht (wenn er auch nicht namentlich genannt wird), ist das Ende des Abschnitts *Fülle des Wohllauts* (vgl. Anm. zu 898,20–35) – und von hier aus wirft Wagner »einen mächtigen Schatten [...] auf die ganze Welt des *Zauberbergs*« (Vaget 1997, 129; vgl. den Ausschnitt aus Vagets Aufsatz: VIII.3, S. 451). Schuberts Lindenbaumlied wird an dieser Stelle des Romans als typisch romantische, todesverbundene Musik gekennzeichnet und die darin zum Ausdruck kommende ›Innerlichkeit‹ deutscher Musik bis zu Wagner verlängert, der mit dem Begriff »Seelenzauberkünstler« gemeint ist: »Man brauchte

nicht mehr Genie, nur viel mehr Talent als der Autor des Lindenbaumliedes, um als Seelenzauberkünstler dem Liede Riesenmaße zu geben und die Welt damit zu unterwerfen« (ZB, 898). Wagners Musik wird hier zu einem Symbol der geistigen Haltung Deutschlands vor dem Kriege – einer geistigen Haltung, die letztlich zum Kriegsausbruch beitrug und also kritisiert wird (vgl. hierzu VI.7). Als Bestandteil von Manns kritischer Haltung gegenüber Wagner lassen sich auch die zahlreichen Anspielungen des *Zauberbergs* auf Georges Bizets (1838–1875) Oper *Carmen* verstehen, die sich – wie Manns Kritik generell – wiederum Nietzsche verdanken dürften (vgl. Mertens 2003, 181): Denn Nietzsche führt in seiner Polemik gegen Wagner (etwa in *Der Fall Wagner* aus dem Jahre 1888) *Carmen* als leichte und liebenswürdige Musik gegen die künstliche Rafinesse der Wagner'schen Kompositionen ins Feld. Daneben lässt sich auch das Ende des Romans in Bezug auf Wagner lesen, wie Vaget herausstellt: Das »Weltfest des Todes« (ZB, 984), in das Hans Castorp im Krieg gerät, zeigt deutliche Ähnlichkeiten mit der *Götterdämmerung*, dem Schluss von Wagners *Ring*-Tetralogie (vgl. Anm. zu 980,14 f.), und spielt über diesen Bezug noch einmal auf das auch im *Ring des Nibelungen* wichtige Thema der Liebe an (vgl. Vaget 1997, 132–139). Obgleich Wagners Musik im *Zauberberg* als Ausdruck der spezifischen deutschen Mentalität vor dem Ersten Weltkrieg, als Zeichen der gefährlichen ›Sympathie mit dem Tode‹ also kritisch gesehen wird, bleibt Wagners Werk für Mann – und den *Zauberberg* – weiterhin ein wichtiger Bezugspunkt (vgl. zur Musik im *Zauberberg* auch VI.7).

3.4. Spengler

Den 1918 erschienenen ersten Band von Oswald Spenglers zweibändigem Werk *Der Untergang des Abendlandes* las Mann im Sommer 1919 mit großem Interesse und Begeisterung, konnte er doch einige seiner eigenen Gedanken bei Spengler wiederfinden. Wie Mann in den *Betrachtungen eines Unpolitischen* proklamiert auch Spengler den Gegensatz von Kultur und Zivilisation. Im Unterschied zu Mann, der beide Formen als gleichzeitige Erscheinungen nebeneinanderstellt, entwirft Spengler jedoch ein lineares Modell, in dem die Zivilisation den Endpunkt der Kultur darstellt – einen Endpunkt, der für das Abendland nun erreicht sei. Der Kulturpessimismus Spenglers traf sich mit Manns eigenen Überlegungen zur Zeit der *Betrachtungen*, darüber hinaus fand er aber auch das Problem der Zeit bei Spengler berücksichtigt, das ihn selbst im Kontext des *Zauberbergs* beschäftigte. In einem Tagebucheintrag vom Juli 1919 weist Mann sogar die Möglichkeit nicht ab, dass Spenglers Buch für ihn eine ähnlich große Bedeutung gewinnen könne wie zwanzig Jahre vorher die Lektüre von Schopenhauers *Die Welt als Wille und Vorstellung* (vgl. TB I, 276), doch wird diese Bedeutung, der anfänglichen Euphorie zum Trotz, Spenglers *Untergang des Abendlandes* letztlich nicht erlangen. Schon während der ersten Lektüre stieß sich Mann an dem Gestus wissenschaftlicher Objektivität, mit dem Spengler auftritt und sein Goethe verpflichtetes Modell zyklisch-organisch strukturierter Auf- und Niedergänge von Kulturen als zwangsläufige Notwendigkeit skizziert.

Das sah Mann im Zuge seiner eigenen ›Wandlung‹ in den folgenden Jahren zunehmend anders. Im Jahre 1922 bezeichnet er Spenglers Position dann auch als Fatalismus und beschuldigt ihn der »Nichtachtung des Menschlichen« (GKFA 15.1, 569). Gegen den Pessimisten Spengler führt Mann nun diejenigen an, »die eines guten Willens sind und sich schmeicheln, Güte, Geist und Wille zu würdigerer Menschenordnung gehörten *auch* zum Schicksal und könnten auf den Gang der Welt einen korrigierenden Einfluß nehmen« (ebd., 573) – und skizziert damit kaum verhüllt seine eigene Position, zu der er inzwischen gelangt war: »Güte, Geist und Wille zu würdigerer Menschenordnung« bezeichnen genau den Themenkomplex, den der *Zauberberg* in Hans Castorps Suche nach einer neuen Humanität verhandelt. So lässt sich der Roman letztlich als Antwort auf Spenglers Buch lesen, wie Koopmann 1997 in Sicht auf die Bezüge zwischen Spengler und dem *Zauberberg* herausstellt (vgl. auch Koopmann 1999, zu Mann und Spengler Ottmann 1994, Lehnert/Wessell 1991, 45–60). Spengler spielt auch für den Entwurf der Figur Naphtas eine Rolle (vgl. V. 2).

3.5. Brandes und Novalis

Die Bedeutung des dänischen Literaturkritikers Georg Brandes für Mann wurde ausführlich von Sandberg nachgewiesen (1972, 1985). Mann hat bereits früh Brandes' *Hauptströmungen der Literatur des neunzehnten Jahrhunderts* von 1872–1890 gelesen. Den zweiten Band dieses Werkes *Die romantische Schule in Deutschland* las er dann während der Arbeit am *Zauberberg*, im Sommer 1920, erneut. Mann stand Brandes' kritischer Darstellung der Romantiker allerdings seinerseits kritisch gegenüber, da die ›todesverbundene‹ Romantik ihn als geistige Strömung stark faszinierte (vgl. VI.6). Eben in dieser Hinsicht konnte er von Brandes jedoch auch viele Anregungen übernehmen, vor allem in Bezug auf Novalis. Brandes nennt Novalis einen »Bergentrückten« und schreibt ihm zu, alles in eine innere Welt zurückführen und auflösen zu wollen, während die äußere Welt ihren Gang gehe (vgl. den Ausschnitt in VIII.2, S. 436f.) – im Grunde eine Kurzbeschreibung von Castorps siebenjährigem Bildungsaufenthalt auf dem ›Zauberberg‹. Mann unterstrich das Wort »Bergentrückter« (Sandberg 1972, 137) und vermerkt im Tagebuch die Nähe zwischen Novalis und seinen eigenen Überlegungen zum *Zauberberg* (vgl. den Tagebucheintrag vom 5. Juli 1920: VIII.1, S. 388). Besonders Brandes' Darstellung von Novalis' Verhältnis zu Krankheit und Wollust wird für den Autor bedeutsam: Eine einschlägige Passage zu diesem Thema (vgl. VIII.2, S. 435 f.) strich er sich während seiner Lektüre an und notierte daneben »Zbg. Gel. 1920« (Sandberg 1972, 145; vgl. Sauereßig 1974b, 21). Castorps Überlegungen über den Zusammenhang zwischen Krankheit, Körper, Wollust und Liebe finden sich in der entsprechenden Passage von Brandes vorgeprägt (vgl. Anm. zu 394,19 ff. und 472,11 f.). Darüber hinaus lassen sich viele Ausführungen Naphtas auf Brandes bzw. Brandes' Darstellung von Novalis beziehen (vgl. die Anm. in I sowie Frizen 1980, 146 f.). Nach der erneuten Lektüre von *Die romantische Schule in Deutschland* las Mann dann auch Werke von Novalis, der damit auch ›direkt‹ Eingang in den *Zauberberg* fand (vgl. Anm. zu 368,20–23 und 622,10 f.).

3.6. Literarische Einflüsse

Die Liste der literarischen Einflüsse auf den *Zauberberg* ist lang. Neben den oben schon angesprochenen, zentralen literarischen Folien und dem von Brandes vermittelten Einfluss Novalis' müssen noch Henrik Ibsen, Knut Hamsun, einige Autoren der russischen Literatur, Gustave Flaubert und Hans-Christian Andersen genannt werden – und natürlich steht *Der Zauberberg* auch in der Traditionslinie der Sanatoriums-Literatur.
Das Werk Henrik Ibsens (1828–1906) stellt schon für den jungen Mann einen so zentralen Bezugspunkt seines Denkens dar, dass Detering (2008) Ibsen dem ›Dreigestirn‹ Schopenhauer, Nietzsche und Wagner an die Seite stellt. Mann siedelt Ibsen dabei in der Nähe von Wagner an: Beiden gemein ist die Tendenz zu einer Symbolisierung in der Darstellung – so nennt Mann in einer Umfrage aus dem Jahre 1904 als Vorbild seiner symbolischen Leitmotivtechnik nicht nur Wagner, sondern gleichermaßen Ibsen

(GKFA 14.1, 74). Während Mann allerdings Wagners Tendenz zur kunstreligiösen Überhöhung kritisch gegenübersteht (siehe oben 3.3), schätzt er an Ibsen besonders die reflexive Distanz, mit der dieser seinen Stoff behandelt (vgl. Detering 2008).

Mit Sicht auf den *Zauberberg* ist nun Ibsens letztes Drama *Wenn wir Toten erwachen* (1899) bedeutsam: Nicht nur befinden sich die Protagonisten dieses Stückes in einem Kurort und verschwinden am Ende in der eisigen Hochgebirgsregion, den sogenannten ›Todesfeldern‹. Ibsens Drama nimmt seinen Ausgangspunkt auch in einer konkreten Handlung – der Liebe eines Mannes zu einer kranken Frau –, um zusehends in eine abstrakte Allegorie zu münden, in deren Mittelpunkt die Suche nach einer Synthese von Geistlichkeit und Sinnlichkeit steht – ganz ähnlich wie Castorps Suche nach dem ›Neuen‹ im Roman. Die entscheidende Verbindung zwischen Ibsens Drama und dem Roman liege dabei, so Detering, in der beiden gemeinsamen Idee, »reale Zeitgenossen der bürgerlichen Gesellschaft als ein Ensemble lebender Toter im Hochgebirge als einer nur verkleideten Unterwelt agieren zu lassen« (2008). In seinem Kurz-Essay *Ibsen und Wagner* aus dem Jahre 1928 bezeichnet Mann *Wenn wir Toten erwachen* auch als »späte, zu späte Liebeserklärung an das ›Leben‹« (GW X, 228) und stellt damit implizit die Nähe seines Romans zu Ibsens Spätwerk selbst noch einmal heraus (vgl. zum Motiv des ›Lebens‹ als Korrektiv zur Todesverfallenheit III, VI.5 und VI.6).

Den Einfluss Knut Hamsuns (d. i. Knut Pedersen, 1859–1952) auf Mann betont Sandberg (1987). Mann schätzte schon früh Hamsuns Werke und begann Ende 1918 den gerade auf Deutsch erschienenen Roman *Segen der Erde* zu lesen. Kurz vor Wiederaufnahme der Arbeit am *Zauberberg* vermerkte er in seinem Tagebuch, Hamsuns Roman enthalte »Einfachheit, Güte, Gesundheit, Menschlichkeit« – und damit genau das, was seiner eigenen Vorkriegskonzeption des *Zauberbergs* fehle (vgl. VIII.1, S. 383). Vor diesem Hintergrund lässt sich die Wandlung des Roman-Konzepts (von der ›Sympathie mit dem Tode‹ zum Versuch ihrer Überwindung) ebenso wie die politische Wandlung Manns von den *Betrachtungen eines Unpolitischen* bis hin zur Rede *Von deutscher Republik* als Folge auch der Hamsun-Lektüre sehen (so Sandberg 1987). Der Schneetraum Castorps weist darüber hinaus Parallelen zu Hamsuns erstmals 1899 auf Deutsch erschienener Erzählung *Der Sohn der Sonne* auf: Der Protagonist hat dort – mitten im Winter – die Vision eines ›Sonnenlandes‹ als möglicher Heimat seiner Seele (Sandberg 1987, 207, dort Anm. 77; vgl. Anm. zu 672,27).

Neben Hamsun ist auch der Einfluss russischer Literatur nicht zu unterschätzen (vgl. Gerigk 1995 in Sicht auf Turgenjew; Kurzke 1991 in Sicht auf Dostojewski). Direkt im Anschluss an *Segen der Erde* liest Mann Novellen von Fjodor Sologub (1863–1927), vgl. hierzu Sandberg 1987. Anfang 1921 verfasst er eine Einleitung in eine Anthologie russischer Erzähler, in der er der ›russischen Seele‹ zugesteht, den Kampf »um das neue Menschentum und die neue Religion, um die Verleiblichung des Geistes und die Vergeistigung des Fleisches« zu führen (*Russische Anthologie*, GKFA 15.1, 341). Mit diesem Kampf um das ›Neue‹ ist ein zentraler Themenkomplex des *Zauberbergs* angesprochen, und so ist es kein Wunder, dass Hans Castorp auf seiner Suche nach einer neuen Humanität mit dem Russischen und dem ›Osten‹ stark sympathisiert (vgl. auch Mann zur Humanität in den *Betrachtungen*: VIII.1, S. 381).

Auch das in dem Vortrag *Goethe und Tolstoi* von 1921 entworfene Tolstoi-Bild weist große Ähnlichkeiten mit der leitmotivischen Darstellung des ›Ostens‹ im Roman auf: Nach Mann glaube Lew Tolstoi (1828–1910) nicht an die europäische Idee des Fortschritts und der Zivilisation, sein Asiatentum stelle eine Mischung dar »aus orientalischer Passivität, religiösem Quietismus [vgl. Anm. zu 159,10] und einer unleugbaren Neigung zu sarmatischer [vgl. Anm. zu 707,21 f.] Wildheit« (GKFA 15.1, 407). Mann schreibt Tolstoi eine Neigung zum Anarchismus zu und spricht von der »weichen, wilden Menschlichkeit des Ostens« (ebd. 408). All diese Elemente lassen sich im *Zauberberg* in Settembrinis Abneigung gegenüber dem Osten, in der Charakterisierung Clawdia Chauchats, aber auch in Ferges Erzählungen von Russland wiederfinden (zu den Bezügen zwischen der politischen Position des Vortrags und der Konzeption des *Zauberbergs* vgl. III).

Während der Arbeit am *Zauberberg* las Mann vermutlich auch Gustave Flauberts (1821–1880) *Bouvard und Pécuchet* (vgl. den Tagebucheintrag vom 31. August 1919: VIII.1, S. 386). Neumann (1995) hat den Einfluss Flauberts in den Blick genommen und macht darauf aufmerksam, dass Flauberts *Madame Bovary* schon in den *Betrachtungen eines Unpolitischen* anzitiert wird (GW XII, 224). Vor allem die Sterbeszene Emma Bovarys wirkt dann auch im *Zauberberg* nach (vgl. Anm. zu 736,11–17). Neumann wertet Flauberts Romane jedoch nicht als Vor-, sondern als Gegenbilder für Manns Streben nach einer eigenen, neuen Romankunst: Während Flauberts Unparteilichkeit bei der Schilderung der Wirklichkeit jeden Sinn der Wirklichkeit vernichte, suche »Thomas Manns Ironie [...] einen neuen Sinn zu schaffen« (Neumann 1995, 30).

Der Einfluss Hans Christian Andersens auf Mann ist generell hoch zu veranschlagen, gehörte Andersen doch früh zu Manns Lieblingsdichtern. Maar hat 1995 auf die zahlreichen Anspielungen des *Zauberbergs* auf verschiedene Märchen Andersens aufmerksam gemacht, von besonderer Bedeutung sind hier *Die Eisjungfrau* sowie *Die Schneekönigin* (ausführlich hierzu: VI.1).

Unter dem Stichwort literarischer Einflüsse lassen sich im weitesten Sinne auch das große Feld der ›Schwindsuchtliteratur‹ (etwa Theodor Fontanes *Effi Briest*, Tolstois *Anna*

Karenina, die im Abschnitt *Fülle des Wohllauts* aufgegriffenen Opern *La Bohème* und *La Traviata*) sowie die Sanatoriums- und Davos-Literatur anführen (Sprecher 1995b; vgl. Würffel 1997). Einige Motive des *Zauberbergs* zeigen Ähnlichkeiten zu Motiven des Sanatoriums-Romans *Ships that Pass the Night* von Beatrice Harraden (1864–1936): Es gibt dort Tische für Engländer und für Russen, einen »Holländer namens Mynheer van Vanderfelt, der sich in einem Schwermutsanfall das Leben nimmt«, und nicht zuletzt pflegt der Protagonist – wie Castorp im Abschnitt *Totentanz* – die Leidenden und Moribunden des Romans (Sprecher 1995b, 27). Auch Klabunds (d. i. Alfred Henschke, 1890–1928) Davos-Erzählung *Die Krankheit*, dessen Held sich insgesamt sieben Jahre in verschiedenen Lungensanatorien aufhält, enthält Details, die denen des *Zauberbergs* entsprechen. Obgleich Mann diese Romane nicht gekannt haben muss, reiht er sich mit dem *Zauberberg* also in eine Tradition der Sanatoriums-Literatur ein, die zeigt, dass der Stoff gewissermaßen in der Luft lag (ebd., 29).

V. Figuren

Auch die Figurengestaltung im *Zauberberg* geht häufig auf reale Vorbilder einerseits, geistige Einflüsse andererseits zurück. Im Falle der Kontrahenten Settembrini und Naphta sind die Anregungen sehr vielfältig: Dabei hatte Mann offenbar schon vor dem Krieg im Auge, dass Hans Castorp »in die geistigen Gegensätze von Humanität und Romantik, Fortschritt und Reaktion, Gesundheit und Krankheit geführt wird« (Brief an Paul Amann vom 3. August 1915: VIII.1, S. 378). Settembrini und Naphta stellen Personifikationen dieser Gegensätze dar. Die entsprechenden Lektüren Manns tragen hierbei in hohem Maße zeitaktuellen, teilweise auch eher zufälligen Charakter. Auch hier gilt dennoch, dass Mann zielgerichtet arbeitet: So stark in diesen Figuren verschiedene Einflüsse erkennbar sind, bleibt doch ihre Anlage der Romankonzeption verpflichtet. Peeperkorn, der die Dispute zwischen den Gegenspielern neutralisiert, war wohl nicht von Beginn an geplant, ist aber gerade in Sicht auf die sich verändernde Romankonzeption (vgl. III) von Bedeutung. (Zu Vorbildern und Quellen der übrigen Figuren vgl. die Anm. in I, besonders Anm. zu 9,2 zu Hans Castorp, Anm. zu 110,17 zu Clawdia Chauchat, Anm. zu 14,14 zu Joachim Ziemßen, Anm. zu 67,29 zu Hofrat Behrens, Anm. zu 19,31 zu Krokowski.)

1. Settembrini

Das reale Vorbild für die Figur Lodovico Settembrinis ist höchstwahrscheinlich ein italienischer Literat, den Mann in einem Sanatorium in Zürich im Jahre 1909 kennenlernte (vgl. Eloesser 1925, 193). Jütte zufolge dürfte dies der italienische Schriftsteller Paolo Enrico Zendrini (geb. 1879;

Todesjahr nicht ermittelt) gewesen sein, dessen Familiengeschichte Ähnlichkeiten mit der Settembrinis aufweist. Dass Mann die Namen realer Vorbilder bei der Umwandlung in fiktive Figuren gern in ihrem Lautstand bewahrte, ist bekannt: Der Weg von ›Zendrini‹ zu ›Settembrini‹ ist nicht weit (Jütte 2006). Der Autor des *Zauberbergs* verwies allerdings auch auf das historische Datum des ›venti settembre‹, des 20. September 1870, an dem Rom zur Hauptstadt Italiens wurde. Dies passt zu dem nationalbegeisterten Zug des Italieners im Roman (vgl. Br II, 51).
Die Wurzeln der Figur Settembrini liegen im Typus des sogenannten Zivilisationsliteraten, wie Mann ihn in den *Betrachtungen eines Unpolitischen* entwirft. Er charakterisiert den Zivilisationsliteraten dort als (romanischen) Schriftsteller, der politisch wirksam sein möchte und unter Berufung auf die humanistische Tradition, die Aufklärung und die französische Revolution die Sache der ›Menschheit‹ vertritt, was allerdings, so Mann, bloße Rhetorik sei. Die Anlehnung Settembrinis an diesen Typus geht bis in die Einzelheiten der Körperhaltung: Wirft Settembrini seine Hand empor, entspricht dies der typischen Geste des Zivilisationsliteraten aus den *Betrachtungen* (vgl. Anm. zu 222,24–26). In den *Betrachtungen eines Unpolitischen* wird die italienische Variante des Zivilisationsliteraten (der in seiner Reinform eher ein Franzose ist) dabei eng mit dem Freimaurertum verknüpft – und auch Settembrini im *Zauberberg* ist nicht nur ein italienisch-national geprägter Zivilisationsliterat, sondern zugleich Freimaurer (vgl. zum Freimaurer-Komplex Nunes 1992).
So lässt sich auch die historische Person des italienischen Freiheitskämpfers und Freimaurers Luigi Settembrini (1813–1876) als konkrete Anregung zur Romanfigur nennen, auch wenn Mann sich im Jahre 1950 nicht mehr sicher daran erinnern konnte, ob Luigi Settembrini eine Vorlage bildete (vgl. Rudman 1950, 229).
Im Roman erscheint der reale Luigi Settembrini in ver-

schiedene Figuren aufgespalten: Wie der Settembrini des *Zauberbergs* war er Freimaurer, er war weiterhin Professor für italienische Literatur, was im Roman Settembrinis Vater entspricht, und sein Lebenslauf weist starke Ähnlichkeiten mit dem Lebenslauf von Settembrinis Großvater, dem Freiheitskämpfer, auf (vgl. Loose 1968; Nunes 1992). Auch der Lebenslauf Giuseppe Manzinis (1805–1872), eines anderen und Anfang des 20. Jh.s ungleich bekannteren italienischen Freiheitskämpfers, Freimaurers und Carbonaros (vgl. Anm. zu 212,33), entspricht dem von Settembrinis Großvater im Roman, der ebenfalls Carbonaro war (vgl. Nunes 1992; Wißkirchen 1995). In diesem Falle waren Mazzinis *Politische Schriften* erwiesenermaßen eine wichtige Quelle für die Passage über Settembrinis Großvater im Roman (vgl. die Anm. zu 213–219) – was nicht verwundert, denn Mann nutzte die *Politischen Schriften* Mazzinis schon in den *Betrachtungen eines Unpolitischen*, für die er die Arbeit am Roman unterbrach (vgl. III), und führt Mazzini dort als Paradebeispiel für den Typus des Zivilisationsliteraten an (vgl. VIII.1, S. 379).

Manns Wissen über das Freimaurertum verdankt sich verschiedenen Schriften: Zu nennen sind zunächst freimaurerkritische Artikel aus der Zeit des Ersten Weltkriegs, die die italienische Freimaurerei für den Ausbruch des Krieges mitverantwortlich machten – eine damals in Deutschland allgemein verbreitete Verschwörungstheorie. Er kannte mindestens die Artikel von Josef Hofmiller, *Combinazione*, M. Rennert, *Die Freimaurerei in Italien* (beide Juni 1915), und Hans Brauweiler, *Vatikan und Logen im Weltkrieg* (März 1917) aus den *Süddeutschen Monatsheften* (vgl. Nunes 1992, 62 ff.). Hofmiller zufolge standen die Einheitsbestrebungen Italiens von Anfang an im Zeichen der Geheimbünde, besonders der Freimaurer, und generell werden in diesen Aufsätzen immer wieder Mazzini und der italienische Dichter Carducci (vgl. Anm. zu 85,8 f.) angeführt – all diese Aspekte und Motive werden sich bei Settembrini wiederfinden. Weitere wichtige Quellen für das Freimaurertum Settembrinis waren Lexikonartikel aus Konversationslexika (Nunes 1992, 108), Friedrich Wichtls 1919 erschienenes Buch *Weltfreimaurerei – Weltrevolution – Weltrepublik* (Urner 1973; vgl. Wißkirchen 1995) sowie – für die Ausführungen Naphtas zum Freimaurertum – eine Dissertation Marianne Thalmanns über Geheimbundliteratur (Abbott 1980; vgl. Scheer/Seppi 1991). Eine vom Thema der Freimaurerei unabhängige Quelle bildet Franz Müller-Lyers Buch *Soziologie der Leiden* aus dem Jahre 1914, arbeitet doch Settembrini im Roman an einem solchen Buch (Loose 1968; vgl. Wißkirchen 1995). Bei all diesen Quellen (Einzelnes in den Anm. in I) ist allerdings – wie immer – besonders die Verarbeitung des Materials durch Mann interessant, und diese steht in engem Zusammenhang mit der Romankonzeption: Gemäß dem ersten Entwurf des *Zauberbergs* als ›humoristisches Gegenstück‹ zum *Tod in Venedig* (vgl. III) sollte Settembrini von Beginn an eine humoristisch gezeichnete Figur sein. Dabei war er offenbar schon in der Vorkriegskonzeption des Romans als Freimaurer entworfen (vgl. Nunes 1992, 6). Die *Betrachtungen eines Unpolitischen* stellten mit Mazzini und der bei ihm gegebenen Verbindung von Zivilisationsliterat, Freimaurer und Freiheitskämpfer dann eine scharf umrissene Kontur für die Gestaltung Settembrinis bereit, die Mann bei der Wiederaufnahme der Arbeit im Jahre 1919 nutzen konnte. Die Darstellung der Figur im Roman ist allerdings weitgehend neutral – Settembrini wird zwar ironisch, jedoch nicht als Zerrbild dargestellt wie der Zivilisationsliterat in den *Betrachtungen*. Dies entspricht Manns eigener Vorstellung von einer ironisch-ästhetischen Literatur, die sich der Parteinahme enthält und »den Recht haben läßt, der eben redet« (GW XII, 11). Ein halbes Jahr nach Wiederaufnahme der Arbeit am Roman bemerkt Mann dann in seinem Tagebuch, dass Settembrinis Lehren, »obgleich nicht ernst genommen, das sittlich einzig Positive und dem Todeslaster Entgegenstehende sind« (14. November 1919, vgl. VIII.1, S. 387) – hier kündigt sich eine Aufwertung der Figur an, wie sie im Laufe der folgenden Jahre geschieht. Diese Aufwertung steht in Zusammenhang mit der Veränderung der Romankonzeption unter Einfluss auch der politischen ›Wandlung‹ Manns in den Jahren nach dem Krieg (vgl. III): Seine Annäherung an die Figur Settembrinis lässt sich »gleichsam als literarische Spiegelung der eigenen Hinwendung zur Demokratie« lesen (Wißkirchen 1995, 93). Das freimaurerkritische und ebenfalls der erwähnten Verschwörungstheorie anhängende Buch *Weltfreimaurerei* von Wichtl, das Mann Anfang 1919 in Sicht auf Settembrini las, nutzt er für den Roman dann auch gegen die Absicht seines Verfassers: Das, was Wichtl negativ bewertet, wird für Settembrini ins Positive gekehrt (vgl. Wißkirchen 1995, 97). Die Aufwertung der Figur zeigt sich zuletzt daran, dass Mann Settembrini auch Worte von Nietzsche, Heine, Schopenhauer oder Novalis in den Mund legt (vgl. die Anm. zu 219,16; 220,25–28; 278,19–26; 622,10f.): Settembrini zitiert also auch die Autoren, die zum Kreis von Manns ›Hausheiligen‹ zählen (vgl. Wißkirchen 1995, 97–101).

2. Naphta

Dass Settembrini einen Gegenspieler haben und Castorp also zwischen zwei ›Erzieher‹ gestellt werden sollte, stand schon vor dem Ersten Weltkrieg fest. Mann hatte Naphta von Beginn an als »verzweifelt-geistreichen Reaktionär«, »anrüchigen Mystiker« und »Advokaten der Anti-Vernunft« entworfen (vgl. den Brief an Amann vom 25. März 1917 sowie die *Betrachtungen*: VIII.1, S. 378 und S. 380). Tagebucheinträgen zufolge trug diese Figur noch den Namen ›Bunge‹. Wann genau Mann auf ›Naphta‹ kam, ist nicht bekannt: Sandberg (1987, Fußnote 76, 206) macht darauf aufmerksam, dass der Begriff ›Naphta‹ in Hamsuns Roman *Segen der Erde* fällt, den Mann 1918/1919 las. Loose (1972, 226) leitet ›Naphta‹ »aus dem hebräischen Wort für ›ringen‹ oder ›kämpfen‹ her«. Auf jeden Fall setzte Mann sich bei Wiederaufnahme der Arbeit im März/April 1919 erneut mit Settembrini und seinem Gegenspieler auseinander und nahm sich seine alten Notizen wieder vor.

Offenbar schon vor dem Krieg war Naphta nach dem Vorbild des wissenschaftskritischen, anti-aufklärerischen Schriftstellers Max Steiner (1884–1910) gestaltet, der – wie Naphta – vom Judentum zum Katholizismus übertrat und 1910 Suizid beging (vgl. Wißkirchen 1985, 428–431 und Anm. zu 951 f.).

Ganz allgemein lässt sich Naphta auch in eine Linie mit dem Mann früh faszinierenden Typus des ›asketischen Priesters‹ nach Nietzsche stellen (vgl. Frizen 1980, 170–174; Marx 2002), der aus Abneigung und Rachegefühlen gegenüber den ›Starken‹ einen ›Willen zur Macht‹ ausbildet (so eine verkürzte Nietzsche-Sicht), und seine eigene Schwäche zur Herrschaft umwandelt (dieser Typus ist im *Zauberberg* außerdem noch in der Figur Krokowskis vertreten: vgl. Anm. zu 181,14–17).

Mann entwarf einen ähnlichen Typus schon in seinem Drama *Fiorenza* in der Figur Savonarolas und in der Novelle *Beim Propheten* in der Figur des Dichters Daniel, die kaum verschlüsselt den realen Schriftsteller Ludwig Derleth (1870–1948) meint: Im Jahre 1904 hörte Mann eine Lesung von Derleths *Proklamationen*, die in einer bizarren Mischung aus Religiosität und Grausamkeit zum Heiligen Krieg aufrufen, der ›Christi Königreich‹ durch Terror und Blut auf Erden verwirklichen soll. Naphta verdankt seine grundlegenden Züge zunächst Derleth bzw. der Figur Daniel aus *Beim Propheten* (vgl. Loose 1972; Zons 1993).

Die erneute Beschäftigung Manns mit Naphta nach dem Krieg stellte dann aber erst die eigentlichen Inhalte für dessen Weltbild bereit: Wichtig sind hier zunächst die zeitgeschichtlichen Ereignisse des Frühjahrs 1919 (vgl. Lehnert 1982), als es kurzfristig eine kommunistische Räte-Republik in München gab. Manns Tagebuchaufzeichnungen dieses Zeitraums verraten seine zwiespältige Einstellung zum Kommunismus, die zwischen Faszination und Ablehnung schwankt (vgl. VIII.1, S. 382–386). Er sympathisiert mit einer kommunistischen Zukunft, die er zugleich mit einer »Erneuerung des christlichen Gottesstaates« verbindet (Tagebucheintrag vom 17. April 1919: VIII.1, S. 383 f.). Die zeitgeschichtlichen Ereignisse des Frühjahrs 1919 treten dabei in eine Wechselwirkung mit den Lektüren: So las Mann im April 1919 (erneut) Heinrich von Eickens *Geschichte und System der mittelalterlichen Weltanschauung*, ein Buch, das die Idee des mittelalterlichen Gottesstaates entwickelt und dem Naphtas Ausführungen über das Mittelalter entstammen (vgl. Wißkirchen 1985 und 1986, 46–104). Die Verbindung von Kommunismus und Gottesstaat, die Mann im Frühjahr 1919 als Idee entwickelte, macht den Kern der Figur Naphtas aus. Zur Ausgestaltung des Charakters traten dann folgende Lektüren hinzu (nach Wißkirchen 1985; 1986, 46–104): Der Anarchist Gustav Landauer (1870–1919) vertritt in seiner Schrift *Aufruf zum Sozialismus*, die Mann im Februar 1919 las, die spezifische Idee eines ›mittelalterlichen‹ Kommunismus, die für Naphta leitend ist. Die Naphta charakterisierende Verbindung von Kommunismus und Religiosität lässt sich also als eine allgemeine Zeitströmung bezeichnen; die Vision eines kommunistischen Reichs Christi im Sinne des Chiliasmus (der Erwartung des tausendjährigen Reiches Christi auf Erden) konnte Mann etwa bei Ernst Bloch (1885–1977) finden. Schon Ende 1918 las Mann auch Sergej Bulgakows (1871–1944) Aufsatz *Zur Psychologie des politischen Heroismus* in einem Sammelband über

Rußlands politische Seele (vgl. zu Manns Russland-Faszination IV.3.6): Bulgakow skizziert hier den Typus des russischen Revolutionärs, dem er asketische, nihilistische und maßgeblich religiöse Züge zuschreibt. Spricht Mann am 2. Mai 1919 in seinem Tagebuch vom »Typus des russischen Juden [...], dieser sprengstoffhaften Mischung aus jüdischem Intellektual-Radikalismus und slawischer Christus-Schwärmerei« (vgl. VIII.1, S. 386), dann lässt sich dies nicht nur auf die aktuellen Ereignisse in München, sondern auch auf die Lektüre Bulgakows zurückbeziehen und ohne Probleme auf Naphta übertragen.

Wißkirchen führt zuletzt noch Nietzsche und Kuno Fiedler (1895–1973) an: Naphtas Nihilismus, das heißt seine Verneinung jeglicher moralischen Werte, lässt sich auf Teile des Werks von Nietzsche zurückführen (vgl. IV.3.2; zum Nihilismus Naphtas auch Lehnert 1982). Die für Naphta spezifische Verbindung von Nihilismus und Religiosität findet Mann dann bei Fiedler, dem jungen protestantischen Pfarrer, konkret in dessen Schrift *Anbruch des Nihilismus*, die er 1922 las. Fiedler prophezeit hier das Umschlagen der bürgerlich-kapitalistischen Welt in den Nihilismus als Sieg der Religion und setzt dabei die »Begriffe des ›absoluten Gott‹ und des ›absoluten Nichts‹« gleich (Wißkirchen 1985, 452; vgl. auch Frizen 1980, 161–165).

Daneben sind auch Novalis' (vgl. IV. 3.5) sowie Schopenhauers Erkenntnistheorie als Grundlage von Naphtas Wissenschaftsfeindlichkeit und seiner terroristischen Metaphysik zu nennen. Auch das Element des Asketismus bei Naphta verweist auf Schopenhauer (Frizen 1980, 145–160; vgl. IV.3.1).

Naphtas Gedankenwelt zeigt sich also als eine bunte Mischung, in der Mann Zeitströmungen (vor allem der Jahre *nach* dem Ersten Weltkrieg) miteinander verschmolz. Die Figur des zugleich nihilistischen, revolutionären, religiösen und kommunistischen Jesuiten wird auf diese Weise verständlich.

Georg Lukács
(1885–1971)

Wie sehr die Figur ihrer Entstehungszeit verpflichtet ist, zeigt Tholen (1990), die mit Oswald Spenglers (vgl. IV. 3.4) Buch *Preußentum und Sozialismus* (1920) eine weitere mögliche Quelle für die Gestaltung Naphtas nennt (vgl. auch Koopmann 1997): Spengler vertritt dort das Konzept eines ›faustischen‹, von Disziplin und Selbstzucht geprägten Sozialismus, für den bezeichnenderweise Spanien das Vorbild ist – die leitmotivische Verbindung Naphtas mit Spanien im Roman ist deutlich. Tholen ordnet (wie auch schon Lehnert 1982 und Wißkirchen 1985, 76–81) Naphta damit in die sogenannte ›Konservative Revolution‹ ein, eine vielschichtige geistig-politische Strömung der Weimarer Republik, die das Alte bewahren und zugleich mit Ideen des ›Neuen‹ verbinden wollte (Ernst Jünger ließe sich hier beispielsweise nennen). In diesem Sinne nennt Castorp Naphta im Roman auch einen »Revolutionär der Erhaltung« (ZB, 630). Die Konservative Revolution wird heute oft als Wegbereiterin des Nationalsozialismus gesehen, und auch Naphta zeigt präfaschistische Tendenzen (Loose 1972, Tholen 1990). Obgleich Naphta also durchaus Ideen pflegt, die Mann nach dem Ersten Weltkrieg teilweise faszinierten, gestaltet er die Figur bei aller ästhetisch-ironisch gegebenen ›Neutralität‹ letztlich kritisch.

Erst 1922 ist Mann mit seiner Arbeit so weit, dass Naphta im Roman auftreten kann. Das äußere Vorbild traf er kurze Zeit vorher: Es handelt sich hierbei um den marxistischen Literaturwissenschaftler und Philosophen Georg Lukács (1885–1971, s. Abb. 327), dem Mann in Wien begegnete (vgl. Hatfield 1962; Loose 1972; Wißkirchen 1985; Zons 1993 sowie Manns Briefe an Rychner vom 2. Dezember 1947, an Sagave vom 18. Februar 1952: VIII.1, S. 414 und 415). Lukács diente offenbar nicht nur als Vorlage für Naphtas Physiognomie, sondern auch für dessen Argumentationsstil. So berichtete Mann später über Lukács: »Solange er sprach, hatte er recht« (zitiert nach Loose 1972, 221).

3. Peeperkorn

Die Vorlage für Mynheer Peeperkorn war schon kurz nach der Veröffentlichung des Romans bekannt: Es handelt sich um Gerhart Hauptmann (s. Abb. S. 331), dessen Bekanntschaft Mann im Oktober 1923 in Bozen machte (die Peeperkorn-Abschnitte schrieb er wenige Zeit später, vgl. II). Hauptmann war zunächst wenig erfreut über diese Tatsache, doch Mann rechtfertigte sein Vorgehen damit, dass er in künstlerischer Not gewesen sei: Die Figur Peeperkorns sei »notwendig und kompositionell längst vorgesehen« gewesen, die Begegnung mit Hauptmann habe dann nur die äußere Gestalt bereitgestellt (vgl. Manns Brief an Hauptmann vom 11. April 1925: VIII.1, S. 401).
Marx hat 2002 (98–116) gezeigt, dass diese Rechtfertigung durchaus plausibel ist: Der 1922 geschriebene Schneetraum weist sowohl Settembrini als auch Naphta als »Schwätzer« aus (ZB, 678), diese beiden können Hans Castorp auf seinem ›Bildungsweg‹ daher keine weitere Anregungen mehr geben. Dass *Der Zauberberg* ein Bildungsroman sei, wurde zu Manns bevorzugtem Interpretationsmuster für seine eigene Arbeit ab 1921 (vgl. VII.2). Eng verbunden damit war Manns Suche nach dem ›Neuen‹ schon seit 1919 (vgl. III). Damit war die Figur Peeperkorns, der die Diskussionen zwischen Settembrini und Naphta neutralisiert und dabei zwar nicht »erzieherisch« auf Castorp einwirkt, aber dennoch eine »Chance für den Bildungsreisenden« darstellt (ZB, 811), im Laufe der Zeit kompositionell notwendig geworden.
Peeperkorn beeindruckt Castorp nun gerade deshalb, weil er eine ›Persönlichkeit‹ ist. Für diesen Begriff der Persönlichkeit konnte der Autor des *Zauberbergs*, so Marx, auf verschiedene Quellen zurückgreifen: Schon in seinen eigenen *Betrachtungen eines Unpolitischen* bezeichnet Mann »Persönlichkeit« als »das einzig Interessante auf Erden« und als »Sein, nicht Meinen« (GW XII, 491) – die letzte

Formel trifft sehr genau den Gegensatz zwischen Peeperkorn und dem Duo Settembrini/Naphta. Der schon für Naphta wichtige Essay von Bulgakow über den Typus des russischen Revolutionärs führt den Begriff der ›schöpferischen Persönlichkeit‹ ins Feld. Daneben hat vor allem Manns Lektüre des russischen Schriftstellers Dmitri Mereschkowski, den er schon in seiner 1921 geschriebenen Einleitung in eine *Russische Anthologie* würdigte (vgl. IV.3.6), auf die Gestaltung Peeperkorns gewirkt: In dessen Buch über *Gogol*, auf das Mann in dieser Einleitung Bezug nimmt, porträtiert Mereschkowski Gogol als »religiös inspirierte Versöhnung von Geist und Fleisch, Heiligkeit und Sinnlichkeit« (Marx 2002, 106; vgl. auch Anm. zu 785,5–8). In Mereschkowskis Schrift *Das Reich des Antichrist. Russland und der Bolschewismus*, die Mann 1921 las, ist von der ›göttlichen und absoluten Persönlichkeit‹ Christi die Rede (vgl. ebd., 112). Das Konzept der ›Persönlichkeit‹ lässt sich generell als ein zeittypisches Phänomen verstehen. Und so entwirft auch Mann selbst 1921 in *Goethe und Tolstoi* Goethe als Persönlichkeit in diesem Sinne (vgl. den Essayauszug: VIII.1, S. 390; zum Einfluss von *Goethe und Tolstoi* auf Peeperkorn Heftrich 1975, 210 f.). Peeperkorn findet sich in dieser Fülle von Anregungen vorgeprägt.

Nicht zuletzt ist in dieser Reihe von Einflüssen Nietzsche (vgl. Joseph 1996a, 220–273) bzw. das Nietzsche-Buch von Manns Freund Ernst Bertram zu nennen (vgl. Marx 2002). Denn ein entscheidender Charakterzug Peeperkorns liegt ja in seiner Vereinigung der Figuren Christus und Dionysos. Nietzsche, der seine letzten Briefe abwechselnd mit den Signaturen ›Dionysos‹ oder ›Der Gekreuzigte‹ unterschrieb, wird von Bertram als »religiöses Zwittergenie« bezeichnet (*Nietzsche*, 61). Zudem entwirft Bertram in der Einleitung seines Buches die Persönlichkeit als etwas, das »[n]ur als Bild, als Gestalt, nur als Mythos« lebt (ebd., 1 f.). Ganz in diesem Sinne wird die Persönlich-

Gerhart Hauptmann
(1862–1946)

keit Peeperkorn nun im Roman als Figuration sowohl von Christus als auch von Dionysos entworfen (vgl. hierzu Seidlin 1972), stellt er doch eine Personifikation des Mythischen dar (vgl. Marx 1992, zum Mythos im *Zauberberg* VI.2). Die Vereinigung christlicher und heidnischer Elemente schreibt der Figur dabei etwas überzeitlich ›Heiliges‹ als Synthese von (christlicher) Geistigkeit und (heidnischer) Sinnlichkeit zu.

Neben Nietzsche lässt sich auch Schopenhauer als ein Bezugspunkt der Gestaltung Peeperkorns nennen: Frizen liest Peeperkorns vergebliche sexuelle Bemühungen, das »Hochzeitsorgan Gottes« (ZB, 859) zu sein, als Versuch, »den Willen selbst zu inkorporieren« (Frizen 1980, 222). Nach Schopenhauer ist die Sexualität eine der direktesten Ausdrucksformen des Willens als Urgrund aller Erscheinungsformen des Lebens (vgl. IV.3.1). Dass Peeperkorn sich umbringt, zeigt sein Scheitern. Trotz dieses Scheiterns liegt die Bedeutung der Figur für Castorp und den Roman in der Bereitstellung einer Alternative zu Settembrini und Naphta, die beide – wenn auch auf unterschiedliche Art – den Geist höher einschätzen als das ›Leben‹, dem sich wiederum Peeperkorn verpflichtet fühlt. So kann Peeperkorn auch als Vertreter der Anfang des 20. Jh.s aufkommenden ›Lebensphilosophie‹ gelten (vgl. Reed 1974a, 259 ff.), die das ›Leben‹ als grundsätzliche Erfahrungswirklichkeit betrachtete.

VI. Besondere Aspekte im *Zauberberg*

1. Märchen-Motive

Schon im »Vorsatz« des *Zauberbergs* schreibt der Erzähler der vor dem Krieg und damit vor einer einschneidenden »Wende und Grenze« (ZB, 9) spielenden Geschichte einen »märchenhafte[n]« Charakter zu. Und er ergänzt: »Zudem könnte es sein, daß die unsrige [Geschichte] mit dem Märchen auch sonst, ihrer inneren Natur nach, das eine oder andre zu schaffen hat« (ZB, 10).
Zu den Märchen-Motiven des Romans gehört zunächst die Übernahme einer bestimmten Zahlensymbolik: Hans Castorp bleibt sieben Jahre auf dem ›Zauberberg‹ (was Mann selbst mit »Zwerg Nase, dem sieben Jahre wie ein Tag vergehen«, in Verbindung brachte, vgl. den Brief an Amann vom 3. August 1915: VIII.1, S. 378). Im Speisesaal stehen sieben Tische, Castorps Zimmernummer 34 hat die Quersumme sieben, Clawdia wohnt in Zimmer Nr. 7, nach sieben Monaten findet die ›Walpurgisnacht‹ statt – und vieles mehr (vgl. Seidlin 1972). Zum Figurenrepertoire aus dem Märchen gehört auch die Zwergin, die im Saal serviert. Weiterhin gibt es im Roman Anspielungen auf die Märchen der Gebrüder Grimm, die von Charles Perrault und auf *Tausendundeine Nacht* (vgl. Anm. zu 239,34; 264,29 f.; 365,23 f.; 849,19–22 und 500,32–34).
Während dies alles an der Textoberfläche leicht zu entdecken ist, hat Maar im Jahre 1995 darauf aufmerksam gemacht, in welchem Maße Märchen von Hans Christian Andersen die Gestaltung einzelner Episoden über den gesamten Roman hinweg prägen. Andersens Märchen waren, so Mann in einer Umfrage aus dem Jahre 1928, »der tiefste und nachhaltigste« unter seinen frühen literarischen Eindrücken (zitiert nach Maar 1995, 41). Hiervon ausgehend entdeckt Maar im *Zauberberg* eine Fülle intertextu-

eller Anspielungen auf Andersen: Karen Karstedt sei eine Figuration von Karen aus *Die roten Schuhe*, Anton Ferge, Ferdinand Wehsal und auch Mynheer Peeperkorn bezögen sich auf das Tannhäuser-Märchen (vgl. IV.2.1) *Die Nachtmütze des Hagestolzen*, in der ein sogenannter ›Pfeffergeselle‹, ein liebeskranker Gewürzkrämer, die Hauptrolle spielt. Maar zufolge lässt sich das auffällige Motiv der Blumengeschenke, die Castorp bei seinen Sterbebett-Besuchen im Abschnitt *Totentanz* verteilt, auf zwei Märchen Andersens beziehen, in denen der Tod als Gärtner Gottes und die Seelen der Menschen als Blumen erscheinen. Er liest Joachim als Figuration des *Standhaften Zinnsoldaten* und macht auf die Bezüge des in *Fragwürdigstes* erscheinenden Spirit Holger zu Andersen aufmerksam (vgl. Anm. zu 906,1).
Am gewichtigsten sind allerdings die Verweise des *Schnee*-Abschnitts auf *Die Eisjungfrau* und *Die Schneekönigin*: In Andersens Märchen *Die Eisjungfrau* steigt der Adlerjäger (vgl. Anm. zu 642,21 f.) Rudi ins Hochgebirge und wird dort von der Eisjungfrau verführt, deren Kuss ihn schließlich tötet. Auch in *Die Schneekönigin* sind die Küsse der Schneekönigin für den kleinen Kay verhängnisvoll, der über sie seine Heimat und Vergangenheit vergisst. In beiden Fällen stellt das kalte Reich des Schnees eine verführerische Macht dar, die die Gestalt einer Frau annimmt und der die Protagonisten erliegen. Die Verbindung von Castorps ›Sympathie mit dem Tode‹ (vgl. unten 6) mit Schnee und Eis der Hochgebirgsregion, wie sie im Kapitelabschnitt *Schnee* am deutlichsten wird, findet sich bei Andersen also vorgeprägt. Die Anleihen bei den Märchen zeigen sich dabei in vielen Details (vgl. Maar 1995, 138–187): So ist z. B. der Adlerjäger Rudi wie Castorp Vollwaise, der zunächst bei seinem Großvater und dann bei seinem Onkel aufwächst; und so lässt sich die grässliche Szene mit den Hexen in Castorps Schneetraum mit einer Episode aus *Die Schneekönigin* in Verbindung bringen, in der

die kleine Gerda unter menschenfressende Räuberinnen gerät. Und wie Gerda in *Die Schneekönigin* den kleinen Kay durch ihre Liebe erlöst, gelangt auch Castorp im *Schnee*-Abschnitt zum erlösenden Wort der Liebe (vgl. hierzu Ausschnitte aus Maars Buch: VIII.3, S. 448–450). Liest man den *Zauberberg*, dem »Vorsatz« des Romans folgend, also als Märchen, so zeigt sich die Geschichte des »einfachen« Hans Castorps (ZB, 9) als Geschichte einer märchenhaften siebenjährigen Verzauberung, die letztlich ohne Zutun des Helden von außen durch den Donnerschlag des Krieges gelöst wird – wie dem ›dummen‹, prototypischen Hans des Märchens die meisten Dinge, ob Glück oder Unglück, von außen widerfahren. Dieses (recht grobe) Muster lässt sich allerdings kaum als eine Lesart des Romans werten, die eine kohärente Interpretation des gesamten Romans ermöglichen würde. Anders als in echten Märchen kommt *Der Zauberberg* auch ohne wunderbare Gegenstände oder Ereignisse aus: Unter der realistischen Oberfläche ist es die dämonische Macht des Todes, die hier die Rolle der magischen Elemente des Märchens übernimmt.

2. Mythos

Mythologische Anspielungen prägen den Roman von Beginn an: So wird schon Hans Castorps Fahrt über den Bodensee als Fahrt über den Styx in den Hades inszeniert (vgl. Anm. zu 11,9–11). Das Sanatorium wird so zur Unterwelt (vgl. IV. 2.2), die Ärzte Behrens und Krokowski werden von Settembrini als Höllenrichter Rhadamanth und Minos bezeichnet (vgl. Anm. zu 83,19), und Settembrini selbst tritt gleich bei seinem ersten Erscheinen als Todesgott Thanatos und als Götterbote Hermes auf, der die Seelen in die Unterwelt geleitet (vgl. Anm. zu 81,24f.). Clawdia erscheint in Anspielung auf Homers *Odyssee* als die Zauberin Kirke, die Odysseus auf ihrer Insel festhält (vgl. Anm. zu 342,17–21), vor dem Hintergrund von Vergils *Aeneis* als Dido, die Aeneas zum ›Verligen‹ in Karthargo verführt (vgl. IV.2.2) und im Kontext der Tannhäuser-Sage als Venus, die Tannhäuser im Hörselberg festhält (vgl. IV.2.1). Sie ist auch eine Figuration der von Hades entführten Persephone (vgl. Anm. zu 488,3), die jeweils im Frühjahr an die Erdoberfläche zurückkehrt – Clawdia hält sich nur im Winter im ›Unterwelts‹-Sanatorium auf und reist jeweils im Frühling ab (vgl. Sandt 1979, 94f.). Diese und weitere mythologische Bezüge wurden ausführlich von Heftrich 1975, von Sandt 1979 (allerdings mit zahlreichen Überinterpretationen) und von Heftrich 1995 aufgezeigt.

Eine besondere Rolle im Roman spielt dabei Hermes (vgl. Jens 1998; Koopmann 1962, 155–168). Der antike Götterbote ist eine sehr vielschichtige mythologische Figur: Als Hermes Psychopompos ist er der Seelenführer, der die Toten in die Unterwelt geleitet, er gilt aber auch als Gott der Redekunst, als Gott des Handels, des Verkehrs und der Diebe, ist als Hermes Trismegistos (der ägyptische Thot: vgl. Anm. zu 716,19) der Gott der Gelehrsamkeit und der Schrift und hat in seiner Funktion als Mittler zwischen Göttern und Menschen eine pädagogische Seite. Koopmann entdeckt diese Hermes-Varianten nicht nur in Settembrini, der als beredter Pädagoge und ›Seelenführer‹ Castorps die offensichtlichste Hermes-Figuration ist, sondern auch in Naphta, der allerdings eher die dunkle, mit dem Tod verbundene Seite der hermetischen Pädagogik darstellt. Auch die androgyne (hermaphroditische) Clawdia übernimmt für Castorp nicht nur die Funktion einer Venus (griech.: Aphrodite), sondern hat auch Züge des Seelenführers und Mittlers Hermes, der in der Antike als Begleiter der Aphrodite galt. Der daher als ›hermetisch‹ zu bezeichnende Roman spiele so in einem »hermetischen Zwischenreich«, in dem »der Tod zu einem Ereignis

[wird], in das Hermes selbst einführt« (Koopmann 1962, 163). Mit dieser Deutung Koopmanns wird die Frage berührt, inwieweit der *Zauberberg* insgesamt den Mythos schon zu seinem Thema macht, wie es in der nachfolgenden *Joseph*-Tetralogie, den 1926–43 entstandenen vier Romanen um die alttestamentliche Figur, der Fall ist.

Wysling (1967, 1974) und Dierks (1972) situieren den *Zauberberg* dabei zwischen dem eher mythenfernen Früh- und dem mythologischen Spätwerk Manns. Im *Tod in Venedig* arbeitet Mann erstmals mit deutlichen mythologischen Anspielungen, vor allem mit der Hades-Fahrt und der Hermes-Figur, was sich also nicht von ungefähr im *Zauberberg* als ›Gegenstück‹ zum *Tod in Venedig* (vgl. III) wiederholt. Diese Anspielungen seien allerdings in beiden Werken lediglich ein »episch-plastisches Substrat, mit dessen Hilfe die Schopenhauer-Nietzsche-Welt versinnbildlicht werden konnte« (Wysling 1967, 288). In beiden Werken macht Mann den von Nietzsche in der *Geburt der Tragödie* entworfenen Gegensatz zwischen rauschhafter Entgrenzung als (schopenhauerischem) Urgrund des Seins, den Nietzsche im Bild des aus Asien stammenden Gottes Dionysos fasst, und der formverbundenen Oberfläche des Daseins als Schönheit, Traum und Kunst, die Nietzsche dem griechischen Gott Apoll zuordnet, zum Thema: Der Künstler Aschenbach verliert sich in Venedig an das Dionysische (verkörpert u. a. in der aus Indien kommenden Cholera), und auch Hans Castorp ist geprägt von einer ›dionysischen‹, leitmotivisch mit Asien (Clawdia) in Verbindung gebrachten ›Sympathie mit dem Tode‹. Im Schnee-Traum wird der Gegensatz zwischen formverbundener Schönheit (Apoll) und dem Urgrund des Seins (Dionysos) als Gegensatz zwischen den Sonnenleuten und dem grässlichen Geschehen im Tempel dann bildhaft anschaulich gemacht. Schon der Titel »Zauberberg« lässt sich auf Nietzsches *Geburt der Tragödie* zurückführen (vgl. den Ausschnitt in VIII.2, S. 434 sowie

unten 6). Die ›mythische‹, allerdings eher nietzscheanisch-schopenhauerische Thematik des Apollinischen und Dionysischen unterfüttere Mann nun im *Tod in Venedig* und im *Zauberberg* mit weiteren mythologischen Anspielungen, was die abstrakte »Begriffswelt der *Geburt der Tragödie* in Bilder umzusetzen hilft« (Wysling 1974, 172). Dieser Deutung zufolge wird erst in den *Josephs*-Romanen der Mythos an sich für Mann zu einem Thema.
Allerdings zeigen Wysling und Dierks letztlich auch, dass die Behandlung des Mythos im *Zauberberg* über eine bloße bildhafte Veranschaulichung schon hinausgeht: Wie in den *Joseph*-Romanen Joseph und der Knecht Eliezer sich selbst als Wiederholung, als Vergegenwärtigung mythischer Vorbildungen verstehen, so hat auch Hans Castorp beim Betrachten der Taufschale das Bewusstsein, in einer langen Ahnenreihe zu stehen, was ihn zum Gefühl eines »wechselnden Bleibens, das Wiederkehr und schwindelige Einerleiheit war«, führt (ZB, 37). Ganz ähnlich sieht Castorp auch in seinem Großvater nur die behelfsmäßige Erscheinung einer dahinterliegenden, »reinen und wahren Gestalt« (ZB, 41; vgl. hierzu Dierks 1972, 119f.; Wysling 1967, 321). Das Gefühl einer Wiederholung, das Hans Castorp hier beherrscht (wie auch Hippe und Clawdia für ihn in mythischer Zeitenthobenheit eins werden, vgl. Anm. zu 172,35–173,1), verweist auf die Aspekte der Zeitlosigkeit und Wiederholung als Grundstrukturen des Mythos, den Mann in seinem Essay *Freud und die Zukunft* aus dem Jahre 1936 (im Kontext schon der *Joseph*-Romane) als »zeitloses Schema« bestimmt. Das Bewusstsein um den Mythos, so Mann, führe zum »lächelnde[n] Wissen vom Ewigen, Immerseienden, Gültigen, vom Schema, in dem und *nach* dem das vermeintlich ganz Individuelle lebt, nicht ahnend in dem naiven Dünkel seiner Erst- und Einmaligkeit, wie sehr sein Leben Formel und Wiederholung, ein Wandeln in tief ausgetretenen Spuren ist« (GW IX, 493f.). Mann setzt das ›Mythische‹ dabei mit dem ›Ty-

pischen‹ gleich. Der Unterschied zwischen dem Früh- und dem Spätwerk lässt sich nach Wysling nun darin sehen, dass im Frühwerk – und auch noch im *Zauberberg* – das Typisch-Mythische lediglich durch das Individuelle hindurch sichtbar wird, während in den *Joseph*-Romanen das Typisch-Mythische selbst im Mittelpunkt steht (vgl. Wysling 1974).

Dieser Deutung Wyslings folgend kann man sagen, dass die mythologischen Anspielungen im *Zauberberg* einer Typisierung der individuellen Figuren dienen (Settembrini als Hermes, Clawdia als Kirke-Venus-Dido usw.), was Castorps individuelle Geschichte eines siebenjährigen Sanatoriumsaufenthalts zugleich *auch* zu einer mythischen Geschichte werden lässt – wie ja der »Vorsatz« schon darauf aufmerksam macht, dass die Geschichte Hans Castorps nicht um seinetwillen, sondern um der Geschichte willen erzählenswert erscheint (ZB, 9). Ist auch die ›Wende‹ zum ›Mythos an sich‹ damit von Mann noch nicht vollzogen, da im *Zauberberg* das Individuelle mythisiert wird und nicht umgekehrt, muss doch festgehalten werden, dass das Thema Mythos im Roman sich mit den bloßen mythologischen Anspielungen auf der Oberfläche nicht erschöpft: Zum Mythischen gehört die Behandlung der Zeit (vgl. unten 4) als mythische Zeitenthobenheit, gehört auch Hans Castorps Ahnung beim Anblick der Taufschale, angesichts der Identität von Clawdia und Hippe und nicht zuletzt angesichts seiner Anamnese im Schneetraum (vgl. Anm. zu 672,7–12), dass sein Leben, um mit Mann zu reden, »ein Wandeln in tief ausgetretenen Spuren ist«. Allerdings lässt sich das Motiv der Wiederholung eines Urtypus in einer individuellen Erscheinung auch von Schopenhauer und/oder von Freud her lesen (so Dierks 1972, 1991; vgl. unten 3) – mythisch ist es aber damit gleichwohl. In diesem Zusammenhang ist auch die Figur Mynheer Peeperkorns zu nennen, der im Roman ja als Figuration von Christus und Dionysos erscheint (vgl. V.3).

Marx macht darauf aufmerksam, dass Peeperkorn damit »eine Vorform jenes ›gelebten Mythus‹ dar[stelle] ([GW] IX, 493), den Mann als die epische Idee der Josephs-Romane bezeichnete« (1992, 73). *Der Zauberberg* thematisiert also in mehreren Motiven das Prinzip einer überindividuellen Wiederholung: Und in diesem Sinne bezeichnete Koopmann den Roman schon 1962 als ›mythisch‹ (vgl. Ausschnitte in: VIII.3, S. 439f.).

3. Psychoanalyse und Parapsychologie

Durch die Figur Dr. Krokowskis wird auch die Psychoanalyse im *Zauberberg* zu einem Thema. Manns Freud-Rezeption setzte zwar erst im Jahre 1925 intensiv ein (vgl. Wysling 1982, 223–238), zwei Freud-Lektüren wurden jedoch auch vorher schon bedeutsam. Dierks hat gezeigt, dass Manns Lektüre von Freuds Schrift *Der Wahn und die Träume in W. Jensens »Gradiva«* (1907) im Umkreis der Arbeit am *Tod in Venedig* sehr wahrscheinlich ist (vgl. Dierks 1991). In Jensens Novelle *Gradiva* erliegt ein Archäologe dem Wahn, eine junge Frau aus der Antike sei in der Gegenwart wiedererstanden, bis diese junge Frau der Gegenwart sich als seine Kinderliebe entpuppt. Freud liest dies als ›Wiederkehr des Verdrängten‹ und gibt damit indirekt ein Muster nicht nur für den *Tod in Venedig*, sondern auch für den *Zauberberg* vor, in dem Castorp in Clawdia seine homoerotische Jugendliebe Hippe wiederentdeckt. In seiner Interpretation von *Gradiva* stellt Freud auch Überlegungen zu einem in historischer Urzeit geprägten Typus an, der im Individuum wiederkehre – dies trifft sich mit Schopenhauers Bestimmung von Individum und Gattung, in der die Gattung als ›Idee‹ erscheint, deren Existenzform die einzelnen Individuen sind (vgl. Schopenhauer in VIII.2, S. 430). Dierks sieht es als plausibel an, »daß Thomas Mann an dieser Überschneidungsstelle von Jen-

sen/Freud mit Schopenhauer das Typus/Gattung-Motiv aufgegriffen hat, das er [...] im *Zauberberg* von Anfang an durchführt« (1991, 122) – zu nennen sind hier besonders das Motiv der Taufschale, Castorps Ahnung, dass sein Großvater nur ein »Interims-Großvater« ist (ZB, 41), und letztlich auch die Identität von Clawdia und Hippe.
Korrespondenzen zu Freud und Schopenhauer reichen jedoch noch weiter. Freuds Beschreibung »des ›Es‹ und Ich – ist sie nicht aufs Haar die Beschreibung von Schopenhauers ›Wille‹ und ›Intellekt‹, – eine Übersetzung seiner Metaphysik ins Psychologische?« – so Mann im Jahre 1936 (GW IX, 487). Er konnte also in Freuds Psychoanalyse ausgebildet finden, was ihm in der Philosophie Schopenhauers früh begegnete (vgl. Wysling 1982, 223–238; Dierks 1991; zur Willensmetaphysik Schopenhauers und dem *Zauberberg* IV.3.1 und VII.3).
Beides ist auch mit dem Thema ›Mythos‹ verknüpft: Die Wiederkehr eines ›Urtypus‹ lässt sich auf Basis Schopenhauers oder mit Freud psychoanalytisch, sie lässt sich jedoch auch mythisch lesen (vgl. oben 3). Dierks (1995) betont allerdings die zentrale Stellung des psychoanalytischen Motivs der ›Wiederkehr des Verdrängten‹ für den *Zauberberg*: So laufen die verschiedenen Träume Castorps, die er nach der ersten Begegnung mit Clawdia hat, deutlich auf den entscheidenden Traum (oder die Vision) im Abschnitt *Hippe* zu, der die von Castorp früh geahnte Identität zwischen Clawdia und Hippe offenbart – in Clawdia kehrt also die verdrängte homoerotische Liebe zu Hippe wieder (vgl. unten 5). Nach Dierks liegt hierin »der existentielle Kern der Zauberberg-Konzeption«, der durch Freuds Modell des Unbewussten maßgeblich geprägt ist (vgl. Dierks in VIII.1, S. 446).
Ist die Psychoanalyse also in diesem Sinne strukturell für den Roman bedeutsam, so wird sie mit dem Erscheinen Krokowskis darüber hinaus direkt thematisiert. Krokowski ist an den Typus des ›asketischen Priesters‹ nach Nietz-

sche angelehnt, wodurch sein Auftreten als Herrschaftsgestus eines selbst Kranken entlarvt wird (so Dierks 1969; Marx 2002, 87–98; vgl. Anm. zu 181,14–17): Krokowski und mit ihm die Psychoanalyse werden damit stark ironisiert. Dessen Vortrag über ›Die Liebe als krankheitsbildende Macht‹ im Abschnitt *Analyse* bildet eine Parodie von Freuds *Drei Abhandlungen zur Sexualtheorie* (1905), die Mann also als zweite Schrift von Freud vor 1925 gelesen haben muss (vgl. hierzu Finck 1973, 56–65 sowie Anm. zu 176–179). Im *Zauberberg* trifft sich so ein Ernstnehmen psychoanalytischen Gedankenguts im zentralen Hippe/Clawdia-Motiv mit einer Ironisierung und parodistischen Behandlung der Psychoanalyse auf der Textoberfläche (vgl. hierzu Manns Tagebucheintrag vom 16. Dezember 1919 und eine Selbstaussage in *Mein Verhältnis zur Psychoanalyse*: VIII.1, S. 387 und 403).

Der Umschlag der Psychoanalyse in Parapsychologie am Ende des Romans – im Abschnitt *Fragwürdigstes* – mag auf den ersten Blick erstaunen, ist allerdings sowohl textstrukturell als auch zeitgeschichtlich erklärbar: Psychoanalyse und Parapsychologie waren Anfang des 20. Jh.s zunächst noch eng miteinander verbunden. Die Psychoanalyse hat ihren Ursprung im Hypnotismus, in diesem ist allerdings »auch der Okkultismus sachlogisch angelegt [...] – beide folgen dem gleichen Prinzip: der geistigen Beeinflussung der Körper« (Dierks 1995, 193). Während Freud – durchaus von telekinetischen Phänomenen, also von der Beeinflussung materieller Objekte durch die Psyche, fasziniert (vgl. ebd.) – den Weg zur Parapsychologie allerdings nicht ging, ist Albert Freiherr von Schrenck-Notzing, ein um die Jahrhundertwende noch vor allem im Bereich der Sexualtherapie erfolgreicher Psychologe, ihn nachfolgend gegangen. Mann kannte Schrenck-Notzing und nahm im Winter 1922/23 an spiritistischen Sitzungen teil, über die er zunächst drei Berichte und dann den Essay *Okkulte Erlebnisse* verfasste (vgl. hierzu Kurzke

1997b und die Anm. zum Abschnitt *Fragwürdigstes* in I). Die Schilderungen in *Fragwürdigstes* basieren also, allerdings mit der bedeutsamen Ausnahme der ›Auferstehung‹ Joachims, auf persönlichen Erlebnissen Manns. Sie werden strukturell mit Motiven verbunden, die im *Zauberberg* schon viel früher angelegt sind: Castorps *Forschungen* mit seinen Überlegungen zum Ursprung des Lebens und dem Verhältnis von Geist und Materie sind hier bedeutsam, die Nähe zwischen diesen Überlegungen und Krokowskis Psychoanalyse wird im Roman schon lange vor *Fragwürdigstes* betont (vgl. ZB, 504). In *Okkulte Erlebnisse* stellt Mann den Zusammenhang zwischen der Frage nach dem Leben und paranormalen Phänomenen selbst her (vgl. einen Ausschnitt aus dem Essay: VIII.1, S. 395). Was in *Fragwürdigstes* passiert, ist letztlich eine Materialisierung von Geistigem – und hier kommt ein weiteres Mal Schopenhauer ins Spiel, denn die entsprechenden Ausführungen im *Zauberberg* gehen vermutlich auch auf Schopenhauers Traktat *Versuch über das Geistersehen und was damit zusammenhängt* aus dem Jahre 1850 zurück, der spiritistische Phänomene auf Basis der Willensmetaphysik erklärt (Dierks 1969; vgl. Anm. zu 900,19f.).

4. Zeit

Schon der »Vorsatz« des Romans macht auf das Thema ›Zeit‹ aufmerksam, wenn der Erzähler »auf die Fragwürdigkeit und eigentümliche Zwienatur dieses geheimnisvollen Elementes im Vorbeigehen« erstmals anspielt (ZB, 9). Vor allem die Subjektivität des Zeitempfindens wird von Beginn an herausgestellt. Aus den zahlreichen, über den gesamten Roman verstreuten Thematisierungen der Zeit sind besonders die vier großen Zeitreflexionen des Erzählers hervorzuheben, nämlich der *Exkurs über den Zeitsinn* im vierten Kapitel, dann die Abschnitte *Ewigkeitssuppe und plötzliche Klarheit*, *Veränderungen* sowie *Strandspaziergang*, die prägnant jeweils zu Beginn der letzten drei Kapitel stehen. Im *Strandspaziergang* stellt der Erzähler die Frage: »Kann man die Zeit erzählen, diese selbst, als solche, an und für sich?« und gibt nach einer ersten spontanen Verneinung schließlich zu, »daß wir mit laufender Geschichte wirklich dergleichen vorhaben« (ZB, 741 und 743). Verwirklicht ist dieses Vorhaben im Roman durch die zahlreichen, immer wiederkehrenden Zeitreflexionen Castorps oder des Erzählers sowie durch das Gewebe der Leitmotivik, das in seinen zahlreichen Wiederholungen die Zeit aufzuheben scheint (vgl. hierzu Bulhof 1966). Zudem verschiebt der Roman in seinem Verlauf das Verhältnis von Erzählzeit und erzählter Zeit und setzt auf diese Weise Castorps zunehmenden Zeitverlust formal um. Während das erste Kapitel lediglich Castorps Anreise und seinen ersten Abend im Sanatorium schildert und (nach dem Rückblick auf Castorps Kindheit und Jugend im zweiten Kapitel) das dritte seinen ersten Tag im Gebirge beschreibt, beginnt die Zeit danach immer schneller abzulaufen: Im vierten Kapitel werden 17 Tage erzählt, im fünften schon sechseinhalb Monate bis zur ›Walpurgisnacht‹. Das sechste Kapitel behandelt einen Zeitraum von einem Jahr und neun Monaten, das siebte Kapitel schließlich fasst die letzten vier Jahre und acht Monate von Castorps Aufenthalt zusammen. Zwar werden die einzelnen Kapitel (bis zum sechsten) auch immer länger, die in diesen Kapiteln erzählte Zeitdauer nimmt aber in Relation zum Seitenumfang ab dem dritten Kapitel dennoch stetig zu – die Zeit verschwimmt, und nicht nur Castorp, auch der Leser verliert die Orientierung (vgl. Meyer 1975).

Der Aspekt der Zeit im *Zauberberg* wurde in der Forschung ausführlich von Koopmann 1962 (137–146) und 1981, Bulhof 1966 (112–158), Karthaus 1970, Frizen 1980 (134–144), Wimmer 1997 sowie Hick 2003 untersucht. Koopmann (1962) unterscheidet dabei zwischen zwei verschiedenen Erfahrungen von ›Zeitlosigkeit‹ im Roman: Die Zeit wird zum einen als »stehendes Jetzt« (ZB, 750) und »ausdehnungslose Gegenwart« (ZB, 256), zum anderen als zyklische Wiederholung des Gleichen beschrieben. Beides ist eng miteinander verbunden: Im Abschnitt *Ewigkeitssuppe und plötzliche Klarheit* wird am Beispiel der Bettlägerigkeit Castorps vorgeführt, wie sich jeder Tag ewig und identisch zu wiederholen scheint und damit zu einem »stehenden Jetzt« wird (ZB, 256). Karthaus wiederum unterscheidet diese ›Vernichtung‹ der Zeit von den Augenblicken »völliger und restloser Zeitaufhebung« an zwei bedeutsamen Stellen des Romans (Karthaus 1970, 280): Castorps Traumvision auf der Bank am Wasserlauf, in der er sich auf den Schulhof zurückversetzt sieht und der Identität von Hippe und Clawdia gewahr wird, ebenso wie sein Schneetraum sind als »Erfahrungen des Ewigkeitsaugenblicks [...] jeweils einmalig« (ebd., 283), während die Erfahrungen der zyklischen Zeit, die Castorp immer wieder und bei verschiedenen Gelegenheiten macht, per se wiederholbar sind. Die Anamnese auf der Bank und die Schnee-Vision seien so auch eher psychoanalytisch erklärbar (ebd., 281 f.).

Dass sich Castorps zentrale Erfahrung einer völligen Zeitaufhebung, die in seiner Erkenntnis der Identität von Hippe und Clawdia zum Tragen kommt, psychoanalytisch erklären lässt und die diesbezügliche Zeit-Erfahrung der Wiederholung eines ›Urtypus‹ in einem Individuum von Freud stammt, wurde oben schon herausgestellt (vgl. 3). Zugleich ist diese Erfahrung wie auch Castorps Schwindel beim Denken an das »Ur-Ur-Ur-Ur« seiner Vorfahren (ZB, 36) mythisch (vgl. oben 2). Manns Rezeption Freuds und sein Verständnis des Mythos wurden dabei wie bereits erwähnt stark von Schopenhauer geprägt (vgl. oben 2 und 3). Schopenhauer bildet nun auch die wichtigste Quelle für die Behandlung der Zeit im Roman, denn mit den Motiven des ›stehenden Jetzt‹ und der ›ausdehnungslosen Gegenwart‹ ist das Schopenhauer'sche ›nunc stans‹ angesprochen (vgl. hierzu Dierks 1972, 119–126; Wysling 1974; Frizen 1980, 134–144; Wimmer 1997 sowie Schopenhauer in VIII.2, S. 430). In Schopenhauers Willensmetaphysik stellt der Wille eine Art Urgrund des Lebens dar, der sich in den einzelnen Erscheinungen der Welt objektiviert (vgl. IV.3.1). Diese bilden allerdings nur einen ›Schleier‹, hinter dem der außerhalb von Zeit und Raum liegende Wille verborgen liegt. Schopenhauer zufolge würde die Welt, wäre sie jenseits der einzelnen Erscheinungen ›an sich‹ erkennbar, »ein *Nunc stans* seyn« (*Werke 1922* II, 207 / *Welt als Wille und Vorstellung* I, 261; vgl. Wimmer 1997, 258). Bei Schopenhauer findet sich auch schon die Metapher der Zeit als Kreis, und in diesem Kontext fällt auch bei ihm der Begriff der »ausdehnungslose[n] Gegenwart« (*Werke 1922* II, 329 / *Welt als Wille und Vorstellung* I, 398; vgl. Frizen 1980, 141 und Wimmer 1997, 260). Dass die Erfahrung der Zeit also eine Einrichtung unseres Intellekts und damit relativ ist, während sich ›hinter‹ dieser subjektiven Zeiterfahrung ein (ewiges) ›stehendes Jetzt‹ befindet, ist ein Motiv des *Zauberbergs*, das Mann von Schopenhauer übernommen hat, auf den im Roman auch einmal angespielt wird (vgl. Anm. zu 750,2 f.). Frizen zufolge stellen die auf Schopenhauer basierenden Zeitreflexionen des Romans gar das »philosophisch[e] Beziehungszentrum« des Romans dar (Frizen 1980, 144).

Neben Schopenhauer lassen sich allerdings auch Immanuel Kant (1724–1804) und Friedrich Nietzsche nennen (Karthaus 1970): Schon Kant sah etwa in seiner *Kritik der reinen Vernunft* die Zeit als eine notwendige Vorstellung an, die allen Anschauungen zugrunde liege; Mann greift dies im Abschnitt *Veränderungen* auf (Karthaus 1970, 292 ff.) – der gesamte Abschnitt lässt sich jedoch auch primär von Schopenhauer her lesen, der selbst wiederum auf Kants Lehren aufbaute (Frizen 1980, 134–144; vgl. Anm.

zu 474,4). Das Motiv der Zeit als zyklischer Wiederholung des Gleichen schließlich korrespondiert auch Nietzsches Lehre der ›ewigen Wiederkehr des Gleichen‹ (vgl. Karthaus 1970, 275–279).

Bei all diesen Anklängen an Kant, Schopenhauer und Nietzsche muss jedoch festgehalten werden, dass der *Zauberberg* selbst kaum »eine ›Philosophie der Zeit‹ entwickelt oder eine solche, die außer ihm liegt, verteidigt« (Wimmer 1997, 271), sondern erzählerisch mit verschiedenen Zeittheoremen umgeht. Das Thema der Zeit war dabei Anfang des 20. Jh.s in der philosophischen Diskussion gängig (vgl. Koopmann 1997). Auch die populärwissenschaftliche Debatte um Albert Einsteins (1879–1955) Relativitätstheorie, die Anfang der 1920er Jahre geführt wurde, hat Mann zur Kenntnis genommen und in einer Zeitreflexion des Romans verarbeitet (Könneker 2001; vgl. Anm. zu 748,2–11).

Jenseits all dieser Einflüsse stellt sich dabei die Frage, wie genau Mann das Thema der Zeitlosigkeit und des Zeitverlusts im Roman verarbeitet. Koopmann (1981) stellt die Nähe des Castorp'schen ›Zeitverlusts‹ zum Komplex des Ostens und der ›Unform‹ im Roman heraus – die Zeitlosigkeit ist leitmotivisch mit der asiatischen Lässigkeit Clawdias verknüpft und schon von daher für Castorp attraktiv (vgl. Anm. zu 336,23–337,8). Wimmer betont, dass dem Modell der zyklischen Zeit als Wiederholungsstruktur des (mythisch) Gleichen im Roman verschiedene lineare Zeitmuster gegenüberstehen: Linear verläuft die Zeit in Bezug auf Castorps ›Bildungsweg‹, in Sicht auf die historische Zeit des (politischen) ›Verfalls‹, die zielgerichtet auf den Krieg zuläuft, aber auch in Sicht auf die ›Märchenzeit‹ einer siebenjährigen Verzauberung, an deren Ende das Erwachen Hans Castorps steht (Wimmer 1997, 269 ff.). Auch Karthaus stellt heraus, dass der ›Wiederkehr des Gleichen‹ zum Trotz die Kalenderzeit im Roman fortdauert. Die Castorp prägende Erfahrung eines ›Zeitverlustes‹ lässt sich auch als Flucht vor der Geschichte lesen und wäre in diesem Sinne ein Epochenphänomen der dekadenten Vorkriegszeit, eine Sichtweise, die die Behandlung des Themas ›Zeit‹ im *Zauberberg* mit einer Lesart des Romans als Zeitroman verknüpft (Karthaus 1970, 302; vgl. den Ausschnitt aus seiner Argumentation in VIII.3, S. 441 f. sowie zum *Zauberberg* als Zeitroman VII.1). Hick (2003) schließlich betont, dass der *Zauberberg* neben der »Zeitkrankheit der Epoche« auf historischer Ebene auch das »Versagen menschlicher Zeitgestaltung« auf existenzieller Ebene zu seinem Thema macht (ebd., 73). Er analysiert daher Castorps Krankheit als Erkrankung an der – vergangenheits- und zukunftslos gewordenen – Zeit, also als »Zeitkrankheit« im wörtlichen Sinne.

5. Erotik und Liebe

Während seiner siebenjährigen Verzauberung erlebt der Held nur eine einzige Liebesnacht, deren direkte Schilderung der annähernd tausend Seiten lange Roman auch noch ausspart. Kurzke zufolge hat Mann mit seiner Selbstaussage »Der Zbg. wird das Sinnlichste sein, was ich geschrieben haben werde, aber von kühlem Styl« (Tagebucheintrag vom 12. März 1920, TB I, 396) dennoch Recht: Die erotische Aufladung vieler Details (vom Rauchen über die horizontale Lebenslage bis zum Fieberthermometer, dessen Skala entsprechend Castorps Verliebtheitserfolgen steigt oder fällt) vermeidet eine »schwüle, direkte Sinnlichkeit«, führt aber auch zu einer »sexuelle[n] Ausdeutbarkeit« der Dinge, die letztlich eine »indirekte Sexualisierung« des Romans bewirkt (Kurzke 1997, 188 f.).
Dass Castorps Beziehung zu Clawdia dabei eine kaum noch latent zu nennende homoerotische Komponente enthält, ist in der Forschung Konsens: Die Rückerinnerung von Clawdia zu Hippe und damit die geheime Identität

zwischen den beiden (vgl. oben 3), die Androgynität Clawdias und auch das eindeutig phallische Symbol des Bleistiftleihens sprechen eine deutliche Sprache. Ihren Höhepunkt erfährt diese Affäre in der Liebesvereinigung der Faschingsnacht am Ende des fünften Kapitels und damit am Ende des ersten Bandes (der zweibändigen Erstveröffentlichung), also ziemlich genau in der Mitte des gesamten Romans. Was danach passiert, wird von der Forschung in verschiedenen Akzentuierungen gedeutet.

Böhm (1985) stellt der ›Re-Homosexualisierung‹ Hans Castorps im ersten Teil eine Idealisierung der Bisexualität im zweiten Teil des Romans gegenüber, die ihren Höhepunkt im Schnee-Traum in der Vision der ›Sonnenleute‹ habe. Er wertet dies als Neutralisierung, ja als Unterdrückung von Hans Castorps Homosexualität und damit implizit als ›Rückschritt‹. Andere Interpreten heben die tendenziell androgyne Ganzheitlichkeit von Castorps Menschheitsentwurf im Schneetraum ebenfalls hervor, werten dies aber (positiv) als Erweiterung von Castorps Liebeskonzept – vgl. Vaget (1982; 1997), Kurzke (1997a, 185–192) und Neumann (2001a).

Übereinstimmung herrscht darüber, dass der Schneetraum einen entscheidenden Wandel in Castorps Liebesbegriff bedeutet. Die homoerotisch gefärbte Liebe zu Clawdia war über die leitmotivische Verbindung Clawdias mit Krankheit und der ›Sympathie mit dem Tode‹ als eine todesverbundene Liebe gekennzeichnet. Dies entspricht auch Manns Erläuterungen zur Homosexualität in seinem wichtigen, in vielerlei Verbindungen mit dem *Zauberberg* stehenden Essay *Die Ehe im Übergang* aus dem Jahre 1925: Mann schreibt dort der Homoerotik nicht nur einen impliziten todesverbundenen Ästhetizismus zu, sondern kennzeichnet sie auch mit den Begriffen ›Wurzellosigkeit‹, ›Zigeunertum‹, ›Libertinage‹ sowie ›Unfruchtbarkeit‹ (vgl. Ausschnitte aus dem *Ehe*-Essay: VIII.1, S. 405 f.). Dies sind alles Begriffe, die auf die ungebundene, für Castorp

gerade aufgrund ihrer ›Freiheit‹ verführerische (vgl. Anm. zu 288,28f. und 466,19–21), kranke und damit unfruchtbare (vgl. Anm. zu 180,33f.) Clawdia zutreffen (so auch Böhm 1985).
Castorps ›Hinwendung zum Leben‹, die im Schneetraum mit seinem Erkenntnissatz »Der Mensch soll um der Güte und Liebe willen dem Tode keine Herrschaft einräumen über seine Gedanken« (ZB, 679) am deutlichsten wird, führt nun zu einem anderen Liebes-Ideal, das eng mit der Vision einer ›neuen Menschlichkeit‹ (vgl. hierzu III) verknüpft ist. Diese Liebe enthält, so Vaget, in ihrer Verbindung mit »Güte« ein Element des Mitleids – ›Güte‹ sei die »Güte zum leidenden und dem Tode verfallenen Menschen« (1997, 138). Der Schneetraum mit seinem Entwurf einer dem Tode entgegengesetzten Liebe (»Tod und Liebe – das ist ein schlechter Reim«, ZB, 679) trägt dann auch in Castorps nachfolgendem Verhalten bei der Rückkehr von Clawdia Chauchat mit Peeperkorn Früchte: Castorp setzt sich über seine eigenen Eifersuchtsanfälle souverän hinweg und geht mit Clawdia einen auf der Caritas (also der sich zuwendenden Fürsorge), nicht auf Eros gegründeten Bund für Peeperkorn und umgekehrt einen ähnlichen Bund mit Peeperkorn für Clawdia ein, diese Bündnisse sind damit »enterotisiert« (so Kurzke 1997a, 189).
Clawdias Beziehung zu Peeperkorn trägt dabei die »Merkmale einer *Ehe* (nach der Logik des *Ehe*-Essays)« (ebd.). In seinem *Ehe*-Essay versieht Mann die Ehe mit all den Attributen, die der Homosexualität entgegengesetzt sind: Treue, Pflicht und Dauer statt Ungebundenheit und Libertinage, Fruchtbarkeit statt Unfruchtbarkeit, ›Leben‹ statt todesverbundenem Ästhetizismus. Bezeichnenderweise bleibt der Essay aber – ebenso wie der Roman – bei dieser einfachen Gegenüberstellung von Homosexualität und heterosexueller Ehe nicht stehen. Denn Mann entwirft in *Die Ehe im Übergang* einen »Ausgleich zwischen den Ge-

schlechtern« als positive (Zukunfts-)Vision, die er mit der natürlichen Bisexualität des Menschen begründet und als Vorgang »beiderseitiger Vermenschlichung« sowie als »Idee der Androgyne« bezeichnet (vgl. die Ausschnitte in VIII.1). Die Tatsache, dass in diesem Zusammenhang das Wort ›Vermenschlichung‹ fällt, ist nicht unwichtig, denn die Suche nach einer neuen Form von ›Menschlichkeit‹ prägt auch Hans Castorps Aufenthalt auf dem ›Zauberberg‹. Vom *Ehe*-Essay her kann die Vision ›neuer Humanität‹, wie der Roman sie entwirft, als eine androgyne Menschlichkeit gewertet werden. Dies zeigt sich an Castorp selbst in der Peeperkorn-Episode: Peeperkorn, der sich als ›Hochzeitsorgan‹ Gottes versteht und unter seiner Impotenz leidet, wird als Vertreter einer ›hahnenmäßigen‹ Männlichkeit stark ironisiert und seine »Potenzgläubigkeit [...] ihrer Lächerlichkeit überführt« (Vaget 1982, 155). Castorp hingegen verzichtet auf einen solchen Männlichkeitswahn (vgl. Anm. zu 837,6–8), nimmt im Gespräch mit Peeperkorn dezidiert die weibliche Rolle ein (vgl. Anm. zu 841,36–842,2) und identifiziert sich immer wieder auch mit weiblichen Figuren (so mit Aida aus Verdis gleichnamiger Oper oder mit Margarete aus Gounods *Faust*, vgl. Vaget 1997, 126f.), so dass die Kategorie des Geschlechts für ihn irrelevant zu sein scheint. Castorp wird damit zunehmend selbst androgyn, und diese Androgynität wird im Kontrast zu Peeperkorn, aber auch zu Settembrini und Wehsal positiv profiliert, wie Kurzke (1997a, 191) herausstellt. Die Kategorie ›Männlichkeit‹ wird also von Castorp überwunden und im Roman durch eine ganzheitlich männlich-weibliche, androgyne ›Menschlichkeit‹ ersetzt – so übereinstimmend Kurzke, Vaget und Neumann.

Neumann betont vor allem, dass diese ›Menschlichkeit‹ in Clawdia allerdings schon immer angelegt gewesen sei: Schon in der ersten Hälfte des Romans wird sie – in Castorps *Forschungen* – für Hans zum ›Bild des Lebens‹ (vgl. Anm. zu 395,12–25), das auch für seine spätere Vorstellung vom ›Homo Dei‹ verbindlich bleibt (vgl. Anm. zu 577,14). Und dass sich Clawdia und Hippe schon in der ersten Hälfte des Romans »zum androgynen Doppelbild zusammenschließen, zielt auf eine Utopie zwiegeschlechtlicher Ganzheit« (Neumann 2001a, 85). Eine solche Lesart betont die Kontinuität der Sichtweise von Liebe im Roman: Der Grundstein für Castorps lebensverbundenen Humanitäts-Entwurf der zweiten Romanhälfte wird demnach schon in seiner homoerotischen, todesverbundenen Liebe zu Clawdia in der ersten Romanhälfte gelegt.

Kurzke hingegen betont die »Wendung von Eros zu Caritas«, wie sie sich symbolisch in Castorps Stirnkuss nach Peeperkorns Tod zeige (vgl. ZB, 859), der »endgültig der unerotische Verwandten- und Familienkuß« sei (Kurzke 1997a, 190). Vaget sieht demgegenüber gerade die *Mischung* von Eros und Caritas als bedeutsam an, wie sie im ›russischen Kuss‹ Clawdias zur Besiegelung des Bündnisses zum Tragen kommt: Dieser Kuss wird im Roman als zweideutige Mischung zwischen Frömmigkeit und Erotik beschrieben, und das emphatische Statement des Erzählers zu dieser Zweideutigkeit lautet: »Aber man lasse in Gottes Namen den Sinn der Liebe doch schwanken!« (ZB, 824) – ein Plädoyer für Toleranz, wie es sich auch in Manns *Ehe*-Essay findet (vgl. Vaget 1997, 139f.).

Unabhängig davon führt Castorps »Traum von Liebe«, von dem in den Schlusssätzen des Romans im Rekurs auf den Schneetraum die Rede ist (ZB, 984), zu einer Erweiterung des vornehmlich erotischen und todesverbundenen Liebeskonzepts der ersten Romanhälfte (und der ursprünglichen Romankonzeption) zu einer Liebe *und* Güte umfassenden Liebesvorstellung als Vision von einer neuen ›Menschlichkeit‹. Dies lässt sich durchaus in Verbindung mit Manns politischer Wandlung in den Jahren nach dem Kriegsende sehen, die sich wiederum in einer veränderten Romankonzeption niederschlug (vgl. III).

6. ›Sympathie mit dem Tode‹ und Romantik

Die Formel »Sympathie mit dem Tode« hat ihren Ursprung wohl in Manns Novelle *Tod in Venedig*, in der das Stichwort der »Sympathie mit dem Abgrund« fällt (GW VIII, 455, vgl. Kurzke 1997a, 180f.). In einem Brief an Heinrich Mann vom 8. November 1913 spricht Mann dann von einer »wachsende[n] Sympathie mit dem Tode, mir tief eingeboren: mein ganzes Interesse galt immer dem Verfall, und das ist es wohl eigentlich, was mich hindert, mich für den Fortschritt zu interessieren« (GKFA 21, 535). Die ›Sympathie mit dem Tode‹ als Sympathie mit ›Verfall‹ und ›Abgrund‹ steht also bei Mann erstens in Opposition zum Fortschritt (aus diesem Grund erscheint sie im *Zauberberg* auch als Gegenkonzept zu Settembrinis Fortschrittsdenken). Zweitens hat sie persönliche Wurzeln: In seinem Brief an Heinrich schreibt Mann sich diese Sympathie mit dem Tode selbst zu, spricht von seiner »Erschöpfung, Skrupel, Müdigkeit, Zweifel, Wundheit und Schwäche« (ebd., 534) und ist in dieser Hinsicht durchaus ein Kind seiner Zeit: Die sogenannte Neurasthenie, eine allgemeine Erschöpfung und Überreiztheit der Nerven, war Ende des 19. Jh.s eine Art ›Modekrankheit‹, der auch Mann anheimfiel (vgl. hierzu Radkau 1996). Dies steht im Kontext der Décadence als eines Epochenphänomens des späten 19. Jh.s, wie es schon von Nietzsche als Kräfteverlust, als (sittlicher) Verfall und Überdruss beschrieben wurde. Bezeichnenderweise sollte Manns erster Roman, *Buddenbrooks*, auch ursprünglich den Titel »Abwärts« tragen – seine Faszination für Verfall und Tod ist also in seinem Frühwerk unverkennbar.

Mann stellt die Formel drittens in die Nähe zur Romantik. Sein Romantik-Bild ist dabei unscharf und meint eher einen allgemeinen Begriff als eine genau abgrenzbare literaturhistorische Epoche: Das Romantische ist für Mann »das Morbide und Kranke, das Dekadente, Artistische, Raffinierte und Wollüstig-Erotische« (Kurzke 1997a, 179), wie er es etwa bei Novalis zu finden meinte (Sichtweisen, die ihm, wie sein literaturhistorisches Wissen über die Romantik generell, vor allem von Brandes vermittelt wurden: vgl. IV.3.5). In den *Betrachtungen* bezeichnet Mann die ›Sympathie mit dem Tode‹ als »Formel und Grundbestimmung aller Romantik« (vgl. VIII.1, S. 380), in einem Brief an Ulrici aus dem Jahre 1925 ist die Rede von der »als Todesfaszination verstandenen Romantik« (vgl. VIII.1, S. 401). Zum Sinnbild einer solchen todesverfallenen Romantik wird ihm dabei die (deutsche) Musik (vgl. unten 7).

Hans Castorps ›Verliebtheit‹ in den Tod hat ihre Wurzeln also zunächst in Manns eigenem Empfinden und seiner Gedankenwelt, wobei er die ›Sympathie mit dem Tode‹ zugleich als Epochenphänomen versteht.

Der Zauberberg war von Beginn an im Umkreis dieser Formel entworfen (vgl. Manns Brief an Amann vom 3. August 1915: VIII.1, S. 378). Letztlich lässt sich schon der Titel des Romans auf die ›Sympathie mit dem Tode‹ beziehen (vgl. Sandberg 1987, 180): In seiner *Geburt der Tragödie* führt Nietzsche kurz vor der Formulierung vom olympischen ›Zauberberg‹ den Spruch des weisen Silen an, das Allerbeste sei, nicht geboren zu sein, das Zweitbeste aber, bald zu sterben (vgl. VIII.2, S. 434). Die zweite Hälfte des Romans proklamiert in Castorps Schneetraum dann aber eine Überwindung dieser den *Zauberberg* bestimmenden Todessympathie und entwirft ein vages Zukunftsprogramm in Form einer ›neuen Humanität‹ (vgl. oben 5 und III).

Mann hat diese Überwindung selbst immer wieder hervorgehoben (vgl. VIII.1, S. 399 f., 401 f., 412). Gründe für diesen Tendenzwechsel lassen sich viele anführen, so u. a. der Einfluss von Nietzsche und Bertrams Nietzsche-Buch (vgl. IV.3.2 und den Brief an Fischer vom 25. Mai 1926: VIII.1, S. 406 f.). Im Zuge seiner politischen ›Wandlung‹ nimmt Mann Anfang der 1920er Jahre Stellung für die Republik und damit für das ›Leben‹ und verabschiedet sich so von der ›Sympathie mit dem Tode‹ (vgl. III). Die öffentlichen Stellungnahmen Manns aus dieser Zeit weisen dabei deutliche Korrespondenzen zum *Zauberberg* auf (vgl. den ohne Kenntnis des *Zauberbergs* kaum verständlichen Kurz-Essay *Kinder des Lebens*, den Mann für einen Sammelband zur europäischen Völkerverständigung verfasste und in dem er die Abkehr von der ›Sympathie mit dem Tode‹ thematisiert: VIII.1, S. 395–397).

Festgehalten werden muss in diesem Zusammenhang zweierlei: Erstens bleibt die ›Sympathie mit dem Tode‹ als Sympathie auch weiterhin durchaus bestehen. In allen Aussagen Manns ist erkennbar, dass der Entschluss zum ›Leben‹ ein *sittlicher* Entschluss ist, während das Thema der Todesverfallenheit für ihn schon allein deshalb zentral bleibt, weil es für ihn konstitutiv mit dem Begriff der Kunst verbunden ist (vgl. *Von deutscher Republik*: VIII.1, S. 392, *Kinder des Lebens*: VIII.1, S. 397 sowie *Die Ehe im Übergang*: VIII.1, S. 405 f.). Zweitens wird von der Forschung durchaus angezweifelt, ob *Der Zauberberg* die von Mann selbst herausgestellte ›Wende‹ vom Tod zum Leben auch tatsächlich durchführt. Ob dies so ist, stellt einen wichtigen Diskussionspunkt in der Debatte um den *Zauberberg* als Bildungsroman (vgl. VII.2) und/oder als Schopenhauer-Roman (vgl. VII.3) dar.

7. Musik

Musik spielt im *Zauberberg* von Beginn an die Rolle eines Leitmotivs, das selbst wiederum auf den Tod verweist: Beim Hören von Musik nimmt Hans Castorp dieselbe Haltung ein wie angesichts von Sterbenden und Toten. Betrachtet man den Einfluss Schopenhauers auf den Roman, dann wird diese Verbindung noch plausibler. Der Tod stellt nach Schopenhauer eine Befreiung aus der Individuation und einen Wiedereintritt in den Willen als Urgrund des Daseins dar, die Musik ist ihm zufolge wiederum »unmittelbar Abbild des Willens selbst« (*Werke 1922* II, 310 / *Welt als Wille und Vorstellung* I, 370). Castorps Vorliebe für Musik korrespondiert auf dieser Ebene mit seiner Faszination für den Tod, beides sind ›Herrschaftsbereiche‹ des irrationalen Willens (vgl. Kristiansen 1978/1986, 16–30; dazu auch VII.3). Schopenhauer zufolge wird Musik ohne Einfluss des Verstandes rezipiert (*Werke 1922* II, 314 / *Welt als Wille und Vorstellung* I, S. 373) – und genau dies ist es, was die Musik in Settembrinis Augen »politisch verdächtig« erscheinen lässt (ZB, 229). Settembrini bezeichnet die Musik aus diesem Grund als »das Zweifelhafte, das Unverantwortliche, das Indifferente«, sie verführe zum Quietismus (ZB, 158f.) – und auch diese Wendung entspricht Schopenhauer, nämlich seiner Bestimmung der Kunst als ›Stillstellung‹ des ewig treibenden Willens (vgl. Frizen 1980, 252–269; Reents 1998, 277–294; zu Schopenhauers Willensmetaphysik IV.3.1).

Der Komplex ›Musik‹ scheint im *Zauberberg* also zunächst und vor allem Schopenhauer verpflichtet zu sein. Die leitmotivische Verbindung von Musik und Tod im *Zauberberg* entspricht aber auch Manns Verständnis der Formel ›Sympathie mit dem Tode‹ (vgl. oben 6), die er nicht von ungefähr bei dem Komponisten Hans Pfitzner (1869–1949) und dessen romantischer Oper *Palestrina* wiederfand (vgl. einen Ausschnitt aus den *Betrachtungen*: VIII.1, S. 380f.). In den *Betrachtungen eines Unpolitischen* wird die Musik zu einer Chiffre für das deutsche Wesen, das Mann hier als ›unpolitisch‹ fasst: Der politische, aufklärerische, auf Menschheitsfortschritt bedachte Settembrini als Zivilisationsliterat (vgl. V.1) steht demgemäß zur rückwärtsgewandten und unpolitischen ›Innerlichkeit‹ der deutschen Musik in Opposition.

Betrachtet man den Roman als Ganzes, dann wird Settembrinis Vorsicht durchaus recht gegeben. Entscheidend sind hier der Kapitelabschnitt *Fülle des Wohllauts* und die Auswahl von Castorps ›Vorzugsplatten‹: Verdis *Aida*, Bizets *Carmen*, Debussys *Vorspiel zum Nachmittag eines Fauns*, Gounods *Faust* sowie Schuberts *Lindenbaum*-Lied. Vaget stellt in seiner großen Analyse von Manns Verhältnis zur Musik (Vaget 2006) heraus, dass hier immerhin vier Beispiele der »extrovertierte[n], virtuose[n] Musik der romanischen Kultur« nur einem deutschen Kunstlied gegenüberstehen, das »deutsche Innerlichkeit und Tiefe illustrieren soll, auf die man sich damals viel einbildete« (ebd., 49) – und auf die sich auch Mann zur Zeit der *Betrachtungen* (noch) viel einbildete. Die romanischen Musikstücke werden Castorp dabei zum Spiegel seines eigenen Erlebens auf dem ›Zauberberg‹: Nicht nur werden in ihnen Liebe und Tod, Freiheit und Pflichtvergessenheit thematisiert (vgl. die Anm. zu 884–894), darüber hinaus verraten sie auch etwas »über seine schwankende Identität als Geschlechtswesen und Liebender« (ebd., 50), identifiziert sich Castorp doch beispielsweise beim Hören von Gounods *Faust* mit Margarete (vgl. oben 5). Schuberts *Lindenbaum*-Lied als einziges Beispiel deutscher Musik hingegen wird zum Anlass, das Verhältnis der Deutschen zu ihrer Musik kritisch zu beleuchten: Nicht nur wird das *Lindenbaum*-Lied zum Paradigma der »Sympathie mit dem Tode« (ZB, 897). Mann verbindet darüber hinaus das »mentalitätsgeschichtlich zentrale Problem« der ›Rückneigung‹ (Vaget 2006, 53), das anhand dieses Liedes an dieser Stelle des Romans ausdrücklich zur Sprache kommt, mit dem politischen Hegemoniestreben Deutschlands: »Man mochte wahrscheinlich sogar Reiche darauf gründen, irdisch-allzu-irdische Reiche« (ZB, 898). Das Ende von *Fülle des Wohllauts* wird so zu einer »verschlüsselten Geschichtsstunde« (Reed 1974b, 128). Mann unternimmt hier also zum ersten Mal eine Analyse der mentalitätsgeschichtlich bedeutsamen Verbindung des deutschen Überlegenheitsgefühls in Sachen der Kultur, speziell der Musik, in der Vorkriegszeit mit den imperialistischen Zügen des Deutschen Reiches und legt so den »verborgenen, unvermuteten Nexus von kultureller und politischer Entwicklung« (Vaget 2006, 46) in Deutschland offen – ein Thema, das er später im *Doktor Faustus* breit ausführen wird (vgl. Vaget 2006, passim).

Die Verbindung der (deutschen) Musik mit der ›Sympathie mit dem Tode‹ wird auf diese Weise vom Roman problematisiert, wie auch das Ende des *Zauberbergs* zeigt, in dem Castorp mit dem *Lindenbaum*-Lied auf den Lippen in den Krieg zieht (ZB, 983f.). Problematisiert wird über den Umweg von Schuberts Lied auch Wagner, der in *Fülle des Wohllauts* zwar nicht genannt, als »Seelenzauberkünstler« (ZB, 898) aber indirekt angesprochen und so mit der romantischen Mentalität der Todesverfallenheit in Bezug gesetzt wird (vgl. hierzu IV.3.3).

Vier romanische Musikstücke gegen ein deutsches Lied, das exemplarisch für die Gefahr der deutschen ›Rückwärtsgewandtheit‹ steht – diese Auswahl von Castorps Favoriten liest Vaget als ein »verdecktes politisches Programm«: Hans Castorp bringe die inneren Voraussetzungen mit, »das Nichts-als-Deutsche hinter sich zu lassen und sich so zur europäischen Welt hin zu öffnen« (2006, 126f.).

Musik wird also im *Zauberberg* als seelische Verfasstheit thematisiert: nämlich von Hans Castorps individueller träumerischer Veranlagung bis hin zur Mentalität der Deutschen vor dem Krieg, die es (so das Ende von *Fülle des Wohllauts*) zu überwinden gelte (vgl. zur Bedeutung Nietzsches für diese ›Überwindung‹ Anm. zu 898,12f. und IV. 3.2).

Darüber hinaus kommt Mann das Verdienst zu, als einer der ersten das Grammophon in die Literatur eingeführt zu haben – eine frühe Reflexion über die »Oper im Zeitalter ihrer technischen Reproduzierbarkeit« (wie Vaget in Anlehnung an Walter Benjamins klassischen Essay *Das*

Kunstwerk im Zeitalter seiner technischen Reproduzierbarkeit formuliert: ebd., 96). Das Grammophon entband den Musikgenuss von Orchesteraufführungen und stellte Musik zu jeder Zeit und an jedem Ort einer individuellen Rezeption zur Verfügung. *Fülle des Wohllauts* führt die Folgen dieser ›Medienrevolution‹ am Beispiel Hans Castorps vor Augen, der seine Lieblingsplatten zur Tages- und Nachtzeit, alleine und in regelrechter Versenkung anhört – und damit die neuen Möglichkeiten des Mediums voll ausnutzt. Historische Schallplattenaufnahmen, die Manns Musikbeschreibungen in *Fülle des Wohllauts* zu Grunde lagen, finden sich als Beilage auf einer CD bei Mertens 2006 (vgl. auch ebd., 87–98 sowie Mertens 2003).

VII. Lesarten des *Zauberbergs*

1. Zeitroman

Die Termini »Zeit«-, »Epochen«- oder »Gesellschaftsroman« stehen einander nahe und meinen einen Romantypus, der die Gesellschaft seiner Zeit, geschichtliche Ereignisse bzw. die aktuelle Zeitgegenwart als Epoche in den Blick nimmt. Mann selbst hat den *Zauberberg* verschiedentlich als »Zeitroman in doppeltem Sinn« bezeichnet: »einmal historisch, indem er das innere Bild einer Epoche, der europäischen Vorkriegszeit, zu entwerfen versucht, dann aber, weil die reine Zeit selbst sein Gegenstand ist« (vgl. VIII.1, S. 413). Eine Deutung des *Zauberbergs* als Zeitroman (im ersteren Sinne) stellt eine grundlegende und in der Forschung häufig vertretene Lesart des Romans dar (vgl. Diersen 1975; Hansen 1993; Wessel 1993; Koopmann 1997; Reed 1997; bes. Karthaus 1970; Würffel 1995; Lützeler 2001; Neumann 2001b; vgl. zur Zeit im *Zauberberg* im zweiten Sinne VI.4). Das von Krankheit und Lebensüberdruss geprägte Leben der internationalen Sanatoriumsgesellschaft in den sieben Jahren vor Ausbruch des Ersten Weltkriegs wird dieser Lesart zufolge im Roman zum Spiegel der geistigen Verfassung der europäischen Vorkriegsgesellschaft allgemein (bzw. speziell deren Oberschicht). Die physische Krankheit, die Tuberkulose, zeigt sich als ›Krankheit der Zeit‹, nämlich als psychische Disposition der Dekadenz, was sich wiederum mit der politischen Dimension des krisengeschüttelten Europas vor dem Ersten Weltkrieg verknüpfen lässt (vgl. Würffel 1995; Lützeler 2001). Die Protagonisten des Romans, allen voran die Kontrahenten Settembrini und Naphta, aber auch Hans Castorp als prototypischer ›Deutscher‹ stehen exemplarisch für weltanschauliche und politische Positionen (vgl. Neumann 2001b). Relativ zu Beginn des Romans wird Hans Castorps ›Mittelmäßigkeit‹ dabei vom Erzähler mit dessen »Zeitgenossenschaft« an seiner Epoche in Verbindung gebracht und der Zustand der Epoche als »hoffnungslos, aussichtslos und ratlos«, als Fehlen einer Antwort »auf die Frage Wozu?« gekennzeichnet (ZB, 49f.). Castorps Ziellosigkeit und seine Neigung zum Dösen als Voraussetzungen seines langjährigen Aufenthalts im Sanatorium werden somit als Epochenphänomene charakterisiert. Seine Mittelmäßigkeit bestimmt ihn also geradezu dazu, zum Gegenstand einer Geschichte zu werden, die – so der »Vorsatz« – nicht um Hans Castorps, »sondern um der Geschichte willen [...] erzählenswert scheint« (ZB, 9). Auch die Castorp so prägende Erfahrung von Zeitlosigkeit lässt sich als Charakterisierungsmerkmal der Epoche verstehen: Karthaus (1970) deutet die Thematik der Zeitlosigkeit im Roman (vgl. VI.4) als Parabel für die geschichtliche Situation der Vorkriegsgesellschaft, der »die Zukunft fehlt, weil der Blick nur in die Vergangenheit gerichtet ist« (273) – in diesem Sinne fallen beide von Mann genannten Arten des »Zeit«-Romans/Zeitromans in eins (vgl. Karthaus in VIII.3, S. 441f.).

Konkrete zeitgeschichtliche Bezüge finden sich in Form von Anspielungen auf die Weltpolitik und zeitaktuelle Ereignisse vor allem in der zweiten Hälfte des Romans, wie sich die Dimension des *Zauberbergs* als Zeitroman generell in der zweiten Hälfte des Buches stärker entfaltet als in der ersten. Es sind besonders die Abschnitte *Der große Stumpfsinn* und *Die große Gereiztheit*, die es erlauben, die Sanatoriumsgesellschaft als Vorkriegswelt in nuce anzusehen (vgl. Würffel 1995): Der Kapitelabschnitt *Der große Stumpfsinn* skizziert das Gefühl eines grundsätzlichen Überdrusses, das die europäische Vorkriegsgesellschaft prägte (so dass der Krieg von vielen Intellektuellen als Befreiung erlebt wurde), während der Abschnitt *Die große Gereiztheit* die psychische Bereitschaft zu Aggressivität und Streitsucht als Voraussetzung des Krieges zum Thema macht. So bildet auch der hier geschilderte polnische ›Ehrenhandel‹ eine »kaum verhüllte satirische Darstellung jener europäischen Kabinettspolitik [...], die mit ihren Erklärungen, Protokollen und Ultimaten unmittelbar zum ersten Weltkrieg führte« (ebd., 214). Das Ende des Abschnitts *Fülle des Wohllauts* unternimmt eine zeit- und gesellschaftskritische Analyse der seelischen Bedingungen, die zum Ausbruch des Ersten Weltkriegs geführt haben, wenn die Innerlichkeit der deutschen Musik sowie indirekt Wagner mit dem politischen Hegemonieanspruch des Deutschen Reiches in Verbindung gebracht werden (vgl. IV.3.3, VI.7 sowie Vaget in VIII.3, S. 450 f.). Jenseits von konkreten zeitgeschichtlichen Bezügen wird die untergegangene Vorkriegsepoche vom Roman dabei vor allem als seelische Verfasstheit ins Spiel gebracht. Koopmann hat gezeigt, dass Mann sich hierbei im Feld gängiger geschichtsphilosophischer Annahmen der Nachkriegszeit bewegte: *Der Zauberberg* schildere »Seelenbewegungen« und schreibe Zeitgeschichte als »Seelengeschichte« – ein Zugriff, der damals »als einzig überzeugende[r]« galt (Koopmann 1997, 292). Deutlich wird hiermit zugleich, dass die Perspektive des Romans auf die Zeit vor dem Ersten Weltkrieg aus der Nachkriegszeit heraus erfolgt (vgl. Würffel 1995, Reed 1974b und 1997). Schon die Figur Leo Naphtas ist konzeptionell stark durch Manns Erfahrungen und Lektüren der Nachkriegszeit geprägt (vgl. V.2). Die Diskussionen zwischen ihm und Settembrini, die Stellung Castorps zwischen beiden Erziehern als Figurationen der Opposition ›West‹ versus ›Ost‹ und nicht zuletzt die Suche Castorps nach einer mittleren und vermittelnden Position als Suche nach einer neuen Humanität lassen sich ohne die Erfahrungen des Autors in der Nachkriegszeit und ohne seine politische Wandlung nicht nur kaum verstehen – diese Elemente führen auch eine zweite Zeitschicht in den Roman ein: Die Vorkriegsthematik wird hier von einer Nachkriegsperspektive überlagert.

Nennt Mann den Roman in seiner *Einführung in den Zauberberg* ein »Dokument der europäischen Seelenverfassung und geistigen Problematik im ersten Drittel des zwanzigsten Jahrhunderts« (GW XI, 602), dann trägt seine sowohl Vor- als auch Nachkriegszeit umfassende Zeitangabe diesem Umstand Rechnung. Eine Analyse des *Zauberbergs* als Zeitroman muss also auch die lange Entstehungszeit des Buches, die konzeptionellen Änderungen nach dem Krieg (vgl. III) und Manns Bewusstsein davon, einen fundamentalen ›Zeitenwandel‹ miterlebt zu haben, berücksichtigen (vgl. hierzu Diersen 1975, Lützeler 2001). Neumann (2001b) betont in diesem Zusammenhang, dass der Einschnitt des Ersten Weltkriegs die rückblickende *Bilanzierung* einer abgelaufenen Epoche im *Zauberberg* erst ermöglichte – und damit geht der Roman streng genommen über die Möglichkeiten eines Zeitromans als Darstellung *aktueller* Gegenwart hinaus.

Als ›abgelaufene Epoche‹ behandelt der Roman, so Neumann, aber nicht allein die eng begrenzte Epoche der Vorkriegszeit, sondern damit zugleich die größere Epoche der bürgerlichen Gesellschaft, deren mögliches Erbe für die Zukunft hier auf den Prüfstand gestellt wird. Was nach dem Zusammenbruch der Vorkriegsgesellschaft und der bürgerlichen Epoche kommen wird, bleibt im Roman dabei eine vage, allenfalls in der (fragenden) Vision einer ganzheitlichen Liebe (vgl. VI.5) angedeutete Zukunftsaussicht.

2. Bildungsroman und/oder Initiationsroman

Unter der Bezeichnung »Bildungsroman« (auch »Entwicklungs«- oder »Erziehungsroman«) wird allgemein ein spezifisch deutscher, prototypisch auf Goethes *Wilhelm Meister* zurückgeführter Romantypus verstanden, der die innere Entwicklung und allseitige Bildung des zu Beginn jugendlichen Helden zu einer gereiften Persönlichkeit behandelt, die im Anschluss an eine Reihe von Bildungserfahrungen ihren Platz in der Gesellschaft einnimmt und sich in ein harmonisches Verhältnis von Ich und Welt, Individuum und Gesellschaft bringt.

Eine solche Deutung des *Zauberbergs* als Bildungsroman greift zunächst ebenfalls auf Mann selbst zurück, der seinen Roman wiederholt in die Traditionslinie des *Wilhelm Meister* gestellt und ihn als Parodie und Erneuerung des Bildungsromans bezeichnet hat. An Arthur Schnitzler (1862–1931) berichtet Mann am 4. September 1922, er schreibe an »einer Art von Bildungsgeschichte und Wilhelm Meisteriade, worin ein junger Mensch (vor dem Kriege) durch das Erlebnis der Krankheit und des Todes zur Idee des Menschen und des Staates geführt wird« (Br I, 199 f.). Die erste Äußerung dieser Art datiert aus dem Jahre 1921: Die Selbstdeutung des Buches als Bildungsroman korrespondiert damit einerseits Manns gleichzeitiger Beschäftigung mit Goethe im Rahmen seines Vortrags *Goethe und Tolstoi* (vgl. Manns Tagebucheintrag vom 15. Juni 1921: VIII.1, S. 389). Sie tritt zum anderen, beachtet man die lange Entstehungszeit des Romans, erst verhältnismäßig spät auf den Plan – was sich mit der konzeptionellen Änderung des *Zauberbergs* im Zuge seiner politischen Wandlung und seiner Abkehr von der ›Sympathie mit dem Tode‹ (vgl. VI.6) als Hinwendung zum Leben erklären lässt (vgl. III).

Damit tritt aber auch die Deutung des *Zauberbergs* als Bildungsroman in die doppelte Perspektive von Handlungs- und Entstehungszeit des Romans: Besteht Hans Castorps ›Bildungsweg‹ im Wesentlichen daraus, durch die Erfahrungen von Krankheit und Tod hindurch zu einer Wertschätzung des Lebens zu gelangen, wie sie paradigmatisch ihren Ausdruck im wichtigen Schneetraum Castorps im siebten Kapitel des Romans findet, dann ist diese Entwicklung, die in der Handlungszeit in den Jahren *vor* dem Ersten Weltkrieg stattfindet, der Figur nur durch Überlegungen ihres Autors möglich, die dieser nachweislich erst *nach* dem Krieg anstellte (so Reed 1974b).

Eine Deutung des *Zauberbergs* als Bildungsroman wird dabei in der Forschung in unterschiedlichen Nuancierungen häufig vertreten (vgl. Weigand 1933; Mayer 1950 – vgl. den Auszug in VIII.3, S. 437f.; Scharfschwerdt 1967; Sera 1969; Jacobs 1972; Reed 1974b; Völker 1974; Diersen 1975; Swales 1977; Neumann 1997 und 2001b), teilweise jedoch auch vehement bestritten (vgl. Koopmann 1983; Wysling 1988 und 2001; Kristiansen 1978 und 1986; Kurzke 1997a). Denn im Gegensatz zum ›typischen‹ Bildungsroman endet der *Zauberberg* keineswegs mit der gelungenen Wiedereingliederung des Helden in die Gesellschaft als Ergebnis seines Bildungsweges, sondern im Krieg. Das Problem, dem sich jede Interpretation des *Zauberbergs* als Bildungsroman stellen muss, ist dabei der Umstand, dass Hans Castorp seine zentrale Erkenntnis des Schneetraums (»Der Mensch soll um der Güte und Liebe willen dem Tode keine Herrschaft einräumen über seine Gedanken«, ZB, 679) schon am selben Abend wieder vergessen hat und diese Erkenntnis also folgenlos zu bleiben scheint.

Dass Hans Castorp hinter dem Entwurf einer neuen Humanität, wie der Roman ihn postuliert, selbst zurückbleibt (Jacobs 1972; ähnlich Scharfschwerdt 1967), dass sein Bildungsweg nicht in Entschlossenheit mündet (Reed 1974b) oder aber dass er sein Bildungsziel nicht erreicht (Swales 1977), wird dabei auch in den Interpretationen herausgestellt, die der Bildungsroman-These folgen. Dies wird hier jedoch nicht als Argument gegen diese Lesart gewertet, denn Castorp macht gleichwohl – wenn auch in begrenztem Rahmen – eine Entwicklung durch. Im Zuge einer parodistischen Erneuerung des Bildungsromans wird so am Beispiel Castorps die Möglichkeit von Bildung *nach* der Epoche der Klassik, unter den veränderten Bedingungen der Moderne als Problem zur Sprache gebracht (Jacobs), ein Modell menschlicher Totalität entworfen (Swales) und die Vision einer neuen Humanität, die Hans Castorp nicht umzusetzen vermag, als Aufgabe an den Leser überantwortet (so Scharfschwerdt; ähnlich Sera 1969 und Völker 1974). Dieser Deutung zufolge ist der Leser das eigentliche Ziel der pädagogischen Entwicklung: Die Tatsache, dass Hans Castorps Bildungsweg nicht in Entschlossenheit mündet, wäre gerade Gegenstand von Manns Kritik und der Roman somit eine zeitgeschichtliche Warnung (Reed 1974b, 131). Ähnlich betont auch Mayer (1950) die pädagogische Ausrichtung des *Zauberbergs*: Hans Castorp als junger deutscher Bürger gelangt in seiner Schnee-Vision zu einem Bekenntnis zur ›Mitte‹ (ZB, 679), das mit Manns politischen Äußerungen zur ›deutschen Mitte‹ der frühen zwanziger Jahre übereinstimmt (vgl. III). Castorps Entwicklung ist daher zugleich Manns Entwicklung nach dem Krieg (ähnlich auch Reed 1974b), die durch den Roman der jungen Generation als »Summe von Lebenserfahrungen« vermittelt werden soll (Mayer 1950, 134): Die Abkehr von der rückwärtsgewandten ›Sympathie mit dem Tode‹ und das Bekenntnis zum Leben wären somit das pädagogische Programm des Romans (vgl. Mayer in VIII.3, S. 438).

Auch Koopmann (1983) sieht den Leser als eigentlichen Zielpunkt und die Hinwendung zum Leben als Thema des Romans an. Er wendet sich dabei allerdings explizit gegen eine Deutung als Bildungsroman, sondern nennt den *Zauberberg* einen Initiationsroman. Das Erlebnis der Initiation, des Übergangs in eine höhere Lebens- und Bewusstseinsstufe, liegt dabei auch Koopmann zufolge im Schneetraum, der eine spirituelle Wiedergeburt Hans Castorps darstelle. Die zentrale Erkenntnis ist das Bekenntnis zum Leben und die Absage an den Tod. *Der Zauberberg* ist dabei jedoch kein Bildungsroman, da die Steigerung und Läuterung des Helden in einen allgemeinen Bereich des Geistigen und Ideellen dem Bildungsroman nicht entspricht, der lediglich eine Steigerung der eigenen Persönlichkeit zum Thema hat, da die Erziehungsversuche Settembrinis und Naphtas fruchtlos bleiben und die Plötzlichkeit der Initiation der stufenweise erfolgenden Entwicklung des Helden im Bildungsroman widerspricht. Als Initiationsroman sei der *Zauberberg* zugleich ein philosophischer Roman, der als »Versuch zur Überwindung der geistigen Bedingungen, die im Ersten Weltkrieg eine Rolle spielten« (ebd., 74) am Beispiel Castorps ein neues Weltbild, eine neue Lebensphilosophie entwickelt und vorstellt.

Die Ablehnung der Bildungsroman-These beruht hier im Wesentlichen auf dem Postulat der Allgemeingültigkeit der im Roman zum Tragen kommenden ›Lebenslehre‹. Allerdings betonen auch zahlreiche Deutungen des *Zauberbergs* als Bildungsroman dieses Moment des Allgemeingültigen, wenn sie den ›mittelmäßigen‹ Hans Castorp als exemplarischen Menschen betrachten und das ›Menschsein an sich‹ als Zielpunkt der Schneetraum-Vision herausstellen (Sera 1969; Jacobs 1972; Diersen 1975; Swales 1977).

Es gibt außerdem Deutungen, die das Element der Initiation und damit einhergehend den Bereich der ›hermetischen Pädagogik‹ im *Zauberberg* (vgl. Anm. zu 699,10f.) mit einer Lesart als Bildungsroman verbinden (vgl. Sera 1969). So stellt auch Neumann heraus, dass die Todeserfahrung und ein Geflecht von Initiationsmetaphern und -symbolen schon den *Wilhelm Meister* als Prototyp des Bildungsromans prägen (Neumann 1997, 138). Im Gegensatz zu den Deutungen, die Castorp ein Erreichen des im Schneetraum als Zukunftsvision anvisierten Bildungsziels absprechen, stellt Neumann auch fest, dass Castorp die Erkenntnis des Schneetraums in seinem Verhalten Peeperkorn und Clawdia gegenüber durchaus umsetzt (vgl. dazu VI.5). Der Bildungsroman geht am Ende allerdings in den Zeitroman über, so dass Hans Castorp seine Erkenntnis nicht mehr verwirklichen kann. Im Bildungsweg des Protagonisten ist »allenfalls ein Erbe formuliert, über dessen Annahme eine Epoche zu entscheiden hat, deren Konturen sich im *Zauberberg* noch kaum abzeichnen« (Neumann 2001, 78). Da viele Interpretationen des *Zauberbergs* als Bildungsroman die Problematik von Bildung innerhalb der Vorkriegsgesellschaft und/oder die zukünftige, auf die Nachkriegszeit gerichtete Dimension der Bildungsidee des Romans herausstellen, findet sich eine implizite Verknüpfung von Zeit- und Bildungsroman häufig in der Forschung (vgl. Lukács 1964; Jacobs 1972; Reed 1974b sowie Mayer 1950). In diesem Zuge wird auch herausgestellt, dass das im klassischen Bildungsroman (zumindest als Utopie) harmonische Verhältnis von Individuum und Gesellschaft im *Zauberberg* zum Problem geworden ist: Die Idee einer neuen Humanität als Zukunftsvision für eine neue gesellschaftliche Ordnung wird von Castorp zwar erworben und verinnerlicht, dies jedoch auf individuellem Wege – ohne Folgen für die Gesellschaft zu zeitigen, die sich überdies im Krieg auflöst (vgl. hierzu Sera 1969; Jacobs 1972; Diersen 1975).

3. Schopenhauer-Roman

Der große Einfluss Schopenhauers auf den *Zauberberg* zeigt sich in verschiedenen Linien: Spuren Schopenhauers lassen sich in Manns Mythos-Verständnis und seiner Rezeption Freuds und der Psychoanalyse finden, Schopenhauer hat also über diese Themenkomplexe auf den *Zauberberg* gewirkt (vgl. VI.2 und 3). Auch die Darstellung der Zeit im *Zauberberg* verdankt sich in wesentlichen Zügen Schopenhauer (vgl. VI.4), und viele weitere Themenkomplexe des Romans stehen in gedanklicher Nähe zu dessen Philosophie (vgl. IV.3.1).
Darüber hinausgehend stellte Kristiansen erstmals im Jahre 1978 eine Deutung des *Zauberbergs* vor, die die Scho-

penhauer'sche Willensmetaphysik als strukturbildend für den gesamten Roman ansieht und den *Zauberberg* damit konsequent und ausschließlich als Schopenhauer-Roman liest (vgl. den Auszug in VIII.3, S. 443–445). Strukturell bedeutsam sind hier zwei Faktoren: erstens die Leitmotivstruktur des Romans, die über der personalen Perspektive Hans Castorps und damit der realistischen Oberfläche des Romans, über der an Raum und Zeit gebundenen Welt der »Vorstellung« eine andere Perspektive aufmacht, in der die Dinge auf die raum- und zeitlose Welt des ›nunc stans‹ (vgl. VI.4) nach Schopenhauer und damit auf den »Willen« als metaphysischen Urgrund alles Daseins verweisen, der sich in den einzelnen Erscheinungen der Welt objektiviert. Hans Castorp ist demzufolge von Beginn an von einer Sehnsucht nach Auflösung der Individuation als Rückkehr in den »Schoß aller Dinge« (Kristiansen 1978, 24), den irrationalen, triebhaften, chaotischen Bereich des Willens geprägt. Als Beispiel zur Untermauerung dieser These soll hier das Leitmotiv des geneigten Kopfes dienen: Castorps andächtige Haltung beim Hören von Musik verweist auf sein »tiefes Einverstandensein« (ebd., 16) mit der irrationalen Sphäre der Musik, die Schopenhauer zufolge Abbild des Willens selbst ist (vgl. VI.7). Der (Wieder-)Eintritt in den Willen als Ende des durch die Individuation entstandenen Leidens ist Schopenhauer zufolge der Tod. Kristiansen zeigt im Anschluss daran auf, dass die Aspekte Musik, Freiheit, Sexualität, Asien (Chauchat) und Tod im Roman alle aufeinander bezogen sind und leitmotivisch auf den Bereich des Willens und damit der »Unform« als Auflösung aller Form hinweisen.
Grundlegend für den Roman sei zweitens das Strukturgesetz der Steigerung als Erkenntnisprozess, durch den »der Leser allmählich zur metaphysisch wahren Einsicht in die Wahrheit über die Welt und das Sein emporgezwängt wird« (Kristiansen 1978, XXII) – zu der Einsicht nämlich, dass die Welt des Willens die ›wahre‹ Welt darstelle, wäh-

rend die Oberfläche der Form (die Welt als Vorstellung) nur Schein sei. Kristiansen zufolge sieht Mann die Welt des Willens dabei positiv, die Formwelt hingegen negativ – womit er die bei Schopenhauer vorhandene Einheit der *Welt als Wille und Vorstellung* dualistisch aufspalte (ebd., 296).

Die Interpretation Kristiansens, der zufolge die in vielen anderen Deutungen herausgestellte Perspektive einer ›neuen Humanität‹ als positives Ergebnis des Romans (vgl. III, VI.5, VII.2) vollkommen gegenstandslos ist, deutet auch den Schneetraum als Bestätigung der Schopenhauer'schen Welt des Willens: So zeige die Blutmahl-Vision (das Zerreißen des Kindes als »Zerstückelung des ›Ureinen‹«) im Sinne Schopenhauers, dass »jede Formwerdung [...] Wesensentfremdung und Leiden« sei, das »nur durch Zersprengung und Zurücknahme des Formgewordenen in den dämonischen Bereich der ›Unform‹ der Willensirratio überwunden werden kann« (ebd., 225f.). Die Tatsache, dass Hans Castorp seinen Gedankentraum mit dem ›Ergebnissatz‹ (vgl. Anm. zu 679,34–36) wieder vergisst, sei ein »zeichenhafter Vorgang«, der die »Preisgabe aller Formwelt an die dämonischen Mächte ihres Ursprungs nochmals bekundet« (ebd., 224). Und so sei auch der Krieg am Ende des Romans ein »Bild der metaphysisch wahren ›Unform‹ des ›Lebens‹ und des Seins« (ebd., 288), was auf eine Bestätigung dieser Welt der Unform und des metaphysischen Willens durch den Roman als Ganzes hinausläuft. Neben den Dualismus von Form und Unform tritt im *Zauberberg* noch der durch Naphta repräsentierte, leitmotivisch durch den Komplex ›Spanien‹ dargestellte Bereich der Überform als Negation des Willens durch den Geist, so dass auch dieser von Schopenhauer aufgezeigte ›Umgang‹ mit dem Willensprinzip (die Verneinung des Lebens/Willens in der Askese) im Roman seine Spiegelung findet (vgl. zu Unform, Form und Überform auch Manns ›Sentenz‹ aus dem Jahre 1924 in VIII.1, S. 403).

Kristiansens Deutung (vgl. einen Ausschnitt aus seinem Buch in VIII.3, S. 443–445), die sich damit ausdrücklich gegen die Bildungsroman-These stellt, hat in der Forschung zu einer grundlegenden Diskussion über Ziel und Aussage des *Zauberbergs* einerseits und die Bedeutung Schopenhauers für den Roman andererseits geführt. Während Kristiansens Analyse der Leitmotivik als ertragreich gewürdigt wurde, wurde seine Schlussfolgerung, der Roman sei eine Bestätigung, ja erzählerische Umsetzung der Schopenhauer'schen Willensmetaphysik, zumeist abgelehnt oder zumindest relativiert. Koopmann, der mit Kristiansen in der Ablehnung der Bildungsroman-These und der Betonung der ›Steigerung‹ übereinstimmt (vgl. oben 2), sieht im *Zauberberg* etwa gerade den gegenteiligen Impuls verwirklicht: Zwar folge Mann der Wirklichkeitskonzeption Schopenhauers, er habe den Roman aber nicht geschrieben, um Schopenhauers Lehre zu verbreiten, sondern um dessen Todesauffassung zu widerlegen – die in der Schnee-Erkenntnis Castorps zum Ausdruck kommende ›Lebensphilosophie‹ sei vielmehr eine Warnung vor der Todesmetaphysik (Koopmann 1983, 73; vgl. auch Koopmann 1981 und 1986). Frizen hält Kristiansen entgegen, dass die Leitmotivik ja als strukturelle Formgebung im Roman fungiert und also eine »Aufwertung der Formenwelt« impliziert, was Kristiansens Deutung der Leitmotivik als Verweis auf die Willensmetaphysik der ›Unform‹ widerspricht. Er betont zudem die Bedeutung Nietzsches für den Roman (vgl. IV. 3.1 und IV. 3.2) und weist in diesem Zusammenhang auch auf das strukturell wie inhaltlich wichtige Ende des Abschnitts *Fülle des Wohllauts* hin, in dem unter Rekurs auf Nietzsche vom »neue[n] Wort der Liebe und der Zukunft« die Rede ist (ZB, 898) – ein Aspekt, den Kristiansen ebenso wie die darauf rückbezogene Schlussfrage des *Zauberbergs* ausklammert (Frizen 1982, 195).

Kristiansen hat auf die Kritik reagiert und die Ausschließlichkeit seiner Deutung teilweise relativiert, indem er dem

Roman nun »*auch* ein humanes *Wollen*«, eine »human modifizierte Lebensbejahung« bescheinigt (Kristiansen 1985, 143). Die »auch im *Zauberberg* unüberhörbar gestellte Frage nach einer sinnhaltigen humanen Lebensform« werde aber letztlich doch »in eine fundamentale Hoffnungs- und Ausweglosigkeit« verwandelt (ebd., 144; vgl. zur Debatte um Kristiansens Deutung auch die – selbst allerdings Kristiansen gegenüber stark kritische – Darstellung der »Forschungsdiskussion« bei Reents 1998, 427–453).

Auch Frizen unternimmt in seiner Studie über Mann und Schopenhauer, die zwei Jahre nach Kristiansens Buch erschien, allerdings gleichzeitig damit entstand und also keine Auseinandersetzung mit dessen Thesen enthält, eine Deutung des *Zauberbergs*, die den großen Einfluss Schopenhauers auf wesentliche Themenkomplexe des Romans nachweist (vgl. IV.3.1). Im Gegensatz zu Kristiansen verpflichtet Frizen den *Zauberberg* dabei allerdings nicht einsinnig auf Schopenhauer, wenn er auch die Erzähltechnik Manns in enger Verbindung mit seiner philosophischen Orientierung sieht und so von dessen »metaphysische[r] Poetologie« spricht (Frizen 1980, 386). Entscheidendes Korrektiv Schopenhauers ist dabei, Frizen zufolge, Nietzsche (ähnlich Dierks 1972, Wimmer 1997, vgl. zum Einfluss Nietzsches IV. 3.2).

4. Alexandrinischer Roman

Heftrich (1975) prägte das Wort vom ›alexandrinischen Roman‹, mit dem in Anlehnung an die Praxis der hellenistischen Gelehrten, »aus der gelehrten Kenntnis von Dichtung wieder Dichtung zu machen«, ein Romantyp gemeint ist, der mit überlieferter Literatur auf hohem Niveau spielt (ebd., VIII). Während jüngere Intertextualitätstheorien allerdings von einer Öffnung und Entgrenzung eines

Textes ausgehen, wenn dieser andere Werke zitiert, betont Heftrich mit dem Postulat des ›Alexandrinischen‹ vielmehr die in sich gegebene Qualität des *Zauberbergs* als hochartifizielles Kunstwerk. Heftrich wertet die intertextuellen Anspielungen – insbesondere die Bezüge zu Goethes *Faust* (vgl. VI.2.3) – vorwiegend in ihrer romaninternen Funktion aus und ergänzt dies durch eine umfassende Analyse der kunstvoll gearbeiteten Leitmotivstruktur des Romans. In Anlehnung an Mann selbst, der in seiner *Einführung in den Zauberberg* auf die Bedeutung der Wagner'schen Leitmotivtechnik für seinen Roman aufmerksam machte (vgl. IV.3.3 sowie den Ausschnitt in VIII.1, S. 442f.), versteht Heftrich den *Zauberberg* als »musikanaloge Wortkomposition mit reichstem Bildungsmaterial« (1975, VIIIf.). Zu diesem gehören neben den *Faust*-Zitaten etwa auch die mythologischen Bezüge (vgl. VI.2), Nietzsche, Tolstoi und Wagner, um nur die wichtigsten der von Heftrich aufgezeigten, bildungsreichen Anspielungen zu nennen.

Vor Heftrich nahm sich auch schon Bulhof 1966 der Leitmotivstrukur des Romans an: Der Wiederholungscharakter der Leitmotive erzeugt ein komplexes Geflecht von Verweisungsstrukturen innerhalb des Romantextes und trägt durch die Wiederholung des variiert Gleichen zum Eindruck der Zeitlosigkeit (vgl. VI.4) bei. Die Erzählung verwandelt sich somit in eine »Textur« und offenbart sich dem Leser in ihrer zeitgleichen und damit ›zeitlosen‹ Ganzheit als ein »totum simul« (lat., ›Das Ganze zugleich‹; Bulhof 1966, 191).

Beiden Deutungen ist gemein, dass sie den artistischen Kompositionscharakter des Buches herausstellen und damit letztlich textimmanent verfahren. Auch wenn Heftrich den *Zauberberg* durch den Nachweis der zahlreichen intertextuellen Bezüge durchaus in (teilweise auch zeitgeschichtliche) Kontexte einordnet und weiterhin von einem »alexandrinischen Bildungsroman« spricht (1975, 214), rückt der Roman hier doch vorwiegend als autonomes Kunstwerk in den Blick. Damit werden Thesen über die ›Gesamtaussage‹ des Buches jenseits seiner Kompositionsstruktur – wie sie die Deutungen als Zeit-, Bildungs- oder Schopenhauerroman postulieren – nebensächlich (vgl. einen Ausschnitt aus Heftrichs Buch in VIII.3, S. 442 f.).

VIII. Dokumente

1. Selbstaussagen Manns

Gedicht[1] MANNS auf das Kurleben am Ende eines Sanatoriumsaufenthalts in Mitterbad, 1901:

Nun will ich aber heben an,
Von Mitterbad will ich sagen,
Und wie sich dort fünf Wochen lang
Mein Leben zugetragen.

Ich stund wohl auf bei guter Zeit
[Und habe] Den Kaffee [getrunken;] nahm ich im
   Freien
[Der Kaffee] Dies war gut, die Butter war frisch,
⟨?⟩

Drauf bin ich mit Nagelschuhen u.⟨nd⟩ Stab
Im Hochwald spazieren gegangen;
An den Ruhebänken da und dort
Die lieblichsten Verse prangen.

Im Bauch entsteht dir bei ihrem Genuß
Ein eigentümliches Grimmen;
Besonders die auf ›St. Helena‹
Gehören zu den schlimmen.

Um zwölf einhalb Uhr war table d'hôte[2]:
Zwei Gänge und süße Speise
2) Ich muß die Küche von Mitterbad
Loben in jeder Weise.

1 Es handelt sich um einen nur handschriftlich in einem Notizbuch Manns überlieferten Text. Eckige Klammern [ ] kennzeichnen Streichungen Manns, schräge eckige Klammern */ /* von Mann wohl fälschlicherweise nicht gestrichene Wörter oder Buchstaben, spitze Klammern ⟨ ⟩ Ergänzungen der Herausgeber; ein Fragezeichen in spitzen Klammern ⟨?⟩ bedeutet eine unleserliche Stelle im Manuskript, die Rahmung eines Wortes mit · Punkten · die nachträgliche Hinzufügung dieses Wortes durch Mann.

2 *Table d'hôte:* (frz., ›Gästetisch‹) Speisetafel mit fester Menüfolge im Hotel.

1) Oft stiegen auf die Berge wir
Zu[m][r]m Wohle unsrer Lungen;
Die Laugenspitze erklommen wir da
Mit dem Doctor von Hartungen.

Am Nachmittag ward dem Kegelspiel
Die allereifrigste Pflege;
Nur einmal nahm ·ich· teil daran,
Dieweil ich sonst zu träge.

Um sieben Uhr ward zu Nacht gespeist:
Ein Fleischgericht nebst Käsen;
Auch diese Mahlzeit ist auf mein Wort
Stets [ganz vortrefflich] lobenswerth gewesen.

An Kaisers Geburtstag war Festbankett,
Es gab die schönsten Guirlanden,
Und Fräulein Bertha erschien in Weiß,
Was ihr sehr gut gestanden.

Am Abend war großes Feuerwerk:
Welch patriotisch Knallen!
Zumal die Raketen haben mir
Ganz ungemein gefallen.

Der Aufenthalt in Mitterbad
Ist /j/ Jedem zu empfehlen;
Mich hat er [gebräunt] gelabt und frisch gestärkt,
Den Leib und auch die Seelen.

Nun geht es an ein Lebewohl,
Mir wird wohl weh und bange.

*

Ich bin benannt Herr Thomas Mann
Und weiß ein Theil von Sange.

Notizbücher. 2 Bde. Hrsg. von Hans Wysling und Yvonne Schmidlin. Frankfurt a. M. 1991 f. Bd. 1. S. 214 ff. –

»Ich leiste hier meiner gebesserten aber noch keineswegs hergestellten Frau Gesellschaft und gewöhne mich recht mühsam an die 1600 m. Ein paar Tage lang machten sie mir sogar Fieber, sodaß der Professor mich schon profitlich lächelnd für offenbar etwas tuberkulös und einer längeren Kur bedürftig erklärte.«

Brief an Hans von Hülsen aus Davos, 27. Februar 1912. In: Thomas Mann. Große kommentierte Frankfurter Ausgabe. Werke – Briefe – Tagebücher. Hrsg. von Heinrich Detering [u. a.]. Frankfurt a. M. 2001 ff. Bd. 21. S. 498. – © S. Fischer Verlag GmbH, Frankfurt am Main.
[Im Folgenden abgekürzt: GKFA.]

»Ich mache jetzt etwas aus Davos, eine Art grotesken Gegenstücks zum ›Tod in Venedig‹, auf das ich einige Hoffnungen setze.«

Brief an Ida Boy-Ed vom 4. November 1913. In: GKFA 21, 533.

»Das Problem, das mich nicht seit Gestern ganz beherrscht: der Dualismus von Geist und Natur, der Widerstreit von civilen und dämonischen Tendenzen im Menschen, – im Kriege wird dieses Problem ja eklatant, und in die Verkommenheit meines ›Zauberberges‹ soll der Krieg von 1914 als Lösung hereinbrechen, das stand fest von dem Augenblick an, wo es los ging [...].«

Brief an Samuel Fischer vom 22. August 1914. In: Thomas Mann: Selbstkommentare: Der Zauberberg. Hrsg. von Hans Wysling unter Mitarbeit von Marianne Eich-Fischer. Frankfurt a. M. 1993. [Teildruck aus: Dichter über ihre Dichtungen. Bd. 14/1. Thomas Mann. Tl. 1: 1889–1917. München / Frankfurt a. M. 1975. S. 450–592. Für die Taschenbuchausgabe ergänzt von den Herausgebern.] S. 11. – © 1993 Fischer Taschenbuch Verlag GmbH, Frankfurt am Main.
[Im Folgenden abgekürzt: SK.]

»Ich hatte vor dem Kriege eine größere Erzählung begonnen, die im Hochgebirge, in einem Lungensanatorium spielt, – eine Geschichte mit pädagogisch-politischen Grundabsichten, worin ein junger Mensch sich mit der verführerischsten Macht, dem Tode, auseinanderzusetzen hat und auf komisch-schauerliche Art durch die geistigen Gegensätze von Humanität und Romantik, Fortschritt und Reaktion, Gesundheit und Krankheit geführt wird, aber mehr orientierend und der Wissenschaft halber, als entscheidend. Der Geist des Ganzen ist humoristisch-nihilistisch, und eher schwankt die Tendenz nach der Seite der Sympathie mit dem Tode. ›Der Zauberberg‹ heißt es, etwas vom Zwerg Nase, dem sieben Jahre wie ein Tag vergehen, ist darin, und der Schluß, die Auflösung, – ich sehe keine andere Möglichkeit, als den Kriegsausbruch. Man kann als Erzähler diese Wirklichkeit nicht irgnorieren, und ich glaube ein Recht auf sie zu haben, da das Vorgefühl davon in allen meinen Conceptionen war.«

Brief an Paul Amann vom 3. August 1915. In: GKFA 22, 85 f.

»Aber merkwürdig bleibt mir, wie ich schon vor dem Kriege, an den ich nicht glaubte, die Politik, und zwar die politischen Probleme des Krieges, im Blute und Sinne hatte: der Roman, in dem ich unterbrochen wurde, hatte ein pädagogisch-politisches Hauptmotiv; ein junger Mann war zwischen einen lateinisch-rednerischen Anwalt von ›Arbeit und Fortschritt‹, einen Carducci-Schüler – und einen verzweifelt-geistreichen Reaktionär gestellt, – in Davos, wo eine untugendhafte Sympathie mit dem Tode ihn festhält ... Sehen Sie? Und die Betrachtungen muß ich nur deshalb schreiben, weil infolge des Krieges der Roman sonst intellektuell unerträglich überlastet worden wäre.«

Brief an Paul Amann vom 25. März 1917. In: GKFA 22, 180.

»Wenn ich etwas lesen will, wobei sich mir das Eingeweide umkehrt, wobei alles in mir sich in Widerspruch verwandelt (und das kann zuweilen nützlich sein), so schlage ich den Band Mazzini auf, der eines Tages, ganz ohne mein Verdienst und Zutun, wie vom Himmel gesandt in meine Hände gelangte und dem ich nicht nur mein bißchen Einsicht in das Wesen politischer Tugend ursprünglich verdanke, sondern der mich auch lehrte, woher der deutsche Zivilisationsliterat Stil, Geste, Atemführung und Leidenschaft seiner politischen Manifeste eigentlich hat. Hier habe ich den lateinischen Freimaurer, Demokraten, Revolutionsliteraten und Fortschrittsrhetor in Reinkultur und in seiner Blüte; hier lerne ich ›den Geist‹ als ein Ding zwischen Groß-Orient und Jakobinerklub begreifen, wie er heute, nach Rehabilitierung der Tugend, wieder begriffen werden will und muß. Hier kann ich den Anblick eines durch nichts gehemmten, von keines Zweifels Blässe angekränkelten Aktivismus bestaunen, der bald, mit weitester Gebärde, die Augen im Himmel, deklamierend vor seinem Volke steht, bald mit eingestemmten Fäusten und zischenden Atems umherspringt, hetzend, aufwiegelnd, agacierend. Hier werden die Barrikaden ›der Volksthron‹ genannt, hier höre ich einen Menschen sagen: ›Sittlichkeit und Technik!‹ ›*Christus und die Presse!*‹ Hier wird mit höchster Passion die Unmöglichkeit beteuert, die Freiheit, die *wahre* Freiheit mit der monarchischen Staatsform zu versöhnen […].«

Betrachtungen eines Unpolitischen. [Abgeschlossen März 1918.] In: Thomas Mann: Gesammelte Werke in zwölf Bänden. Frankfurt a. M. 1960 [in der 2. Auflage von 1974 um einen dreizehnten Band erweitert]. Bd. 12. S. 393 f. – © 1960 S. Fischer Verlag GmbH, Frankfurt am Main.
[Im Folgenden abgekürzt als: GW.]

»An einem Sommerabend zwischen der zweiten und dritten Palestrina-Aufführung unterhielt man sich, auf einer Gartenterrasse sitzend, über das Werk [Pfitzners Oper *Palestrina*], indem man es, was naheliegt, als Künstlerdrama und als Kunstwerk überhaupt mit den ›Meistersingern‹ verglich [...]. Pfitzner sagte: ›Der Unterschied drückt sich am sinnfälligsten in den szenischen Schlußbildern aus. Am Ende der ‚Meistersinger' eine lichtstrahlende Bühne, Volksjubel, Verlöbnis, Glanz und Gloria; bei mir der freilich auch gefeierte Palestrina allein im Halbdunkel seines Zimmers unter dem Bild der Verstorbenen an seiner Orgel träumend. Die ‚Meistersinger' sind die Apotheose des Neuen, ein Preis der Zukunft und des Lebens; im ‚Palestrina' neigt alles zum Vergangenen, es herrscht darin *Sympathie mit dem Tode*.‹ Man schwieg; und nach seiner Art, einer Musikantenart, ließ er seine Augen auf eine Sekunde schräg aufwärts ins Vage entgleiten.
Es ist nicht ohne weiteres verständlich, warum das letzte seiner Worte mich so sehr erschütterte und erstaunte. Nicht, daß es mir sachlich überraschend gekommen wäre, es war ja vollkommen an seinem Platz. Was mich so betroffen macht, war die Formulierung. ›Sympathie mit dem Tode‹ ... ich traute meinen Ohren nicht. Das Wort war von mir. Vor dem Kriege hatte ich einen kleinen Roman zu schreiben begonnen, eine Art von pädagogischer Geschichte, in der ein junger Mensch, verschlagen an einen sittlich gefährlichen Aufenthaltsort, zwischen zwei gleichermaßen schnurrige Erzieher gestellt wurde, zwischen einen italienischen Literaten, Humanisten, Rhetor und Fortschrittsmann und einen etwas anrüchigen Mystiker, Reaktionär und Advokaten der Anti-Vernunft, – er bekam zu wählen, der gute Junge, zwischen den Mächten der Tugend und der Verführung, zwischen der Pflicht und dem Dienst des Lebens und der Faszination der Verwesung, für die er nicht unempfänglich war; und die Redewendung von der ›Sympathie mit dem Tode‹ war ein thematischer Bestandteil der Komposition. [...]

›Sympathie mit dem Tode‹ – ein Wort der Tugend und des Fortschritts ist es nicht. Ist es nicht vielmehr, wie ich sagte, Formel und Grundbestimmung aller Romantik?«

Ebd. S. 424.

»Es ist für mich keine Frage, daß deutsche und russische Menschlichkeit einander näher sind als die russische und die französische, und unvergleichlich näher als die deutsche und die lateinische; daß hier größere Möglichkeiten der Verständigung bestehen als zwischen dem, was wir Humanität nennen, und der *Gassenmenschlichkeit* der Romanen. Denn es ist klar, daß eine Humanität mit religiösem Vorzeichen, die auf christlicher Weichheit und Demut, auf Leid und Mitleid beruht, einer anderen näher ist, die von je im Zeichen menschlich weltbürgerlicher Bildung stand, als einer dritten, die vielmehr ein politisches Geschrei ist.«

Ebd. S. 438.

»Empfinde den ›Nietzsche‹ [Bertram, *Nietzsche*] als ein *rührend* gutes Buch und den Verfasser als einen Freund im tröstlichsten und beinahe höchsten Sinn des Wortes. Rückblick-Ergriffenheit beim Betrachten dieser geistigen Landschaft, Übersicht des eigenen Lebens. Todeswehmut. Dachte auf dem Mittagsspaziergang wieder einmal, wie gut es wäre, wenn ich jetzt stürbe. Dann Liebesgefühl für das Kindchen [die Tochter Elisabeth] und innere Versuche zu dem Hexameter-Gedicht [*Gesang vom Kindchen*]. Sah aber auch die thematischen Zusammenhänge der zukünftigen Arbeiten, mit der Sphäre, die mich beim Lesen umgibt: die Todesromantik plus Lebensja im Zauberberg, den Protestantismus des Hochstaplers [*Felix Krull*]. Selbstbewusstsein. –«

Tagebucheintrag vom 14. September 1918. In: Thomas Mann: Tagebücher. 10 Bde. Bd. 1–5 (1918–1943) hrsg. von Peter de Mendelssohn. Bd. VI–X (1943–1955) hrsg. von Inge Jens. Frankfurt a. M. 1977–95. Bd. 1. S. 5. – © 1979 Fischer Verlag GmbH, Frankfurt am Main. [Im Folgenden abgekürzt: TB.]

»Ablehnung des Friedens durch Deutschland! Aufstand gegen den Rhetor-Bourgeois! Nationale Erhebung, nachdem man sich von den Schwindel-Phrasen dieses Gelichters das Mark hat zermürben lassen, in Form des Kommunismus denn meinetwegen, ein neuer 1. August 1914! Ich bin imstande, auf die Straße zu laufen und zu schreien ›Nieder mit der westlichen Lügendemokratie! Hoch Deutschland und Rußland! Hoch der Kommunismus!‹«

Tagebucheintrag vom 24. März 1919. In: TB I, 178.

»Begann das Buch über die Weltmaurerei [Wichtl, *Weltfreimaurerei*] mit dem Bleistift zu studieren, in Hinsicht auf Settembrini. Denn ich fange schon an, meine Gedanken dem Zauberberg wieder zuzuwenden, in dem sich mir eine ganze Welt, eine Polyphonie von Themen, Reizen und Gedanken wieder aufthut.«

Tagebucheintrag vom 25. März 1919. In: TB I, 178.

»Räumte nach dem Frühstück ein wenig in meinen Schrank-Zügen, packte das Zauberberg-Mt. [Manuskript] aus, nahm wieder erste Einsicht in das Material und beschäftigte mich mit dem Geschriebenen, das ich wahrscheinlich aus äußeren u. inneren Gründen ganz umschreiben werde. Ein neuer Anfang ist auszuführen. Mit dem 1. Kapitel wird es wohl, abgesehen von einer Erweiterung, die den fromm-konservativen, ›spanischen‹ Großvater zu betreffen hat, beim Alten bleiben. Wieder die Herrschaft über das Material zu gewinnen, wird keine kleine Arbeit sein. Sollte zu Gosch gehen, entschloß mich aber, bei dem windigen Wetter den ganzen Tag zu Hause zu bleiben. Las bis zu Tisch mit ziemlich kritischen Empfindungen im Zbg[*Zauberberg*]-Manuskript. Das Stoffliche ist recht heikel und verlangt Takt. Jede Einzelheit ist darauf zu prüfen, ob sie die Grenze des Ästhetischen streift oder überschreitet. Mancher Reiz trat mir wieder entgegen: Das Thema der ›Zeit‹, mit dem ich gleich einsetzen will, und das der ›Verbotenen Liebe‹.«

Tagebucheintrag vom 9. April 1919. In: TB I, 191 f.

»Gestern Abend beendete ich Hamsuns ›Segen der Erde‹, ein herrliches Werk und, obgleich völlig unpolitisch, in tiefem Kontakt mit aller neuesten Sehnsucht: die Verherrlichung des Einödbauern, der ländlichen Selbstgenügsamkeit, der Haß auf die Stadt, die Industrie, den Handel, die Ironisierung des Staates, das alles ist dichterisch empfundener Kommunismus oder richtiger menschlich-poetischer Anarchismus, ohne Zweifel. Und bei aller Verschmitztheit der Technik ist Einfachheit, Güte, Gesundheit, Menschlichkeit da, ein Geist, der ohne Zweifel der der Zukunft, das heißt also: der Gegenwart ist, u. der meiner Vorkriegskonzeption eben fehlt.«

Tagebucheintrag vom 12. April 1919. In: TB I, 194 f.

»Unterdessen bedenke ich den Zbg. [*Zauberberg*], den wieder in Angriff zu nehmen jetzt wirklich erst der Zeitpunkt gekommen ist. Im Kriege war es zu früh, ich mußte aufhören. Der Krieg mußte erst als Anfang der Revolution deutlich werden, sein Ausgang nicht nur da sein, sondern auch als Schein-Ausgang erkannt sein. Der Konflikt von Reaktion (Mittelalter-Freundlichkeit) und humanistischer Aufklärung durchaus historisch-vorkriegerisch. Die Synthese scheint in der (kommunistischen) Zukunft zu liegen: Das Neue besteht im Wesentlichen in einer neuen Konzeption des Menschen als einer Geist-Leiblichkeit (Aufhebung des christlichen Dualismus von Seele und Körper, Kirche und Staat, Tod und Leben), einer übrigens auch schon vorkriegerischen Konzeption. Es handelt sich um die Perspektive auf die Erneuerung des christlichen Gottesstaates ins Humanistische gewandt, auf einen irgendwie transcendent erfüllten menschlichen Gottesstaat also, geistleiblich gerichtet; und Bunge sowohl wie Settembrini haben mit ihren Tendenzen beide so recht wie unrecht. Die Entlassung Hans Castorps in den Krieg also bedeutet seine Entlassung in den Beginn der Kämpfe um das Neue, nachdem er die Komponenten, Christlichkeit und Heidentum, erziehlich durchkostet. – –«

Tagebucheintrag vom 17. April 1919. In: TB I, 200 f.

»Ich begann nach 4jähriger Unterbrechung wieder am ›Zauberberg‹ zu schreiben, d. h. ich fing das 1. Kapitel mit neuer Einleitung und in der Absicht, es um die Figur des Großvaters Castorp zu erweitern, unter dem Titel ›Die Taufschale‹ wieder an und werde wahrscheinlich alles Fixierte auf dem guten Papier, an das ich durch das Mt. [Manuskript] der Betrachtungen gewöhnt bin, neu schreiben, zumal an vielen Orten zu bessern ist. Die neue Einleitung schlägt das Zeit-Thema erstmalig an. Das Kaptl. [Kapitel] wird außerdem um das Motiv der Tauf-Schale, als Symbol der Geschichte und des Todes, bereichert. Man kennt das Gerät aus dem ›Ges. v. Kn.‹ [*Gesang vom Kindchen*], und so hat es autobiographische und vereinheitlichende Bedeutung. [...] Las nachher im ›Mittelalter‹ [Eicken, *Mittelalterliche Weltanschauung*] fort. Das asketisch-transcendente Grund-Ideal nimmt im Wirtschaftlichen völlig sozialistisch-kommunistischen Charakter an. Merkwürdig, mit welcher charaktervollen, ironischen Duldsamkeit die reine Idee des Gottesstaates auf allen Gebieten der unzulänglich menschlichen Realität angepaßt wird. Auch liegt etwas Hoch-Aktuelles darin.«

Tagebucheintrag vom 20. April 1919. In: TB I, 205 f.

»Unterhaltung [mit Ernst Bertram, dem Autor von *Nietzsche. Versuch einer Mythologie*] über die Ideen des ›Zauberbergs‹ [...]. Meine Gedanken über eine zukünftige u. im Werden begriffene Synthese von Christlichkeit und Humanismus, einer geist-leiblichen Menschlichkeit, die irgendwie auch von Nietzsche als das positiv Neue prophezeit.«

Tagebucheintrag vom 21. April 1919. In: TB I, 208.

»Im ›Mittelalter‹ [Eicken, *Mittelalterliche Weltanschauung*] fortgelesen. Die Lektüre anregend hauptsächlich darum, weil ich den asketischen Gottesstaat beständig der kommunist[isch]en Weltkultur der Zukunft analog empfinde, deren absoluter Herrschaftsanspruch ebenfalls an der menschlichen Natur scheitern wird. Die tyrannisch-tendenziöse Geschichtsschreibung der Kirche. Verleumdungen und Apotheosen. Auch das wird wiederkehren. Wahrhaftig, es wird unter dieser Tyrannei eine neue Freiheit, eine neue Wahrheitsliebe und Gerechtigkeit geben, weil es zunächst *aus* sein wird mit alldem. Das proletarische Dogma, das politische Kriterium wird herrschen. Merkwürdiger Irrtum, daß jetzt die Freiheit angebrochen sei. Im Gegenteil, die Freiheit war das Ideal der ›bürgerlichen‹ Epoche.«

Tagebucheintrag vom 24. April 1919. In: TB I, 211.

»Saß vorm Abendessen bei K. [Katia], u. wir sprachen über die eigentümliche Rolle und das Schicksal Deutschlands, das darin besteht, dem Entente-Kapitalismus[3] Landsknechtsdienste zu leisten, indem es aus innerer Notwendigkeit und seinem erhaltenden Charakter getreu, sich dem Bolschewismus entgegenwirft, die entsetzlichste Kul-

3 *Entente:* (frz., ›Übereinkunft‹) Die sogenannte Triple-Entente war ein 1907 gegründetes militärisches Bündnis von Großbritannien, Frankreich und Russland; der Begriff wurde im Ersten Weltkrieg zur Bezeichnung aller Gegner des Deutschen Reichs und seiner Verbündeten verallgemeinert.

turkatastrophe, die der Welt je gedroht hat, die Völkerwanderung von unten, zu verhindern, den ›Untergang des Abendlandes‹ hintanzuhalten sucht. Ob das noch möglich, ob die alte Welt zu erhalten und in eine neue, sittlichere überzuleiten ist, oder ob die Kirgisen-Idee des Rasierens und Vernichtens sich durchsetzen wird, ist eine andere Frage. Vielleicht aber hängt ihre Beantwortung von Deutschland, von seinem Willen und seiner Klarheit über diesen Willen ab. Die Umstände sind von grauenhaftester Gefährlichkeit, – ohne daß die im Kriege ›siegreichen‹ Mächte dies erkennten. Wir sprachen auch von dem Typus des russischen Juden, des Führers der Weltbewegung, dieser sprengstoffhaften Mischung aus jüdischem Intellektual-Radikalismus und slawischer Christus-Schwärmerei. Eine Welt, die noch Selbsterhaltungsinstinkt besitzt, muß mit aller aufbietbaren Energie und standrechtlichen Kürze gegen diesen Menschenschlag vorgehen. [...] – Dachte an die Möglichkeit, die russisch-chiliastisch-kommunistischen Dinge auch in den Zbg. [*Zauberberg*] einzubeziehen.«

Tagebucheintrag vom 2. Mai 1919. In: TB I, 222f.

»Ich will Tieck'sche Novellen und Russisches lesen. Tieck ist sehr geistreich, vereinigt Keckheit der Phantasie und geistige Mäßigung. Kann jetzt keine absolute Abstraktion mehr brauchen, sondern lese nur Künstlerisches. Außer dem Genannten seien ›Bouvard u. Pécuchet‹ zur Anregung bei späteren Partieen des Zbg. [*Zauberberg*] wieder in Aussicht genommen.«

Tagebucheintrag vom 31. August 1919. In: TB I, 298f.

»5 Uhr Prinzregenten-Theater: ›Parsifal‹[4], mit Bertram und Glöckner, centrale Plätze. Sehr starker Eindruck: Rührung, Bewunderung und das gewohnte interessierte

4 *Parsifal:* Oper Richard Wagners von 1882.

Mißtrauen. Nie war ein Kunstwerk so sehr naives Künstlerwerk, Produkt aus sakralem Willen, schlimmer Wollust und sicherstem Können, das als Weisheit wirkt. Die Krankheitssphäre: ›Rettungslos zu Hause‹ fühlte ich mich darin, sagte ich zu Bertram. Worauf wir beide wie aus einem Munde: ›Es ist eben der Zauberberg.‹«

Tagebucheintrag vom 19. September 1919. In: TB I, 303 f.

»Problematisch in künstlerischer Beziehung die Lehren Settembrini's. Sie sind es aber auch in geistiger Hinsicht, weil sie, obgleich nicht ernst genommen, das sittlich einzig Positive und dem Todeslaster Entgegenstehende sind. Andrerseits beruht die geistige Komik des Romans auf diesem Gegensatz von Fleischesmystik und politischer Tugend.«

Tagebucheintrag vom 14. November 1919. In: TB I, 319 f.

»Las ihm [Ernst Bertram] nach dem Thee des Längeren aus dem Zbg. [*Zauberberg*] vor; die Pribislav-Episode fesselte mich wieder; anderes quälte mich als unkünstlerisch. Der Widerspruch von Moquerie[5] über Dr. Krokowski und thatsächlichem psychoanalytischem Einschlag macht sich bemerklich, schadet aber am Ende nicht.«

Tagebucheintrag vom 16. Dezember 1919. In: TB I, 345.

»Von Mittwoch den 29. Januar bis heute früh Aufenthalt in *Feldafing* und *Polling*. Ich hatte dies Buch mitzunehmen vergessen. Die ersten 5 Tage war K. [Katia] bei mir [...]. Richter abwesend bis nach K.'s Abreise. Der Clou des Aufenthalts: sein vorzügliches *Grammophon*, das ich allein und mit K. und Richter beständig spielen ließ. Die

5 *Moquerie:* (frz.) Spott (sich mokieren: sich lustig machen).

Tannhäuser Ouvertüre. Bohême. Aida-Finale (italienischer Liebestod). Caruso, Battistini, die Melba, Tita Ruffo[6] etc. Neues Motiv für den ›Zbg.‹ [*Zauberberg*], gedanklich und rein episch ein Fund.«

Tagebucheintrag vom 10. Februar 1920. In: TB I, 375.

»Abends, auch nach dem Mittagessen, ließ ich viel das Grammophon spielen, für das ich eine etwas ins Lasterhafte abbiegende Leidenschaft habe, u. dem ich im Zbg. [*Zauberberg*] eine wichtige Rolle zuweise. Die Beziehungen des Zbg. zu ›Carmen‹ gingen mir auf bei dem ›lustbetonten‹ Kult der Piccaver-Platte ›Hier an dem Herzen treu geborgen‹.«

Tagebucheintrag vom 21. Mai 1920. In: TB I, 436.

»Las dieser Tage eifrig in Brandes' Romant.[ischer] Schule in Deutschland, verblüfft, bei Novalis Gedanken zu finden, die sich bei der Durchdringung der Zbg[*Zauberberg*]-Welt einstellten, ohne daß ich mir ihrer etwaigen früheren Reception bewußt gewesen wäre. Aufregung zu den Dialogen Bunge-Settembrini. Letzterer muß die Äußerungen des Anderen als obscön empfinden und sich getrieben fühlen, die Unschuld H. C. [Hans Castorps] ritterlich davor zu schützen. Hieraus entsteht schließlich die Duellforderung?«

Tagebucheintrag vom 5. Juli 1920. In: TB I, 450.

»Ich bin sehr neugierig, wie mein neuer Roman Ihnen gefallen wird. Der Civilisationsliterat tritt in Gestalt eines italienischen Freimaurers persönlich darin auf.«

Brief an Julius Bab vom 5. September 1920. In: GKFA 22, 368.

6 *Caruso, Battistini, die Melba, Tita Ruffo:* berühmte Sänger der Zeit.

»Auch nachmittags noch angeregte Beschäftigung mit dem Vortrag [*Goethe und Tolstoi*], mit dem ich mich nicht aus der Welt meiner Motive, weder vom ›Hochst.‹ [*Felix Krull*] noch vom ›Zbg‹ [*Zauberberg*] entferne. Abends bei der Lektüre von Bielschowsky's Kapitel über Goethe als Naturforscher wurden mir Sinn und Idee des Zbg recht klar. Er ist, wie der ›Hochst.‹, auf seine parodistische Art ein humanistisch-goethischer Bildungsroman, und H. C. [Hans Castorp] besitzt sogar Züge von W. [Wilhelm] Meister, wie mein Verhältnis zu ihm dem Goethe's zu seinem Helden ähnelt, den er mit zärtlicher Rührung einen ›armen Hund‹ nennt.«

Tagebucheintrag vom 15. Juni 1921. In: TB I, 531.

»Die Frage *steht heute da*, ob die mediterran-klassisch-humanistische Überlieferung eine Menschheitssache und darum menschlich-ewig, oder ob sie nur Geistesform und Zubehör einer Epoche, nämlich der bürgerlich-liberalen, war und mit ihr sterben kann. In Rußland, soviel ist klar, ist es vorbei damit. Was Deutschland betrifft, so steht es, unentschieden auch hier und an seelischen Mischungen reich, zwischen Ost und West. Der humanistische Liberalismus des Westens, politisch gesprochen: die Demokratie, hat viel Boden bei uns, aber nicht den ganzen. Es ist der schlechteste Teil von Deutschlands Jugend *nicht*, der, vor die Entscheidung ›Rom oder Moskau?‹ gestellt, für *Moskau* optiert hat. Gleichwohl irrt diese Jugend, nicht Rom, nicht Moskau hat die Antwort zu lauten, sondern: Deutschland.«

Goethe und Tolstoi. Vortrag. [September 1921.] In: GKFA 15.1, 419f.

»Vom ›Zauberberg‹ machen Sie sich, fürchte ich, unrichtige Vorstellungen. Dieser wunderliche Bildungsroman führt doch eigentlich auch wieder aus dem ›Verfall‹ nicht heraus, er wird das, was den guten Hans Castorp vor der

Bergverzauberung geschützt hätte, wenn es ihm eben nicht gefehlt hätte, kaum noch aufnehmen, und zwar, weil mein eigenes Leben es wahrscheinlich nicht mehr aufnimmt …«

Brief an Philipp Witkop vom 14. Dezember 1921. In: GKFA 22, 415.

»Was Goethe betrifft, so berufe ich mich auf Wilhelm von Humboldt, der wenige Tage nach dem Tode des Meisters erklärte, das Merkwürdige sei, daß dieser Mensch gleichsam ohne alle Absicht, unbewußt, bloß durch sein *Dasein* so mächtigen Einfluß geübt habe. ›Es ist dies‹, sagte er, ›*noch geschieden* von seinem geistigen Schaffen als Denker und Dichter, es liegt in seiner großen und einzigen Persönlichkeit.‹ Sehr gut, aber ›Persönlichkeit‹ ist eine Notbezeichnung für etwas, was sich der Bestimmung und Benennung im Grunde entzieht. Persönlichkeit hat mit Geist nicht unmittelbar zu tun, mit Kultur auch nicht – wir befinden uns mit diesem Begriff außerhalb des Gebietes des Rationalen, wir sind damit eingetreten in die Sphäre des Mystischen und Elementaren, die *natürliche* Sphäre. […] Hier ist ein wenig Philosophie der Krankheit am Platz – mit aller gebotenen Beschränkung. Krankheit hat ein doppeltes Gesicht, eine doppelte Beziehung zum Menschlichen und seiner Würde. Sie ist einerseits dieser Würde feindlich, indem sie durch Überbetonung des Körperlichen, durch ein Zurückweisen und Zurückwerfen des Menschen auf seinen Körper entmenschlichend wirkt, den Menschen zum bloßen Körper herabwürdigt. Andererseits aber ist es möglich, Krankheit sogar als etwas höchst Menschenwürdiges zu denken und zu empfinden. Denn wenn es zu weit ginge zu sagen, daß Krankheit Geist, oder gar (was sehr tendenziös klänge), daß Geist Krankheit sei, so haben diese Begriffe doch viel miteinander zu tun. Geist nämlich ist Stolz, ist emanzipatorische Widersetzlichkeit (dies Wort im rein logischen, wie auch im streitbaren Sinn genommen) gegen die Natur, ist Abgelöstheit, Entfernung, Entfremdung von ihr; Geist ist das, was den *Menschen*, dies von der Natur in hohem Grade gelöste, in hohem Maße sich ihr entgegengesetzt fühlende Wesen, vor allem übrigen organischen Leben auszeichnet, und die Frage, die *aristokratische* Frage ist, ob er nicht in desto höherem Grade *Mensch* sei, je gelöster von der Natur, das heißt, je kränker er sei. Denn was wäre Krankheit, wenn nicht Abgetrenntheit von der Natur? [...] War es nicht Nietzsche, der den Menschen ›das kranke Tier‹ genannt hat? Und meinte er nicht damit, daß der Mensch eben nur insofern mehr sei denn Tier, als er krank sei? Im Geist also, in der Krankheit beruht die Würde des Menschen, und der Genius der Krankheit ist menschlicher als der der Gesundheit.«

Goethe und Tolstoi. [Essayfassung von 1925.] In: GKFA 15.1, 829 und 833 f. [Als Teildruck schon Dezember 1921 veröffentlicht; vgl. Lehnert/Wessel 1991, 229.]

»Wie paradox, nein, wie unwirklich ist der Ausgang dieses Krieges! Als Sieger ging der nationalistische oder auch internationalistisch-pazifistische Rhetor-Bourgeois aus ihm hervor – und doch hat er der Welt und dem Leben kein Wort, auch nicht ein Sterbenswörtchen mehr zu sagen. Im Vergleich mit den Machthabern Deutschlands mochte er sich in einer recht wohlfeilen geistigen, wenn auch keineswegs moralischen (und eher auch noch politischen als geistigen) Überlegenheit sonnen: außerhalb dieses schmeichelhaften Vergleichs ist er nichts anderes als eine komische Figur – tatsächlich nicht weniger und auf ebenso rührende Art komisch, wie der Famulus Wagner[7] – auch er ein Don Quixote des Humanismus. Ich schwöre, es

7 *Famulus:* Assistent eines Hochschullehrers; gemeint ist Fausts Gehilfe aus Goethes *Faust. Der Tragödie erster Teil.*

gibt nichts Komischeres als seinen Advokaten-Jargon, seine klassische Tugend-Suade[8] – man sollte es ausprobieren in einem Drama, einem Roman, worin man ihn etwa gar mit einer Sphäre lasterhafter Romantik kontrastierte. Man sollte ihn auf die Szene stellen, den Mann der Zivilisation, den mediterranen Freimaurer, Illuminaten, Positivisten, libre-penseur[9] und Propheten der bürgerlichen Weltrepublik, der sich unausgesetzt ›die Prinzipien der Vernunft und der Tugend zur Richtschnur nimmt‹; man sollte ihn ›reden‹, ihn noch einmal die Philosophie des Liberalismus vortragen lassen – und vielleicht würde es gelingen, diesem Petrefakt[10] ein wenig von der lebendigen Liebenswürdigkeit mitzuteilen, mit der Goethe den Famulus Wagner auszustatten wußte.«

Das Problem der deutsch-französischen Beziehungen. [Januar 1922.] In: GKFA 15.1, 464.

»Wenn ihr so wollt, ist alle Dichtung krank; denn all und jede ist in der Tiefe mit den Ideen der Liebe, der Schönheit und des Todes untrennbar, unheilbar verbunden [...]. Wenn Dichter das Meer lieben um des Todes willen, – sagt man nicht, daß aus dem Meere das Leben stammt? Und ist Sympathie mit dem Tode nicht lasterhafte Romantik nur dann, wenn der Tod als selbständige Macht dem Leben entgegengestellt wird, statt heiligend-geheiligt darin aufgenommen zu werden? Das Interesse für Tod und Krankheit, für das Pathologische, den Verfall ist nur eine Art von Ausdruck für das Interesse am Leben, am Menschen, wie die humanistische Fakultät der Medizin beweist; wer sich für das Organische, das Leben, interessiert, der interessiert sich namentlich für den Tod; und es könnte Gegenstand eines Bildungsromans sein, zu zeigen, daß das Er-

8 *Suade:* Redefluss.
9 *libre-penseur:* (frz.) Freidenker.
10 *Petrefakt:* Versteinerung.

lebnis des Todes zuletzt ein Erlebnis des Lebens ist, daß es zum *Menschen* führt.
Novalis hat ein tiefes biologisch-moralisches Wort gesprochen, beladen mit Wissen von Lust und Sittlichkeit, Freiheit und Form. Es lautet: ›Der Trieb unsrer Elemente geht auf Desoxydation. Das Leben ist *erzwungene* Oxydation.‹ Hier ist der Tod als Faszination und Verführung, als Trieb unserer Elemente zur Freiheit, zur Unform und zum Chaos erfaßt, das Leben aber als Inbegriff der Pflicht. Und ist es nicht dies, was den hektischen Träumer von ewiger Brautnacht[11] zu seinen Ideen von Staat und schöner Menschengemeinschaft geführt hat?
Keine Metamorphose des Geistes ist uns besser vertraut, als die, an deren Anfang die Sympathie mit dem Tode, an deren Ende der Entschluß zum Lebensdienste steht. Die Geschichte der europäischen Décadence und des Ästhetizismus ist reich an Beispielen dieses Durchbruchs zum Positiven, zum Volk, zum Staat, – besonders in den lateinischen Ländern. Ihr kennt Herrn Maurice Barrès, den ungestümen Liebhaber des Rheinlandes? Er hat ein Buch geschrieben mit dem Novalis-Titel ›Vom Blute, von der Wollust und dem Tode‹. Er schrieb ein anderes, das, nicht minder verräterisch, ›Der Tod von Venedig‹ heißt. Er gelangte zur Politik. Er wurde Abgeordneter, Präsident einer Patriotenliga, geistreichster Theoretiker des Nationalismus, Schöpfer des nouveau esprit[12], wurde der Schriftsteller des Krieges. Ich nannte ihn ein Beispiel, aber ich besinne mich, bevor ich ihn ein Vorbild nenne. Nein, uns kann er als solches nicht dienen! Sein ›Durchbruch‹ ist äußerst französischer Art – das ist in der Ordnung. Doch keineswegs in der natürlichen Ordnung wäre es für uns, ihm darin nachzuahmen, und klänge es nicht nationali-

11 *Brautnacht:* Anspielung auf Novalis' *Hymnen an die Nacht* (1800), die sich thematisch u. a. auf den frühen Tod von Novalis' Verlobter Sophie von Kühn (1782–1797) beziehen.
12 *nouveau esprit:* (frz.) neuer Geist.

stisch, schon wieder, so wäre man versucht zu sagen, daß man Franzose sein müsse, um zu glauben, der Nationalismus, das sei das Leben.

Wir wollen das Sache der Franzosen sein lassen. Das Volk, das Witz genug hatte, den Nationalismus zu erfinden, wird auch genug haben, mit seiner Erfindung fertig zu werden. Was uns betrifft, wir werden gut tun, uns um uns zu sorgen und um das, was unsere Sache, – ja, sagen wir es mit dünkelloser Freude, unsere nationale Sache ist. Ich nenne noch einmal ihren ein wenig altmodischen und heute doch wieder in Jugendglanz lockenden Namen: Humanität. Zwischen ästhetizistischer Vereinzelung und würdelosem Untergange des Individuums im Allgemeinen; zwischen Mystik und Ethik, Innerlichkeit und Staatlichkeit; zwischen totverbundener Verneinung des Ethischen, Bürgerlichen, des Wertes und einer nichts als wasserklar-ethischen Vernunftphilisterei ist sie in Wahrheit die deutsche Mitte, das Schön-Menschliche, wovon unsere Besten träumten. Und wir huldigen ihrer positiven Rechtsform, als deren Sinn und Ziel wir die Einheit des politischen und des nationalen Lebens begriffen haben, indem wir unsere noch ungelenken Zungen zu dem Rufe schmeidigen: ›Es lebe die Republik!‹«

Von deutscher Republik. [Oktober 1922.] In: GKFA 15.1, 557–559.

»[...] das okkulte Problem der Exteriorisation [Veräußerlichung] und Materialisation offenbart, je länger, je mehr, eine, wie es scheinen möchte, geradezu auf Verhöhnung des Menschengeistes angelegte Kompliziertheit. Was Wunder aber, daß dem so ist, da es letzten Endes mit dem angeblich *nicht* okkulten Problem des Lebens zusammenfällt?

[...] Als gesicherte Tatsache des Okkultismus kann heute gelten, daß jenes in der normalen Physiologie wirkende bildende Prinzip in gewissen Fällen ›teleplastischen‹ Charakter gewinnt, d. h. die Grenze des Organismus überschreitet und außerhalb seiner (›ektoplastisch‹) wirkt – nämlich so, daß es aus der exteriorisierten (in ihrem Hervortreten und ihrer Formenbildung übrigens schon ziemlich genau beobachteten) organischen Grundsubstanz Formen, Glieder, körperliche Organe, namentlich Hände, vorübergehend ins Dasein ruft, die alle biologischen Eigenschaften und funktionellen Fähigkeiten normal-physiologischer Gebilde besitzen, biologisch lebendig sind. [...]

Wahrscheinlich bedeutet alles geordnete Denken und Reden über dies abenteuerliche Tatsachengebiet, alles theoretische Interpretieren heute nur voreilige Scheinklärung. Jedenfalls aber hieße es über das Materialisationsphänomen, wie über das Rätsel des Lebens überhaupt, aufs unzulänglichste reden und denken, wenn man nur seine physisch-materielle Seite ins Auge faßte und nicht auch die psychische. Es war Hegel[13], der gesagt hat, daß die Idee, der Geist als letzte Quelle anzusehen sei, aus der alle Erscheinungen fließen; und diesen Satz zu beweisen, ist die supranormale [über dem Normalen angesiedelte] Physiologie vielleicht geschickter als die normale – ja, sie unternimmt es, den philosophischen Beweis des Primats der Idee, des ideellen Ursprungs alles Wirklichen neben den biologischen von der Einheit der organischen Substanz zu stellen.«

Okkulte Erlebnisse. [Verfasst Januar/Februar 1923, veröffentlicht Anfang 1924.] In: GKFA 15.1, 648–650.

Kinder des Lebens

Ist es nicht eigentümlich, daß der Mensch die Idee der Vornehmheit unwillkürlich an diejenige des Todes knüpft? So will es unser religiöser Instinkt, der dem Gedanken des

13 *Hegel:* Georg Wilhelm Friedrich Hegel (1770–1831), deutscher Philosoph und Vertreter des deutschen Idealismus.

Todes entspringt. Das historisch-aristokratische Prinzip, die Verbundenheit mit dem Gewesenen, ist geistlicher Art, und wo sie herrscht, wo sie menschlich betont und überbetont wird, da liegt das Leben, die Idee des Lebens notwendig im Scheine des Profanen und Gemeinen.
Hier ist es, wo Vernunft und Sittlichkeit, die Träger und Diener des Lebens verbessernd einzugreifen haben. ›Iddio‹, hat Dante gesagt, ›non vuole religioso di noi, se non il cuore‹.[14] Das heißt: Wir dürfen die Vorstellung menschlicher Vornehmheit nicht auf den Todesgedanken festlegen. Im *Herzen* dem Tode, der Vergangenheit fromm verbunden, sollen wir den Tod nicht Herr sein lassen über unseren *Kopf*, unsere *Gedanken*. Dem Pathos der *Frömmigkeit* muß dasjenige der *Freiheit* gegenüberstehen, dem aristokratischen Todesprinzip das demokratische Prinzip des Lebens und der Zukunft die Wage halten, damit das allein und endgültig Vornehme, damit Humanität entstehe.
Ja, es ist sogar der europäische Augenblick gekommen, wo eine bewußte Überbetonung der demokratischen Lebensidee vor dem aristokratischen Todesprinzip zur vitalen Notwendigkeit geworden ist. Man spricht und berät heute viel über eine zu erhoffende seelische Gesundung Europas. Was aber ist denn das: seelische Gesundung? Es ist die ideelle und grundsätzliche Wendung vom Tode weg zum Leben. Die aber ist schwer und tut weh, denn Europa ist ein romantisches Land, es krankt an Vergangenheit, an einem lebenswidrigen Zuviel von historischer Frömmigkeit, aristokratischer Todesverbundenheit, die es bezwingen muß, wenn anders es sich nicht zu vornehm für das Leben dünkt und zu sterben entschlossen ist.
Ich will vom Dichter reden. Der Schriftsteller, der Dichter ist ja ein irritabilis vates[15]; Talent ist im wesentlichen Sen-

14 *Iddio … cuore:* (ital.) Gott verlangt von uns nichts als ein religiöses Herz. (Übersetzung nach: GKFA 15.2, 463.)
15 *irritabilis vates:* (lat.) leicht erregbarer, sensibler Seher.

sibilität, Empfindlichkeit für Zukunftsnotwendigkeiten. Dichter mögen Sorgenkinder des Lebens sein, geneigt und ständig in Gefahr, sich an Krankheit und Tod als Mächte und Prinzipien zu verlieren: Kinder des Lebens bleiben sie eben doch und im Grunde zur sittlichen Güte bestimmt. Der Dichter, der in einer geschichtlichen Stunde, wie der unsrigen, nicht die Partei des Lebens ergriffe, wäre wahrhaftig nur ein trüber Gast auf der dunklen Erde.

Kinder des Lebens. [Verfasst vor Mai 1924, veröffentlicht 1924.] In: GKFA 15.1, 758 f.

»Sie erkundigen sich, was ich schreibe. Es ist ein großer Roman, den ich in den nächsten Wochen zu beenden hoffe [...]. Es ist ein spezifisch deutsches und grund-wunderliches Unternehmen, eine Art von Modernisierung des Bildungs- und Erziehungsromans und auch wieder etwas wie eine Parodie darauf.«

Brief an Félix Bertaux vom 23. Juli 1924. In: Thomas Mann: Briefe 1889–1936; 1937–1947; 1948–1955. Hrsg. von Erika Mann. Frankfurt a. M. 1961–65. Bd. 1. S. 213 f. – © 1961 S. Fischer Verlag, Frankfurt am Main.
[Im Folgenden abgekürzt: Br.]

»[...] was wollen Sie tun: Schreiben über den Fall Peeperkorn? Ihn an die große Glocke hängen? Das Publikum mit der Nase darauf stoßen? Skandal hervorrufen? Wem zu Gefallen? Hauptmann zu Gefallen? Unmöglich! Der Öffentlichkeit zu Gefallen? Aber Sie bereiten ihr nur eine Sensation, eine falsche, empörende Sensation, und mit Entrüstung müßte ich mich gegen die Beschuldigung wehren, ich hätte in der Figur des Holländers G. Hauptmann porträtiert. Das ist nicht wahr! Aber gewiß will ich, indem ich es für unwahr erkläre, der Wahrheit die Ehre geben. Ich stand zu der Zeit, als die Figur aktuell wurde, in Bozen, Herbst vorm Jahr, unter dem Eindruck der mächtigen und

rührenden Persönlichkeit des Dichters. Dies Erlebnis hat in einzelnen äußerlichen Zügen auf die Gestaltung Peeperkorns eingewirkt. Ich kann und will es nicht leugnen. Aber ich gehe keinen Schritt weiter in meinen Zugeständnissen. Was hätte auch darüber hinaus die Existenz Hauptmanns mit derjenigen des ehemaligen Kaffeehändlers von Java zu tun, der mit seiner Malaria und seiner abenteuerlichen Geliebten nach Davos kommt und sich abdikationsweise[16] mit asiatischen Drogen tötet? Nichts […].
[…] ja, das ist es: ein Phantasieprodukt, auf das ein starkes Wirklichkeitserlebnis unwillkürlich und halb unbewußt abgefärbt hat. Eine Gestalt, *die in der Idee und in ihren wesentlichen Zügen, als Kontrastfigur zu den gegen sie verzwergenden ›Schwätzerchen‹, natürlich lange feststand, bevor ich Hauptmann begegnete*, und die dieser Begegnung, einem Zusammenleben von zwei Wochen, einige lebendige Züge verdankt. […] Pieter Peeperkorns Geschichte aber ist *keine* wahre Geschichte und hat von der Wirklichkeit ein paar Stirnfalten abbekommen.«

Brief an Herbert Eulenberg, 6. Januar 1925. In: Br I, 223 f.

»Es handelt sich aber eigentlich um ein Eindringen *in* den Berg, nicht um eine Gipfel-Forcierung. Das Bild ist dem Tannhäuser oder dieser Sphäre entlehnt. Bergverzauberung. Es wird fast regelmäßig falsch gebraucht.«

Brief an Josef Ponten vom 10. Januar 1925. In: Thomas Mann: Dichter oder Schriftsteller? Der Briefwechsel zwischen Thomas Mann und Josef Ponten 1919–1930. Hrsg. von Hans Wysling unter Mitw. von Werner Pfister. Bern 1988. (Thomas-Mann-Studien. 8.). S. 223 f. –

16 *Abdikation:* Abdankung, Amtsniederlegung.

»Ich habe dem, was Sie mir über das innere Wesen des Buches trauernd und warnend sagen, heute recht nachgesonnen. Wir müssen dies Wesen, die Todverbundenheit, die Sie wittern, die Melancholie, die Sie niedergedrückt hat (obgleich Sie zwischendurch laut lachen mußten – wunderliche Complikation [Verwicklung] und Verwirrung!), den Skeptizismus oder Nihilismus, der das Ergebnis der Redekämpfe ist (oder zu sein scheint), wohl als etwas Schicksalgegebenes hinnehmen, eine persönliche Fatalität [schicksalhafte Notwendigkeit], aus der meine Produktion nun einmal hervorgeht, und an der nicht viel zu bessern sein wird. [...] Aber seien wir gerecht in Sachen der Lebensfeindlichkeit! Ist mein Buch nicht gegen seine eigene innere Fatalität ein Buch des *guten Willens*? Ich lasse dabei die Frage bei Seite, ob ein Nihilismus, der sich über extremistische Theorien lustig macht und ihnen immerhin Figuren, wie den tapferen Joachim und den großmächtigen Stammler Peeperkorn entgegenzustellen weiß (Besseres liefert die Zeit nicht) – eigentlich ein so ganz echter Nihilismus ist. Das ist nebensächlich. Aber ist Ihnen in aller Kunst- und Literaturgeschichte wohl schon einmal der Versuch vorgekommen, *den Tod zur komischen Figur zu machen*? Das aber geschieht buchstäblich im Zauberberg, und der gute Hans, der den Tod von Hause aus für das allein Vornehme zu halten geneigt ist, wird systematisch und gegen all seinen pietätvollen Widerstand desillusioniert in dieser Hinsicht. Ist das Lebensfeindschaft? Mich dünkt, es zeugt zum mindesten, von gutem Willen, sie zu verleugnen. Auch ist es ja nicht ganz richtig, daß Hans Castorp garnichts lernt, zu gar keinem Entschluß und keiner Entscheidung gelangt an seinem schlimmen Ort. In seinem Schneetraum sieht er: Der Mensch ist freilich zu vornehm für das Leben, darum sei er fromm und dem Tode anhänglich in seinem Herzen. Aber namentlich ist er zu vornehm für den Tod, und darum sei er frei und gütig in seinen Gedanken. Diese Einsicht in die menschliche Vereinbarkeit von aristokratischer Todesverbundenheit (Geschichte, Romantik) mit demokratischer Lebensfreundlichkeit trägt Hans zwar nicht ›triumphierend am Jagdspieß heim‹, wie der auch sonst nicht einwandfreie Wandrey schreibt[17], sondern er hat sie gleich wieder vergessen, wie er überhaupt seinen gesteigerten Gedanken persönlich nicht gewachsen ist. Aber wie kommt er überhaupt auf den ›Menschen‹ und darauf, sich um seinen ›Stand und Staat‹ zu kümmern? Primär nicht durch Naphta und Settembrini, sondern auf viel sinnlicherem Wege, der in der lyrischen und *verliebten* Abhandlung über das Organische [*Forschungen*] angedeutet ist. Sie haben den Abschnitt zu lang gefunden, aber er ist kein willkürlicher Exkurs, sondern zeigt, wie dem jungen Mann aus dem Erlebnis von Krankheit, Tod, Verwesung die Idee des Menschen erwächst, des ›Hochgebilds‹ organischen Lebens, dessen Schicksal seinem schlichten Herzen nun zu einem wirklichen und dringlichen Anliegen wird.«

Brief an Josef Ponten vom 5. Februar 1925. In: Ebd. 63 f.

»Ihr im ganzen doch sehr positives Urteil hat mir recht wohl getan. Sie haben vollkommen recht zu sagen, daß der Roman sich anfangs, bevor er zu relativen Höhepunkten kommt, recht sehr in die Länge zieht, und doch wußte ich es nicht anders anzufangen, den Leser gleichzeitig mit dem Helden so einzuspinnen, daß die späteren Dinge von ihm hingenommen werden, wozu eine gewisse Hypnose gehört. Das Buch war ursprünglich recht bescheiden konzipiert, nur als eine Art Satyrspiel zum ›Tod in Venedig‹, und ist mir dann unter den Händen stofflich und räumlich in der unerwartetsten Weise gewachsen. Bei Kriegsausbruch war nichts weiter geschrieben als etwa das erste

17 *Wandrey … schreibt:* Conrad Wandrey (1887–1944), Literaturhistoriker und -kritiker, in einer Rezension.

Drittel des ersten Bandes. Settembrini, als komischer Gegensatz zur Todesfaszination, gehörte allerdings zur Urabsicht.«

Brief an Oscar H. Schmitz vom 2. April 1925. In: SK, 63.

»Ich habe mich an Ihnen versündigt. Ich war in Not, wurde in Versuchung geführt und gab ihr nach. Die Not war künstlerisch: Ich trachtete nach einer Figur, die notwendig und kompositionell längst vorgesehen war, die ich aber nicht sah, nicht hörte, nicht besaß. Unruhig, besorgt und ratlos auf der Suche kam ich nach Bozen – und dort, beim Weine, bot sich mir an, unwissentlich, was ich, menschlich-persönlich gesehen, nie und nimmer hätte annehmen dürfen, das ich aber, in einem Zustande herabgesetzter menschlicher Zurechnungsfähigkeit, annahm, annehmen zu dürfen glaubte, blind von der begeisterten Überzeugung, der Voraussicht, der Sicherheit, daß in meiner Übertragung (denn natürlich handelt es sich nicht um Leben, sondern um eine der Wirklichkeit innerlich überhaupt fremde und äußerlich kaum noch verwandte Übertragung und Einstilisierung) die auf immer merkwürdigste Figur eines, wie ich nicht länger zweifle, merkwürdigen Buches daraus werden würde.«

Brief an Gerhart Hauptmann vom 11. April 1925. In: Br I, 234f.

»Ihre Bemerkung, daß der Roman, der zuweilen als Kompendium angesprochen wird, vielmehr eine Komposition ist, die ›an der großen Linie der Idee trotz scheinbarer Abschweifungen festhält‹, hat mich besonders gefreut. Diese Idee ist philosophisch. Es handelt sich letzten Endes um Kritik und Überwindung der als Todesfaszination verstandenen Romantik zugunsten des Lebensgedankens und eines neuen Humanitätsgefühls. Das hat mit Liebe mehr zu thun, als diejenigen sehen, die dem Buche Herzlosigkeit und Cynismus vorwerfen.«

Brief an Helmuth Ulrici vom 30. August 1925. In: SK, 72.

»Naphta – eine zerrissene, unglückliche, zutiefst problematische Natur – hat zwar sachlich in vielen Punkten gegen Settembrini recht. Doch ich bin mehr auf Seiten Settembrinischer Lebensfreudigkeit – wenn ich auch vollkommen auf keiner Seite bin. Am ehesten möchte ich mich noch mit Hans Castorp identifizieren, insofern er im Kapitel ›Schnee‹ einen positiven Augenblick hat. Ein kompositioneller Fehler meines Buches ist, daß das Schneekapitel nicht am Ende steht. Die Linie senkt sich, anstatt sich nach oben zu wenden und in jenem positiven Erlebnis zu gipfeln.«

Interviewaussage. In: Bernard Guillemin: Gespräch mit Thomas Mann über den *Zauberberg*. In: Berliner Börsen-Courier Jg. 58. Nr. 509. 30. Oktober 1925. S. 3.

»Die freilich über und über fragwürdige Beschwörungsscene habe ich nicht nur darum gewagt, weil sie, so gut wie Peeperkorn, in die ideelle Composition paßt, die immer die Mystik des Körpers, das organische Geheimnis im Auge behält, sondern auch, weil ich nach allem, was ich mit der sündig unbedingten Neugier des Bildungsreisenden von solchem Teufelszeug gesehen und sogar getastet habe (denn was ich in der Rundschau erzählte [der Essay *Okkulte Erlebnisse*], ist nicht alles geblieben) dergleichen – es sei Ihnen gestanden – prinzipiell nicht für ganz unmöglich halte. Allerdings kommt hier durch die Zukunftsuniform ein metaphysisches, nämlich zeit-telepathisches Moment hinzu, das über meine Erfahrung nicht nur graduell, sondern wesentlich hinausgeht, und das ich mir also wohl nicht hätte erlauben dürfen. Aber wiederum, es steht gut in der Composition, in der ja der Zeitgedanke immer seine stille oder ausdrückliche Rolle spielt. Und dann: sollte man mit dem Metaphysischen nicht spielen dürfen, wenn es auf leidlich sinnvolle Art geschieht? Der Krieg steigt langsam herauf, und er wird schmutzig genug sein, um sich auf schmutzige Weise anzukündigen.«

Brief an Julius Bab vom 22. November 1925. In: Br I, 233 f.

»Längst spielt die Psychoanalyse in die Dichtung unseres ganzen Kulturkreises hinein, hat auf sie abgefärbt und wird sie möglicherweise in steigendem Grade beeinflussen. Auch in meinem eben herausgegebenen Zeitroman ›Der Zauberberg‹ spielt sie ihre Rolle. Dr. Krokowski, wie ihr Agent hier heißt, ist zwar ein bißchen komisch. Aber seine Komik ist vielleicht nur eine Schadloshaltung für tiefere Zugeständnisse, die der Autor im Inneren seiner Werke der Psychoanalyse macht.«

Mein Verhältnis zur Psychoanalyse. [Verfasst Frühsommer 1925, erschienen 1926.] In: GKFA 15.1, 991.

Form
Form ist ein lebensgesegnet Mittleres zwischen Tod und Tod, zwischen dem Tode als Unform und dem Tode als Überform, zwischen Auflösung also und Erstarrung, zwischen Wildheit und Erstorbenheit, – sie ist das Maß, sie ist der Wert, sie ist der Mensch, sie ist die Liebe.

Form. [In verschiedenen Fassungen überliefert, verfasst zuerst Februar 1924, in dieser Form in der Wiener PEN-Club-Rede vom Juni 1925 enthalten.] In: GKFA 15.1, 730.

»Es handelt sich um einen Ausgleich zwischen den Geschlechtern, der zu den allermerkwürdigsten Phänomenen der wahren, der inneren Geschichte gehört. [...]

Ich will nicht sagen, daß er [der Mann] ›verweiblicht‹ – auch das Wort ›Vermännlichung‹ ist, in Ansehung der Frau, kaum das rechte, und der praktische, die Toilette [Körperpflege] entlastende, dabei oft weiblich sehr reizvolle ›Bubenkopf‹ hat mit der tendenziösen Haarschur der frühen Rechtlerinnen nicht das geringste mehr zu tun. Aber ein gewisser Begriff von Männlichkeit – galant, hahnenmäßig, roh, gebläht, dumm-herablassend und dumm-venerierend [verehrend] zugleich; die Atmosphäre des bürgerlichen Tanzsaals, gespannt und albern, erotisch, steif, förmlich, schlüpfrig und töricht – das kommt abhanden. Der Vorgang, so läßt sich sagen, läuft auf eine Art von beiderseitiger Vermenschlichung hinaus, die Kameradschaft ermöglicht. [...] Schönheit war immer und ist heute bewußter und wortlos betonter Weise eine allgemein jugendlich-menschliche, also nicht nur weibliche Aspiration und Idee. Wo diese Aspiration [Bestrebung] und Idee im Spiele ist, da ist der reine und rohe Begriff des ›Männlichen‹ seelisch nicht haltbar: etwas Feminines ist mit dem Wesen der ›Schönheit‹ verbunden – vide[18] den Künstler, der nie und nirgends ein reiner und roher Mann gewesen ist. Es ist etwas von der Idee der Androgyne, von der die Romantiker träumten, in jener menschlich ausgerichteten Kameradschaft zwischen den Geschlechtern, von der ich sprach. Zufall ist es wohl nicht, daß die Entstehung ihrer Möglichkeit mit der psychoanalytischen Entdeckung der ursprünglichen und natürlichen Bisexualität des Menschen zusammenfällt. [...]

Ohne Zweifel genießt die Homoerotik, der mann-männliche Liebesbund, die Sexualkameradschaft, heute eine gewisse zeitklimatische Gunst [...]. Unter dem abstrakt-ästhetischen Gesichtspunkt nun gar, einem generös-humanen, emanzipatorischen, gegen-utilitarischen[19] und also innerlich anti-natürlichen Gesichtspunkt, ist überhaupt nichts

18 *vide:* (lat.) siehe.
19 *utilitarisch:* auf das Nützliche gerichtet.

gegen dies Gefühlswesen zu erinnern, welchem also mit dem Urteil Unästhetisch am wenigsten beizukommen ist. Das Praktische ist etwas anderes. Aber hapert es da am Ende nicht auch im Natürlichen? Jedenfalls ist das Ästhetische ein außermoralischer, von Ethik, vom Lebensbefehl nichts wissender, von der Idee der Nützlichkeit und Fruchtbarkeit ganz unberührter Gesichtspunkt, und gegen die Emanzipation des Erotischen vom Nützlichkeits- und Fortpflanzungsgedanken, vom Interesse der Natur also, für welche die Liebesillusion nur ein Trick der Verführung, ein Mittel zu ihren fertilen Zwecken ist, werden ästhetisch-humaner Weise schlagende Argumente schwerlich beigebracht werden können. Wo der Begriff der Schönheit obwaltet, da büßt der Lebensbefehl seine Unbedingtheit ein. Das Prinzip der Schönheit und Form entstammt nicht der Sphäre des Lebens; seine Beziehung zu ihr ist höchstens streng kritischer und korrektiver Natur. Es steht dem Leben in stolzer Melancholie entgegen und ist im Tiefsten mit der Idee des Todes und der Unfruchtbarkeit verbunden. Platen sagt:

›Wer die Schönheit angeschaut mit Augen
Ist dem Tode schon anheimgegeben.‹

Aber diese beiden Verse bilden die Ur- und Grundformel alles Ästhetizismus, und mit Fug und Recht ist die Homoerotik erotischer Ästhetizismus zu nennen.

Wer leugnet, daß damit *sittlich* ihr Urteil gesprochen ist? Es ist kein Segen bei ihr, als der der Schönheit, und das ist ein Todessegen. Ihr fehlt der Segen der Natur und des Lebens [...]. Sie ist ›freie‹ Liebe im Sinne der Unfruchtbarkeit, Aussichtslosigkeit, Konsequenz- und Verantwortungslosigkeit. Es entsteht nichts aus ihr, sie legt den Grund zu nichts, ist ›l'art pour l'art‹[20], was ästhetisch recht stolz und frei sein mag, doch ohne Zweifel unmoralisch ist. Sie selbst hegt das innere Gefühl ihrer Aussichtslosig-

20 *l'art pour l'art:* (frz., ›die Kunst für die Kunst‹) Kunst um der Kunst willen.

keit, Wurzellosigkeit, ihrer Nicht-Gebundenheit an die Zukunft, ihres Mangels an Zusammenhang. Ihr inneres Wesen ist Libertinage [Freigeistigkeit, (auch sexuelle) Freizügigkeit], Zigeunertum, Flatterhaftigkeit. Ihr fehlt die Treue. [...] Alles, was die Ehe ist, nämlich Dauer, Gründung, Fortzeugung, Geschlechterfolge, Verantwortung, das ist die Homoerotik nicht; und als sterile Libertinage ist sie das Gegenteil der Treue. Deutlich, wie nirgends, zeigt sich hier, wie Tugend und Sittlichkeit Sache des Lebens sind, nichts anderes als sein kategorischer Imperativ, der Lebensbefehl – während aller Ästhetizismus pessimistisch-orgiastischer Natur, d. h. des Todes ist. Daß alles Künstlertum dazu neigt, zum Abgrunde tendiert, ist nur allzu gewiß. Aber die Kunst, trotz des Zusammenhanges von Tod und Schönheit wunderbarerweise doch lebenverbunden, liefert aus sich auch wieder die Antitoxine [Gegengifte]; Lebensfreundlichkeit, Lebensgutwilligkeit bilden doch auch einen der Grundinstinkte des Künstlers; ein gewisser Einschlag von Lebensbürgerlichkeit und Ethik macht ihn jedenfalls, sowenig Kunst und Tugend von Hause aus zusammengehen, zusammengehören, unter Menschen erst möglich, und der Künstler, so scheint mir, ist recht eigentlich der (ironische!) *Mittler* zwischen den Welten des Todes und des Lebens.«

Die Ehe im Übergang. [Verfasst Juli/August 1925, erschienen 1925.] In: GKFA 15.1, 1028–1035.

»Meine Wurzeln liegen in der autobiographischen Bildungssphäre Goethes, im Bürgerlichen, in der Romantik. Ihre Klugheit verkennt keinen Augenblick, daß der ›Tonio Kröger‹ (ein Jugendwerk), der ›Tod in Venedig‹ und der ›Zauberberg‹ erzromantische Konzeptionen sind. Wagner war mein stärkstes, bestimmendstes künstlerisches Erlebnis. Hiezu kommt allerdings ein Element, das mich dem Neuen gewissermaßen verbindet und meinen Produkten heute überhaupt geistige Seinsmöglichkeit gibt: das Erlebnis der Selbstüberwindung der Romantik in Nietzsche.«

Brief an Ernst Fischer, 25. Mai 1926. In: Br I, 255f.

»[...] welche Idee ist es, die dem ›Sorgenkind des Lebens‹, dem zwischen die pädagogischen Extreme gestellten und ins tödlich Extreme hinauf verschlagenen jungen Abenteurer in seinem Frosttraume aufgeht und die er so glücklich mit der Seele ergreift, weil sie ihm als die Idee des Lebens selbst und der Menschlichkeit erscheint? Es ist die Idee der *Mitte*. Das ist aber eine deutsche Idee. Das ist *die* deutsche Idee, denn ist nicht deutsches Wesen die Mitte, das Mittlere und Vermittelnde und der Deutsche der mittlere Mensch im großen Stile?«[21]

Lübeck als geistige Lebensform. [Juni 1926.] In: GW XI, 396. Auch in: Thomas Mann: Essays. Nach den Erstdrucken, textkritisch durchges., komm. und hrsg. von Hermann Kurzke und Stephan Stachorski. Frankfurt a. M. 1993–97. Bd. 3. S. 35f. – [Im Folgenden abgekürzt: Ess.]

»Die vielfachen Ideen und Grübeleien über das Problem des Menschen, das humane Problem überhaupt mit Einschluß des Politischen, all diese Gedanken, die das innere Erlebnis des Krieges in mir aufgeregt hatte, sie hatten sich an den alten Plan ankristallisiert; die Erzählung erwies sich als aufnahmefähig dafür wie ein Schwamm, der aufquillt, und in mehrjähriger Arbeit wurde aus der grotesken Novelle, die ich beabsichtigt hatte, das zweibändige Zeitbild mit all seinen philosophischen und selbst mystischen Beziehungen.«

Brief an George C. Pratt vom 24. November 1933. In: SK, 118.

21 Die Frage des letzten Satzes ist wörtlich übernommen aus den *Betrachtungen eines Unpolitischen*: GW XII, 111.

»Für den ›Zauberberg‹ habe ich freilich mancherlei gelesen, aber es ist eine Eigentümlichkeit meines Geistes, daß ich diese Hilfsmittel, ja auch die Kenntnisse selbst, die sie mir vermitteln, merkwürdig rasch vergesse. Nachdem sie ihren Dienst erfüllt haben, in eine Arbeit eingegangen und darin aufgegangen und verarbeitet sind, kommen sie mir bald aus dem Sinn, ja auch aus den Augen und es ist fast, als ob ich von ihnen nichts mehr wissen *wollte* und das Gedächtnis daran verdrängte. So bin ich heute tatsächlich kaum noch in der Lage, Ihnen irgend eines der Bücher namhaft zu machen, mit denen ich zur Zeit des ›Zauberberges‹ meine biologischen Phantasien speiste. Hinzukommt, daß ich ja durch meinen Weggang von Deutschland den bedeutendsten Teil meiner Bibliothek eingebüßt habe und damit auch jene Bücher mir abhanden gekommen sind. Ich erinnere mich wohl eines biologischen Werkes, das ich damals studierte, kann aber weder den Verfasser noch den Titel nennen. Ich weiß noch genau, daß damals, von unbekannter Seite, eine Schrift über Freimaurertum an mich gelangte, die ich für die maurerischen Gespräche zwischen Naphta und Settembrini benutzte, aber auch hier setzt mein Gedächtnis, was Titel und Verfasser betrifft, vollkommen aus. Ich erinnere mich ferner ein Buch über das Mittelalter gelesen zu haben, das für die durch Naphta entwickelten Ideen eine Rolle spielte, aber auch dieses kann ich beim besten Willen nicht mehr namhaft machen.«

Brief an Joseph Angell vom 11. Mai 1937. In: Br II, 23 f.

»Wer aber mit dem ›Zauberberg‹ überhaupt einmal zu Ende gekommen ist, dem rate ich, ihn noch einmal zu lesen, denn seine besondere Machart, sein Charakter als Komposition bringt es mit sich, daß das Vergnügen des Lesers sich beim zweiten Mal erhöhen und vertiefen wird, – wie man ja auch Musik schon kennen muß, um sie rich-

tig zu genießen. Nicht zufällig gebrauchte ich das Wort ›Komposition‹, das man gewöhnlich der Musik vorbehält. Die Musik hat von jeher stark stilbildend in meine Arbeit hineingewirkt. Dichter sind meistens ›eigentlich‹ etwas anderes, sie sind versetzte Maler oder Graphiker oder Bildhauer oder Architekten oder was weiß ich. Was mich betrifft, muß ich mich zu den Musikern unter den Dichtern rechnen. Der Roman war mir immer eine Symphonie, ein Werk der Kontrapunktik, ein Themengewebe, worin die Ideen die Rolle musikalischer Motive spielen. Man hat wohl gelegentlich – ich selbst habe das getan – auf den Einfluß hingewiesen, den die Kunst Richard Wagners auf meine Produktion ausgeübt hat. Ich verleugne diesen Einfluß gewiß nicht, und besonders folgte ich Wagner auch in der Benützung des Leitmotivs, das ich in die Erzählung übertrug, und zwar nicht, wie es noch bei Tolstoi und Zola, auch noch in meinem eigenen Jugendroman ›Buddenbrooks‹ der Fall ist, auf eine bloß naturalistisch-charakterisierende, sozusagen mechanische Weise, sondern in der symbolischen Art der Musik. [...] Man kann den musikalisch-ideellen Beziehungskomplex, den er [der Roman *Der Zauberberg*] bildet, erst richtig durchschauen und genießen, wenn man seine Thematik schon kennt und imstande ist, das symbolisch anspielende Formelwort nicht nur rückwärts, sondern auch vorwärts zu deuten. [...]
Nun gelangte vor kurzem ein englisches Manuskript an mich, das einen jungen Gelehrten der Harvard University zum Verfasser hat. Es heißt: ›The Quester Hero. Myth as Universal Symbol in the Works of Th. M.‹, und die Lektüre hat mir Erinnerung und Bewußtsein meiner selbst nicht wenig aufgefrischt. Der Verfasser stellt den ›Magic Mountain‹ und seinen schlichten Helden in eine große Tradition hinein, – nicht nur in eine deutsche, sondern in eine Welttradition; er subsumiert[22] ihn einem Typus

22 *subsumieren:* einem größeren Thema unterordnen, in etwas einordnen.

von Dichtung, den er ›The Quester Legend‹ nennt und der weit im Schrifttum der Völker zurückreicht. Seine berühmteste deutsche Erscheinungsform ist Goethe's ›Faust‹. Aber hinter Faust, dem ewigen Sucher, steht die Gruppe von Dichtungen, die den allgemeinen Namen von Sangraal oder Holy Grail romances tragen. Ihr Held, ob er nun Gawain, Galahad oder Perceval heißt, ist eben der Quester, der Suchende und Fragende, der Himmel und Hölle durchstreift, es mit Himmel und Hölle aufnimmt, und einen Pakt macht mit dem Geheimnis, mit der Krankheit, dem Bösen, dem Tode, mit der anderen Welt, dem Okkulten, der Welt, die im ›Zauberberg‹ als ›fragwürdig‹ gekennzeichnet ist – auf der Suche nach dem ›Gral‹, will sagen nach dem Höchsten, nach Wissen, Erkenntnis, Einweihung, nach dem Stein der Weisen, dem aurum potabile[23], dem Trunk des Lebens.

Ein solcher Quester-Held, erklärt der Verfasser – und erklärt er es nicht mit Recht? – ist auch Hans Castorp. Der Gral-Quester insbesondere, Perceval, wird im Beginn seiner Wanderungen gern als ›Fool‹, ›Great Fool‹, ›Guileless Fool‹ bezeichnet. Das entspricht der ›Einfachheit‹, Simplizität und Schlichtheit, die dem Helden meines Romanes beständig zugeschrieben wird – so als ob ein dunkles Überlieferungsgefühl mich gezwungen hätte, auf dieser Eigenschaft zu bestehen. Ist nicht auch Goethe's Wilhelm Meister ein guileless fool, zwar in hohem Maße identisch mit dem Autor, dabei aber stets das Objekt seiner Ironie? Man sieht hier Goethe's großen Roman, der zu der hohen Aszendenz des ›Zauberbergs‹ gehört, ebenfalls in der Traditionsreihe der Quester Legends. Und was ist denn wirklich der deutsche Bildungsroman, zu dessen Typ der ›Wilhelm Meister‹ sowohl wie der ›Zauberberg‹ gehören, anderes als die Sublimierung und Vergeistigung des Abenteuerromans? Der Gral-Quester muß sich, bevor er den

23 *aurum potabile:* vgl. Kap. I, Anm. zu 699,3.

heiligen Berg erreicht, einer Reihe von schrecklichen und geheimnisvollen Proben unterziehen in einer Kapelle am Wege, die der ›Atre Périlleux‹ heißt. Wahrscheinlich waren diese abenteuerlichen Prüfungen ursprünglich Initiationsriten, Bedingungen der Annäherung an das esoterische Geheimnis, und immer ist die Idee des Wissens, der Erkenntnis verbunden mit der ›other world‹, mit Tod und Nacht. Viel ist im ›Zauberberg‹ von einer alchimistisch-hermetischen[24] Pädagogik, von ›Transsubstantiation‹[25] die Rede; und wieder war ich, ein guileless fool ich selber, von einer geheimen Tradition geleitet, denn das sind dieselben Worte, die im Zusammenhang mit den Gral-Mysterien immer wieder angewandt werden. Nicht umsonst auch spielen die Freimaurerei und ihre Mysterien so stark in den ›Zauberberg‹ hinein, denn die Maurerei ist der direkte Abkömmling der alten Initiationsriten. Mit einem Worte, der ›Zauberberg‹ ist eine Abwandlung des Tempels der Initiation, eine Stätte gefährlicher Forschung nach dem Geheimnis des Lebens, und Hans Castorp, der ›Bildungsreisende‹, hat eine gar vornehme, mystisch-ritterliche Ahnenschaft: er ist der typische, im höchsten Sinne neugierige Neophyt[26], der freiwillig, nur zu freiwillig Krankheit und Tod umarmt, weil gleich seine erste Berührung mit ihnen ihm das Versprechen außerordentlichen Verstehens, abenteuerlicher Förderung gibt – verbunden natürlich mit einem entsprechend hohen Risiko.

Es ist ein hübscher und gescheiter Kommentar, den ich da zu Hilfe genommen habe, um Sie (und mich) über meinen Roman zu belehren, – dies späte, modernverzwickte, bewußte und auch wieder unbewußte Glied in einer großen Überlieferungsreihe. Hans Castorp als Gralssucher – Sie werden das nicht gedacht haben, als Sie seine

24 *alchimistisch-hermetischen:* vgl. Kap. I, Anm. zu 697,21; 699,20f. und 699,17f.
25 *Transsubstantiation:* vgl. Kap. I, Anm. zu 699,5f.
26 *Neophyt:* vgl. Kap. I, Anm. zu 700,19.

Geschichte lasen, und wenn ich selbst es gedacht habe, so war es mehr und weniger als Denken. Vielleicht lesen Sie das Buch noch einmal unter diesem Gesichtspunkt. Sie werden dann auch finden, was der Gral ist, das Wissen, die Einweihung, jenes Höchste, wonach nicht nur der tumbe Held, sondern das Buch selbst auf der Suche ist. Sie werden es namentlich finden in dem ›Schnee‹ betitelten Kapitel, wo der in tödlichen Höhen verirrte Hans Castorp sein Traumgedicht vom Menschen träumt. Der Gral, den er, wenn nicht findet, so doch im todesnahen Traum erahnt, bevor er von seiner Höhe herab in die europäische Katastrophe gerissen wird, das ist die Idee des Menschen, die Konzeption einer zukünftigen, durch tiefstes Wissen um Krankheit und Tod hindurchgegangenen Humanität. Der Gral ist ein Geheimnis, aber auch die Humanität ist das. Denn der Mensch selbst ist ein Geheimnis, und alle Humanität beruht auf Ehrfurcht vor dem Geheimnis des Menschen.«

Einführung in den ›Zauberberg‹. Für Studenten der Universität Princeton. [Mai 1939.] In: GW XI, 610 f. und 615 ff.

»Der ›Zauberberg‹ ist weitgehend noch ein romantisches Buch, ein Buch der Sympathie mit dem Tode. Und doch ist er der Weg hinaus aus einer individuellen Schmerzenswelt in eine Welt neuer sozialer und menschlicher Moralität, und in keinem meiner früheren Bücher hätte der Satz stehen können, den Hans Castorp sich im Schnee erträumt: ›Der Mensch soll um der Liebe und Güte willen dem Tode keine Herrschaft einräumen über seine Gedanken.‹ [...] Im Jahre 1912 [...] war meine Frau an einer – übrigens nicht schweren – Lungenaffektion erkrankt, die sie immerhin nötigte, ein halbes Jahr im Hochgebirge, in einem Sanatorium des Schweizer Kurortes Davos, zu verbringen. Ich besuchte die Patientin dort oben für einige Wochen [...].

Der Gedanke, aus meinen Davoser Eindrücken und Erfahrungen eine Erzählung zu machen, setzte sich sehr bald bei mir fest. Sie erhielt sofort den Titel ›Der Zauberberg‹ und sollte nichts weiter sein als ein humoristisches Gegenstück zum ›Tod in Venedig‹, ein Gegenstück auch dem Umfang nach, also eine nur etwas ausgedehnte short story. Ihre Atmosphäre sollte die Mischung aus Tod und Amüsement sein, die ich an dem sonderbaren Ort hier oben erprobt hatte. Die Faszination des Todes, der Triumph rauschhafter Unordnung über ein der höchsten Ordnung geweihtes Leben, die im ›Tod in Venedig‹ geschildert ist, sollte auf eine humoristische Ebene übertragen werden. [...]
Er [*Der Zauberberg*] ist ein Zeitroman in doppeltem Sinn: historisch, indem er das innere Bild einer Epoche, der europäischen Vorkriegszeit, zu entwerfen sucht, dann aber, weil die reine Zeit selbst sein Gegenstand ist. Das Buch ist selbst das, wovon es erzählt; denn indem es die hermetische Verzauberung seines jungen Helden ins Zeitlose schildert, strebt es selbst durch seine künstlerischen Mittel die Aufhebung der Zeit an durch den Versuch, der musikalisch-ideellen Gesamtwelt, die es umfaßt, in jedem Augenblick volle Präsenz zu verleihen und ein magisches ›nunc stans‹ herzustellen.«

On Myself. [Mai 1940.] In: GW XIII, 152, 155 und 157.

»Ein Schüler Schopenhauers, liebte ich [zur Zeit der *Betrachtungen eines Unpolitischen*] nicht die optimistische Fortschrittsemphase des Rhetor-Bourgeois, jenes Typs, den ich damals den ›Zivilisationsliteraten‹ taufte. Im ›Zauberberg‹, in der Person des Herrn Settembrini, ist dieser Typus menschlich sehr anziehend geworden, aber zehn Jahre früher wußte ich nichts damit anzufangen.«

Quotations. [Juli 1944.] In: GW XIII, 208.
Auch: The Quotations of Mr. Peyre. In: Ess V, 252.

»Lukács, der mir irgendwie wohlwill (und sich im Naphta offenbar nicht erkannt hat) hat vielleicht den besten Artikel zu meinem 70. Geburtstag geschrieben [...].«

Brief an Max Rychner vom 24. Dezember 1947. In: Br II, 579.

»Wenn sich der Roman von der demokratischen Rhetorik, dem politischen bel canto[27] des Mazzini-Schülers humoristisch distanziert, – die Ideen des Terrors und der Menschenknechtung zeigt er doch in weit unheimlicherem Licht, und ich will bekennen – es scheint mir nach vielen Mißverständnissen der rechte Augenblick dafür –, daß diese Scheu vor dem totalitären Dogmatismus, dieser Schrecken vor dem Schrecken, mir in fünfundzwanzig Jahren geblieben ist und daß ich nie sein Parteigänger werden kann.«

Meine Zeit. [Mai 1950.] In: GW XI, 316.
Auch in: Ess VI, 174.

»[...] wie können Sie Naphtas wegen nur irgendwie im Zweifel schweben? Seine Charakterrolle und ›Sendung‹ ist in dem Roman ja ganz klar gemacht, und was Sie darüber sagen, ist alles durchaus zutreffend. Wenn der ›Zauberberg‹ eine Art von summa des geistigen oder politisch-moralischen Lebens von Vorkriegs-Europa werden sollte (als solche wird das Buch gerade in Amerika aufgefasst, und seine Dialektik reicht ja bis heute), so musste ein Naphta notwendig darin sein Wesen treiben. Ich habe dies Wesen biographisch sorgfältig fundiert, und der Trick, das Kommunistische in ihm mit dem Jesuitisch-Katholischen (bei jüdischer Herkunft) zu verschmelzen, war nicht schlecht. Ganz richtig sehen Sie den Vertreter nachliberaler, anti-humanistischer und gegenbürgerlicher Ideen

27 *bel canto:* (ital.) schöner Gesang.

in ihm. Die spuken sehr stark auch im ›Faustus‹, und so haben Sie nicht unrecht, Naphta mit Leverkühn und auch Nietzsche in Verbindung zu bringen. Man wird es auch keinem Kritiker verwehren können, an Mephisto zu denken, der auf ähnliche Weise immer *recht* hat mit dem, was er sagt. Selbst Jarno[28] heranzuziehen, ist gewiss nicht falsch, – ich meine: objektiv; denn in mein Arbeitsbewusstsein gehört das alles nicht.«

Brief an Hans M. Wolf vom 25. November 1950. In: Neophilologus 44 (1960) H. 3. S. 120. – © S. Fischer Verlag GmbH, Frankfurt am Main.

»Ich wollte Sie recht sehr bitten, Lukács doch ja nicht in Verbindung mit dem Zbg. [*Zauberberg*] und Naphta namhaft zu machen. Er hat sich über den Roman stets sehr ehrend geäußert und ist wohl nie auf den Gedanken gekommen, daß man in ihm das Modell zu Naphta sehen könnte. Ich möchte wirklich nicht, daß er auf diesen Gedanken gebracht wird. Bild und Wirklichkeit sind ja auch so verschieden wie möglich, und von Herkunft und Lebensumständen zu schweigen, hat die Kombination von Kommunismus und Jesuitismus, die ich ja kreïrt habe, und die geistig ganz gut sein mag, doch mit dem realen Lukács garnichts zu schaffen.«

Brief an Pierre-Paul Savage vom 18. Februar 1952. In: SK, 168.

»Damals [1923 in Bozen] sah ich ihn [Gerhart Hauptmann] jeden Tag, sah ihn immer an, hing an seinen Lippen, seinen Gebärden, und in mir hieß es: ›Das ist er!‹ […] Mit jenem ›Das ist er!‹ war nicht er, der gütige, große Freund, gemeint. Gemeint war die wunderlich tragische Gestalt, die sich in meinem Roman erhob, Mynheer Peeperkorns

28 *Jarno:* Figur aus Goethes *Wilhelm Meisters Lehrjahre* (1795/96).

Gestalt, des bannenden Redners im betäubenden Donner des Wasserfalls, der irrationalen ›Persönlichkeit‹, des herrscherlichen ›Formats‹, neben dem die intellektuellen Schwätzer und Pädagogen, die dialektischen Kampfhähne des Bildungsromans verzwergen. Jetzt eben, während ich diese Ansprache niederschrieb, kam mir das Buch wieder vor Augen, da ein Liebhaber es mir zur Signierung sandte; ich las die drei Kapitel nach, in denen ich den sündhaften Verrat begangen, und ich gestehe Ihnen: ich war ergriffen von der überwirklichen Getroffenheit dieser Porträt-Phantasie. Das ist kein schnödes Zerrbild, – es ist *kein* Verrat, sondern eine Huldigung [...].«

Gerhart Hauptmann. [November 1952.] In: GW IX, 813 f.

2. Bezugstexte Manns

Der Tannhäuser (aus Achim von Arnims und Clemens Brentanos Liedersammlung *Des Knaben Wunderhorn*, 1806–08):

Nun will ich aber heben an,
Vom Tannhäuser wollen wir singen,
Und was er wunders hats gethan,
Mit Frau Venussinnen.

Der Tannhäuser war ein Ritter gut,
Der wollt groß Wunder schauen,
Da zog er in Frau Venus Berg,
Zu andern schönen Frauen.

»Herr Tannhäuser, Ihr seyd mir lieb,
Daran sollt Ihr gedenken,
Ihr habt mir einen Eid geschworen,
Ihr wollt nicht von mir wanken.«

»Frau Venus, ich hab' es nicht gethan,
Ich will dem wiedersprechen,
Denn niemand spricht das mehr als Ihr,
Gott helf mir zu den Rechten.«

»Herr Tannhäuser, wie saget ihr mir!
Ihr sollet bey uns bleiben,
Ich geb Euch meiner Gespielen ein,
Zu einem eh'lichen Weibe.«

»Nehme ich dann ein ander Weib,
Als ich hab in meinem Sinne,
So muß ich in der Höllen-Gluth,
Da ewiglich verbrennen.«

»Du sagst mir viel von der Höllengluth,
Du hast es doch nicht befunden,
Gedenk an meinen rothen Mund,
Der lacht zu allen Stunden.«

»Was hilft mich Euer rother Mund,
Er ist mir gar unmehre,
Nun gib mir Urlaub Frau Venus zart,
Durch aller Frauen Ehre.«

»Herr Tannhäuser, wollt Ihr Urlaub han,
Ich will Euch keinen geben,
Nun bleibet edler Tannhäuser zart,
Und frischet Euer Leben.«

»Mein Leben ist schon worden krank,
Ich kann nicht länger bleiben,
Gebt mir Urlaub Fraue zart,
Von Eurem stolzen Leibe.«

»Herr Tannhäuser nicht sprecht also,
Ihr seyd nicht wohl bey Sinnen,
Nun laßt uns in die Kammer gehn,
Und spielen der heimlichen Minnen.«

»Eure Minne ist mir worden leid,
Ich hab in meinem Sinne,
O Venus, edle Jungfrau zart,
Ihr seyd ein Teufelinne.«

»Tannhäuser ach, wie sprecht Ihr so.
Bestehet Ihr mich zu schelten?
Sollt ihr noch länger bei uns seyn,
Des Worts müsst Ihr entgelten.

Tannhäuser wollt Ihr Urlaub han,
Nehmt Urlaub von den Greisen,
Und wo Ihr in dem Land umbfahrt,
Mein Lob sollt Ihr da preisen.«

Der Tannhäuser zog wieder aus dem Berg,
In Jammer und in Reuen:
»Ich will gen Rom in die fromme Stadt,
All auf den Pabst vertrauen.

Nun fahr ich fröhlich auf die Bahn,
Gott muß es immer walten,
Zu einem Pabst, der heißt Urban,
Ob er mich wolle behalten.

Herr Pabst Ihr geistlicher Vater mein,
Ich klag Euch meine Sünde,
Die ich mein Tag begangen hab,
Als ich Euch will verkünden.

Ich bin gewesen ein ganzes Jahr,
Bey Venus einer Frauen,
Nun will ich Beicht und Buß empfahn,
Ob ich möcht Gott anschauen.«

Der Pabst hat einen Stecken weiß,
der war vom dürren Zweige:
»Wann dieser Stecken Blätter trägt,
Sind dir deine Sünden verziehen.«

»Sollt ich leben nicht mehr denn ein Jahr,
Ein Jahr auf dieser Erden,
So wollt ich Reu und Buß empfahn,
Und Gottes Gnad erwerben.«

Da zog er wieder aus der Stadt,
In Jammer und in Leiden:
»Maria Mutter, reine Magd,
Muß ich mich von dir scheiden,

So zieh ich wieder in den Berg,
Ewiglich und ohn Ende,
Zu Venus meiner Frauen zart,
Wohin mich Gott will senden.«

»Seyd willkommen Tannhäuser gut,
Ich hab Euch lang entbehret,
Willkommen seyd mein liebster Herr,
Du Held, mir treu bekehret.«

Darnach wohl auf den dritten Tag,
Der Stecken hub an zu grünen,
Da sandt man Boten in alle Land,
wohin der Tannhäuser kommen.

Da war wieder in den Berg,
Darinnen sollt er nun bleiben,
So lang bis an den jüngsten Tag,
Wo ihn Gott will hinweisen.

Das soll nimmer kein Priester thun,
Dem Menschen Mistrost geben,
Will er denn Buß und Reu empfahn,
Die Sünde sey ihm vergeben.

Des Knaben Wunderhorn. Alte deutsche Lieder. Gesammelt von Achim von Arnim und Clemens Brentano. Kritische Ausgabe. Hrsg. und komm. von Heinz Rölleke. Bd. 1. Stuttgart: Reclam, 1987 [u. ö.]. S. 79–82.

Der Lindenbaum (aus: *Die Winterreise*, Text: Wilhelm Müller 1822, Melodie: Franz Schubert, 1827):

Am Brunnen vor dem Tore,
Da steht ein Lindenbaum:
Ich träumt in seinem Schatten
So manchen süßen Traum.

Ich schnitt in seine Rinde
So manches liebe Wort;
Es zog in Freud und Leide
Zu ihm mich immer fort.

Ich mußt auch heute wandern
Vorbei in tiefer Nacht,
Da hab ich noch im Dunkel [Erstdruck: *Dunkeln*]
Die Augen zugemacht.

Und seine Zweige rauschten,
Als riefen sie mir zu:
Komm her zu mir, Geselle,
Hier findst du deine Ruh!

Die kalten Winde bliesen
Mir grad ins Angesicht;
Der Hut flog mir vom Kopfe,
Ich wendete mich nicht.

Nun bin ich manche Stunde
Entfernt von jenem [Autograph: *diesem*] Ort,
Und immer hör ich's rauschen:
Du fändest Ruhe dort!

Wilhelm Müller: Franz Schubert: Die schöne Müllerin. Die Winterreise. Nachw. von Rolf Vollmann. Stuttgart: Reclam, 2001 [u. ö.]. S. 43.

Aus Hans Christians Andersens *Die Schneekönigin. Ein Märchen in sieben Geschichten* (1844):

ZWEITE GESCHICHTE
Ein kleiner Knabe und ein kleines Mädchen

[...] Im Winter war ja dies Vergnügen vorüber. Die Fenster waren dann oft ganz zugefroren. Doch dann wärmten sie Kupferdreier auf dem Ofen, hielten sie gegen die gefrorne Scheibe, und dann bildete sich dort ein prächtiges Guckloch, so rund, oh, so rund, dahinter strahlte ein glückliches sanftes Auge, eines hinter jedem Fenster. Das war der kleine Knabe und das kleine Mädchen. Er hieß Kay und sie hieß Gerda. Im Sommer konnten sie mit einem Sprunge beieinander sein, im Winter mußten sie dagegen die vielen Treppen hinunter und die vielen Treppen hinauf. Draußen wirbelte der Schnee.

»Jetzt schwärmen die weißen Bienen!« sagte die alte Großmutter.

»Haben sie auch eine Bienenkönigin?« fragte der kleine Knabe, denn er wußte, daß sich unter den wirklichen Bienen eine solche befindet.

»Die haben sie!« sagte die Großmutter, »sie fliegt immer dort, wo sie am dichtesten schwärmen. Sie ist die größte von allen Schneeflocken, und nie ist sie ruhig auf Erden, sie fliegt gleich wieder zu der schwarzen Wolke empor. Manche Winternacht fliegt sie durch die Straßen der Stadt und guckt zu den Fenstern hinein, und dann gefrieren diese so wunderbar, als wären sie mit Blumen besät.«

»Ja, das habe ich gesehen!« riefen beide Kinder, und nun wußten sie, daß es die Wahrheit wäre.

»Kann die Schneekönigin hereinkommen?« fragte das kleine Mädchen.

»Laß sie nur kommen«, sagte der Knabe, »dann setze ich sie auf den warmen Kachelofen und sie muß zerschmelzen!« Aber die Großmutter strich ihm das Haar glatt und erzählte andere Geschichten.

Des Abends, als der kleine Kay zu Hause und halb ausgezogen war, kletterte er auf die Stühle am Fenster und guckte zu dem kleinen Loche heraus. Ein paar Schneeflokken fielen draußen, und eine derselben, die allergrößte, blieb auf dem Rande des einen Blumenkastens hängen. Die Schneeflocke wuchs und wuchs, bis sie sich zuletzt in eine vollständige Frau verwandelte, in den feinsten weißen Flor gehüllt, der wie von Millionen sternartiger Flocken zusammengesetzt war. Sie war schön und fein, aber von Eis, dem blendenden, blinkenden Eis, doch war sie lebendig. Die Augen funkelten wie zwei helle Sterne, aber unstet rollten sie umher ohne Ruh und Rast. Sie nickte nach dem Fenster zu und winkte mit der Hand. Der kleine Knabe erschrak und sprang vom Stuhle hinunter. Da war es, als flöge ein großer Vogel draußen an dem Fenster vorüber.

Am folgenden Tage wurde klares Frostwetter – – und dann begann es zu tauen, der Lenz hielt seinen Einzug, die Sonne schien, die Spitzen der Grashälmchen sproßten hervor, die Schwalben bauten Nester, die Fenster wurden geöffnet, und die kleinen Kinder saßen wieder in ihrem Gärtchen hoch oben in der Dachrinne über allen Stockwerken.

Die Rosen blühten in diesem Sommer unvergleichlich schön. Das kleine Mädchen hatte ein Lied gelernt, in dem auch der Rosen gedacht wurde, und bei den Rosen kamen ihr ihre eigenen in den Sinn; und sie sang es dem kleinen Knaben vor und er sang mit:

»Ich liebe die Rosen in all ihrer Pracht,
Doch mehr noch den Heiland, der selig uns macht!«

Und die Kleinen hielten einander bei den Händen, küßten die Rosen und schauten in Gottes klaren Sonnenschein hinein und redeten ihn an, als ob das Jesuskind da wäre. Wie herrliche Sommertage das waren, wie erquickend das war, draußen zu sein bei den frischen Rosenstöcken, die mit dem Blühen schienen nie aufhören zu wollen.

Kay und Gerda saßen und sahen sich das Bilderbuch mit den vielen Tieren und Vögeln an, da war es – die Uhr auf dem großen Kirchturme schlug gerade fünf – daß Kay sagte: »Au! es ging mir wie ein Stich durch das Herz! Und jetzt ist mir etwas ins Auge geflogen!«
Das kleine Mädchen faßte ihn um den Hals; er blinzelte mit den Augen: nein, es war durchaus nichts zu sehen.
»Ich denke, es ist fort!« sagte er, aber fort war es nicht. Es war gerade einer von diesen Glassplittern, die von dem Spiegel abgesprungen waren, dem Zauberspiegel, wir entsinnen uns desselben wohl noch, der bewirkte, daß alles Große und Gute, das sich darin abspiegelte, klein und häßlich wurde, und jeder Fehler an einer Sache sich sofort bemerkbar machte. Der arme Kay, ihm war ein solches Splitterchen auch gerade in das Herz eingedrungen. Das sollte nun bald wie ein Eisklumpen werden. Nun tat es zwar nicht mehr wehe, aber da war es.
[…]
Dort auf dem Platze banden mitunter die kecksten Knaben ihre Schlitten an die Bauernwagen und fuhren dann eine tüchtige Strecke mit. Das ging gerade recht lustig. Als das Spiel im vollen Gange war, kam ein großer, weißangestrichener Schlitten. Eine Person saß in demselben, die in einem weißen rauhen Pelz eingehüllt und mit einer weißen Pelzmütze bedeckt war. Der Schlitten fuhr zweimal um den Platz, und Kay gelang es, seinen kleinen Schlitten an denselben festzubinden, und nun fuhr er mit. Rascher und immer rascher ging es gerade in die nächste Straße hinein. Der Führer des Schlittens wandte den Kopf und nickte ihm so freundlich zu, als ob sie miteinander bekannt wären. So oft Kay seinen kleinen Schlitten abbinden wollte, nickte die Person abermals, und dann blieb Kay sitzen; sie fuhren gerade zum Stadttore hinaus. Da wurde das Schneegestöber so heftig, daß der kleine Knabe nicht die Hand vor den Augen mehr erkennen konnte, während er gleichwohl weiterfuhr. Da ließ er endlich den Strick fal-

len, um sich von dem großen Schlitten loszumachen, aber es half nichts, sein kleines Fuhrwerk hing fest, und es ging mit Windeseile. Da rief er ganz laut, aber niemand hörte ihn, und der Schnee wirbelte, und der Schlitten flog vorwärts. Mitunter gab es einen Stoß, als ob man über Gräben und Hecken führe. Er war ganz entsetzt, wollte sein Vaterunser beten, konnte sich aber nur auf das Große Einmaleins besinnen.

Die Schneeflocken wurden größer und größer, zuletzt sahen sie wie große weiße Hühner aus. Plötzlich sprangen die Pferde zur Seite, der Schlitten hielt, und die Person, die ihn fuhr, erhob sich; Pelz und Mütze waren von lauter Schnee. Es war eine Dame, hoch und schlank, blendend weiß, es war die Schneekönigin.

»Wir sind wacker vorwärtsgekommen«, sagte sie. »Aber ist das etwa ein Wetter zum Frieren? Komm, krieche mit in meinen Bärenpelz hinein!« und die setzte ihn in den Schlitten an ihre Seite und schlug den Pelz um ihn, daß es ihm vorkam, als versänke er in einen Schneehaufen.

»Frierst du noch?« fragte sie und küßte ihn dann auf die Stirn, Hu, das war noch kälter als Eis, das ging ihm gleich bis ans Herz, das ja so schon halb und halb ein Eisklumpen war. Ihm war zumute, als sollte er sterben; – aber nur einen Augenblick, dann tat es ihm gerade gut. Er empfand nichts mehr von der Kälte um sich.

»Meinen Schlitten! Vergiß meinen Schlitten nicht!« Dessen erinnerte er sich zuerst. Er wurde auch auf eins der weißen Hühner gebunden, das mit dem Schlitten auf dem Rücken hinterher flog. Die Schneekönigin küßte Kay noch einmal, und dann hatte er die kleine Gerda und die Großmutter und alle daheim vergessen.

»Nun bekommst du keine Küsse mehr!« sagte sie, »denn sonst küßte ich dich tot!«

Kay betrachtete sie, sie war schön, ein klügeres, anmutigeres Antlitz konnte er sich nicht vorstellen. Jetzt kam sie ihm nicht wie ein Gebilde von Eis vor wie damals, als sie

draußen vor dem Fenster saß und ihm winkte. In seinen Augen war sie ein vollkommenes Wesen. Er fühlte durchaus keine Furcht vor ihr, erzählte ihr, daß er im Kopfe rechnen könnte und sogar mit Brüchen, er wüßte die Quadratmeilen und die Einwohnerzahl des Landes, und sie lächelte zu allem. Da schien es ihm, als wäre, was er wüßte, doch noch nicht hinlänglich, und er schaute empor zu dem großen, großen Luftraum, und sie flog mit ihm, flog hoch hinaus zu der schwarzen Wolke, und der Sturm sauste und brauste, als sänge er alte Lieder. Sie flogen über Wälder und Seen, über Meere und Länder. Unten in der Tiefe sauste der kalte Wind, heulten die Wölfe, flimmerte der Schnee, und über denselben flogen die schwarzen schreienden Krähen hinweg, aber über ihnen glänzte der Mond groß und klar, und zu ihm schaute Kay auf die lange, lange Winternacht hindurch. Am Tage schlief er zu den Füßen der Schneekönigin.
[...]

SIEBENTE GESCHICHTE

Was sich im Schlosse der Schneekönigin und was sich später ereignete

Die Mauern des Schlosses waren von dem wirbelnden Schnee aufgetürmt und schneidende Winde hatten die Türen und Fenster gebildet. Über hundert Säle reihten sich aneinander, wie sie gerade ein Schneetreiben zusammengeweht hatte; der größte erstreckte sich viele Meilen weit. Alle aber waren von starken Nordlichtern erleuchtet und waren groß, leer, eisig kalt und schimmernd. Nie herrschte hier eine Lustbarkeit, nicht einmal ein kleiner Bärenball, wobei der Sturm hätte die Blasinstrumente spielen und die Eisbären hätten auf den Hinterfüßen gehen und ihre feinen Sitten hätten zeigen können; nie fand eine Spielgesellschaft statt mit Schlägen auf Maul und Tatzen, nie ein kleiner Kaffeeklatsch von den weißen

Fuchsfräulein; leer, weit und kalt war es in den Sälen der Schneekönigin. Die Nordlichter flammten so regelmäßig, daß man berechnen konnte, wann sie am höchsten und wann sie am niedrigsten standen. Mitten in dem leeren und unendlichen Schneesaale war ein gefrorener See. Er war in tausend Stücke geborsten, aber jedes Stück glich dem anderen auf das genaueste, so daß es ein wahres Kunstwerk war. Mitten auf demselben saß die Schneekönigin, so oft sie zu Hause war, und dann sagte sie, sie säße im Spiegel des Verstandes, und dieser wäre der beste in dieser Welt.

Der kleine Kay war ganz blau vor Kälte, ja fast schwarz, aber er merkte es doch nicht, denn sie hatte ihm den Frostschauer weggeküßt, und sein Herz war so gut wie ein Eisklumpen. Er ging und schleppte einige scharfe, flache Eisstücke herbei, die er auf alle mögliche Weise zusammenlegte, um ein gegebenes Muster nachzubilden, geradeso wie wenn wir kleine Holzstückchen zu bestimmten Figuren zusammenpassen, was das chinesische Spiel genannt wird. Kay ging auch und legte Figuren, es waren die allerkunstreichsten, es war das Eisspiel des Verstandes. In seinen Augen waren diese Figuren ganz ausgezeichnet und von der allerhöchsten Wichtigkeit; das bewirkte das Glaskörnchen, das ihm im Auge saß; er legte ganze Figuren, die ein geschriebenes Wort bildeten, aber immer scheiterte er an der Zusammensetzung des Wortes, das er gerade wünschte, des Wortes: »Ewigkeit«, und die Schneekönigin hatte gesagt: »Kannst du mir diese Figur zustande bringen, dann sollst du dein eigener Herr sein, und ich schenke dir die ganze Welt und noch ein Paar neue Schlittschuhe!« Aber er konnte es nicht.

»Nun sause ich fort nach den warmen Ländern!« sagte die Schneekönigin. »Ich will in meine schwarzen Töpfe hineingucken!« Das waren die feuerspeienden Berge Ätna und Vesuv, wie man sie nennt. »Ich werde sie ein wenig mit Weiß überziehen; das gehört dazu und tut den Zitronen und Weintrauben gut!« Darauf flog die Schneekönigin fort, und Kay saß ganz allein in dem viele Meilen weiten, leeren Eissaale und betrachtete die Eisstücke und dachte und dachte, daß es in ihm ordentlich knackte. Ganz steif und still saß er da, man hätte glauben können, er wäre erfroren.

In diesem Augenblicke trat die kleine Gerda durch die große Eingangspforte in das Schloß. Schneidende Winde wehten ihr entgegen, aber sie betete ihr Abendgebet, und da legten sich die Winde, als ob sie schlafen wollten. Sie trat in die großen leeren, kalten Säle – da gewahrte sie Kay, sie erkannte ihn, sie flog ihm um den Hals, hielt ihn fest umschlungen und rief: »Kay! süßer, lieber Kay! so habe ich dich endlich gefunden!«

Er aber saß ganz still, steif und kalt; – da weinte die kleine Gerda heiße Tränen, sie fielen auf seine Brust, sie drangen in sein Herz, sie tauten den Eisklumpen auf und verzehrten das kleine Spiegelsplitterchen in demselben. Er blickte sie an und sie sang:

»Ich liebe die Rosen in all ihrer Pracht,
Doch mehr noch den Heiland, der selig uns macht!«

Da brach Kay in Tränen aus; er weinte so, daß ihm das Spiegelkörnchen aus den Augen geschwemmt wurde, er erkannte sie und jubelte: »Gerda! süße, liebe Gerda! – Wo bist du doch so lange gewesen, und wo bin ich gewesen?« Und er schaute rings um sich her. »Wie kalt es hier ist! Wie leer und weit es hier ist!« Und er umfaßte Gerda, und sie lachte und weinte vor Freude. Das war ein so lieblicher Anblick, daß sogar die Eisstücke vor Freude ringsumher tanzten. Als sie nun müde waren, legten sie sich gerade auf die Buchstaben, von denen die Schneekönigin gesagt hatte, wenn er sie ausfindig machten könnte, sollte er sein eigener Herr sein, und sie wollte ihm die ganze Welt und noch ein Paar neue Schlittschuhe schenken.

Gerda küßte ihm die Wangen, und sie wurden blühend;

sie küßte ihn auf die Augen, und sie glänzten wie die ihrigen, sie küßte ihn auf Hände und Füße, und er war gesund und munter. Nun mochte die Schneekönigin dreist nach Hause kommen, sein Freibrief stand mit flimmernden Eisstücken geschrieben da.

Sie reichten einander die Hände und wanderten aus dem großen Schlosse hinaus. Sie sprachen von der Großmutter und von den Rosen oben auf dem Dache, und wo sie gingen, legten sich die Winde, und die Sonne brach hervor. Als sie den Busch mit den roten Beeren erreichten, stand das Rentier da und wartete. Es hatte ein anderes junges Rentier bei sich, dessen Euter voll war und den Kleinen seine warme Milch gab und sie auf den Mund küßte. Dann trugen sie Gerda und Kay erst zu der Finnin, in deren heißer Stube sie sich erwärmten und über die Heimreise Bescheid erhielten, und dann zur Lappin, die ihnen neue Kleider genäht und ihren Schlitten instand gesetzt hatte.

Das Rentier und das Junge sprangen nebenher und begleiteten sie bis zur Landesgrenze; dort, wo das erste Grün hervorlugte, nahmen sie von dem Rentiere und der Lappin Abschied.

»Lebt wohl!« sagten sie sämtlich. Die ersten kleinen Vögel begannen zu zwitschern, der Wald trieb grüne Knospen und aus demselben heraus kam auf einem prächtigen Pferde, das Gerda kannte (es war vor den goldenen Wagen gespannt gewesen), ein junges Mädchen angeritten mit einer weithin leuchtenden roten Mütze auf dem Kopfe und Pistolen im Gürtel. Es war das kleine Räubermädchen, das es überdrüssig hatte, zu Hause zu sitzen, und nun zuerst nach Norden und später, je wie die Laune sie trieb, nach einer anderen Richtung wollte. Sie erkannte Gerda sofort, und Gerda erkannte sie, das war eine Freude.

»Höre, Bursche, du hast ein besonderes Talent zum Umherschweifen!« sagte sie zum kleinen Kay. »Ich möchte wohl wissen, ob du verdienst, daß man deinetwegen bis an der Welt Ende läuft!«

Aber Gerda streichelte ihr die Wangen und fragte nach dem Prinzen und der Prinzessin.
»Die sind nach fremden Ländern gereist!« sagte das Räubermädchen.
»Aber die Krähe!« fragte die kleine Gerda.
»Ach die Krähe ist tot!« antwortete sie. »Seine zahme Geliebte ist Witwe geworden und geht mit einem schwarzwollenen Lappen um das Bein. Sie klagt erbärmiglich, aber das Ganze kommt doch nur auf bloßes Geschwätz hinaus! – Doch nun erzähle mir, wie es dir ergangen ist und wie du seiner habhaft geworden bist!«
Und Gerda und Kay erzählten alle beide.
»Und Schnippschnappschnurrbaselurr!« sagte das Räubermädchen, reichte beiden die Hand und versprach, daß, sofern sie je durch ihre Stadt käme, sie zu ihnen auf Besuch kommen wollte, und dann ritt sie in die weite Welt hinaus. Aber Kay und Gerda gingen Hand in Hand, und während sie dahinschritten, war es ein herrliches Frühlingswetter mit Blumen und Grünem. Die Kirchenglocken läuteten, und sie erkannten die hohen Türme, die große Stadt, es war ihre Geburtsstätte, und sie gingen in dieselbe hinein und hin zu der Tür der Großmutter, die Treppe hinauf, in die Stube hinein, wo noch alles auf derselben Stelle wie früher stand. Die Uhr sagte »Tick, tack!« und die Zeiger drehten sich. Während sie aber durch die Tür schritten, bemerkten sie, daß sie erwachsene Menschen geworden waren. Die Rosen blühten von der Dachrinne her zu den offnen Fenstern herein, und da standen die kleinen Kinderstühlchen, und Kay und Gerda setzten sich, ein jedes auf den seinigen, und hielten einander bei den Händen. Wie einen schweren Traum hatten sie die kalte leere Herrlichkeit bei der Schneekönigin vergessen. Großmutter saß in Gottes klarem Sonnenscheine und las laut aus der Bibel: »Es sei denn, daß ihr umkehrt und werdet wie die Kinder, so könnt ihr nicht in das Reich Gottes kommen!«

Und Kay und Gerda schauten einander in die Augen und verstanden auf einmal das alte Lied:

»Ich liebe die Rosen in all ihrer Pracht,
Doch mehr noch den Heiland, der selig uns macht!«

Da saßen die beiden, Erwachsene und doch Kinder, Kinder im Herzen; und es war Sommer, warmer, erquickender Sommer.

Hans Christian Andersen: Märchen. Übers. von Heinrich Denhardt. Ausw. und Nachw. von Leif Albertsen. Stuttgart: Reclam, 1986 [u. ö.]. S. 315–318, 320–322, 348–353.

Aus Arthur Schopenhauers Schrift *Die Welt als Wille und Vorstellung* (2. Aufl. 1844), darin aus dem Kapitel *»Ueber den Tod und sein Verhältniß zur Unzerstörbarkeit unsers Wesens an sich«* (Bd. 2; Kap. 41).

»Wie die zerstäubenden Tropfen des tobenden Wasserfalls mit Blitzesschnelle wechseln, während der Regenbogen, dessen Träger sie sind, in unbeweglicher Ruhe feststeht, ganz unberührt von jenem rastlosen Wechsel; so bleibt jede Idee, d. i. jede Gattung lebender Wesen, ganz unberührt vom fortwährenden Wechsel ihrer Individuen. Die Idee aber, oder die Gattung, ist es, darin der Wille zum Leben eigentlich wurzelt und sich manifestirt: daher auch ist an ihrem Bestand allein ihm wahrhaft gelegen. [...] Aus dem tiefinnersten Bewußtseyn seiner Unvergänglichkeit entspringt eigentlich auch die Sicherheit und Gemüthsruhe, mit der jedes thierische und auch das menschliche Individuum unbesorgt dahin wandelt zwischen einem Heer von Zufällen, die es jeden Augenblick vernichten können, und überdies dem Tode gerade entgegen: aus seinen Augen blickt inzwischen die Ruhe der Gattung, als welche jener Untergang nicht anficht und nicht angeht. Auch dem Menschen könnten diese Ruhe die unsichern und wechselnden Dogmen nicht verleihen.

Aber, wie gesagt, der Anblick jedes Thieres lehrt, daß dem Kern des Lebens, dem Willen, in seiner Manifestation der Tod nicht hinderlich ist.«

Arthur Schopenhauer: Sämmtliche Werke. Hrsg. von Julius Frauenstädt. 6 Bde. 2. Aufl. Neue Ausg. Leipzig: Insel, 1922. Bd. 3. S. 552f.
Auch in: Arthur Schopenhauer: Die Welt als Wille und Vorstellung. Gesamtausgabe in zwei Bänden nach der Edition von Arthur Hübscher und mit einem Nachw. von Heinz Gerd Ingenkamp. Bd. 2. Stuttgart: Reclam, 1987 [u. ö.]. S. 626f.

»Im Grunde aber sind wir mit der Welt viel mehr Eins, als wir gewöhnlich denken: ihr inneres Wesen ist unser Wille; ihre Erscheinung ist unsere Vorstellung. Wer dieses Einsseyn sich zum deutlichen Bewußtseyn bringen könnte, dem würde der Unterschied zwischen der Fortdauer der Außenwelt, nachdem er gestorben, und seiner eigenen Fortdauer nach dem Tode verschwinden: Beides würde sich ihm als Eines und Dasselbe darstellen, ja, er würde über den Wahn lachen, der sie trennen konnte.«

Ebd. S. 556 / S. 631.

»Unsterblichkeit der Individualität verlangen, heißt eigentlich einen Irrthum ins Unendliche perpetuieren [immer weiter fortsetzen] wollen. Denn im Grunde ist doch jede Individualität nur ein specieller Irrthum, Fehltritt, etwas das besser nicht wäre, ja, wovon uns zurückzubringen der eigentliche Zweck des Lebens ist. Dies findet seine Bestätigung auch darin, daß die allermeisten, ja, eigentlich alle Menschen so beschaffen sind, daß sie nicht glücklich seyn könnten, in welche Welt auch immer sie versetzt werden möchten. In dem Maaße nämlich, als eine solche Noth und Beschwerde ausschlösse, würden sie der Langenweile anheimfallen, und in dem Maaße, als dieser vorgebeugt wäre, würden sie in Noth, Plage und Leiden gerathen. Zu einem glücksäligen Zustande des Menschen wäre also keineswegs hinreichend, daß man ihn in eine ›bessere Welt‹ versetzte, sondern auch noch erfordert, daß mit ihm selbst eine Grundveränderung vorgienge, also daß er nicht mehr wäre was er ist, und dagegen würde was er nicht ist. Dazu aber muß er zuvörderst aufhören zu seyn was er ist: dieses Erforderniß erfüllt vorläufig der Tod, dessen moralische Nothwendigkeit sich von diesem Gesichtspunkt aus schon absehn läßt.«

Ebd. S. 563 / S. 638 f.

»Wann nun ein Individuum Todesangst empfindet; so hat man eigentlich das seltsame, ja zu belächelnde Schauspiel, daß der Herr der Welten, welcher Alles mit seinem Wesen erfüllt, und durch welchen allein Alles was ist, sein Daseyn hat, verzagt und unterzugehen befürchtet, zu versinken in den Abgrund des ewigen Nichts; – während, in Wahrheit, Alles von ihm voll ist und es keinen Ort giebt, wo er nicht wäre, kein Wesen, in welchem er nicht lebte; da das Daseyn nicht ihn trägt, sondern er das Daseyn. Dennoch ist er es, der im Todesangst leidenden Individuo verzagt, indem er der, durch das *principium individuationis* hervorgebrachten Täuschung unterliegt, daß seine Existenz auf die des jetzt sterbenden Wesens beschränkt sei: diese Täuschung gehört zu dem schweren Traum, in welchen er als Wille zum Leben verfallen ist. Aber man könnte zu dem Sterbenden sagen: ›Du hörst auf, etwas zu seyn, welches du besser gethan hättest, nie zu werden.‹«

Ebd. S. 574 / S. 651.

»Der Tod ist die große Zurechtweisung, welche der Wille zum Leben, und näher der diesem wesentliche Egoismus, durch den Lauf der Natur erhält; und er kann aufgefaßt werden als eine Strafe für unser Daseyn [...]. Er ist die schmerzliche Lösung des Knotens, den die Zeugung mit Wollust geschürzt hatte, und die von außen eindringende, gewaltsame Zerstörung des Grundirrthums unsers Wesens: die große Enttäuschung. Wir sind im Grunde etwas, das nicht seyn sollte: darum hören wir auf zu seyn. – Der Egoismus besteht eigentlich darin, daß der Mensch alle Realität auf seine eigene Person beschränkt, indem er in dieser allein zu existiren wähnt, nicht in den andern. Der Tod belehrt ihn eines Bessern, indem er diese Person aufhebt, so daß das Wesen des Menschen, welches sein Wille ist, fortan nur in andern Individuen leben wird [...].«

Ebd. S. 581 / S. 659.

»Ueber dies Alles nun aber ist der Tod die große Gelegenheit, nicht mehr Ich zu seyn: wohl Dem, der sie benutzt. Während des Lebens ist der Wille des Menschen ohne Freiheit: auf der Basis seines unveränderlichen Charakters geht sein Handeln, an der Kette der Motive, mit Nothwendigkeit vor sich. Nun trägt aber Jeder in seiner Erinnerung gar Vieles, das er gethan, und worüber er nicht mit sich selbst zufrieden ist. Lebte er nun immerfort; so würde er, vermöge der Unveränderlichkeit seines Charakters, auch immerfort auf die selbe Weise handeln. Demnach muß er aufhören zu seyn was er ist, um aus dem Keim seines Wesens als ein neues und anderes hervorgehen zu können. Daher löst der Tod jene Bande: der Wille wird wieder frei [...]. Das Sterben ist der Augenblick jener Befreiung von der Einseitigkeit einer Individualität, welche nicht den innersten Kern unsers Wesens ausmacht, vielmehr als eine Art Verirrung desselben zu denken ist: die wahre, ursprüngliche Freiheit tritt wieder ein, in diesem Augenblick, welcher, im angegebenen Sinn, als eine *restitutio in integrum* [Wiedereinsetzung in den vorigen Stand] betrachtet werden kann. Der Friede und die Beruhigung auf dem Gesichte der meisten Todten scheint daher zu stammen. Ruhig und sanft ist, in der Regel, der Tod jedes guten Menschen: aber willig sterben, gern sterben, freudig sterben, ist das Vorrecht des

Resignirten, Dessen, der den Willen zum Leben aufgiebt und verneint. Denn nur er will wirklich und nicht bloß scheinbar sterben, folglich braucht und verlangt er keine Fortdauer seiner Person. Das Daseyn, welches wir kennen, giebt er willig auf: was ihm statt dessen wird, ist in unsern Augen nichts; weil unser Daseyn, auf jenes bezogen, nichts ist.«

Ebd. S. 582 f. / S. 660 f.

Aus Friedrich Nietzsches Schrift *Die Geburt der Tragödie aus dem Geiste der Musik* (1872):

»Es geht die alte Sage, dass König Midas lange Zeit nach dem weisen Silen, dem Begleiter des Dionysus, im Walde gejagt habe, ohne ihn zu fangen. Als er ihm endlich in die Hände gefallen ist, fragt der König, was für den Menschen das Allerbeste und Allervorzüglichste sei. Starr und unbeweglich schweigt der Dämon; bis er, durch den König gezwungen, endlich unter gellem Lachen in diese Worte ausbricht: ›Elendes Eintagsgeschlecht, des Zufalls Kinder und der Mühsal, was zwingst du mich dir zu sagen, was nicht zu hören für dich das Erspriesslichste ist? Das Allerbeste ist für dich gänzlich unerreichbar: nicht geboren zu sein, nicht zu sein, nichts zu sein. Das Zweitbeste aber ist für dich – bald zu sterben‹.
Wie verhält sich zu dieser Volksweisheit die olympische Götterwelt? Wie die entzückungsreiche Vision des gefolterten Märtyrers zu seinen Peinigungen.
Jetzt öffnet sich uns gleichsam der olympische Zauberberg und zeigt uns seine Wurzeln. Der Grieche kannte und empfand die Schrecken und Entsetzlichkeiten des Daseins: um überhaupt leben zu können, musste er vor sie hin die glänzende Traumgeburt der Olympischen stellen. Jenes ungeheure Misstrauen gegen die titanischen Mächte der Natur, jene über allen Erkenntnissen erbarmungslos thronende Moira [griechische Schicksalsgöttin], jener Geier

des grossen Menschenfreundes Prometheus, jenes Schrekkensloos des weisen Ödipus, jener Geschlechtsfluch der Atriden, der Orest zum Muttermorde zwingt, kurz jene ganze Philosophie des Waldgottes [Dionysos], sammt ihren mythischen Exempeln, an der die schwermüthigen Etrurier[29] zu Grunde gegangen sind – wurde von den Griechen durch jene künstlerische Mittelwelt der Olympier fortwährend von Neuem überwunden, jedenfalls verhüllt und dem Anblick entzogen. Um leben zu können, mussten die Griechen diese Götter, aus tiefster Nöthigung, schaffen: welchen Hergang wir uns wohl so vorzustellen haben, dass aus der ursprünglichen titanischen Götterordnung des Schreckens durch jenen apollinischen Schönheitstrieb in langsamen Übergängen die olympische Götterordnung der Freude entwickelt wurde: wie Rosen aus dornigem Gebüsch hervorbrechen.«

Friedrich Nietzsche: Werke. Gesamtausgabe in Großoktav. 20 Bde. Leipzig: Naumann/Kröner, 1895–1926. Bd. 1. S. 30f.
Auch in: Friedrich Nietzsche: Die Geburt der Tragödie. Nachw. von Günter Wohlfart. Stuttgart: Reclam, 1993 [u. ö.]. S. 29f.

Aus Georg Brandes' Buch *Die romantische Schule in Deutschland* (1873).

»Tieck sprach mit Begeisterung von der Musik, die uns das Gefühl selber fühlen lehre. Novalis liefert den Kommentar zu diesen Worten. Er, dessen Prinzip das rücksichtslose Gefühl ist, will sich selbst fühlen, und macht kein Hehl daraus, daß er diesen Selbstgenuß sucht. Deshalb ist die Krankheit ihm lieber, als die Gesundheit. Denn der Kranke fühlt beständig seinen Körper, während der Gesunde nicht auf denselben achtet. Pascal und nach ihm Kierkegaard haben sich damit begnügt, die Krankheit als

29 *Etrurier:* auch: Etrusker, im heutigen mittelitalienischen Raum lebendes Volk der Antike.

den natürlichen Zustand des Christen zu bezeichnen, Novalis geht viel weiter. Die Krankheit ist ihm das höchste, das einzig wahre Leben: ›Leben ist eine Krankheit des Geistes‹. Weshalb? Weil der Weltgeist nur in lebenden Individuen sich selbst fühlt und empfindet. Und wie Novalis die Krankheit preist, so preist er die Wollust. Weshalb? Weil die Wollust nichts anderes ist, als ein exaltiertes [überspanntes], krankhaftes Selbstgefühl und ein unentschiedener Kampf zwischen Lust und Schmerz. ›In dem Augenblicke,‹ sagt er, ›in welchem der Mensch die Krankheit oder den Schmerz zu lieben anfinge, läge vielleicht die reizendste Wollust in seinen Armen, die höchste positive Lust durchdränge ihn …. Fängt nicht überall das Beste mit Krankheit an? Halbe Krankheit ist Übel. Ganze Krankheit ist Lust, und zwar höhere.‹«

Georg Brandes: Die Hauptströmungen der Litteratur des 19. Jahrhunderts. Bd. 2: Die romantische Schule in Deutschland. Übers. und eingel. von Adolf Strodtmann. 8., durchges. Aufl. Charlottenburg: Barsdorf, 1900. S. 203 f.

»Novalis hat alles auf die innere Welt zurückführen wollen. Die innere Welt nahm alles in sich auf, die Kräfte der Revolution und der Kontrerevolution. In ihr lagen alle Löwen des Geistes gebunden, in ihr lagen alle titanischen Mächte der Geschichte gefangen, ja von einer Mohn-Atmosphäre betäubt. Es war Nacht um sie her, sie fühlten die Wollust der Finsternis und des Todes, sie lebten nur noch ein Pflanzenleben, wie Siebenschläfer, und wurden zuletzt gänzlich zu Stein. In der inneren Welt lagen alle Reichtümer des Geistes, aber wie tote Schätze und ruhende Massen, die sinnreich nach den Gesetzen der Mathematik Krystalle bildeten, ungefähr wie das Gold und Silber in der Erde und im Innern des Berges, und der Dichter ward zu einem Bergmanne oder Bergentrückten, der in die Erde hinab stieg und sich an allem erfreute, was er dort sah.

Aber während er sich drunten aufhielt, ging alles auf Erden in der äußeren Welt seinen Gang. Die äußere Welt ließ sich's nicht im mindesten anfechten, daß der Dichter und der Denker sie in die innere auflösten.«

Ebd. S. 216.

3. Forschungsstimmen

Hans Mayer (1907–2001) umreißt in einer der ersten umfassenden Studien zu Thomas Mann aus dem Jahre 1950 Hans Castorp als prototypischen jungen Deutschen und stellt dabei im Rahmen einer Lesart des *Zauberbergs* als Bildungsroman (vgl. VII.2) deutlich die pädagogische Zielrichtung des Romans heraus:

»Abermals also: wer ist Hans Castorp? Die Züge norddeutscher Nüchternheit, des behutsam prüfenden Realismus sind unverkennbar. Er ist norddeutscher Hanseate. Er ist das ›Sorgenkind des Lebens‹ in jenem Sinne, daß er für alle Verlockungen und geistigen Versuchungen das mögliche ›Verständnis‹ aufzubringen vermag. Was auf eine recht schwache eigene Konstitution schließen läßt. Castorp bleibt beständig Möglichkeit, ohne jemals eindeutig Wirklichkeit zu werden. Er reflektiert das Geschehen, ohne an ihm Anteil oder gar teilzunehmen. Der Prozeß seiner Selbsterkenntnis, dem dieser Erziehungsroman dient, vollzieht sich ganz in den Sphären des Rezeptiven: hier wird erlebt und überdacht – aber ohne eigentliches und eindeutiges Resultat. Man ist am äußersten Gegenpol zu Goethes berühmter Maxime: ›Wie kann man sich selbst kennenlernen? Durch Betrachten niemals, wohl aber durch Handeln. Versuche, deine Pflicht zu tun, und du weißt gleich, was an dir ist.‹ Wie der Frédéric Moreau in Flauberts ›Education sentimentale‹ – ist auch Hans Castorp ein passiver Held. Seine Passivität und Nichtentscheidung ist vom Dichter gewollt, als Charakterisierung und als überindividuelle Kennzeichnung. Schon in der Rede ›Von deutscher Republik‹ aus dem

Jahre 1922, die eine Rede vor der deutschen Jugend war, erklangen Hinweise auf den ›Zauberberg‹, verbunden mit der Andeutung, daß es sich bei diesem Erziehungsplan um ein Bild deutscher Jugend und für die deutsche Jugend handeln solle. Hier sind zwei Begriffe ineinandergefügt, die beide der pädagogischen Substanz dieses Romans angehören: *Jugend und Deutschtum*. Was es damit in der Gestalt Hans Castorps auf sich habe, erläutert Thomas Mann in der Lübecker Rede mit folgenden Worten: ›Es ist die Idee der Mitte. Das ist aber eine deutsche Idee, denn ist nicht deutsches Wesen die Mitte, das Mittlere und Vermittelnde und der Deutsche der mittlere Mensch im großen Stile? Ja, wer Deutschtum sagt, der sagt Mitte; wer aber Mitte sagt, der sagt Bürgerlichkeit, und der sagt damit, wir wollen das aufstellen und behaupten, etwas genau so Unsterbliches, wie wenn er Deutschtum sagte.‹

Castorp ist ein junger Deutscher, er ist ein Bürger, ein deutscher Bürger, soll es jedenfalls sein. Sein Verhältnis zu den extremen Positionen des Romans, seine vorbehaltvolle, man könnte sagen: ironische Verwunderung, die nicht zur Stellungnahme ausreift, wird als deutsche Möglichkeit und Aufgabe vom Dichter in jenen Jahren gestellt. Es geht bei Thomas Mann um einen neuen Versuch der Sinngebung; in der verfallenden Gesellschaft sollen die Positionen der Vergangenheit gleichzeitig bewahrt, entschärft und sublimiert werden. [...] In der Entscheidung der ›Mitte‹, die eigentlich eine Nichtentscheidung ist, sollen Bürgerlichkeit, deutsche romantische Faszination durch Krankheit und Tod mit dem Bekenntnis zum Leben in einer höheren, zukunftsvolleren Einheit aufgehoben werden. [...]

Castorp also repräsentiert weit mehr als sich selbst, er repräsentiert deutsche Möglichkeiten, wenigstens nach dem Willen seines Dichters: den Prozeß einer Selbstentwicklung oder vorbehaltvollen Hingabe.«

Hans Mayer: Thomas Mann. Werk und Entwicklung, Berlin: Suhrkamp, 1950. S. 130–132. Mit Genehmigung von Emerich Kindtner, Calpe (Spanien).

HELMUT KOOPMANN (geb. 1933) veröffentlichte 1962 seine Studie zur *Entwicklung des ›Intellektualen Romans‹ bei Thomas Mann*, in der er den *Zauberberg* als hermetischen Roman liest (vgl. VI.2). Hierbei arbeitet Koopmann die mythische Ebene des Romans heraus, die vor allem in der Wiederholungsstruktur angelegt sei (die Wiederholung von Hermes in den zahlreichen Figurationen, die Wiederholung von Chauchat in Hippe, die Wiederholung der Ahnen Hans Castorps in ihm selbst, die Wiederholung der in ihrem Kern gleichen Gespräche von Settembrini und Naphta, die wiederum selbst eine Art Wiederholung von Freimaurern bzw. Jesuiten darstellen):

»Diese ständige Wiederholung eines immer annähernd gleichen Sachverhaltes konstituiert schließlich im Roman einen Bereich des Typischen. Typisch sind die Personen oder Beziehungen, aber auch die Vorgänge nicht nur in dem Sinne, daß sie ein Urgeschehen, einen Mythus nämlich, spiegeln, sondern auch darin, daß das konkret Beschriebene in der Wiederholung und durch die Wiederholung zum Typischen wird. Dabei handelt es sich nicht um ein Nebeneinander, um eine summierende Wiederholung des Schon-einmal-Gesagten, sondern um eine ständig neu bestätigte Identität des Einmaligen mit dem Typischen. Das Typische ist ja nach Thomas Manns eigenen Worten zugleich das Mythische. Zum Begriff des Mythischen gehört die Wiederholbarkeit des anfänglich Vorgegebenen: mythisch ist eigentlich nur das, was ständig inkarniert[30] werden kann. Mythisches ist also nicht im eigentlichen Sinne vergänglich, sondern bleibt dauernd präsent: es ist überall dort wieder anwesend, wo es wiederholt wird und Nachfolge findet, wo Individuelles zugunsten einer mythischen Rolle aufgehoben wird oder genauer: wo es als Vehikel der mythischen Inszenierung verwendet wird.

30 *inkarniert:* verkörpert; Inkarnation meint im religiösen Kontext die Verkörperung von Geistigem.

Hinter der Individualität der Naphta und Settembrini, der Peeperkorn und der Chauchat wird mehr sichtbar als der Typus eines Standes, einer Klasse oder eines Berufs: die Figuren entschlüsseln sich als mythische Rollen, ihr Dasein als Zelebration [feierlicher Vollzug] bereits vorgeprägter Formen, als Vergegenwärtigung des bereits Dagewesenen und als Reproduktionen einer bereits gelebten Vita: als mythische Identifikation. Ihr Bewußtsein steht nach ›hinten‹ offen, es nimmt vom Gewesenen vieles in die gegenwärtige Wiederholung mit hinein. Das wird besonders deutlich in den nie endenden Gesprächen Naphtas und Settembrinis, und auch Hans Castorp erkennt dergleichen, wenn er halb-bewußt, halb-unbewußt Chauchat mit Hippe wiederholt identifiziert.

Für uns aber schält sich damit ein doppelter Mythusbegriff heraus: ein Mythus nämlich, der Hermes-Mythus, wird ständig inkarniert; ›mythisch‹ aber ist nicht nur die Sache, sondern schon der Vorgang der Inkarnation; mythisch ist nicht nur, daß Hermes anwesend ist; mythisch ist bereits der Regreß Castorps auf seine Vorfahren über seinen biographischen Typus hinaus.

[...]

Die psychologische Inszenierung der mythischen Geschehnisse leistet [...] zweierlei: einerseits verleiht sie den Figuren trotz aller Wiederholung mit Hilfe variierender Stilmittel eine jeweils neue, auch für den Leser glaubhafte Wirklichkeit und Einmaligkeit; sie macht andererseits aber auch die immer aufs neue individuell beschriebenen Gestalten transparent für das mythische Geschehen, in dem sie spielen.«

Helmut Koopmann: Die Entwicklung des ›Intellektualen Romans‹ bei Thomas Mann. Untersuchungen zur Struktur von *Buddenbrooks*, *Königliche Hoheit* und *Der Zauberberg*. Bonn: Bouvier, 1962. S. 165 f. –

Ulrich Karthaus (geb. 1935) unternimmt im Jahre 1970 eine Deutung des *Zauberbergs*, in der er die Behandlung des Themas ›Zeit‹ im Roman mit der zeitgeschichtlichen Dimension des Epochenromans verknüpft (vgl. VI.4 und VII.1). Er schlägt vor, den *Zauberberg* als ›transzendentalen Zeitroman‹ zu lesen:

»So wird der ›Zauberberg‹ zu einem Epochenroman besonderer Art. [...] Hans Castorps Geschichte ist ein unausgesetzter Reflexionsprozeß, der mögliche Entscheidungen zum Inhalt hat. Dabei wird die Krankheit dem Zauberberg-Adepten zum Stigma[31] seiner unumschränkten Freiheit. Jede partikulare Beschränkung wäre unwahr, eine Flucht vor den Aufgaben des hermetischen Erkenntnisprozesses. Er ist ein zeitloser Prozeß, weil nur so die Entscheidung, die eine lebendig erfüllte Zeit mit jedem Augenblick vollzieht, aufgeschoben, und d. h. unausgesetzt weiter reflektiert werden kann. ›Der Zauberberg‹ ist ein transzendentaler Zeitroman, der die Bedingungen der Möglichkeit reflektiert, unter denen sich die Epoche beurteilen läßt. ›Transzendental‹ meint hier natürlich nicht Kants Kritizismus, sondern bezeichnet eine Reflexion auf Bedingungen der Möglichkeit, ohne konkrete Schritte zur Realisierung einer partikularen Möglichkeit ins Auge zu fassen.

Das Erlebnis der kreisenden Zeit und der siebenjährigen Verzauberung Hans Castorps kann zugleich als Parabel verstanden werden für den Zustand einer Epoche, die nicht mehr in die Zukunft hinein lebt, sondern sich vor der Geschichte flüchtet. Der Charakter des ›Zauberberg‹ als Epochenroman wäre dann identisch mit seinem Charakter als ›Zeit‹-Roman: die spezifische Zeiterfahrung des Helden wäre historisch bedingt. Es bestätigt sich, daß ›das Erlebnis der Zeit (...) mit dem Lebensgefühle selbst so nahe verwandt und verbunden ist, daß das eine nicht geschwächt werden kann, ohne daß auch das andere eine

31 *Stigma:* Erkennungszeichen, Narbe, besonderes Merkmal.

kümmerliche Beeinträchtigung erführe.‹ (148f. [ZB, 146]) Mit der Geschichte von der unausgefüllten Zeit wäre das Lebensgefühl einer Epoche getroffen, die ›selbst der Hoffnungen und Aussichten bei aller äußeren Regsamkeit im Grund entbehrt‹ und sich ›als hoffnungslos, aussichtslos und ratlos heimlich zu erkennen gibt und der bewußt oder unbewußt gestellten (…) Frage nach einem letzten, mehr als persönlichen, unbedingten Sinn aller Anstrengung und Tätigkeit ein hohles Schweigen entgegensetzt‹ (48 [ZB, 50]). Und da eben dieses absolute Ziel nicht sichtbar ist, bleibt nur die Reflexion auf die Möglichkeit, es zu finden.«

Ulrich Karthaus: *Der Zauberberg* – Ein Zeitroman (Zeit, Geschichte, Mythos). In: Deutsche Vierteljahrsschrift für Literaturwissenschaft und Geistesgeschichte 44 (1970) S. 269–305, hier S. 301f. – Mit Genehmigung von Ulrich Karthaus, Gießen.

Eckhard Heftrich (geb. 1928) bezeichnete den *Zauberberg* 1975 als ›alexandrinischen Roman‹ (vgl. VII.4) und betonte damit den hochartifiziellen und spielerischen Charakter des Buches als Kunstwerk, hinter dem eine mögliche Aussage des Romans – so die ›Einsicht‹ Hans Castorps im Schneetraum – auch zurücktritt:

»Dem Leser drängt sich die Frage auf, was denn mit solcher Einsicht gewonnen sei. Nicht eben viel scheint es zu sein, wenn sie vom Spiel gelöst wird, innerhalb dessen sie gewonnen wurde: eine Sentenz, kaum ein moralischer Lehrsatz, brauchbar für Festreden. Bleibt aber der Leser im Spiel und vermag er, die Kunst als Kunst zu begreifen, so bekommen entleerte Worte wie Liebe und Güte wieder Glanz und Sinn. Denn eine Kunst verstehen, in der die Einfachheit der Worte sich mit dem souveränen Spiel der in diesen Worten überlieferten Bildung vereint, heißt gerade nicht, sich gänzlich dem Gefühl hinzugeben, das die erzählten Schicksale erregen. Und es bedeutet auch nicht, die Teilnahme zu verleugnen um einer angemaßten Erkenntnis willen, deren Dürftigkeit den ganzen Aufwand einer auf der Bühne vorgeführten Welt nicht rechtfertigen könnte. Was wir erfahren, indem wir mit Distanz dem Spiel zusehen und doch daran teilhaben, ist jener Erkenntnis gleich, die Hans Castorp für einen Augenblick als eine solche erkennt, wie sie im Buche steht. Nur dem erscheint sie gering, der nicht weiß, was in den Büchern steht.«

Eckhard Heftrich: Zauberbergmusik. Über Thomas Mann. Frankfurt a. M.: Klostermann, 1975. S. 279f. –

Børge Kristiansen (geb. 1942) deutet den *Zauberberg* in seiner Studie *Unform – Form – Überform. Thomas Manns »Zauberberg« und Schopenhauers Metaphysik* als konsequente Umsetzung der schopenhauerischen Philosophie. Leitlinien seiner Interpretation sind dabei die Bereiche der Form (die ›Welt als Vorstellung‹) und der Unform (die ›Welt als Wille‹):

»Die latente Gefährdung einer Formkultur, die nur durch moralische Abwehr gegen die dunklen Mächte des Seins aufrechtzuerhalten ist, kommt in Castorps Falle mit der Reise ins Hochgebirge zum Ausbruch. Diese Reise, die einen ins Epische projizierten Steigerungsprozeß darstellt, läßt in der Position Castorps zwischen Settembrini und Madame Chauchat den inneren Widerspruch seiner ›flachländischen‹ Formexistenz objektiv hervortreten. In Madame Chauchat tritt die Sendbotin aus dem irrationalen Seinsbereich jenseits aller Form und Individuation hervor, dessen Mächte Castorp durch Formstrenge und Haltung aus seiner ›flachländischen‹ Existenz zu verbannen bestrebt war. Diese Urmächte treten in der Gestalt Chauchat in Opposition zur Welt der Form, die von Settembrini vertreten wird. In Castorps Position zwischen Madame

Chauchat und Settembrini werden die Bedingungen und Voraussetzungen seines Lebens im ›Flachland‹ wie auch dessen Alternative klar beleuchtet. Die absolute Unversöhnlichkeit zwischen Settembrini und Madame Chauchat zeigt, daß die Rückkehr in die Formwelt des ›Flachlandes‹ den Verzicht auf Madame Chauchat voraussetzt. Sie läßt sich nur durch einen moralischen Entschluß *gegen* die Liebe zu Madame Chauchat verwirklichen. In diesem entscheidenden Punkt der ›moralischen Entschlossenheit‹ entspricht Castorps ›Flachland‹-Existenz der Existenzform der Sonnenleute[32].

Die Alternative, die mit Frau Chauchat angegeben ist, impliziert umgekehrt den Verzicht auf Settembrini und auf die von ihm vertretene Welt der Form. Wie in der Schnee-Vision sind die Möglichkeiten, die für Castorp in Frage kommen, ein moralisches ›Durchhalten‹ *oder* eine Destruktion [Zerstörung] aller Haltung und Form.

Immer wieder treten in der individuellen Geschichte Castorps die allgemeinen Probleme der Schnee-Vision hervor. So entspricht auch die Entwicklung Castorps dem Erkenntnisvorgang in der Schnee-Vision. Hier wurde das ›Glück‹ der Sonnenleute immer deutlicher in Frage gestellt, bis es sich in der Vision des Blutmahls als Schein enthüllte. Diese Relativierung und die Auflösung der humanen Formexistenz in der Konfrontation mit der Dämonie des Seinsurgrundes finden in der Geschichte Castorps ihre Entsprechung in dem Sieg Mme. Chauchats über Settembrini in ihrem Kampf um die Seele Castorps. Diese Entwicklung Castorps, die in dem Walpurgisnacht-Abschnitt mit der Verabschiedung Settembrinis und der Liebeserfüllung ihren Höhepunkt erreicht, reflektiert genau wie die Abhängigkeit der Sonnenleute vom Blutmahl in der Schnee-Vision die Ohnmacht der Form gegenüber den dämonischen Mächten des Seins.

32 *Sonnenleute:* die Menschen in Castorps Schneetraum (vgl. ZB, 672–680).

Diese Dämonisierung der Wirklichkeit wird im zweiten Teil des Romans allerdings einer Reflexion auf die Möglichkeit einer Neugestaltung hin unterzogen, die sich in Leo Naphta und seiner Ideologie, in Castorps ›Gedankentraum‹ und in der Mynheer Peeperkorn-Episode episch darstellt. Alle Experimente aber, die aufgebrochene Seinsirrationalität in neue Werthaltungen einzuschleusen und eine gültige Lebensform zu finden, scheitern, und das Ergebnis ist Identitätszerfall, Vernichtung und Tod.
Die ›Geschichte Hans Castorps‹ erweist sich somit als die individuelle Repräsentation der mythischen Wahrheit der Schnee-Vision. An dem Einzelfall wird die tragische Wahrheit der Dominanz des dämonischen Blutmahls über die schöne und humane Existenzform der Sonnenleute demonstriert. Nicht die durch Zeit und Raum gegliederte Welt, nicht die geschichtliche Wirklichkeit, sondern das Ungestaltete und Ungestaltbare jenseits von Zeit und Raum, die Transzendenz der Willens*irratio*, treten in der Optik des ›Geistes der Erzählung‹ als die eigentliche und substantielle Wirklichkeit hervor.«

Børge Kristiansen: Thomas Manns *Zauberberg* und Schopenhauers Metaphysik. Eine Studie zu den Beziehungen zwischen Thomas Manns Roman *Der Zauberberg* und Schopenhauers Metaphysik. Kopenhagen: Akademisk Forlag, 1978. S. 229f.

Manfred Dierks (geb. 1936) gelangt nach früheren Arbeiten über Thomas Mann und die Psychoanalyse (Dierks 1969, 1972), in denen er die Bedeutung der Psychoanalyse noch weitgehend unter dem Primat von Schopenhauer liest, im Jahre 1991 zu einer Neubewertung der Psychoanalyse im *Zauberberg*, da er nun den Einfluss von Freuds *Der Wahn und die Träume in W. Jensens »Gradiva«* (1905) auf den *Tod in Venedig* und auch auf den *Zauberberg* annimmt. 1995 führt er dann eine konsequente Interpretation des Romans auf der Folie des

Freud'schen Schemas der ›Wiederkehr des Verdrängten‹ durch. Ausgangspunkt ist Castorps Wiedererkennen Hippes in Clawdia:

»Wir haben hier den existentiellen Kern der *Zauberberg*-Konzeption. Er muß sich zur Zeit des *Tod in Venedig* gebildet haben – unter dem Eindruck der Wiederkehr des Verdrängten, der verdrängten Homosexualität. Diese Wiederkehr des Verdrängten hat die Grunderfahrung mit sich gebracht, daß das Unbewußte von der Zeit nichts weiß, daß eigentlich in ihm alles immerfort präsent ist – stehende Gegenwart. Hans Castorps besondere Form der Liebe ist in ihm immer dieselbe: ›Mais quant à ce que je t'ai reconnue et que j'ai reconnu mon amour pour toi, – oui, c'est vrai, je t'ai déjà connue, anciennement‹[33]. Ohne diese Erfahrung, so will ich behaupten, wäre der *Zauberberg* nicht geschrieben worden. Der Roman gestaltet diese Erfahrung der Zeit dann zu einer großartigen Gesamtkomposition von Sein und Zeit aus. Deren Kernzelle aber bleibt der Traum von Hippe. Von hier aus erschließt sich die gesamte Zeit-Thematik des *Zauberberg*. Man vergleiche damit einmal genau den Schneetraum Hans Castorps vom Wesen der Menschheit – er ist genau dasselbe, und das übrigens am selben Ort, in jenem abgeschiedenen Tal: ein Wiedererinnern des seit jeher Gewußten. Hans Castorp sieht dort mitten im Schneesturm eine wunderschöne Bucht am blauen, südlichen Meer. Und da ›*erinnerte* er sich. Ja, das war eigentümlicherweise ein Wiedererkennen, [...] als hätte er das blaue Sonnenglück [...] von je im Herzen getragen ...‹

Was nun hat Thomas Mann für diese Gedankenzusammenhänge der Psychoanalyse zu verdanken? Vor allem: Bekräftigung und Artikulation des eigenständig Vorge-

33 *Mais ... anciennement:* (frz.) Aber dies klare Gefühl, mit dem ich dich und meine Liebe zu dir in mir wiedererkannt habe, ja, wahrhaftig, ich habe dich schon seit jeher gekannt.‹ Vgl. ZB, 471, 16–18 (Übers. nach ZB, 998, 24–26).

dachten. Das gilt besonders für das psychoanalytische Konzept von der Wiederkehr des Verdrängten. Thomas Mann muß es um 1911 kennengelernt haben und eine davon völlig unabhängige eigene Erfahrung mit diesem Konzept geklärt und geordnet haben. In einem Interview erklärt er 1925, daß der *Tod in Venedig* unter dem unmittelbaren Einfluß Freuds entstanden sei: ›Ich hätte ohne Freud niemals daran gedacht, dieses erotische Motiv zu behandeln oder hätte es wenigstens ganz anders gestaltet.‹ Mag sein, daß die Psychoanalyse Thomas Mann die Scheu genommen hat, sich ein homoerotisches Thema vorzunehmen. Der eigentlich wichtige Einfluß der Psychoanalyse liegt aber in einem anderen Punkt: Thomas Mann lernt hier ein genetisches, historisches Modell des Unbewußten kennen. Es ist ja nicht so, wie es die psychoanalytische Stiftungslegende lange Zeit wollte, daß Freud das Unbewußte entdeckt hat – das gilt auch nicht selbst für den engeren Bereich von Psychiatrie und Neurosenlehre. Viele bedeutende Forscher – Pierre Janet, Richard von Krafft-Ebing, Albert Moll, Albert von Schrenck-Notzing – haben hier einen sehr differenzierten, meist durch Einfühlung gewonnenen Begriff vom Unbewußten. Nur sehen sie alle dies Unbewußte nicht in lebensgeschichtlicher Perspektive, daß es sich also durch frühe Verdrängungen im Menschen aufbaut und daß es vor allem aus frühen Gefühlserlebnissen besteht, die jederzeit gegenwärtig sein können. Diesen Schritt macht nur Freud. Und hier liegt der Gewinn Thomas Manns [...].«

Manfred Dierks: Doktor Krokowski und die Seinen. Psychoanalyse und Parapsychologie in Thomas Manns *Zauberberg*. In: Thomas Sprecher (Hrsg.): Das »Zauberberg«-Symposion 1994 in Davos. Frankfurt a. M.: Klostermann, 1995 (Thomas-Mann-Studien. 11.) S. 173–195, hier S. 188–190. –

Die Bezüge des *Zauberbergs* auf Märchen Hans Christian Andersens hat im Jahre 1995 erstmals MICHAEL MAAR (geb. 1960) eindringlich vor Augen geführt (vgl. VI.1). So haben die Abschnitte *Forschungen* und *Schnee* Bezüge zu *Die Schneekönigin* (vgl. VIII.2, 421–430):

»Die ohne das Märchen gar nicht verständliche Sinnausweitung, die der Schnee im *Zauberberg* erfährt, wird im Abschnitt ›Forschungen‹ in einer Landschaftsbeschreibung vorbereitet. Unterm Mondlicht verzaubert sich die Welt und wird wunderbar, in ihrer Winterspracht scheint sie in ›eisige Reinheit [...] gebannt, ihre natürliche Unsauberkeit zugedeckt und erstarrt im Traum eines phantastischen Todeszaubers.‹ (378)[34]
Philosophisch ist diese eisige Reinheit Schopenhauers Überform. Das Verzauberte, Wunderbare ist aber märchenhaft, wie der Schnee, in dem sich die Überform kristallisiert. Thomas Mann hat sie lange vor der Lektüre Schopenhauers in einer Anordnung entdecken können, die zu eigen ist, als daß ihr Wiederaufbau im *Zauberberg* und im *Doktor Faustus* nicht den sicheren Schluß auf den Erfinder gestatten würde. Wer Schnee unterm Vergrößerungsglas betrachtet und darüber ins Sinnieren gerät, ist ein später kleiner Kay[35]. Lupe, Kristall und Reflexionen über die Grenze von Kunst und Natur, organische Üppigkeit und Überform gehören zum festen Ensemble der *Schneekönigin.*
Sie selbst changiert eigentümlich zwischen anorganischem und organischem Sein [...]. Aus Millionen sternenartiger Flocken zusammengesetzt, ist sie ›aus blendendem, blinkendem Eis, doch [...] lebendig.‹ (A I, 259). Kay bewun-

34 Seitenangaben ohne Sigle verweisen bei Maar auf den *Zauberberg*; er zitiert nach GW III. Seitenangaben mit der Sigle *A* verweisen auf *Die Schneekönigin* nach der Ausgabe: Hans Christian Andersen, *Sämtliche Märchen und Geschichten*, mit einem Essay hrsg. von Leopold Magon, neu durchges. und erg. von Gisela Perlet, 2 Bde., Leipzig/Weimar 1990.

35 *Kay:* Der Protagonist des Märchens, der Junge, der von der Schneekönigin in ihren Eispalast entführt wird (vgl. den Ausschnitt S. 421).

dert sie und spielt, alsbald von ihr verführt, das kristalline Ebenmaß gegen die Unperfektheit des Vegetabilen aus. Mit einem ›großen Brennglas‹ untersucht er, woraus die Königin besteht:

›Sieh nur in das Glas, Gerda‹, sagte er, und jede Schneeflocke wurde viel größer und sah aus wie eine prächtige Blume oder ein zehneckiger Stern, es war herrlich anzusehen. ›Siehst du, wie kunstvoll!‹ sagte Kay. ›Das ist viel interessanter als die wirklichen Blumen! Und es ist kein einziger Fehler daran, sie sind ganz gleichmäßig, wenn sie nur nicht schmelzen würden.‹ (A I, 261)

[...] ›Arabesken, die halb Stern und halb Blume waren‹ (36), schmücken die Innenseite der Taufschale, des nach seiner Einführung im ersten Kapitel des *Zauberbergs* achtlos beiseitegestellten Todessymbols. ›Schneeblumen, Blumenschnee‹ (504) finden Hans und Joachim auf ihrem Dienstgang im Frühling, jene weißbläuliche und märchenhafte Erscheinung. (503) Als ›Zaubersternchen‹ (663) werden die von Hans Castorp untersuchten Flocken in ›Schnee‹ bezeichnet. Wie vor ihm Kay [...] hat auch er sie bereits ›unter seiner guten Linse‹ (662) gehabt und gefunden, daß zwar keines dem anderen glich, daß aber ›in sich selbst [...] jedes der kalten Erzeugnisse von unbedingtem Ebenmaß und eisiger Regelmäßigkeit‹ war. (663) Es ist das Ergebnis Kays, der sie vollkommen und fehlerfrei fand.«

Michael Maar: Geister und Kunst. Neuigkeiten aus dem Zauberberg. München/Wien: Hanser, 1995. S. 150f. –

»Die letzte Geschichte [aus *Die Schneekönigin*] *Was im Schloß der Schneekönigin geschehen war und was dort später geschah* setzt in Handlung um, [...] was Thomas Mann in ›Schnee‹ nacherzählt, die Überwindung der Todeserstarrung durch die Liebe. Still, steif und kalt sitzt der kleine Kay im Eispalast, so daß man, wie bei Castorp in

›Schnee‹, hätte glauben sollen, er wäre erfroren. (A I, 285) Aus diesem Scheintod befreit ihn Gerda durch Liebe und Leben, Naivität und Herzensreinheit. Kays Eisherz wird von ihren heißen Tränen geschmolzen, seine eigenen Tränen schwemmen die Spiegelsplitter aus dem Auge heraus. So wird er erlöst.
[...]
Der knapp noch oder neu Erwachte [also Castorp] träumt sich im Schnee über die intellektuellen Antinomien hinweg. Im Märchen sind sie in der Allegorie des ›Verstandeseisspiels‹ vorgebildet. (A I, 284) Die Schneekönigin, bei Andersen auch Personifizierung der areligiösen ratio, thront auf einem gefrorenen See ›im Spiegel des Verstandes‹, dem Komplement [Gegenstück] des Teufelsspiegels. Kay beschäftigt sich damit, Figuren aus Eisstücken zu legen, scheitert aber daran, das Wort ›Ewigkeit‹ zu formen. Castorp, der schon so lange ›nach diesem Wort gesucht‹ hat (686), bringt es sich im Schnee selber bei, Kay braucht [...] die Freundin. Als sie kommt und die Tränen fließen, legen die Eissplitter sich dank Gerdas raison du cœur[36] ganz von allein zur erwünschten Figur, zum erwünschten Wort der Ewigkeit zusammen. Durch Liebe werden Castorp und Kay, die im Schnee erstarrten, zu neuem, potentiell ewigem Leben erlöst. Die Erlösung ist Wiedergeburt und zweite Initiation.«

Ebd. S. 185 f.

Hans Rudolf Vaget (geb. 1938) schlägt im Jahre 1997 erstmals eine konsequente Deutung der Wagner-Bezüge des *Zauberbergs* vor (vgl. IV.3.3). Zum Schluss des Abschnitts *Fülle des Wohllauts* schreibt er:

»Entscheidend an der Funktionalisierung des *Lindenbaum*-Lieds ist jedoch die Verlängerung der von Todessympathie geprägten *Lindenbaum*-Sphäre nach vorn, hi-

36 *raison du cœur:* (frz.) Vernunft des Herzens.

storisch gesprochen, bis zu Wagner. Denn dieser ist jener ›Seelenzauberkünstler‹, der dem deutschen Lied ›Riesenmaße‹ verlieh und mit seinen musikdramatischen Schöpfungen ›die ganze Welt‹ (III, 907)[37] sich unterwarf. Dieser deutsch-romantische Musikzauber soll nun aber nach Meinung des an dieser Stelle sehr engagiert räsonierenden Erzählers ›finstere Konsequenzen‹ gezeitigt haben – tödliche. Offensichtlich spricht hier der Erzähler mit einem zwiespältigen historischen Bewußtsein, wie es für den Roman insgesamt charakteristisch ist. Das *Lindenbaum*-Lied als die Essenz der deutschen Nationalkunst; seine historische Weiterentwicklung: das Werk Wagners, als die entschlossen zu verteidigende Heimat der deutschen Seele – dies ist unverkennbar die Perspektive der Kriegsjahre und der *Betrachtungen eines Unpolitischen*. Die Musik der deutschen Romantik einschließlich Wagner als Herd finsterer Konsequenzen; die Liebe zu dieser Sphäre als krankhafte ›Rückneigung‹, die es um der ›Lebensfreundschaft‹ (III, 907) willen zu überwinden gilt – dies ist die Perspektive der Nachkriegszeit und der Rede *Von deutscher Republik*.

Wie immer die Akzente hier letztlich zu setzen sind, es ist offensichtlich, daß Wagner, wiewohl ungenannt, von dieser Stelle aus einen mächtigen Schatten wirft auf die ganze Welt des *Zauberbergs*. Das heißt: Wagner ist nicht nur ein musikalisch, sondern auch mentalitätsgeschichtlich höchst relevantes Phänomen; sein Werk hat der ›allgemein geistigen Haltung‹ und dem ›Weltbild‹ (III, 906) der Vorkriegsepoche seinen Stempel aufgedrückt. Der namentlich Verschwiegene erlangt somit an dieser Stelle des Romans seine intensivste epische Präsenz.

Mit auffallendem Nachdruck – ›wir wissen, was wir sagen‹ (III, 905) – und weit über den Kontext hinausverweisend versichert uns der Erzähler, daß das Schicksal Castorps

37 Vaget zitiert den *Zauberberg* nach GW III.

›sich anders gestaltet hätte, wenn sein Gemüt den Reizen der [Schubert-Wagnerschen] Gefühlssphäre [...] nicht im höchsten Grade zugänglich gewesen wäre‹ (III, 905). Und wie um die Mächtigkeit des deutsch-romantischen ›Seelenzaubers‹ noch einmal anzuerkennen und um die Repräsentanz der Castorp-Figur zu bestätigen, bemerkt der nun entschieden den Historiker herauskehrende Erzähler: ›Wir alle waren seine Söhne.‹ (III, 907). ›Wir‹ – das heißt Castorp, der Erzähler und Thomas Mann selbst, vor allem aber die deutschen Leser des Romans. ›Wir waren es‹ heißt offenbar, daß Deutschland den Wagnerschen Seelenzauber seiner finsteren Konsequenzen wegen hinter sich lassen und darüber hinauskommen soll.«

Hans Rudolf Vaget: »Ein Traum von Liebe«. Musik, Homosexualität und Wagner in Thomas Manns *Der Zauberberg*. In: Thomas Sprecher (Hrsg.): Auf dem Weg zum *Zauberberg*. Die Davoser Literaturtage 1996. Frankfurt a. M.: Klostermann, 1997. (Thomas-Mann-Studien. 16.) S. 111–141, hier S. 128 f. –

4. Adaptationen des *Zauberbergs*

Jede Adaptation eines literarischen Werkes (die Umwandlung in ein anderes Medium, z. B. Film, Hörspiel oder Theater) steht vor der Aufgabe, die im Text allein schriftsprachlich übermittelten Informationen in visuelle, akustische und/oder theatralische Darstellungsformen zu übertragen. Adaptationen fügen so dem Ursprungswerk immer etwas hinzu (z. B. die konkrete Ausgestaltung des Schauplatzes), verlieren jedoch auch etwas: Notwendig sind in den meisten Fällen Kürzungen, die zur Pointierung des Ausgangsmaterials zwingen. Eine besondere Herausforderung für Adaptationen liegt dann auch darin, spezifische mediengebundene Charakteristika des Ursprungstextes in der einen oder anderen Form zu erhalten, im

Falle von Thomas Manns *Zauberberg* etwa den ironischen Unterton des Erzählers oder die kunstvolle, durch Wortwiederholungen eben spezifisch textuell angelegte Leitmotivtechnik des Romans. Der Reiz liegt dabei in der (Neu-)Interpretation des Ursprungswerks, die sich in den mediennotwendigen Ergänzungen, den Kürzungen und der eigenen Schwerpunktsetzung niederschlägt.

Während Thomas Manns Roman *Buddenbrooks* bereits 1923 das erste Mal verfilmt wurde, wurde der *Zauberberg* erst im Jahre 1968 unter der Regie von Ludwig Cremer (1909–1982) für den Sender Freies Berlin als Fernsehproduktion adaptiert (heute kaum zugänglich). Wesentlich bekannter wurde die *Zauberberg*-Verfilmung unter der Regie von Hans W. Geißendörfer (geb. 1941), die im Jahre 1982 in einer Fassung von 153 Minuten Länge in die Kinos kam und 1984 als Mehrteiler, erweitert auf insgesamt über fünf Stunden Länge, im ZDF gezeigt wurde (vgl. die nachfolgenden Urteile über diese Verfilmung).

Der Bayerische Rundfunk veröffentlichte im Jahre 2000 eine unter der Regie von Ulrich Lampen (geb. 1963) inszenierte Hörspielfassung des *Zauberbergs*, die mit 516 Minuten Länge die bislang umfangreichste Version darstellt (vgl. unten die Rezension zu diesem Hörspiel).

Nicht als Hörspiel (mit verschiedenen Figurenstimmen), sondern als Lesung angelegt ist dagegen die Produktion *Fülle des Wohllauts* der Deutschen Grammophon Gesellschaft aus dem Jahre 1987, in der das entsprechende Kapitel aus Thomas Manns Roman von Martin Benrath (1926–2000) vorgetragen wird. Ihre besondere Qualität bekommt diese Hörfassung durch die Verwendung der von Hans Castorp ausgesuchten, originalen Schallplattenaufnahmen: Sie steht damit an der Schnittstelle zwischen Lesung und musikalischer Darbietung.

Die Hörproduktion mit Martin Benrath beruht dabei auf einer Inszenierung des Bayerischen Staatstheaters im Jahre 1986. Als Stück für einen Schauspieler, ein Grammophon und Schallplatten war bzw. ist *Fülle des Wohllauts* in den letzten Jahren und aktuell im Jahre 2009 auf verschiedenen deutschen Bühnen (u. a. Hamburg, Berlin, München, Kiel, Düsseldorf) in Neuinszenierungen zu sehen (bzw. zu hören).

Als Theater-Adaptation des gesamten Romans wurde der *Zauberberg* hingegen zum ersten Mal im Jahre 2008 in der Bühnenfassung von Michael Wallner in Lübeck uraufgeführt (vgl. die nachfolgende Rezension der *Kieler Nachrichten*, S. 459–462).

»Mal abgesehen davon, daß ›Der Zauberberg‹ unverfilmbar ist – dem ›Zauberberg‹-Film Hans W. Geißendörfers [...] ist eine gewisse Gelungenheit nicht abzusprechen. [...]

Das überaus kunstvoll komponierte Tausend-Seiten-Werk, ein Hauptbuch der schon klassischen Literatur-Moderne wie Joyces ›Ulysses‹ oder Musils ›Mann ohne Eigenschaften‹, ist randvoll von Symbolen, literaturhistorischen Anspielungen und intellektuellen Reflexionen. Es spielt ironisch mit Erzähltechniken, es experimentiert mit der Romanform selbst. [...]

Daß solcher anspruchsvoller Motivreichtum, solche hochkomplizierte Bedeutungsfülle im Film nicht zu realisieren ist, liegt, mit Thomas Mann zu reden, auf der flachen Hand. Geißendörfers Film gibt jedoch eine Ahnung davon, eine Ahnung von der Sinnbildlichkeit des Erzählten.

In dramatischer Raffung, in starken und schönen Bildern (die das zeitgenössische Dekor nie nur als Nostalgiereiz auskosten) erzählt er die Geschichte von der fiebrigen Lust am Untergang, von der fragwürdigen Faszination durch Krankheit und Tod. Er zeigt, daß das Leiden der ›Zauberberg‹-Insassen nicht nur in der Lunge, sondern im Kopf sitzt, im Bewußtsein dieser moribunden Gesellschaft.

Es verschlägt nicht viel, daß sein Sanatorium, schon bevor in ihm ›der große Stumpfsinn‹ in die ›große Gereiztheit‹

umschlägt, fast zur Schlangengrube gerät, daß seine Patienten gleich mehr kaputt als krank erscheinen, daß er schon ziemlich früh Hysterie und Horror losläßt. Dieser ›Zauberberg‹ ist realistisch und phantastisch zugleich, durchaus ein Stück verzauberter, verhexter Realität, und so soll er sein.

Einigen Figuren, einigen Auftritten mangelt es an zwingender Begründung und Einführung. Die Erfindungssouveränität des Romanciers ist vom Filmautor nicht ganz nachzuvollziehen; derlei, etwa das Erscheinen Naphtas, etwa Mynheer Peeperkorns Bad im Wasserfall, wirkt dann im Film leicht willkürlich-unverständlich – wie ein, im Fall Naphtas allerdings unvermeidliches, Zitat. Und nur wie Zitate, ihrer Schlüsselstellung im Roman wegen zitiert, klingen auch einige Originaltextstellen im Film. [...]

Jede Verfilmung eines Stücks Weltliteratur und seiner dauerhaft berühmt gewordenen Figuren stößt mit den Vorstellungen zusammen, die wir uns als Leser von diesen längst (fest-)gemacht haben. Jenen Pribislav mit dem so todessymbolischen Nachnamen etwa habe ich mir faszinierender ›kirgisisch‹ vorgestellt, als der Film ihn nun vorführt, ebenso seine weibliche Reinkarnation Clawdia Chauchat vom ›Guten Russentisch‹ (Marie-France Pisier). Den pathetischen Aufklärer, den Demokratietrompeter und Zivilisationsliteraten Settembrini (Flavio Bucci) hatte ich nicht so bilderbuchitalienisch im Sinn, den kommunistischen Jesuiten Naphta (Charles Aznavour) ätzender, fanatischer, die ›Persönlichkeit‹ Peeperkorn zwar so gebieterisch, aber komischer. [...]

Mag sein, daß Luchino Visconti, der es geplant hatte, den ›Zauberberg‹ so kongenial verfilmt hätte wie den ›Tod in Venedig‹. Hans W. Geißendörfers Arbeit (eine 20-Millionen-Mark-Produktion) kann sich sehen lassen – im Licht ihrer literarischen Vorlage wie als Kunst-Stück eigenen Rechts und Stils.

Der fünfstündigen Serienfassung für das ZDF dagegen, die er seinem zweieinhalbstündigen Kino-›Zauberberg‹ nun nachfolgen lassen will (muß), sieht man eher mit Bangen entgegen.«

Rolf Becker: Moribunde Gesellschaft. In: Der Spiegel. Jg. 36. Nr. 8. 22. Februar 1982. S. 201–205. – Mit Genehmigung von Rolf Becker, Hamburg.

»[...] Krankheit, Liebe und Tod rühren doch immer wieder mahnend und schreckenauslösend den monotonen Leerlauf von Hans Castorps Tagen an, zeigen die entscheidenden Möglichkeiten zur ›Umkehr in die Erfüllung‹ auf und bringen den ›simplen Helden‹ im Verbund mit der schleichend und geheim verändernden Zeit doch noch zu ›innerem Wachstum‹ und zur Abwendung von der ›Faszination der Nichterfüllung des Lebens und des Todes‹.
Von diesen Faszinationen ist in Geißendörfers Verfilmung ebenso wenig zu spüren wie von den zahllosen ironischen Brechungen, mit denen Thomas Mann seine tiefenschichtigen Vermischungen von Tod, Amüsement, bürgerlichen Ehrbarkeiten und makabren Abenteuern umgeben hat. Verfilmung muß absolut nicht sklavisch an der literarischen Vorlage kleben. Verkürzungen, Umstellungen und Schnitte sind ›durchaus von legitimer Notwendigkeit‹; zumal bei einem Riesenwerk wie dem ›*Zauberberg*‹. So sind z. B. die Rededuelle zwischen Naphta und Settembrini allenfalls mit ausgewählten Signalsätzen in der Art eines Aufklärungsdigest filmisch ›machbar‹. Doch Gehalt und Aussagen der Vorlage sollten im gesamten bewahrt werden. Andernfalls verfällt jede Literaturverfilmung der Unsinnigkeit. Zwar ist Geißendörfer bemüht, aus dem verbalen Sektor stammende Impulse durch adäquate optische Informationen zu ersetzen. Aber er leistet sich tiefgreifende Verfehlungen, wenn er feine Motorik in zappelige Hektik und innerdramatische Vorgänge in lärmende Direktheiten überträgt. Er versteht es größtenteils nicht, die Irreali-

täten innerhalb der ›Berghof‹-Realität zu verdeutlichen; das Gefühl für die ›unsichtbaren Wirklichkeiten und Wichtigkeiten‹ zu mobilisieren. Er begreift nicht, was Thomas Mann alles an der Liebe als Phantasieleistung darstellen wollte, als er Hans Castorp die Erfüllung seiner existenzaufwertenden Liebe zur ›kirgisenäugigen‹ Madame Chauchat, einer Mitpatientin, versagte – während Geißendörfer grobschlächtig gerade diesen parabolischen Drehpunkt zu Gunsten einer ›Betterfüllung‹ aufhebt, bei deren Darstellung man momentan gar Beate Uhse als Mitproduzentin vermutet. Nur unbefriedigend genutzt sind auch die von Thomas Mann gebotenen Chancen, bürgerlichen und berufsständischen Snobismus der Kritik des Komischen zu unterziehen und die Komik in der Tiefe menschlichen Elends zu entsiegeln. Die fein verästelten Spannungen zwischen den einzelnen Personen und ihren Zuständen, die Filter von Verhaltenheit über den Phänomenen des individuellen Begegnens und der Wahl, die weite Skala von Zwischentönen – sie gehen in der Mehrzahl verloren durch unangemessenen Schreistil und eine unausgeglichene Darstellung, die nur vereinzelt den ›*Zauberberg*‹-Charakteren nahekommt (Naphta/Aznavour, Ziemßen/Radszun, Chauchat/Pisier) und in Rod Steigers Brüllschmieren-Peeperkorn und dem geradezu aufreizenden Nichttalent des Castorp-Spielers ihre trostlosen Tiefpunkte hat. Vermutlich wäre es besser gewesen, Geißendörfer hätte den ›*Zauberberg*‹ letztlich genau so für filmisch unbezwingbar gehalten wie [Joseph] Losey [1909–1984], [Luchino] Visconti [1906–1976] und [Peter] Zadek [geb. 1926].«

Günther Bastian: Der Zauberberg, in: Film-Dienst (1982) Nr. 5. S. 21. –

»Thomas Manns ›Zauberberg‹. Das gibt es nun – seit einigen Tagen – in einer ungewöhnlichen und aufregenden Form: als Hörbuch. Man könnte es auch eine höchst

behutsame Hörspielversion dieser eminent musikalischen Prosa nennen, die das Meisterwerk gegenüber dem manchmal beschwerlichen Leseweg auf zehn Hörstunden verdichtet.
Es ist ein Zauberstück gelungen, was Kenner eigentlich für unmöglich hielten, das Meisterwerk in ein anderes Medium zu überführen und von der gedruckten Sprache in die gesprochene zu verwandeln, ohne den einzigartigen Geist der Erzählung zu beschädigen. Die Bearbeitung hat nichts hinzugefügt; sie hat nur, als hätte ihr der Meister mit Sympathie über die Schulter geschaut, weggenommen, was des Lesens und nicht des Hörens ist: der Glücksfall einer medialen Verwandlung.«

Jürgen Kolbe: Von der Mühe, in Weihnachtsstimmung zu kommen. In: Die Welt online. 18. Dezember 2000. http://www.welt.de/print-welt/article553972/Von_der_Muehe_in_Weihnachtsstimmung_zu_kommen.html. – Mit Genehmigung von Vera Kolbe, München.

»Thomas Manns ›Zauberberg‹ als Hörspiel – was für ein Unternehmen! Der Bayrische Rundfunk hat es gewagt, beim Münchner Hörverlag ist die Hörbuchversion erschienen, und was einem nach zehn Stunden Zauber- und Bergen-Spiel besonders in Erinnerung bleibt, ist ein Geräusch: blubb, blubb. Dieses ›blubb, blubb‹ ertönt immer dann, wenn die Insassen des ›Berghofs‹ im grossen Speisesaal ihre Mahlzeiten einnehmen, es blubbert also ziemlich häufig. Und sonst? Natürlich könnte man sich darüber empören, dass ausgerechnet dieser ›Zeitroman in doppeltem Sinne‹ so viel von seiner Zeit hat abgeben müssen und auf ein Fünftel zusammengestrichen wurde. Natürlich ist andererseits Udo Samel als brillanter Erzähler zu loben, ebenso Konstantin Graudus, der den mindestens stimmlich geradezu nervtötend phlegmatischen Hans Castorp mimt. Doch ob man diese ›grösste Hörspielproduktion in der

Geschichte des Bayrischen Rundfunks‹ – so der Verlag – als gelungen oder gescheitert betrachtet, entscheidet sich im Grunde an der Antwort auf eine einzige Frage: Ist Thomas Manns als klassisches Epos angelegtes Jahrhundertwerk überhaupt dramatisierbar? H. W. Geissendörfer hat den Stoff vor zwanzig Jahren in einen Bilderreigen zu verwandeln versucht, hier soll das geschriebene Wort mit viel Beigemüse zu einem akustischen Ereignis mutieren. Letztlich stellen derlei Transformationsübungen aber doch nur eines dar: die Aufforderung, sich von Settembrini, Peeperkorn und den Übrigen ›dort oben‹ lesend verführen zu lassen.«

S. V.: *Der Zauberberg*, dramatisiert. In: Neue Zürcher Zeitung. Nr. 295. 19. Dezember 2002. S. 35. – © Mit Genehmigung von Sacha Verna, New York.

»Im zweiten Jahr von ›Wagner-trifft-Mann‹ im Theater Lübeck begegnen sich ›Die Walküre‹ und ›Der Zauberberg‹ – und erreichen beide das hochgesteckte Ziel: Richard Wagners erster Ring-Abend stürmt Wotans kühnen Gipfel, wo Thomas Manns Roman in der Bühnenversion von Regisseur Michael Wallner die Höhenluft der Satire atmet.

Aus einem dickleibigen Prosawerk das dramatische Geschehen herauszukristallisieren und auch die gedankliche Essenz zu transportieren, birgt Probleme. Wallner nun gelingt die Visualisierung dessen, was sich um und mit dem Norddeutschen Hans Castorp im Davoser Lungensanatorium ereignet. Er stellt ihn ins Spannungsfeld der Sentenzen des Humanisten Settembrini und des Prinzipienreiters Naphta (die sich eine herrliche Grand-Guignol-Szene[38] liefern), unter die Fuchtel von Sanatoriumsdirektor Behrens und den erotischen Einfluss der osteuropäischen

38 *Grand Guignol:* auf Kriminal- und Horrorstücke spezialisiertes Theater der Moderne in Paris; allgemein: groteskes, an Mord- und Horrorszenen reiches Theater.

Dramatisierung des *Zauberbergs* durch Michael Wallner
am Theater Lübeck, 2008
Sven Simon (Lodovico Settembrini), Claudia Hübschmann
(Clawdia Chauchat), Thomas Gräßle (Hans Castorp)
Foto: Thomas M. Jauk

Schönen Clawdia Chauchat. Vor allem ist Wallner der Mann'schen Ironie auf der Spur, filtert aus dem Roman den verbalen Spott – und lässt das Geschehen von Sirenen (in Gestalt von Krankenschwestern) kommentieren. Dabei lässt er keinen Zweifel daran, dass alles auf ein schwarzes Loch hinausläuft.

Dafür hat ihm Heinz Hauser ein schräg ansteigendes Schachbrett gebaut, in dem die unausgefüllten schwarzen Felder Zimmer und Gruft sind und zugleich Falltüren der Zeit, die die Menschen zu bannen suchen und der sie dennoch entfliehen wollen. Drei Gaze-Bahnen schaffen diffuse Räume, die Projektionen darauf spiegeln Innenleben und Fantasien der Menschen. Im Hintergrund – mal stilisiert, mal im naturalistischen Prospekt – winken die Ber-

Dramatisierung des *Zauberbergs*, Lübeck 2008
Damenchor des Theaters Lübeck (Sirenen),
Thomas Gräßle (Hans Castorp),
vorne: Sven Simon (Lodovico Settembrini),
Renato Grünig (Leo Naphta)
Foto: Thomas M. Jauk

ge. Und weil Folklore Angriffsfläche bietet, hat Alexander Kukelka seine narrative Bühnenmusik aufs Vokale ausgedehnt: Sanatoriumsgäste fallen in jodelnden Sang. Personale Karikaturen der Vorlage setzt auch Kostümbildnerin Tanja Liebermann mit offensichtlicher Wonne in den Randfiguren um.

Doch der Ernst geht nicht verloren. Denn Regisseur Wallner hält auf Distanz. So nimmt die Atmosphäre des schleichenden Realitätsverlusts allen den gesunden Verstand, voran Hans Castorp: Thomas Gräßle überzeugt in einer Mischung aus Ungestüm und zaudernder Naivität – eine bravouröse Leistung. Auf dem Berg der lebenden Leichen führt Jörn Kolpe den bleichen Vetter Joachim Ziemßen in die gehorsame Selbstaufgabe, doziert Sven Simon den von Zweifeln geplagten Intellektuellen Settembrini, legt Jürgen Haug den arroganten Hofrat Behrens souveräner an als den Ausschweifer Peeperkorn. Sicher wandelt Claudia Hübschmann auf dem schmalen Grat der Exotin Chauchat. Wahre Kabinettstücke gelingen Renato Grüning, Astrid Färber und Dirk Witthun in Mehrfachrollen sowie Johanna Sembritzki.

Es sind intensive drei Zauberberg-Stunden, die Michael Wallner mit subtiler Personenführung und sein Team bereiten. Sinnvoll genutzte Theater-Zeit und intensiver Applaus.

Günter Zschacke: Satire über den Realitätsverlust. In: Kieler Nachrichten. 4. Oktober 2008. S. 19. – Mit Genehmigung von Günter Zschacke, Lübeck.

IX. Literaturhinweise

1. Werke, Briefe, Tagebücher und Notizbücher von Thomas Mann

Br — Briefe 1889–1936; 1937–1947; 1948–1955. Hrsg. von Erika Mann. Frankfurt a. M.: S. Fischer, 1961–1965.

Briefe TM–B — Thomas Mann an Ernst Bertram. Briefe aus den Jahren 1910–1955. Hrsg., komm. und mit einem Nachw. vers. von Inge Jens. Pfullingen: Neske, 1960.

Briefe TM–P — Dichter oder Schriftsteller? Der Briefwechsel zwischen Thomas Mann und Josef Ponten 1919–1930. Hrsg. von Hans Wysling unter Mitw. von Werner Pfister. Bern: Francke, 1988. (Thomas-Mann-Studien. 8.)

Ess — Essays. Nach den Erstdrucken, textkritisch durchges., komm. und hrsg. von Herman Kurzke und Stephan Stachorski. Frankfurt a. M.: S. Fischer, 1993–97.

Geist und Kunst — »Geist und Kunst«. Thomas Manns Notizen zu einem »Literatur-Essay«. Ed. und komm. von Hans Wysling. In: Paul Scherrer / Hans Wysling (Hrsg.): Quellenkritische Studien zum Werk Thomas Manns. Bern: Francke, 1967. (Thomas-Mann-Studien. 1.) S. 123–233.

GKFA — Werke – Briefe – Tagebücher. Große kommentierte Frankfurter Ausgabe. Hrsg. von Heinrich Detering [u. a.]. Frankfurt a. M.: S. Fischer, 2001 ff.

Bd. 14.1: Essays I. 1893–1914. Hrsg. und textkritisch durchges. von Heinrich Detering unter Mitarb. von Stephan Stachorski. 2002.

Bd. 15.1: Essays II. 1914–1926. Hrsg. und textkritisch durchges. von Hermann Kurzke unter Mitarb. von Joëlle Stoupy, Jörn Bender und Stephan Stachorski. 2002.

	Bd. 21: Briefe I. 1889–1913. Ausgew. und hrsg. von Thomas Sprecher, Hans R. Vaget und Cornelia Bernini. 2002.
	Bd. 22: Briefe II. 1914–1923. Ausgew. und hrsg. von Thomas Sprecher, Hans R. Vaget und Cornelia Bernini. 2004.
GW	Gesammelte Werke in zwölf Bänden. Frankfurt a. M.: S. Fischer, 1960. [In der 2. Auflage von 1974 um einen dreizehnten Band erweitert.]
NB	Notizbücher. 2 Bde. Hrsg. von Hans Wysling und Yvonne Schmidlin. Frankfurt a. M.: S. Fischer, 1991 f.
TB	Tagebücher, 10 Bde. Bd. 1–5 (1918–1943) hrsg. von Peter de Mendelssohn. Bd. VI–X (1943–1955) hrsg. von Inge Jens. Frankfurt a. M.: S. Fischer, 1977–95.
SK	Selbstkommentare: Der Zauberberg. Hrsg. von Hans Wysling unter Mitarbeit von Marianne Eich-Fischer. Frankfurt a. M.: S. Fischer, 1993. [Teildruck aus: Dichter über ihre Dichtungen. Bd. 14/1: Thomas Mann. Tl. 1: 1889–1917, München: Heimeran / Frankfurt a. M.: S. Fischer, 1975, S. 450–592. Für die Taschenbuchausgabe ergänzt von den Herausgebern.]
Yale Zauberberg-Manuscript	James F. White: The Yale Zauberberg-Manuscript. Rejected Sheets Once Part of Thomas Mann's Novel. With a Preface by Joseph Warner Angell. Bern/München: Francke, 1980. (Thomas-Mann-Studien. 4.)
ZB	Der Zauberberg. Frankfurt a. M.: S. Fischer, [16]2004. (Fischer Taschenbuch. 9433.)

2. Von Mann verwendete Quellen

Angegeben werden nur die wichtigsten, mehrfach angeführten Bezugstexte. Es wurden nach Möglichkeit die Ausgaben gewählt, die in Thomas Manns Nachlassbibliothek erhalten (hier markiert mit einem Stern *) oder die als Vorlage identifiziert worden sind. Sind die entsprechenden Ausgaben nicht bekannt oder heute kaum noch zugänglich – so im Falle von Manns Goethe-Werkausgabe von 1909/10 –, wurde (teilweise auch als Ergänzung) eine heutige Standardausgabe gewählt. Einzelne Quellen sind punktuell in den Anmerkungen nachgewiesen.

Andersen, Hans Christian: Märchen. Übers. von Heinrich Denhardt. Ausw. und Nachw. von Leif Albertsen. Stuttgart 1986 [u. ö.].

Die Bibel. Die heiligen Schriften des Alten und Neuen Bundes. Deutsch von Martin Luther. 4 Bde. München/Leipzig 1910.

Bertram, Ernst: Nietzsche. Versuch einer Mythologie. Berlin 1918.*

Brandes, Georg: Die Hauptströmungen der Litteratur des 19. Jahrhunderts. Bd. 2: Die romantische Schule in Deutschland. Übers. und eingel. von Adolf Strodtmann. 8., durchges. Aufl. Charlottenburg 1900.*

Dante Alighieri: Die göttliche Komödie. Übers. von Otto Gildemeister. 4. Aufl. Stuttgart/Berlin 1905.*

Eicken, Heinrich von: Geschichte und System der mittelalterlichen Weltanschauung. Stuttgart 1887.

Freud, Sigmund: Drei Abhandlungen zur Sexualtheorie (1905). In: S. F.: Studienausgabe (11 Bde.). Hrsg. von Alexander Mitscherlich, Angela Richards und James Strachey. Bd. 5: Sexualleben. Frankfurt a. M. 1972. S. 37–145.

Goethe, Johann Wolfgang: Faust. Hrsg. von Albrecht Schöne. 5., erneut durchges. und erg. Auflage der 1994 im Deutschen Klassiker Verlag erstmals erschienenen Ausgabe. Frankfurt a. M. / Leipzig 2003.

– Faust. Erster Teil. Studienausgabe. »Urfaust«, Fragment (1790), Ausgabe letzter Hand (1828). Paralleldruck. Hrsg. von Ulrich Gaier. Stuttgart 2005 [u. ö.].

Hermann, Ludimar: Lehrbuch der Physiologie. 14., umgearb. und verm. Aufl. Berlin 1910.

Hertwig, Oscar: Allgemeine Biologie. 5., verb. und erw. Aufl. Jena 1920.

Hofmann, Ludwig von: Handzeichnungen. Hrsg. von Edwin Redslob. Weimar 1918.

Homer: Ilias/Odyssee. In der Übertragung von Johann Heinrich Voß. Nach dem Text der Erstausgaben (*Ilias* Hamburg 1793, *Odyssee* Hamburg 1781). Mit einem Nachw. von Wolf Hartmut Friedrich. Darmstadt 1965.

Des Knaben Wunderhorn. Alte deutsche Lieder. Ges. von Achim von Arnim und Clemens Brentano. Kritische Ausgabe. Hrsg. und komm. von Heinz Rölleke. 3 Bde. Stuttgart 1987 [u. ö.].
Mazzini, Giuseppe: Politische Schriften. Übersetzt von Siegfried Flesch. Bd. 1. Leipzig 1911.
Müller-Lyer, Franz: Soziologie der Leiden. München 1914.
Müller, Wilhelm / Schubert, Franz: Die schöne Müllerin. Die Winterreise. Nachw. von Rolf Vollmann. Stuttgart 2001 [u. ö.].
Nietzsche, Friedrich: Werke. Gesamtausgabe in Großoktav. 20 Bde. Leipzig 1895–1926. [Zit. als: GOA.]*
– Sämtliche Werke. Kritische Studienausgabe in 15 Bänden. Hrsg. von Giorgio Colli und Mazzino Montinari. München 1999. [Zit. als: KSA.]
– Die Geburt der Tragödie oder: Griechenthum und Pessimismus. Nachw. von Günter Wohlfart. Stuttgart 1993 [u. ö.].
Schopenhauer, Arthur: Sämmtliche Werke. Hrsg. von Julius Frauenstädt. 6 Bde. 2. Aufl. Neue Ausg. Leipzig 1922.*
– Die Welt als Wille und Vorstellung. Gesamtausgabe in zwei Bänden nach der Edition von Arthur Hübscher und mit einem Nachw. von Heinz Gerd Ingenkamp. 2 Bde. Stuttgart 1987 [u. ö.].
Spengler, Oswald: Der Untergang des Abendlandes. Umrisse einer Morphologie der Weltgeschichte. Bd. 1: Gestalt und Wirklichkeit. Wien/Leipzig 1918.*
Steiner, Max: Die Rückständigkeit des modernen Freidenkertums. Eine kritische Untersuchung. Berlin 1905.
Stifter, Adalbert: Ausgewählte Werke in drei Bänden. Bd. 3: Bunte Steine. Leipzig [17]1911.*
Thalmann, Marianne: Der Trivialroman des 18. Jahrhunderts und der romantische Roman. Ein Beitrag zur Entwicklungsgeschichte der Geheimbundmystik. Berlin 1923.
Vergil: Aeneis. Übertragen von Johann Heinrich Voss. Hrsg. von Ernst Günther Schmidt. Leipzig 1945.
Wichtl, Friedrich: Weltfreimaurerei – Weltrevolution – Weltrepublik. Eine Untersuchung über Ursprung und Ziele des Weltkrieges. München 1919.

3. Sekundärliteratur zum *Zauberberg*

Abbott, Scott H.: *Der Zauberberg* and the German Romantic Novel. In: The Germanic Review 55 (1980) S. 139–145.

Böhm, Karl Werner: Die homosexuellen Elemente in Thomas Manns *Der Zauberberg*. In: Kurzke 1985. S. 145–165.

Böschenstein, Bernhard: Ernst Bertram und der *Zauberberg*. In: Wagner – Nietzsche – Thomas Mann. Festschrift für Eckhard Heftrich. Hrsg. von Heinz Gockel, Michael Neumann und Ruprecht Wimmer. Frankfurt a. M. 1993. S. 298–309.

Bulhof, Francis: Transpersonalismus und Synchronizität. Wiederholung als Strukturelement in Thomas Manns *Zauberberg*. Groningen 1996.

Detering, Heinrich: Hexenmeister und Zauberlehrling. Thomas Mann und Henrik Ibsen. In: Thomas Mann Jahrbuch 21 (2008) S. 41–56.

– (unter Mitarb. von Stephan Stachorski) Kommentar zu: Thomas Mann: Essays I. 1893–1914. Frankfurt a. M. 2002. (GKFA 14.2.)

Dierks, Manfred: Thomas Manns psychoanalytischer Priester. Die Rolle der Psychoanalyse im *Zauberberg*. In: Götz Großklaus (Hrsg.): Geistesgeschichtliche Perspektiven. Rückblick – Augenblick – Ausblick. Bonn 1969. S. 227–240.

– Studien zu Mythos und Psychologie bei Thomas Mann. An seinem Nachlaß orientierte Untersuchungen zum *Tod in Venedig*, zum *Zauberberg* und zur *Joseph*-Tetralogie. Bern/München 1972. (Thomas-Mann-Studien. 2.)

– Traumzeit und Verdichtung. Der Einfluß der Psychoanalyse auf Thomas Manns Erzählweise. In: Eckhard Heftrich / Helmut Koopmann (Hrsg.): Thomas Mann und seine Quellen. Festschrift für Hans Wysling. Frankfurt a. M. 1991. S. 111–137.

– Doktor Krokowski und die Seinen. Psychoanalyse und Parapsychologie in Thomas Manns *Zauberberg*. In: Sprecher 1995a. S. 173–195.

Diersen, Inge: Thomas Mann. Episches Werk, Weltanschauung, Leben. Berlin/Weimar 1975. [Bes. S. 141–194: »Vorgefühl einer neuen Humanität« – *Der Zauberberg*.]

Eloesser, Arthur: Thomas Mann. Sein Leben und sein Werk. Berlin 1925.

Engelhardt, Dietrich von / Wißkirchen, Hans (Hrsg.): *Der Zauberberg* – die Welt der Wissenschaften in Thomas Manns Roman. Mit einer Bibliographie der Forschungsliteratur. Stuttgart / New York 2003.

Finck, Jean: Thomas Mann und die Psychoanalyse. Paris 1973. (Bibliothèque de la Faculté de Philosophie et Lettres de l'Université de Liège. Fasc. CCIV.)

Frizen, Werner: Zaubertrank der Metaphysik. Quellenkritische Überlegungen im Umkreis der Schopenhauer-Rezeption Thomas Manns. Frankfurt a. M. [u. a.], 1980.

– Die »bräunliche Schöne«. Über Zigarren und Verwandtes in Thomas Manns *Zauberberg*. In: Deutsche Vierteljahrsschrift für Literaturwissenschaft und Geistesgeschichte 55 (1981) Nr. 1. S. 107–118.

– Rezension von: Børge Kristiansen, *Unform – Form – Überform. Thomas Manns »Zauberberg« und Schopenhauers Metaphysik. Eine Studie zu den Beziehungen zwischen Thomas Manns Roman »Der Zauberberg« und Schopenhauers Metaphysik*, Kopenhagen 1978. In: Text & Kontext 10 (1982) Nr. 1. S. 192–196.

– Zeitenwende. Über theo-politische Grundmotive in Thomas Manns *Zauberberg*. In: Internationales Thomas-Mann-Kolloquium 1986 in Lübeck. (Thomas-Mann-Studien. 7.) S. 229–245.

Gerigk, Horst-Jürgen: Turgenjew unterwegs zum Zauberberg. In: Thomas Mann Jahrbuch 8 (1995) S. 53–69.

Hansen, Volkmar: Thomas Mann: *Der Zauberberg*. Hans Castorps Weg ins Freie oder *Der Zauberberg* als Zeitroman. In: Interpretationen. Romane des 20. Jahrhunderts. Bd. 1. Stuttgart 1993. S. 55–100.

Hatfield, Henry: Drei Randglossen zu Thomas Manns *Zauberberg*. In: Euphorion 56 (1962) S. 365–372.

Heftrich, Eckhard: Zauberbergmusik. Über Thomas Mann. Frankfurt a. M. 1975 (Das Abendland. N. F. 7. Forschungen zur Geschichte des europäischen Geisteslebens. Hrsg. von Eckhard Heftrich und Wido Hempel.)

– Der Totentanz in Thomas Manns Roman *Der Zauberberg*. In: Tanz und Tod in Kunst und Literatur. Hrsg. von Franz Link. Berlin 1993. (Schriften zur Literaturwissenschaft. 8.) S. 335–350.

– Die Welt »hier oben«. Davos als mythischer Ort. In: Sprecher 1995a. S. 225–247.

Hick, Christian: Vom Schwindel ewiger Gegenwart. Zur Pathologie der Zeit in Thomas Manns *Zauberberg*. In: Engelhardt/Wißkirchen 2003. S. 71–106.

Jacobs, Jürgen: Wilhelm Meister und seine Brüder. Untersuchungen zum deutschen Bildungsroman. München 1972. [Bes. S. 226–244: »Thomas Mann«.]

Jens, Walter: Der Gott der Diebe und sein Dichter. Thomas Mann und die Welt der Antike. In: W. J.: Statt einer Literaturgeschichte. Düsseldorf/Zürich 1998. [Zuerst Pfullingen 1957.]

Joseph, Erkme: Nietzsche im *Zauberberg*. Frankfurt a. M. 1996. (Thomas-Mann-Studien. 14.) [Zit. als: Joseph 1996a.]

– Hans Castorps »biologische Phantasie in der Frostnacht«. Zur epischen Integration naturwissenschaftlicher Texte im *Zauberberg* von Thomas Mann. In: Wirkendes Wort 46 (1996) Nr. 3. S. 393–411. [Zit. als: Joseph 1996b.]

Jütte, Daniel: »Placet experiri«. Ein unbekanntes Vorbild für Lodovico Settembrini. In: Thomas Mann Jahrbuch 20 (2007) S. 209–215.

Karthaus, Ulrich: *Der Zauberberg* – Ein Zeitroman (Zeit, Geschichte, Mythos). In: Deutsche Vierteljahrsschrift für Literaturwissenschaft und Geistesgeschichte 44 (1970) S. 269–305.

Könneker, Carsten: Raum der Zeitlosigkeit. Thomas Manns *Zauberberg* und die Relativitätstheorie. In: Thomas Mann Jahrbuch 14 (2001) S. 213–224.

Koopmann, Helmut: Die Entwicklung des ›Intellektualen Romans‹ bei Thomas Mann. Untersuchungen zur Struktur von *Buddenbrooks*, *Königliche Hoheit* und *Der Zauberberg*. Bonn 1962.

– Über den asiatischen Umgang mit der Zeit in Thomas Manns *Zauberberg*. In: Peter-Paul Schneider (Hrsg.): Arbeitskreis Heinrich Mann. Mitteilungsblatt. Sonderheft. Lübeck 1981. S. 161–172.

– Der klassisch-moderne Roman in Deutschland. Thomas Mann, Alfred Döblin, Hermann Broch. Stuttgart [u. a.] 1983. [Bes. S. 26–76: »Thomas Mann: *Der Zauberberg*«.]

– Zur Einführung. In: Kristiansen 1986. S. IX–XXIII.

– Der *Zauberberg* und die Kulturphilosophie der Zeit. In: Sprecher 1997. S. 273–297.

– Oswald Spenglers *Der Untergang des Abendlandes* in Thomas Manns *Der Zauberberg*. In: Dietrich von Engelhardt / Hans Wißkirchen (Hrsg.): Thomas Mann und die Wissenschaften. Lübeck 1999. S. 9–23.

Kristiansen, Børge: Unform – Form – Überform. Thomas Manns *Zauberberg* und Schopenhauers Metaphysik. Eine Studie zu den

Beziehungen zwischen Thomas Manns Roman *Der Zauberberg* und Schopenhauers Metaphysik. Kopenhagen 1978.

Kristiansen, Børge: Der Zauberberg: Schopenhauer-Kritik oder Schopenhauer-Affirmation? In: Kurzke 1985. S. 135–144. – Wiederabgedr. als »Nachschrift« in: Kristiansen 1986. S. 298–307. [Zit. als: Kristiansen 1985.]

– Thomas Manns *Zauberberg* und Schopenhauers Metaphysik. 2., verb. und erw. Aufl. Bonn 1986. [Zit. als: Kristiansen 1986.]

Kurzke, Hermann (Hrsg.): Stationen der Thomas-Mann-Forschung. Aufsätze seit 1970. Würzburg 1985.

– Die Quellen der *Betrachtungen eines Unpolitischen.* Ein Zwischenbericht. In: Internationales Thomas-Mann-Kolloquium 1986 in Lübeck. Bern 1987. (Thomas-Mann-Studien. 7.) S. 291–310.

– Dostojewski in den *Betrachtungen eines Unpolitischen.* In: Thomas Mann und seine Quellen. Festschrift für Hans Wysling. Hrsg. von Eckhard Heftrich und Helmut Koopmann. Frankfurt a. M. 1991. S. 138–151.

– Thomas Mann. Epoche – Werk – Wirkung. München, 3., überarb. Aufl. 1997. [Zit. als: Kurzke 1997a.]

– Auf dem Weg zum *Zauberberg.* Timpe und Schrenck: zwei Studien. In: Sprecher 1997. S. 77–94.

– Thomas Mann. Das Leben als Kunstwerk. Eine Biographie. München 2001.

– (unter Mitarb. von Joëlle Stoupy, Jörn Bender und Stephan Stachorski) Kommentar zu: Thomas Mann: Essays II. 1914–1926. Frankfurt a. M. 2002. (GKFA 15.2.)

Langer, Daniela: Imitation von Nietzsches Stil und *imitatio* Nietzsches – von der frühen Essayistik Thomas Manns bis zu den *Betrachtungen eines Unpolitischen.* In: Marta Kopij / Wojciech Kunicki (Hrsg.): Nietzsche und Schopenhauer. Rezeptionsphänomene der Wendezeiten. Leipzig 2006. S. 81–101.

– »was ich Humanität nenne«: Zur Kontinuität des Bildungsbegriffs bei Thomas Mann vom Ersten Weltkrieg bis zur jungen Weimarer Republik. In: Monika Witt / Wojciech Kunicki (Hrsg.): Bildung. Facetten der wissenschaftlichen Kommunikation. Nysa/Wrocław 2007. S. 387–398.

Lehnert, Herbert: Thomas Mann. Fiktion, Mythos, Religion. Stuttgart [u. a.] 1965.

– Leo Naphta und sein Autor. In: Orbis Litterarum 37 (1982) S. 47–69.

Lehnert, Herbert: Langemarck – historisch und symbolisch. In: Orbis Litterarum 42 (1987) S. 271–290.

– / Wessell, Eva: Nihilismus der Menschenfreundlichkeit. Thomas Manns »Wandlung« und sein Essay *Goethe und Tolstoi.* Frankfurt a. M. 1991. (Thomas-Mann-Studien. 9.)

Loose, Gerhard: Ludovico Settembrini und »Soziologie der Leiden«. Notes on Thomas Mann's *Zauberberg.* In: Modern Language Notes 83 (1968) S. 420–429.

– Naphta. Über das Verhältnis von Prototyp und dichterischer Gestalt in Thomas Manns *Zauberberg.* In: Klaus Peter [u. a.]: Ideologiekritische Studien zur Literatur. Essays I. Frankfurt a. M. 1972. S. 215–250.

Lukács, Georg: Auf der Suche nach dem Bürger. [Zuerst 1945.] In: G. L.: Werke. Bd. 7: Deutsche Literatur in zwei Jahrhunderten. Neuwied/Berlin 1964. S. 505–534.

Lützeler, Paul Michael: Schlafwandler am Zauberberg. Die Europa-Diskussion in Hermann Brochs und Thomas Manns Zeitromanen. In: Thomas Mann Jahrbuch 14 (2001) S. 49–62.

Maar, Michael: Geister und Kunst. Neuigkeiten aus dem Zauberberg. München/Wien 1995.

Mann, Michael: Eine unbekannte ›Quelle‹ zu Thomas Manns *Zauberberg.* In: Germanisch-Romanische Monatsschrift. N. F. 15 (1965) S. 409–413.

Marx, Friedhelm: Mynheer Peeperkorns mythologisches Rollenspiel. Zur Integration des Mythos in Thomas Manns *Zauberberg.* In: Wirkendes Wort 42 (1992) H. 1. S. 67–75.

– »Ich aber sage Ihnen …«. Christusfigurationen im Werk Thomas Manns. Frankfurt a. M. 2002.

Mayer, Hans: Thomas Mann. Werk und Entwicklung, Berlin 1950. [Bes. S. 119–143: »Der ›Zauberberg‹ als pädagogische Provinz«. – Wiederabgedr. in: H. M.: Thomas Mann. Frankfurt a. M. 1980.] [Zit. als: Mayer 1950.]

Mertens, Volker: Groß ist das Geheimnis. Thomas Mann und die Musik. Leipzig 2006.

Meyer, Herman: Zum Problem der epischen Integration. [Zuerst 1950.] In: Helmut Koopmann (Hrsg.): Thomas Mann. Darmstadt 1975. (Wege der Forschung. 335.) S. 43–63.

Neumann, Michael: Objektivität, Ironie und Sympathie. Flaubert im *Zauberberg.* In: Thomas Mann Jahrbuch 8 (1995) S. 9–31.

Neumann, Michael: Ein Bildungsweg in der Retorte. Hans Castorp auf dem Zauberberg. In: Thomas Mann Jahrbuch 10 (1997) S. 133–148.
– *Der Zauberberg*. In: M. N.: Thomas Mann. Romane. Berlin 2001. S. 54–88. [Zit. als: Neumann 2001a.]
– Die Irritationen des Janus oder *Der Zauberberg* im Feld der klassischen Moderne. In: Thomas Mann Jahrbuch 14 (2001) S. 69–85. [Zit. als: Neumann 2001b.]
– Kommentar zu: Thomas Mann: Der Zauberberg. Roman. Frankfurt a. M. 2002. (GKFA 5.2.)
Nunes, Maria Manuela: Die Freimaurerei. Untersuchungen zu einem literarischen Motiv bei Heinrich und Thomas Mann. Bonn/Berlin 1992.
Ottmann, Henning: Oswald Spengler und Thomas Mann. In: Der Fall Spengler. Eine kritische Bilanz. Hrsg. von Alexander Demandt und John Farrenkopf. Köln/Weimar/Wien 1994. S. 153–169.
Pikulik, Lothar: Die Politisierung des Ästheten im Ersten Weltkrieg. [Zuerst 1977.] In: Kurzke 1985. S. 61–72.
Pütz, Peter: Krankheit als Stimulans des Lebens. Nietzsche auf dem Zauberberg. In: Sprecher 1995a. S. 249–264.
Radkau, Joachim: Neugier der Nerven. Thomas Mann als Interpret des »nervösen Zeitalters«. In: Thomas Mann Jahrbuch 9 (1996) S. 29–53.
Reed, Terence J.: Thomas Mann: The Uses of Tradition. Oxford 1974. [Zit. als: Reed 1974a.]
– *Der Zauberberg*. Zeitenwandel und Bedeutungswandel 1912–1924. In: Sauereßig 1974a. S. 81–139. – Wiederabgedr. in: Kurzke 1985. S. 92–134. [Zit. als: Reed 1974b.]
– Von Deutschland nach Europa. Der *Zauberberg* im europäischen Kontext. In: Sprecher 1997. S. 299–318.
Reents, Edo: Zu Thomas Manns Schopenhauer-Rezeption. Würzburg 1998. (Studien zur Literatur- und Kulturgeschichte. 12.)
Ritter-Santini, Lea: Lesebilder. Essays zur europäischen Literatur. Stuttgart 1978. [Bes. S. 86–111: »Das Licht im Rücken. Dante, ein Vorbild für Thomas Mann«.]
Rütten, Thomas: Zu Thomas Manns medizinischem Bildungsgang im Spiegel seines Spätwerks. In: Thomas Sprecher (Hrsg.): *Vom Zauberberg* zum *Doktor Faustus*. Die Davoser Literaturtage 1998. Frankfurt a. M. 2000. (Thomas-Mann-Studien. 32.) S. 237–268.

Rüttimann, Beat: Die Lungentuberkulose im *Zauberberg*. In: Sprecher 1997. S. 95–110.
Sagave, Pierre-Paul: Der Begriff des Terrors in Thomas Manns *Zauberberg*. In: Rainer Schönhaar (Hrsg.): Dialog. Literatur und Literaturwissenschaft im Zeichen deutsch-französischer Beziehungen. Festgabe für Josef Kunz. Berlin 1973. S. 184–193.
Sandberg, Hans-Joachim: Suggestibilität und Widerspruch. Thomas Manns Auseinandersetzung mit Brandes. In: Nerthus. Nordisch-deutsche Beiträge 3 (1972) S. 119–163.
– Thomas Mann und Georg Brandes. Quellenkritische Beobachtungen zur Rezeption (un-)politischer Einsichten und zu deren Integration in Essay und Erzählkunst. [Zuerst 1977.] In: Kurzke 1985. S. 73–91.
– König Midas und der Zauberer oder die Weisheit des Silenos. Von der »Sympathie mit dem Tode« zum »Lob der Vergänglichkeit«: Knut Hamsun und Thomas Mann. In: Internationales Thomas-Mann-Kolloquium 1986 in Lübeck. Bern 1987. (Thomas-Mann-Studien. 7.)
Sandt, Lotti: Mythos und Symbolik im *Zauberberg* von Thomas Mann. Bern/Stuttgart 1979.
Sauereßig, Heinz (Hrsg.): Besichtigung des Zauberbergs. Biberach a. d. R. 1974. [Zit. als: Sauereßig 1974a.]
– Die Entstehung des Romans *Der Zauberberg*. In: Sauereßig 1974a. S. 5–54. [Zit. als: Sauereßig 1974b.]
– Die medizinische Region des *Zauberberg*. In: Sauereßig 1974a. S. 141–155. [Zit. als: Sauereßig 1974c.]
Scharfschwerdt, Jürgen: Thomas Mann und der deutsche Bildungsroman. Eine Untersuchung zu den Problemen einer literarischen Tradition. Stuttgart [u. a.] 1967. [Bes. S. 114–174: »*Der Zauberberg* als Parodie und Erneuerung des Bildungsromans«.]
Scheer, Rainer / Seppi, Andrea: Etikettenschwindel? Die Rolle der Freimaurerei in Thomas Manns *Zauberberg*. In: »Die Beleuchtung, die auf mich fällt, hat … oft gewechselt«. Neue Studien zum Werk Thomas Manns. Hrsg. von Hans Wißkirchen. Würzburg 1991.
Schmidt, Christoph: »… das Urtier, die Gastrula … Grundform der fleischgetragenen Schönheit«. Eine unbekannte Quelle zu Thomas Manns Roman *Der Zauberberg*. In: Wirkendes Wort 37 (1987) S. 357–359.
– »Gejagte Vorgänge voll Pracht und Nacktheit«. Eine unbekann-

te kinematographische Quelle zu Thomas Manns Roman *Der Zauberberg*. In: Wirkendes Wort 38 (1988) H. 1. S. 1–5.
Seidlin, Oskar: Das hohe Spiel der Zahlen. Die Peeperkorn-Episode in Thomas Manns *Zauberberg*. In: O. S.: Klassische und moderne Klassiker. Göttingen 1972. S. 103–126, 148–154.
Sera, Manfred: Utopie und Parodie bei Musil, Broch und Thomas Mann. *Der Mann ohne Eigenschaften. Die Schlafwandler. Der Zauberberg*. Bonn 1969. [Bes. S. 139–191: »Utopie und Parodie in Thomas Manns Roman *Der Zauberberg*«.]
Sprecher, Thomas (Hrsg.): Das *Zauberberg*-Symposion 1994 in Davos. Frankfurt a. M. 1995. (Thomas-Mann-Studien. 11.) [Zit. als: Sprecher 1995a.]
– Davos in der Weltliteratur. Zur Entstehung des *Zauberbergs*. In: Sprecher 1995a. S. 9–42. [Zit. als: Sprecher 1995b.]
– Davos im *Zauberberg*. Thomas Manns Roman und sein Schauplatz. Zürich/München 1996.
– (Hrsg.): Auf dem Weg zum *Zauberberg*. Die Davoser Literaturtage 1996. Frankfurt a. M. 1997. (Thomas-Mann-Studien. 16.)
Struc, Roman S.: The Threat of Chaos: Stifter's *Bergkristall* and Thomas Mann's »Schnee«. In: Modern Language Quarterly 24 (1963) Nr. 4. S. 323–332.
Swales, Martin: Unverwirklichte Totalität. Bemerkungen zum deutschen Bildungsroman. In: Wolfgang Paulsen (Hrsg.): Der deutsche Roman und seine historischen und politischen Bedingungen. Bern/München 1977. S. 90–106.
Tholen, Toni: Neues vom Dunkelmann Leo Naphta. In: Heinrich Mann-Jahrbuch 8 (1990) S. 81–99.
Urner, Klaus: Thomas Mann und die Freimaurerei. In: Neue Zürcher Zeitung. Nr. 452 (Fernausgabe Nr. 266). 30. September 1973. S. 51–52.
Vaget, Hans Rudolf: Thomas Mann und *Das Tagebuch*: Aspekte der Sexualität in *Der Zauberberg*, *Joseph und seine Brüder* und *Lotte in Weimar*. In: H. R. V.: Goethe. Der Mann von 60 Jahren. Mit einem Anhang über Thomas Mann. Königstein i. Ts. 1982. S. 140–173, 177–179.
– »Ein Traum von Liebe«. Musik, Homosexualität und Wagner in Thomas Manns *Der Zauberberg*. In: Sprecher 1997. S. 111–141.
– Seelenzauber. Thomas Mann und die Musik. Frankfurt a. M. 2006.
Virchow, Christian: Medizin und Biologie in Thomas Manns Roman *Der Zauberberg*. Über physiologische und biologische

Quellen des Autors. In: Sprecher 1995a. S. 117–171. [Zit. als: Virchow 1995a.]

Virchow, Christian: Medizinhistorisches um den *Zauberberg.* »Das gläserne Angebinde« und ein pneumologisches Nachspiel. Augsburg 1995. [Zit. als: Virchow 1995b.]

– Katia Mann und der *Zauberberg.* In: Sprecher 1997. S. 165–185.

Völker, Ludwig: Ein Mißverständnis und seine Folgen: *placet experiri* als Wahlspruch Petrarcas in Thomas Manns Roman *Der Zauberberg.* In: Euphorion 67 (1973) S. 383–385.

– »Experiment«, »Abenteuer«, »Traum« in Thomas Manns Roman *Der Zauberberg*: Struktur – Idee – Tradition. In: Sauereßig 1974a. S. 157–182.

Weigand, Hermann J.: Thomas Mann's Novel *Der Zauberberg.* A Study. New York 1933.

Wessel, Eva: *Der Zauberberg* als Chronik der Dekadenz. In: Thomas Mann. Romane und Erzählungen. Hrsg. von Volkmar Hansen. Stuttgart 1993. S. 121–150.

Wimmer, Ruprecht: Zur Philosophie der Zeit im *Zauberberg.* In: Sprecher 1997. S. 251–272.

Wißkirchen, Hans: »Gegensätze mögen sich reimen«. Quellenkritische und entstehungsgeschichtliche Untersuchungen zu Thomas Manns Naphta-Figur. In: Jahrbuch der deutschen Schillergesellschaft 29 (1985) S. 426–454.

– Zeitgeschichte im Roman. Zu Thomas Manns *Zauberberg* und *Doktor Faustus.* Bern 1986. (Thomas-Mann-Studien. 6.)

– »Ich glaube an den Fortschritt, gewiß.« Quellenkritische Untersuchungen zu Thomas Manns Settembrini-Figur. In: Sprecher 1995a. S. 79–116.

Würffel, Stefan Bodo: Zeitkrankheit – Zeitdiagnose aus der Sicht des *Zauberbergs.* Die Vorgeschichte des Ersten Weltkrieges – in Davos erlebt. In: Sprecher 1995. S. 197–223.

– Mitbewohner des *Zauberbergs.* Davoser Sanatoriumsgeschichten vor 1924. In: Sprecher 1997. S. 49–75.

Wysling, Hans: Thomas Manns Verhältnis zu den Quellen. Beobachtungen am *Erwählten.* In: Paul Scherer / Hans Wysling (Hrsg.): Quellenkritische Studien zum Werk Thomas Manns. Bern/München 1967. (Thomas-Mann-Studien. 1.) S. 258–324, 342–346.

– »Mythus und Psychologie« bei Thomas Mann. In: H. W. (Hrsg.): Dokumente und Untersuchungen. Beiträge zur Thomas-Mann-Forschung. Bern/München 1974. (Thomas-Mann-Studien. 3.) S. 167–180, 215–217.

Wysling, Hans (Hrsg.): Bild und Text bei Thomas Mann. Eine Dokumentation. Hrsg. von H. W. unter Mitarb. von Yvonne Schmidlin. Bern 1975.

– Narzißmus und illusionäre Existenzform. Zu den *Bekenntnissen des Hochstaplers Felix Krull*. Bern/München 1982. (Thomas-Mann-Studien. 5.)

– Probleme der *Zauberberg*-Interpretation. In: Thomas Mann Jahrbuch 1 (1988) S. 12–26.

– *Der Zauberberg*. In: Thomas-Mann-Handbuch. Hrsg. von Helmut Koopmann. 3., aktual. Aufl. Stuttgart 2001. S. 397–422.

– / Schmidlin, Yvonne (Hrsg.): Thomas Mann: Ein Leben in Bildern. Zürich 1994.

Zander, Peter: Thomas Mann im Kino. Berlin 2005. [Bes. S. 14–23: »›Humanitätswidrige Darbietung‹? Hans Castorp im Kino«.]

Zons, Raimar: Naphta. In: Zeitschrift für Deutsche Philologie 112 (1993) H. 2. S. 231–250.

4. Hilfsmittel

Brockhaus' Konversations-Lexikon. 17 Bde. 14., vollst. neubearb. Ausg. Neue Rev. Jubiläums-Ausg. Leipzig 1908.

Deutsches Wörterbuch von Jacob Grimm und Wilhelm Grimm. 16 Bde. Leipzig 1854–1961.

DWDS. Das digitale Wörterbuch der deutschen Sprache des 20. Jahrhunderts. Hrsg. von der Berlin-Brandenburgischen Akademie der Wissenschaften. http://www.dwds.de/.

Mann, Katia: Meine ungeschriebenen Memoiren. Frankfurt a. M. 1974.

Meyers Konversations-Lexikon. 19 Bde. 4. Aufl. Leipzig/Wien 1885–89. – Digitalisiert: http://www.retrobibliothek.de/retrobib/seite.html?id=113912.

Texte deutscher Lieder. Ein Handbuch. Hrsg. und eingel. von Dietrich Fischer-Dieskau. München [11]1997.

X. Abbildungsnachweis

10 Das Internationale Sanatorium in Davos (ab 1915 ›Valbella‹). – Aus: Thomas Mann. Ein Leben in Bildern. Hrsg. von Hans Wysling und Yvonne Schmidlin. Zürich: Artemis, 1994. – © Thomas-Mann-Archiv der Eidgenössischen Technischen Hochschule (ETH) Zürich. Keystone Archiv.

13 Liegekur in Davos. Postkarte (1902). – Aus: Thomas Sprecher (Hrsg.): Auf dem Weg zum *Zauberberg*. Die Davoser Literaturtage 1996. Frankfurt a. M.: Klostermann, 1997. (Thomas-Mann-Studien. 16.) – Mit Genehmigung von Beat Rüttimann, Medizinhistorisches Institut und Museum der Universität Zürich.

16 Die Familientaufschale der Manns. – Aus: Thomas Mann. Ein Leben in Bildern. – © Thomas-Mann-Archiv der ETH Zürich. Keystone Archiv.

23 Der Speisesaal des Waldsanatoriums in Arosa. – Aus: Sprecher (Hrsg.): Auf dem Weg zum *Zauberberg*. – Mit Genehmigung des Waldhotels National, Arosa.

82 Röntgenuntersuchung im Jahre 1896. – Aus: Ralf Schenk: Geschichte des heilklimatischen Kurortes Davos im Spiegel seiner Tagespublizistik. Bochum: Universitätsverlag Dr. N. Brockmeyer, 1991. – © 1991 Universitätsverlag Brockmeyer, Bochum.

147 Pietà Roettgen. Holzplastik, entstanden in der ersten Hälfte des 14. Jahrhunderts im Mainzer Raum. – © Rheinisches Landesmuseum, Bonn.

184 Rückkehr von der Schwemme. Gemälde von Ludwig von Hofmann (1904). – Aus: Ludwig von Hofmann: Handzeichnungen. Hrsg. von Erwin Redslob. Weimar: Kiepenheuer, 1918. – © 2009 VG Bild-Kunst, Bonn.

185 Tanzende in der Landschaft. Gemälde von Ludwig von Hofmann (1902). – Aus: Oskar Fischel: Ludwig von Hofmann. Bielefeld/Leipzig: Velhagen & Klasing, 1903. (Künstler-Monographien. 63.) – © 2009 VG Bild-Kunst, Bonn.

186 Frühling. Zeichnung von Ludwig von Hofmann. – Aus: von Hofmann: Handzeichnungen. – © 2009 VG Bild-Kunst, Bonn.

250 Thomas Mann am Grammophon. – Aus: Thomas Mann. Ein

Leben in Bildern. – © Thomas-Mann-Archiv der ETH Zürich. Keystone Archiv.

256 Faun, einer Amsel zupfeifend. Gemälde von Arnold Böcklin (zweite Fassung, 1864/65). – Aus: Fritz von Ostini: Böcklin. Bielefeld/Leipzig: Velhagen & Klasing, 1904. (Künstler-Monographien. 70.)

294 Das *Zauberberg*-Manuskript (1924). – Aus: Thomas Mann. Ein Leben in Bildern. – © Thomas-Mann-Archiv der ETH Zürich. Keystone Archiv.

327 Georg Lukács (1885–1971). – Aus: Revolutionäres Denken: Georg Lukács. Eine Einführung in Leben und Werk. Hrsg. und eingel. von Frank Benseler. Darmstadt/Neuwied: Luchterhand.– © Frank Benseler, Borchen.

331 Gerhart Hauptmann (1962–1946). – Foto: © Deutsches Literaturarchiv Marbach.

460 Dramatisierung des Zauberbergs durch Michael Wallner am Theater Lübeck, 2008. Sven Simon (Lodovico Settembrini), Claudia Hübschmann (Clawdia Chauchat), Thomas Gräßle (Hans Castorp). – Foto: © Thomas M. Jauk, Berlin.

461 Dramatisierung des Zauberbergs, Lübeck 2008. Damenchor des Theaters Lübeck (Sirenen), Thomas Gräßle (Hans Castorp), vorne: Sven Simon (Lodovico Settembrini), Renato Grünig (Leo Naphta). – Foto: © Thomas M. Jauk, Berlin.